杭州市职工国际旅行社
Hangzhou Workers International Travel Service

新杭州 新亚运

韩德琼　吴娜佳◎主　编
李德煜　杜　晨　施　颖◎副主编

上海财经大学出版社

图书在版编目(CIP)数据

新杭州 新亚运/韩德琼,吴娜佳主编. —上海:上海财经大学出版社,2023.5
ISBN 978-7-5642-4159-9/F・4159

Ⅰ.①新… Ⅱ.①韩…②吴… Ⅲ.①旅游指南-杭州 Ⅳ.①K928.955.1

中国国家版本馆 CIP 数据核字(2023)第 064170 号

新杭州 新亚运

编 著 者:韩德琼　吴娜佳　主编

责任编辑:杨　闯

封面设计:张克瑶

出版发行:上海财经大学出版社有限公司

地　　址:上海市中山北一路 369 号(邮编 200083)

网　　址:http://www.sufep.com

电子邮箱:webmaster@sufep.com

经　　销:全国新华书店

印刷装订:上海华业装璜印刷厂有限公司

开　　本:710mm×1000mm　1/16

印　　张:22.25(插页:2)

字　　数:339 千字

版　　次:2023 年 5 月第 1 版

印　　次:2023 年 5 月第 1 次印刷

定　　价:68.00 元

春到人间

2022年的沉霾已然谢幕，2023年的朝阳正在眼前。

随着“新型冠状病毒肺炎”被改名为“新型冠状病毒感染”，疫情的“余毒”也在各地被迅速有效地肃清着。中国人民众志成城补天之裂，诠释着“大疫不过三年”的格言。显而易见，我们的祖国正要全面走出疫情的困境了。这几天，一条条文旅利好政策，就像一支支穿云之箭，刺破沉寂三年的天空。坚守在全国各地的文旅人，真实听到了产业复苏的号角。一则则开放旅游的通知，更像上甘岭阵地的总攻炮火，带起的是那排山倒海的呼喊！

是的，东风来了，春天的脚步就近了。这一刻，文旅人盼望得太久了，这一霎，大家的内心也太激动了。“白日放歌须纵酒，青春作伴好还乡”，杜甫的诗句，写得真好啊！面对这融融而起的春意，试问谁的心里不是这般想的呢？而在这明媚的春光之中，前后历时两年，由近十位杭州旅游界精英倾情打磨的《新杭州 新亚运》一书，也即将付梓了。

好事总是多磨。亚运会因为疫情延期了一年，然而杭州的城市发展并没有因此而停下脚步。三年过后一回首，发现她出落得更加大方美丽了。同样，在旅游业几近“停摆”的时光里，这群美丽的杭州文旅人也未曾放下过他们心中的梦想。在这本书的字里行间，不仅凝结了他们对这座城市真挚的爱，更烙印着他们始终孜孜求索的心路历程。为此，本书特别保留了在疫情期间创作的原序。这是最宝贵的历史见证，相信读者们也能从中感受到杭州文旅人心中那生生不息的光明。

凡所过往，皆是序章。翻过历史的断片，新的时代正向我们招手。新杭州，新亚运，我们每个走出疫情的人，也是崭新的。愿这样一本小书，能陪伴各位读者漫游杭州，走进春天。也祝愿杭州的旅游业，能在这样的春天里“舒活舒活筋骨，抖擞抖擞精神”，迎着浩荡的春风，迈向似锦的前程。

恰如朱自清先生说的那样，“一年之计在于春”，刚起头儿，有的是工夫，有的是希望。

2023 年 1 月

序

2022年9月，第19届亚洲运动会就要在杭州举办了。[①] 对于这座城市而言，亚运会算得上她今年最重大的活动之一了。回想起杭州刚取得亚运会举办权的2015年，仿佛就在眼前。当初带着对亚运盛会的无限憧憬，杭州迎来了新的一轮建设高潮。不知不觉间，七年的时光就转瞬而逝了。如今看着为迎接亚运会所做的各项建设和筹备工作渐近尾声，城市的每个角落都焕发出崭新的容颜，想到这些年里她一点一滴的成长过程，不禁让人感慨万千。

每当提及杭州，人们总会津津乐道于她秀丽的自然风光、动人的故事传说、璀璨的历史人物、富饶的风物特产。但是你若愿意走进这座城市，去接触它更真实的一面，也许就会发现，这里最宝贵的其实是那群可爱的杭州人。他们热爱生活，渴望精彩，更愿意用自己勤劳的双手去换来这座"人间天堂"的全部美好。在历史上，他们用数千年的艰苦奋斗，在这江南的湖山之间，书写了"钱塘自古繁华"的荣耀。在当代，他们用奔竞不息的壮志豪情，为这座城市插上了飞向"世界名城"的翅膀，演绎了属于杭州的独特韵味和别样精彩。

杭州的美好，是最能打动人的。"江山与风月，最忆是杭州"，白居易的伟大之处，在于用这短短10个字，道出了千百年来人们共同的心声。而作为互联网时代的弄潮儿，杭州的各种精彩早已如同飞花片片，洒满整个数字世界。人们只要轻启手机，便能随意俯拾，自在阅读，也可以交流杭州的温情，共鉴杭州的成功。可是限于平台载体的局限性，这些碎片化的信息虽如串串珠玉，满目琳琅，但是一者束于视野，或许有失宏观，二者囿于篇幅，可能欠缺深度，多少总有些美

---

① 2022年5月6日，亚奥理事会在官网宣布：决定推迟原定于2022年9月10日至25日在中国杭州举行的第19届亚运会，决定于2023年9月23日至10月8日举行。本序作于延期通知之前。

中不足的地方。这时候传统的文化载体——书籍就能起到很好的互补作用。用墨香满纸的图书，来“安放”杭州的精彩，以清晰的思考、舒缓的笔触，来“沉淀”杭州的传奇，不亦宜乎。

曾几何时，介绍杭州文化和旅游的书籍是杭城各大书店的“抢手货”，备受人们喜爱。新千年以来，隆重出版的《杭州全书》更是规模宏大、卷帙浩繁，其中不乏意深可传的经典之作。但是要找到一部文字不多、内容通俗，既能够深入浅出诠释杭州文化真意，又能循序渐进道出杭州旅游本原，既能带领游客解读城市风情，又能伴随市民聆听生活喜悦的作品，却并不多见。尤其是近20年来，杭州的建设成果斐然，很需要一部书来交待述说；亚运会后，杭州城市的深远影响，更需要一部书来寄托承载。于是就有一群身在杭州的文旅人率先行动起来，把这件事当成他们的职责使命，也当作了他们的历史自觉。在2022年初，这本《新杭州新亚运》诞生了。

这部书从创作立意到内容文字，都颇有可称道之处。首先，它立足于杭州城市的建设与发展，并通过对当代杭州的文旅精华的介绍，将这些成就展现出来。这部书与传统的文化导览、旅游指南最大的不同之处，就在于它能够在整个城市的发展脉络下解读杭州的文旅成就。在这本书中，杭州的文旅精华不是静态的资源，而是动态的发展，读者更能从这些发展背后体悟出城市前进的方向和向上的力量。其次，它采用专题模块的体例撰写。全书着重围绕杭州目前重点发展的世界遗产、节事会展、宋韵文化、匠心智慧、乡村振兴等文旅特色板块。通过专题介绍的形式，梳理其文化渊源、挖掘其价值真谛、探索其文旅资源。在此基础上，通过对具体景点的旅游介绍和文化演绎，生动传递出杭州旅游的创新精彩，也让读者更好地领略到其中的文化真味。

本书的编写得到了杭州市总工会、杭州市职工国际旅行社的大力支持，也得到了杭州市旅游协会、浙江旅游职业学院的大力协助，更得到了众多行业专家和文旅工作者的积极响应。他们当中有旅游主管部门的干部职员，有旅游院校的专任教师，有旅游企业的资深领导、员工，更多的则是在这座城市从事一线导游工作的“金牌导游”们。他们热心于杭州文旅事业，关心并支持杭州的城市发展，他们为本书的内容倾情撰稿，也为本书的编撰积极建言献策。读者只需略略翻动书中的文页，就能在字里行间读出他们对这座城市真挚的热爱和由衷的自豪。本书出版过程中，更得到了杭州市职工国际旅行社总经理章洁女士的大力帮助。借此机会，也对这些作者的辛勤付出表示感谢。

新冠疫情的爆发，到现在已经三年。这次疫情对文旅产业的冲击是巨大的，也给文旅从业人员的工作带来了重大影响。不过我们欣喜地看到，杭州的文旅建设始终不曾止步，杭州文旅工作者的内心也始终充满希望。我们在展望亚运会的同时，也已经开始憧憬“后亚运”时期城市新的发展。“千里之行，始于足下”，希望这本寄托杭州文旅人情怀的小书，能为读者勾勒更多的美好风景，带领读者走进杭州这座城市的内心，更希望我们的勇气能够点亮人们战胜新冠疫情的信心，早日迎接杭州文旅春天的到来。

最后，借用“杭州 2022 年第 19 届亚运会”主题口号，愿各位读者以及关心杭州城市发展的人们，都能够和这座城市一起“心心相融，爱达未来”！

是为序。

韩德琼

2022 年 5 月

目录

东南形胜　概览杭州

“江南忆，最忆是杭州。”杭州，一座可以让人们诗意栖居的城市，也是最令人难忘的旅游胜地之一。烟雨江南的诗情画意，让她不负“人间天堂”的美誉；悠然自在的生活氛围，使她连续 15 年成为“中国最具幸福感城市”。

杭州又是一座奔竞不息的城市，钱江潮涌是她拼搏奋斗的号角，亚运圣火又将她推向新时代的中心。她用风景定义了城市，用文化妆点了生活，用网络改变了世界，更在共同富裕的旗帜下率先把城市写成了传奇。

曾经偏安东南、岁月静好的杭州，是如何成为这样一座具有独特韵味、别样精彩的世界名城的呢？杭州人的幸福密码又该如何解读？接下来，请各位跟随我们的脚步去触摸这座城市的历史脉动，感受杭州的山水人文之美。

江南名城

千载运河风物留，江南名城数杭州。杭州是浙江省的省会，也是华东地区重要的经济、文化和科教中心。打开一张中国地图，把视线沿着首都北京往南移动，在京杭运河的尽头，钱塘江的弯折之处，很容易就能找到这座城市。杭州稳稳地坐落在江南的心窝里，自古以来她就以湖山胜境、人文才情著称于世，是闻名天下的风景旅游城市和首批国家历史文化名城。她近海而不沿海，临江而更跨江，坐拥钱塘江吞吐东南的气势，牵手上海和宁波两座海纳百川的城市，成为“丝绸之路经济带”和“21 世纪海上丝绸之路”的延伸交点和“网上丝绸之路”战略枢纽城市，更以非凡的智慧科技成就，成为世界著名的电子商务中心。

杭州是一座久富盛名的江南名城，也是一座现代化的都会城市。2019 年 12 月，《长江三角洲区域一体化发展规划纲要》将杭州定位为“特大城市”。杭州又是一座综合化发展的大城市，在 2020 年《中国百强城市排行榜》中位列第 5 位，在《全球城市综合排名》则位列第 80 位，仅次于北京、上海、深圳、广州四座“一线城市”。截至 2022 年底，杭州市下辖上城、钱塘、拱墅、西湖、滨江、萧山、余杭、富阳、临安、临平 10 个区，代管建德 1 个县级市，桐庐、淳安 2 个县，总面积 16 850 平方千米，其中市区面积约 8 289 平方千米，常住人口 1 200.4 万人。

杭州山水相依，湖城合璧，江、河、湖、海、溪“五水共导”，风景如画，堪称“人间天堂”。城市的地形整体上呈西高东低的走向，其中丘陵山地占总面积的 65.6%，集中分布在西部、中部和南部；平原占 26.4%，主要分布在东北部；江、河、湖、水库占 8%，因此也有“七山一水二分田”的说法。而城市的森林覆盖率达 66.8%，高居全国省会城市首位。杭州拥有中国南部沿海地区最大的水库——新安江水库（又名千岛湖），世界上最长的人工运河——京杭大运河，以涌潮闻名的钱塘江穿城而过，西湖山水和西溪风光更是秀甲天下。

上城区地处杭州老城区的南部，因中国的传统方位以南为上，故而得名。自隋代至民国期间，这里一直是杭州州治的所在地，是这座城市当之无愧的核心地带。上城区历史文化底蕴深厚，是南宋文化、吴越文化、钱塘江文化的重要承载地和南宋皇城大遗址所在地，拥有全市超过一半的历史建筑、历史地段、历史街区和文保单位，其中包括南宋皇城遗址、胡庆余堂、闸口白塔、凤凰寺国家级文物保护单位，以及清河坊、南宋御街等历史文化街区等。在历史上，上城区一度是整个浙江省最小的城区，但经过 2021 年行政区划调整后，它的面积扩大了近 5 倍，更拥有了杭州城市新中心——钱江新城，长三角客流量第一的杭州东站（上海铁路局数据，2021 年），也是众多游客来到杭州的“文旅第一站”。

拱墅区位于杭州市区中北部，因境内有拱宸桥、湖墅两处古地名而得名。自隋代以来，这里就因运河商贸繁荣而兴盛，同时也是浙江近代民族工商业发展的重要摇篮。新中国成立后，拱墅区先后并入半山区、下城区，成为杭州四大中心城区之一。拱墅区北依半山，南望西湖，群河环绕、山水相映，更有市区唯一的一座国家级森林公园——半山国家森林公园，是典型的江南嘉丽之地。拱墅区历史文脉悠久，坐拥世界文化遗产“中国大运河”（杭州段）和人类非物质文化遗产“二十四节气”（半山立夏习俗）两大世界级文化遗产，是杭州运河历史底蕴最深厚、文化遗产最丰富、文旅价值最优越的核心区域。

西湖区位于杭州市区西部，这里因西湖风光而出名，因人文旅游而显胜，是杭州重要的中心城区之一，也是中共浙江省委、省政府的所在地。西湖西溪风景名胜区不仅是国家5A级景区，西湖文化景观更是杭州首处世界文化遗产。这里拥有飞来峰石窟造像、灵隐寺、文澜阁、西泠印社、六和塔、岳飞墓、于谦墓等一大批重点文物保护单位，“西湖十景”“西湖新十景”“三评西湖十景”更是蜚声四海、闻名全球。近年来，随着西湖区文旅建设的不断深入，无论是白龙潭、灵山洞等传统景区，还是铜鉴湖、兰里等新兴景区，无不生机勃勃。而以王家坞、庙坞、外桐坞为代表的“沿山十八坞”和龙坞茶镇、云栖小镇、艺创小镇为代表的特色小镇，更成为西湖区文旅的新名片。

滨江区位于杭州市主城区南部，钱塘江南岸，东面和南面与萧山区相邻。它的前身是始建于1990年的杭州高新技术产业开发区，这也是国务院批准的首批国家级高新区之一。1996年，杭州将当时隶属萧山市的浦沿、长河、西兴三镇划出，新设立滨江区。2002年，杭州又将两区管理体制调整，实行“两块牌子、一套班子”。滨江区历史悠久、文风鼎盛，又是杭州当代科技创新的排头兵，经济增长速度领跑全市。在这里，有传承千年的长河古镇，来氏家族“九厅十三堂”声名远播，有浙东古运河的源头西兴古镇和世界遗产“过塘行”，也有和西湖并称“杭城双璧”的白马湖，这里的中国国际动漫节更引领了时代的风潮。

萧山区得名于境内的西山——萧然山。相传当年越王勾践被吴王夫差战败，率剩下兵卒停留于此，四顾萧然，故称此山为萧然山。据在萧山境内发掘的新石器时代文明遗址——跨湖桥遗址证实，早在8 000年前，就已有人类在萧山这片沃土上繁衍生息。历史上，这里是大诗人贺知章、朴学家毛奇龄、民族英雄葛云飞、历史演义作家蔡东藩、著名画家任伯年、近代政治家汤寿潜等著名人物的故乡。到了当代，萧山区的综合实力多年位居浙江各县市区的首位，连续多年被评为“中国十强县（市、区）”，多次蝉联“中国大陆极具投资地”第一名，被誉为“浙江文明之源头、浙江交通之枢纽、浙江经济之首富、浙江休闲之胜地、浙江民生之乐园”，也是“杭州 2022 年第 19 届亚运会”主要举办地区。

余杭区位于京杭大运河的南端，西依天目山，南濒钱塘江，从西、北两面拱卫杭州中心城区。考古研究表明，早在 6 000～7 000 年前的马家浜文化时期，已有先民在此生息繁衍，这里更是“中华文明圣地”——良渚古城遗址所在地。历史上的余杭是著名的鱼米之乡、丝绸之府，以农业发达著称。近年来，余杭区依托杭州未来科技城、余杭经济技术开发区、临平新城、良渚新城、钱江经济开发区（仁和基地）等重点产业平台，打造梦想小镇、梦栖小镇、艺尚小镇、人工智能小镇等一大批特色小镇，经济水平迅猛发展，多年位列全国综合实力百强区的前十强。拥有世界文化遗产称号的良渚古城遗址公园，拥有国家 5A 级景区称号的西溪湿地洪园，以及拥有“径山寺”“径山茶”等文化符号的大径山乡村国家公园，是余杭区文化旅游最亮眼的招牌。

“五月临平山下路，藕花无数满汀洲”“舟过临平后，青山一点无”。临平，不仅是一个古老而富有诗意的地名，也是杭州最年轻的一个区。直到 2021 年，它才正式成为这个市辖区的名字。相传临平因湖得名，秦始皇南巡会稽时曾借道此处，到了三国时始有其名。如今，临平区已经成为杭州北部的潜力新区，区位条件优越，处于 G60 科创大走廊和杭州城东智造大走廊的交汇点，是杭州东北的门户，也是杭州融入长三角、接轨大上海的第一“桥头堡”。临平交通路网便捷，沪杭高铁、杭海城际线、城市轨道交通在这里汇合。拥有大运河、运河二通道等的航运资源，可实现江海河联运。赏梅胜地超山、千年古镇塘栖则是这里最为出名的文旅体验点了。

钱塘区得名于杭州传统的古地名——钱唐，闻名天下的“浙江”也因为流经此地才有了“钱塘江”的名字。钱塘区的前身是 1993 年设立的“杭州经济技术开发区”。2000 年在开发区内设立杭州出口加工区，同时开始建设浙江省规模最大的高教园区——下沙高教园区，使得这里成为我国唯一集产业园区、出口加工区、高教园区于一体的国家级开发区。而与之一江之隔的杭州萧山“大江东”地区，因为地处杭州都市区东部门户，又紧邻钱塘江，拥有得天独厚的产业优势。于是近 20 年来在这里先后设立了江东工业园区、前进工业园区、临江工业园区。2015 年，以这三座园区为基础的“大江东产业集聚区”开始实体化运作。到了

2019 年，杭州经济技术开发区与大江东产业集聚区合并成立了城市功能区——钱塘新区，并于 2021 年升级为行政区，命名为钱塘区。

“天下佳山水，古今推富春。”富阳区古称“富春”，从秦代时设县算起，至今已有 2 200 多年的历史。在这片土地上孕育了三国吴大帝孙权、晚唐诗人罗隐、清代父子宰相董皓和董邦达、现代大文豪郁达夫等一批名人雅士；境内有保存完好的孙权后裔聚居地、黄公望结庐隐居地、周雄孝道文化发祥地等人文胜地，其中“周雄孝子祭”被列入国家级非物质文化遗产名录。富阳区素有“中国造纸之乡”“中国白板纸基地”“中国球拍之乡”“中国赛艇之乡”等称号。这里有龙门古镇、杭州野生动物世界、富春桃源、新沙岛等国家 4A 级旅游区，以及黄公望隐居地、鹳山、天钟山、中国古代造纸印刷文化村、富春山居国际高尔夫球场、永安山国家滑翔伞训练基地等自然人文名胜，富春江的传奇美景和富春山居的潇洒闲情更令人深深陶醉其中。

临安区由历史上的临安县、於潜县和昌化县合并而成，东西宽约 100 千米，南北长约 50 千米，总面积 3 126.8 平方千米，是浙江省面积最大的市辖区。这里地处浙西天目山区，拥有 1 800 多年的建县史，自古就是山水秀美、人文鼎盛的浙西名县，也是吴越国王钱镠的故乡。临安区得名于晋武帝太康元年(280 年)，直到南宋建炎三年(1129 年)，升杭州为临安府，才让杭州与这里“府县同名”。临安区的文旅资源以自然山水见长，天目山、大明山、浙西大峡谷、白水涧、太湖源、青山湖等景区，风光旖旎，景色宜人。“笋干、茶叶、山核桃”和“白果、药枣、猕猴桃”分别被称为这里的“老三宝”和“新三宝”。

“钱塘江尽到桐庐，水碧山清画不如。”作为杭州代管的省辖县，桐庐有着“中国最美县城”的称号。从南北朝以来，1 900 余位诗人在这里留下了 7 400 余首诗词作品，其中最为著名的当属北宋文学家范仲淹的《潇洒桐庐郡十绝》。来到桐庐县，人们总会留恋于钓台的春昼，追思东汉名士严子陵的隐逸；徜徉于桐君山的夏阴，诉说中医药鼻祖桐君的传奇；更津津乐道于元代隐士黄公望的事迹，在这座“中国画城”里，寻觅《富春山居图》的意境。到了当代，这里更是快递行业“四通一达”的诞生地，用连通世界的勇气，描绘新时代的蓝图。

钱江新城远眺 （徐坤龙摄）

作为杭州唯一代管的县级市，建德历史悠久，文化底蕴深厚，一颗“建德人”牙齿，将浙江历史推到了10万年前的旧石器时代；“睦州诗派”和“新安画派”在这里孕育而生，钱塘江诗路由此开启，历代诗人在这里创作诗词达4 800余首，孟浩然宿建德江的情境更成为长传千年的风雅。这里有“天下梅花二朵半”的梅城古镇，有因“水上婚礼”而闻名的“九姓渔民第一村”，更有中国妇女精神的发源地，最早喊出“妇女能顶半边天”的千鹤村。坐镇铜官峡的新安江水电站早已闻名全国，源自那里的“三自”精神（自己设计、自制设备、自行施工），在今天依然鼓舞人心。

淳安县是浙江省面积最大的一个县，素有文献名邦之称。自三国时期东吴名将贺齐建县起，1 800多年以来，这里涌现出无数英雄儿女，唐代农民起义女英雄陈硕真和北宋农民起义领袖方腊就是其中的佼佼者。相传宋代理学大宗师朱熹在这里讲学时，传下“问渠哪得清如许，为有源头活水来”的佳句；明代著名清官海瑞担任知县4年，更为这里留下许多千古佳话。1959年，原淳安县和隔壁遂安县因新安江水库的建设沉入湖底，人们在山坡上建起了新的淳安县。而今天的淳安坐拥面积达573平方千米的国家级风景名胜区千岛湖，推动运动休闲的新型旅游模式，构建千万座美丽乡村，已成为全国知名的旅游大县。

湖山嘉丽

杭州钟灵毓秀，佳美天成，有着得天独厚的自然优势。澎湃汹涌的钱江潮到此渐缓，绵延起伏的江南丘陵至此而歇，神奇的北纬30度线更是正穿城市，为这里带来别样的神奇和赞叹。早在史前社会时期，筚路蓝缕的良渚先民就已经意识到这里的不俗，他们深深扎根于这片大地上，创造出耀眼夺目的文明之光。到了东晋时期，大学者郭璞更是一笔点出杭州湖山大势的绝妙，留下了“天目山垂两乳长，龙飞凤舞到钱塘。海门更点巽峰起，五百年间出帝王”的判词，成为此后数百年间人们津津乐道的城市“广告”。

明代杭州知府杨孟瑛也很赞同郭璞的这首诗，他曾说：“杭州地脉，发自天目，群山飞翥，驻于钱塘。江湖夹挹之间，山停水聚，元气融结……钟灵毓秀于其中。”在这其中，天目山以“大树王国”“清凉世界”而闻名，是太湖水系和钱塘江水系的分水岭，也是传统文化中历来称颂的堪舆宝地，更是杭州城市的“母亲山”。而提起杭州，千百年来人们更熟悉的还是那句“上有天堂，下有苏杭”。短短八个字，道尽了人们对理想家园的无限憧憬，更倾注了人们对杭州生活的无尽羡慕。

有道是“一方水土养一方人”，背靠《山海经》中的“浮玉之山”——天目山，面朝《方舆纪要》中的“罗刹之江”——钱塘江，杭州可以说是兼具山之伟岸、水之灵动。从更大的空间视野来看，长江中下游平原的区位为她带来了四季分明的气候、丰足充沛的雨水和舒适宜人的温度，滋养出了勤劳勇敢的杭州人民。杭州则成功地将资源优势与人们的奋斗发展结合在一起，终于坐拥了西湖的典雅端庄、西溪的清丽脱俗、运河的开朗通达、钱塘江的激情澎湃，以及远达东海的豪迈壮阔，通过“五水共导”，互联共通，创造了一处水世界的人间天堂。

在这样一处水灵灵的江南城市中，最能打动人们双眼的就是那勃勃的生机、跃动的生命。杏花春雨，江南草木，万物华滋，清润满目，带给人们的除了无边的惬意，更有无限的活力。在这座城市中，能看到最多的就是香樟树。这种树的树形雄伟，枝叶繁茂，耐虫耐蛀，四季常青，是杭州市的市树。在传统文化中，香樟树有避邪、长寿的寓意，是象征健康和吉祥的风水树，被广泛种植于杭州的大街小巷，深受百姓的喜爱。而杭州的市花则是“独占三秋压群芳”的桂花，有高贵、典雅的文化寓义，同样是杭州随处可见的景观植物。桂花在杭州已经有近千年的栽培历史，尤其是杭州满觉陇的桂花，更是闻名遐迩，有“满陇桂雨”的美誉。而每到桂花开放的季节，就是杭州景致最美的时候，也是杭州人感觉最幸福的时刻，因为那时候的杭州，每一口的呼吸都是香甜的。

千百年来，人们说起杭州，首先推崇的就是这里的嘉丽湖山，诗意翩翩，赏心悦目，秀色娱情。然而，这样的天然之美，是不能脱离人文而单独存在的。正是因为人们不断地在这里发现美、创造美、演绎美、欣赏美，才让这片湖山充满了诗情画意，成为天堂的代名词。于是我们就能在这里看到湖上的烟波与城市灯火交相辉映，看到历史的传奇与当代的繁华彼此衬托。这里有“山外青山楼外楼”的彼此掩映，也有“湖心亭上人数点”的舒朗廓达，有“欲把西湖比西子，淡妆浓抹总相宜”的天生丽质，也有“国破家亡欲何之，西子湖头有我师”的后生可畏，更有“我劝天公重抖擞，不拘一格降人才”的今生慷慨。这样的“诗意”城市，古往今来之间不知醉了多少匆匆过客，而城中的那座西湖，则像一面明镜，倒映着杭州的人间百态和市井风情，记录着城市的半世韶华与岁月流光。

于是在杭州这座城市中，自然和人文的两种风光好似融为了一体。行走在杭州城里，就像走进了百花深处。这里的一砖一瓦仿佛花朵般随风摇曳，这里的一树一草好似通灵千古，演绎着人间传奇。同时，诗情画意总是伴随着浪漫多情，而杭州从来不乏美丽的爱情故事，白娘子与许仙能在断桥相会，梁山伯与祝英台能在万松书院共读，戴望舒能在大塔儿巷邂逅那“丁香般的姑娘”，就连吴越王钱镠也能给回娘家的夫人带去“陌上花开，可缓缓归”这般诗意的“短信”……如今的杭州，浪漫得连公交车都不好意思低调了。每逢七夕，闪耀着“KISS”灯牌的爱情巴士行驶在街头，看得人心头甜蜜蜜的。可以说，在这嘉丽湖山之中，更写满了属于城市生活的优雅与美好。

千古风流

杭州是我国古代著名的“六大古都”之一，也是中华文明重要的发祥地。作为全国首批 24 座历史文化名城之一，悠久的历史在这里积淀下深厚的文化内涵，神奇的故事传说更为她增添了别样的魅力。当代考古工作者在建德乌龟洞遗址中，发现了距今 5 万年前的人类活动遗迹，成为当代杭州文明时间轴的上限。到了距今大约 8 000 年前的跨湖桥文化时代，生活在今天萧山湘湖一带的先民们已经能够熟练使用独木舟，在这片港汊纵横的大地上自由穿梭了。此后在这片土地上相继而起的良渚文化、吴越文化、南宋文化和当代文化，传承递进，推陈出新，在这座城市的历史上书写了更为夺目的千古风流。

良渚文化出现在距今 5 300～4 300 年前的长江中下游地区，主要分布在环太湖流域及其周边地区，而分布的中心地带就是杭州余杭的良渚镇和瓶窑镇。考古研究表明，良渚先民在这里创造了灿烂辉煌的文明，尤其以发达的稻作生产和治玉技术而闻名。2007 年发现的良渚古城遗址更有力地证明了当时这里已出现了早期国家形制，成为实证中华 5 000 多年文明史的圣地。在良渚文化出土的器物表面，还出现不少具有表意功能的刻画符号，具备了原始文字的许多鲜明特点，被专家学者称为中国成熟文字的前奏。而良渚文化的神奇出现与神秘消失，更为考古工作者带来许多未解之谜，也给人们带来了无尽的猜想与遐思。

在中原大地三皇五帝时期，发生了大禹治水的事迹。根据众多历史文献记载，大禹带领人民平息了水患后，经由杭州来到浙江绍兴会稽山，论功行赏，“会计”天下诸侯。说明在当时，华夏文明的力量已经可以直达杭州。春秋时期，杭州因为地处钱塘江之畔，成为吴、越两诸侯国的交界之地。后因越国的国力不断强盛，它都城所在的绍兴地区逐渐成为浙江一带政治和文化的中心，而杭州则在秦代收获了钱唐县的称号，成为一座秀气的江南小城。随后杭州以钱唐县治为基础，花了 800 多年的时间不断建设和发展，终于在隋开皇九年（589 年）成功升级为东南重镇，并得到了这个沿用至今的名字——杭州。隋朝还送给杭州一件

“大礼”,那就是把沟通全国的交通大动脉——大运河修到了这里。

大运河修到杭州,不仅为杭州带来了交通的便利,更奠定了此后这里经济发达与文化兴盛的基础。到了五代十国时期,吴越王钱镠定都杭州,使这里成为名副其实的“东南第一州”。在政治上,吴越国“三世五王”推行保境安民的基本国策,使杭州成为那个时代唯一不受战火摧残的中心城市。在经济上,稳定的政局和安定的社会促进了杭州的发展,使之成为经济繁荣的“三吴都会”。在文化上,由于佛教的兴起,使社会更崇尚和平、反对战乱,也使杭州成为一座追求真善美的“东南佛国”。正因如此,当中原统一之后,吴越钱氏选择“纳土归宋”,在历史上留下极佳的美名,“钱”姓在百家姓中也拥有了仅次于皇姓“赵”的位置。钱氏家训流芳百世,前氏后人名人辈出,人们熟悉的钱学森、钱伟长、钱三强、钱锺书等,都是钱王的后代。

在吴越国建设的基础上,下一代宋王朝的统治者将杭州推向了更高的巅峰。绍兴八年(1138 年)南宋定都杭州,使得这座城市第一次成为全国政治、经济和文化的中心。又通过绍兴和议,为这个王朝争取了 30 年的休养生息和 130 年的相对安定。此时杭州由于人口大量迁入,到南宋后期已超百万,海上丝绸之路的开辟,不仅让典雅的官窑瓷器摆上欧洲餐桌,古老的径山茶礼开启日本茶道,更有来自 40 多个国家的外国人长期定居杭州,从事经济、科技、文化、宗教等方面的交流活动。经济繁荣自然也会带来文化的鼎盛,“西湖十景”的背后写满了南宋人的诗情画意,天下士子的荟萃更带来了这里学术的繁荣。杭州不仅是当时中国最大的城市,也是当时世界上最繁荣的大都会之一。

南宋时期的高速发展,为杭州奠定了此后 800 年的繁华。意大利旅行家马可·波罗在元代时来到这里,赞叹她是“世界上最美丽华贵之天城”。明代书画家徐文长称颂这里是“八百里湖山知是何年图画,十万家烟火尽归此处楼台”。清代康熙、乾隆二帝更是尤其偏爱杭州,12 次“圣驾”南巡,竟有 11 次驻跸杭州,至今留下许多重要的古迹和动人的传说。然而到了清光绪二十一年(1895 年),因为中日甲午战争的失败,日本逼迫中国签订丧权辱国的《中日马关条约》,要求辟杭州为通商口岸。面对帝国主义和国内官僚资本主义等势力的压迫,杭州人民也掀起了不屈不挠的反抗斗争,“一师风潮”的汹涌,衙前农民的暴动,国共和谈的艰辛，“于子三运动”的奋勇，无不可歌可泣。终于在1949年5月3日杭州迎来了她的解放，这座城市也开启了她全新的生命历程。

1953年，刚刚结束抗美援朝战争的新中国百废待兴，正准备集中精力开展社会主义建设。杭州却在这年的12月迎来了《宪法》起草小组的同志们。他们在这里停留了77天，度过了1954年的春节，也完成了新中国第一部《宪法》从初稿到四读稿的起草。可能有许多人会觉得奇怪，为什么《宪法》要在杭州起草？今天我们在杭州五四宪法纪念馆的大厅中，可以读到这样一句话，“治国，须有一部大法，我们这次去杭州，就是为了能集中精力，做好这件立国安邦的大事”。这可以说是对宪法在杭州起草最生动的解释了。在新中国成立以后，杭州的建设和祖国的发展可以说越来越密切。1972年美国总统尼克松访华，在紧张的中美谈判期间，特别安排尼克松游览了杭州的西湖山水，并于2月27日凌晨在西湖刘庄的八角亭完成《中美联合公报》的草签，使得杭州又一次成为重大历史的见证地。

进入21世纪，杭州高举“精致和谐、大气开放”的人文精神，积极创建生活品质之城。并且史无前例地将城市的中心由西湖之畔搬迁到了钱塘江与大运河交汇处附近的钱江新城，标志着这座城市由“西湖时代”迈向了“钱塘江时代”。从“三改一拆”“四边三化”“五水共治”到“最多跑一次”，杭州深化改革的思路、做法越来越成熟，从西湖博览会、G20峰会到亚运会，杭州城市的起点也越来越高。如今，杭州正式提出实施拥江发展、“三化融合”、文化兴盛、民生福祉、改革攻坚、强基固本的“六大行动”，正向着“建设独特韵味别样精彩世界名城、打造展示新时代中国特色社会主义窗口”的目标大步前进。

奔竞不息

日夜奔竞不息的钱塘江，在武林山脉之下打造了杭州城市最初的雏形。杭州人民世世代代听着钱塘江的涛声成长，也在这汹涌澎湃中继承了奔竞不息的奋斗精神。依靠这种精神，杭州人在数百年之前就通过辛勤建设，为这座城市挣得“人间天堂”的美称。到了当代，杭州更迎来了城市发展的高峰期，并在国家和浙江省的支持下，提出了“构筑大都市、建设新天堂”的宏伟目标，努力擦亮“人间天堂”这块金字招牌。通过不懈奋斗，朝着“四个杭州”和“四个世界一流”的方向迈进，即“杭州不应当仅仅是浙江的杭州、中国的杭州，也应当是亚洲的杭州、世界的杭州”，“杭州要有世界一流的标准、世界一流的业绩、世界一流的胸襟和气魄，努力成为世界一流的现代化国际大都市”。眼界高远，更要脚下坚定，在新时代的建设发展中，杭州找准自身的发展方向，拥抱科技，追求创新，面向世界，着眼未来，在这个最好的时代做到了最好的自己。

2007 年 1 月，杭州提出了创建“东方休闲之都，生活品质之城”的目标，围绕打造品质城市、品质产业、品质环境、品质生活，全力推动休闲、文化、创业三者高度融合、协调发展，走出了一条独具特色的品牌建设之路。杭州这座城市的品质，不仅体现在她所拥有的资源、环境、文化和经济水平上，更在于她包容共享的社会服务水平。这里的政务服务改革，从“最多跑一次”到“一次都不跑”的变化，无疑将大大提高市民群众对这座城市的认同感、自豪感和归属感。在这样的城市里，人人都懂得：市民生活好了，城市才会有品质，而城市品质高起来，市民生活会更好。于是，越来越多的热心市民为她建言献策，出力发声；越来越多的志愿服务如春日细雨，润物无声。从一个人，到一群人，再到一座城市的参与，杭州汇聚起更大的社会力量，成为一座有深度、有风度，更有温度的城市。

这几年出现了许多最美杭州人的身影，从“最美妈妈”吴菊萍用手接住 10 楼坠下的女童，到“最美司机”吴斌用自己的生命换回了 24 名乘客的安全，再到以李兰娟院士为核心的医护团队在 2020 年新冠疫情来袭时“逆行”驰援武汉，越来越多的善举汇成整座城市向善的力量。斑马线前的文明礼让，体现着杭州人的文明素养；杭州图书馆不拒绝任何一位读者入内，彰显着这座城市的人情味；杭州的公共服务设施总能出现打动人心的细节。从国内首座推行公共自行车交通系统的城市，到被英国广播公司(BBC)评为“全球 8 个提供最棒的公共自行车服务的城市”，这“低碳生活、绿色出行”的理念，更是早早地让杭州人的生活迎来了更为精彩的升华。

2008 年 5 月，中国电子商务协会正式授予杭州“中国电子商务之都”称号，标志着杭州在智慧创新领域，已经实现了非凡的成就。作为移动支付巨头支付宝的家乡人，杭州人比别的城市更早一点享受到了“指尖上的城市公共服务”的便捷，也比全球大多数城市都更早一点站在了“无现金时代”的前沿。智慧应用普惠百姓生活的例子，在杭州不胜枚举：坐公交能刷支付宝，带现金的最后理由消失了，通过移动端的城市服务功能，杭州人可享受政务、车主、医疗等领域的 60 多项便民服务。如今，杭州已经是一座不带钱包也没有困扰的城市，更是全球最大的移动支付之城。

2016 年，杭州市首次提出“城市大脑”的概念。通过 6 年的建设应用，证明了这项技术在推进城市治理现代化领域发挥的巨大作用，城市也因此变得越来越“聪明”了。通过 3 年多的“数字治堵”，杭州的交通拥堵排名已从 2014 年的全国第 2 位降到了 2018 年的第 57 位。在 2020 年初的新冠疫情期间，杭州市卫健委与公安系统第一时间通过城市大脑建立了线上防控系统，组建了数字化的“战时部队”，研发出“杭州健康码”以及“亲清在线”数字平台等创新举措，为疫情防控和企业复工复产发挥了重要作用。“智”在技术，“惠”及百姓！在未来的杭州，互联网服务将变得和水电一样普通，而每一个角落都能嗅到智慧城市的气息。一座能够自我调节、与市民良性互动的城市，正在不远处向我们招手。

2016 年，国家领导人在 20 国集团工商峰会（B20 峰会）的主旨演讲中提出“杭州是创新活力之城”。早在 2002 年，为了配合西湖申遗，杭州市政府对西湖进行了全面系统的升级改造，并决定将其免费对所有游客开放，让西湖成为第一个“吃螃蟹”的 5A 级景区。“免费西湖”模式的探索，很快就让杭州“名利双收”。免费经济的背后，给杭州带来的是大量的就业岗位和经济效益，全国人民也为这样的“杭州模式”点赞。而从“12345”市长热线，到“最多跑一次”的改革，杭州始终走在社会创新的第一线。如今，在“大众创业、万众创新”的背景下，作为国家自主创新示范区的杭州，创业氛围浓厚，创新水平走在全国的前列。杭州集聚了全国超过三分之一的电子商务网站。在电子支付、云计算、快递、网络营销、信息技术、运营服务等领域，涌现出众多专业的电子商务服务商，其中包括全球最大的 B2B 电子商务平台、全球最大的网络零售交易平台和全球最大的电子支付平台。

看一座城市有没有后劲，主要看创新；看一座城市的创新前景，主要看人才。在杭州这座城市中，“浙大系”“浙商系”“海归系”等“创业新四军”，早已成为创新人才领域的一面旗帜。近年来，杭州通过不断放宽落户门槛、敞开怀抱欢迎各行各业的建设者，杭州人才“蓄水池”的吸力持续增强，活力的主体日益壮大，人才、海外人才、互联网人才净流入率连续多年保持全国第一。截至2022年，杭州连续12年入选“外籍人才眼中最具吸引力的十大城市”；有41家企业进入“中国民营企业500强”行列，连续20年蝉联全国第一；上市企业数量达到206家，居全国第4位。同时，杭州更把制造业作为强市之基，推进“产业大脑＋未来工厂”，打造世界领先的万亿级智能物联产业集群。人工智能、区块链、生物技术、生命科学，无数未来产业正在杭州蓬勃兴起。杭州以互联网的名义连接了中国与世界，通过以人为本、人人受益的普惠经济理念，赋予每个人创新创业能力，并深深影响着全球城市的发展方向。

每座城市都有自己的历史底蕴，每座城市都有自己的文化脉络，杭州也有着属于自己的清晰发展规划。未来的杭州要成为生活富裕富足、精神自信自强、环境宜居宜业、社会和谐和睦、公共服务普及普惠的卓越城市，成为人们心生向往、人生出彩、情感归属的梦想城市，成为新时代全面展示中国特色社会主义制度优越性的窗口城市。2022年2月，在杭州市第十三次党代会上首次提出“奋进新时代、建设新天堂”的号召，开启奋力打造世界一流的社会主义现代化国际大都市新征程。以创新之窗、人文之窗、美丽之窗、开放之窗、善治之窗、幸福之窗等“城市之窗”展现“中国之治”，努力打造产业兴盛、活力迸发、创新创业、共享幸福、良法善治、独特魅力、别样精彩的新天堂。

杭州在自身发展的道路上行稳致远，用脚踏实地的成就征服人们的目光，也始终以大气开放的胸襟去拥抱整个世界。从2006年以来，杭州接连举办了世界休闲博览会、APEC中小企业峰会、世界文化大会、PATA国际旅游交易会、全球女性创业者大会，以及举世瞩目的G20峰会等大型展会。尤其是2016年9月召开的G20峰会，让全世界的目光都聚焦于这座城市。峰会之后的杭州，更成为当年“十一黄金周”最具旅游人气的目的地。而2023年9月，杭州将成为继北京和广州之后，中国第三个举办亚运会的城市。如果说北京亚运会浓缩了一个发展中国家破冰前行的身影，广州亚运会凸显了一个东方大国在国际上的新形象，杭州亚运会则更将集中展示当代中国的制度优势和大国自信。

钱塘儿女

俗话说，“一方水土养一方人”，这冠绝江南的杭州山水，自然也滋养出了无数芳名千载的钱塘儿女，他们都是城市的骄傲。而正是得益于代代名人辈出，英雄无数，才推动杭州这座城市一路发展创新，蒸蒸日上。正所谓“江山留胜迹，我辈复登临”，人们今天在杭州纵览胜景、闲话古今的时候，都免不了提起他们的名字，诉说他们的传奇，而城市也因他们而更加荣耀辉煌。

说到在历史上能够彪炳史册的杭州名人，首先想到的自然是吴大帝孙权、吴越王钱镠等“王侯将相”。作为割据一方的英雄豪杰，他们的一生不仅实现了个人的价值，更通过赫赫的文治武功，创造了巨大的“集体成功”，而这些功业又大大推动了杭州城市的建设发展。与此同时，白居易、苏轼、杨孟瑛、阮元等地方官员为官一任，造福一方，不仅为杭州留下了众多名胜古迹，自己更是青史留名，虽然他们的籍贯不在杭州，但也能与这片湖山共享辉煌，让今天的游人都赞叹不绝。当然，“古来青史谁不见，今见功名胜古人”，新中国成立以来，能够将杭州人民组织起来，为杭州建设铸就不世功勋的人们，同样值得铭记和称颂。

从文化上说，民族英雄岳飞、于谦、张苍水号称“湖上三杰”，他们忠心报国的豪情气壮山河，是杭州千百年来最著名的文化名人。除此之外，南齐歌妓苏小小以风流韵事著称，被誉为杭州西湖最早的代言人；北宋隐士林逋以梅妻鹤子闻名，是杭州隐逸文化的代表人物；南宋道济禅师游戏人间，救民水火，是老百姓心中的“济公活佛”；清代胡雪岩因“红顶商人”出名，是杭州商业传奇的代表人物。千百年来，在这座城市中更出现过道教名家葛洪、政治家沈括、民族英雄葛云飞、思想家龚自珍、朴学家俞樾、革命家章炳麟、艺术家和教育家李叔同、科学家钱学森、社会活动家马叙伦、国学大师马一浮等文化名家，用他们自己的点点星光，照亮了杭州的历史天空。

从文学艺术上看，江南名城杭州自古以来更是才子辈出。唐代著名的诗人贺知章和罗隐、北宋大词人周邦彦、南宋旷世才女朱淑真、清代著名学者袁枚、厉鹗、毛奇龄等纷纷载誉文坛，流芳百世。唐代宰相褚遂良以遒劲俊逸的书法技艺，成为唐代四大书法家之一；南宋院体画家李唐、刘松年、马远、夏圭用他们的丹青妙笔，为中国传统山水绘画别开了生面；清代著名画家任熊、任薰、任颐、任预并称“四任”，不仅缔造了“海派绘画”的传奇，其中任熊和任颐的师徒传承，更是一段千古佳话。而以丁敬为代表的“西泠八家”和以丁仁、王禔、吴隐、叶铭为代表的西泠印社社员，将杭州推上金石文化的“第一高地”。世胄钱塘的洪升和萍寄武林的李渔是清代最伟大的戏剧家，他们在杭州留下了《长生殿》和《怜香伴》《风筝误》《意中缘》《玉搔头》等经典剧本。近代以来，以戴望舒、郁达夫、梁实秋、施蛰存等为代表的文人士子，以黄宾虹、潘天寿为代表的艺术巨匠，以盖叫天为代表的南派名角，以夏衍为代表的戏剧先驱等，无不用自己熠熠生辉的成就，彰显出杭州人杰地灵的气质。

新中国成立以来，在新中国的建设和社会主义的发展过程中，杭州同样涌现出无数优秀儿女。“工人锅炉专家”陈有生、“技术革新能手”孙叙度、“财贸战线的‘红旗’”陶荣生、“一心为民的好司机”孔胜东等一大批全国劳动模范成了那个时候杭州最为出名的英雄。伴随着市场经济的发展，勇于创新的杭州走在改革开放的前排，也诞生了一大批优秀的企业家。例如杭州娃哈哈集团公司创始人宗庆后、万向集团公司创始人鲁冠球、传化集团有限公司创始人徐传化、杭州老板电气股份有限公司创始人任建华、浙江荣盛控股集团有限公司创始人李水荣、浙江恒逸集团有限公司创始人邱建林等。他们在打响民族品牌的同时，也在更广阔的世界中演绎着来自杭州的商业传奇。

进入新时代以来，杭州涌现出了越来越多的平民英雄。这里是“最美现象”的发源地，“最美妈妈”吴菊萍、“最美司机”吴斌、“最美爸爸”黄小荣等普通杭州市民，用他们最纯净的心灵和最朴实的行动，在这座城市演绎出一幕幕温暖人心的风景。“最美现象”在杭州的层出不穷，充分说明这座城市中流淌着最真挚的善良。而众多的“最美”在聚沙成塔、汇流成河中，丰实着杭州的道德地标，肥沃着城市的文明土壤，最终转化成见贤思齐、崇德向善的实际行动。因此杭州不仅拥有全国文明城市“四连冠”的称号，更是全国唯一连续15年荣获“中国最具幸福感城市”的地方。

杭帮滋味

“风雅杭州，食色西湖”，杭州饮食自古就特色鲜明，颇为出众。江南水乡的自然环境，造就了杭州人“饭稻羹鱼”的饮食习惯。在这处水肥土美、物产丰饶的“红尘富贵地”上，人们生活安逸，追求品质，发明了许多独特的饮食。到南宋时期，因为王朝在杭州建都，导致大批南北名厨云集杭城，使得杭帮饮食有了“南料北烹”的手法，被业内人士誉为“迷踪菜”。当代的杭帮菜更是兼容并蓄、博采众长，广泛吸收南北菜系的特点长处，突出“咸鲜合一”的特点，成为江浙菜系的代表流派，在美食遍地的中国也有着自己的一席之地。杭帮菜今天已是杭州文化的重要品牌之一，也是游客来到杭州最重要的旅游体验之一。

杭帮菜肴的特色是强调选料精细，注重清鲜脆嫩，这一特点可以说是深受江南物产丰富的影响，因此在选料上有“细、特、鲜、嫩”等讲究。既然杭帮菜中的食材以新鲜为上，所以在烹饪中也特别追求本色与真味。有道是“靠山吃山，靠水吃水”，淡水鱼虾是杭州人喜爱的食物，对于烹制河鲜，杭州也有独到之处。其最典型的特色是过水烹饪，以水传热，来保证食材原本的鲜味。注重“三轻一清”也是杭帮菜烹饪中的一大特色，这种强调轻油、轻浆、轻糖和清鲜脆嫩的烹饪理念，创造出独特的“杭帮味道”，风靡全国。西湖醋鱼就是这种口味的代表名菜。制作西湖醋鱼时，要选用大小适中的草鱼，先入清水汆熟，装盘用糖醋芡汁淋浇。此菜颜色红亮、肉质鲜美、口味酸甜且略带蟹味、滑嫩鲜美，众口称赞。

杭州和南京一样，也是一座喜欢吃鸭子的城市。“笋干老鸭煲”可以算是杭州人最爱吃的一道菜了。这味菜肴是选用江南的隔年老鸭，再配上清鲜盖世的天目山笋干、陈年火腿、黄酒，用砂煲文火一煲，汤醇味浓，油而不腻，酥而不烂，吃到嘴里的不仅是时间熬出来的味道，还有大自然馈赠的时鲜。杭州卤鸭和杭州酱鸭也是城市美食的代名词，尤其是讲究时令的杭州酱鸭，最受人们的喜爱。

每年中秋节一过，钱塘江大潮涌起来的时候，杭州街头的酱鸭香味也逐浪而起了。传统的杭州酱鸭，色泽酱红，油润芳香，咸中带鲜，回味无穷。

俗话说，北方吃面，南方食米，而处于江南的杭州却对面食一往情深。杭州人说“没有吃过片儿川，别说去过杭州”。“片儿川”这个带着儿化音的名字，正是杭州最有特色的一种面食，也是《舌尖上的中国》推荐的杭州美食。这种面食在烹调时，选用瘦猪肉片，配以笋片和雪菜，与面条同烧而成。肉片鲜嫩，雪菜和笋片翠白分明、美味爽口。在杭城的大街小巷，更流传着各种面馆“榜单”，从老字号的“奎元馆”，到新势力的“慧娟面馆”“菊英面馆”等，各种特色面馆不计其数，每到饭点食客队伍更是排成长龙。同时，“知味停车，闻香下马”，百年老店知味观的知味小笼和猫耳朵，“中国小吃十佳名店”新丰小吃的虾肉馄饨和虾肉小笼，都是杭州脍炙人口的知名面点。

当无数饕餮美食和杭州这座文化名城相遇的时候，美味已不再是唯一能将人们吸引住的原因，美食背后那些引人入胜的神奇故事，更是打动万千食客精神味蕾的绝妙配方。“叫化童鸡”的背后，藏着一段江南传统的美食趣事，“龙井虾仁”的背后，则留下一则宫廷深处的烹饪诀窍，吃着“东坡肉”，自然说起苏东坡的与民同乐，喝着“宋嫂鱼羹”，难免谈起宋五嫂的南渡辛酸。咬一口“定胜糕”，赞一句韩世忠得胜回营，吃一块“葱包桧”，骂一声秦相国遗臭万年……在故事中品尝美食，在美食中品味文化，已成为今天品尝杭帮美食最大的趣味。更有人说杭帮菜是一菜一点、百菜百点，每一道菜背后就是一条杭州的“旅游指南”。而坐落在西湖风景名胜区中的楼外楼、山外山、天外天等传统杭帮菜肴名店，将山水意境和特色文化融入美食，创造出别具氛围的餐饮情趣。

当代，随着餐饮发展的蓬勃兴盛和餐饮口味的日益丰富，人们将传统杭帮美食和现代饮食需求结合起来，融汇世界各地饮食流派，推出了一大批“新派杭帮菜”，掀起了杭州城里的“食肆革命”。例如，知味观味庄的“金牌扣肉”、新白鹿餐厅的“蛋黄鸡翅”、外婆家餐厅的“茶香鸡”、绿茶餐厅的“面包诱惑”、老头儿油爆虾餐厅的“油爆虾”、弄堂里餐厅的“卤鸡爪”、西湖国宾馆紫薇厅的“虎跑泉水松茸饭”等，都是推陈出新、再造经典，迅速在城市中风靡开来，更让无数吃客老饕们为之食指大动。而位于南宋皇城大遗址附近的中国杭帮菜博物馆，创新性地将博物馆与美食餐饮结合在一起，挖掘杭州传统的饮食精髓，展现杭州丰富的饮食文化，品味杭州城中的无上至味。

市盈罗绮

杭州自古以来就是人人艳羡的天堂城市，“钱塘自古繁华”是对她经济面貌的最佳注脚。长江中下游地区四季分明的宜人气候和江南水乡独特的地理环境，为杭州带来了发达的农业文明；大运河的修建又给杭州带来商贸繁荣的契机，使这座城市在历史发展中和“富庶”两个字久久绑定在一起，成为人们梦寐以求的神往之地。而杭州的风物之美，更是传颂千年、脍炙人口。而对于来到杭州的人来说，除了纵享踏马游观的惬意，更会追求满载而归的喜悦。

杭州历来就有“丝绸之府”之称。20 世纪 50 年代在距离杭州不远的钱山漾遗址中，发现了人类历史上最早的丝绸残片，表明杭州一带的丝织传统源远流长。春秋时代，越王勾践就以“奖励农桑”为富国政策。唐代时，杭州盛产的绫类已有“杭城所出，天下为冠”的盛誉，成为宫廷贡品。大诗人白居易“丝袖织绫夸柿蒂，青旗沽酒趁梨花”的诗句，更道出了当时杭州丝织的技艺之高。根据周密在《武林旧事》中的记载，南宋时的杭州市内，呈现“机杼之声，比户相闻”和“都民士女，罗绮如云”的盛况。杭产丝绸在那时还远销东南亚和阿拉伯诸国，从陆上和海上推动了“丝绸之路”的繁荣。明、清二朝更是杭州丝绸发展的鼎盛时期，在江南专设了杭州织造，为内廷特供丝织品，足见杭丝品质之高、价值之重。

经过数千年的发展和创新，杭州的丝织品产业种类繁多，质量优胜，包括了绸、缎、绫、罗、锦、纺、绒、绉、绢等几十个大类上百个品种。在这其中，杭州织锦是别具一格的。早在宋代，杭州就有官营的锦苑，其织造的宋锦声名远播。民国时期，杭州人都锦生改良织锦技艺，亲手织出我国第一幅丝织风景画“九溪十八涧”，并于 1922 年创办了都锦生丝织厂。都锦生的丝织画产品曾在美国费城国际博览会上获得金质奖章，更让“杭锦”“杭线”之名传遍五湖四海。1992 年，中国丝绸博物馆在杭州建成并对外开放，可以说是对杭州在中国丝绸文化发展地位上的重要肯定。如今,“千里迢迢来杭州,半为西湖半为绸”更成了游客们来到杭州观光旅游的两大重要目的。

在杭州,能与杭府丝绸齐名的地方特产就属“西湖龙井”了。顾名思义,这种茶原产于杭州西湖以西的龙井寺一带,以“色绿、香郁、形美、味醇”等特色而著称,被誉为“绿茶皇后”。其实茶叶在杭州的栽培种植历史悠久,自古也是名茶辈出,早在唐代,三天竺香林茶、上天竺白云茶、葛岭宝云茶已成为朝廷贡品,宋代余杭径山茶更是名声大噪,远传日本等国。而西湖龙井大约只有 1 200 多年的栽培历史,真正出名是在明清之际,到如今已成为杭州的“第一名茶”。如今西湖龙井广泛栽种于西湖以西的山地丘陵之中,尤以狮峰、龙井、云栖、虎跑、梅家坞等地出产的茶叶为优。而在杭州龙坞一带已建起了浙江最早的茶叶特色小镇——龙坞茶镇,将茶叶产业不断做大做强,将茶文化发扬光大。

杭俗有“早采三天是个宝,晚采三天变成草”的谚语,说的是西湖龙井以新茶为上,以早采为优。每年清明前后茶树新绿,是采摘龙井茶的最佳时节。那时候在杭州的茶村,就能见到漫山遍野的茶园中,到处是头戴斗笠、身背茶篓的采茶人,他们的指尖在茶树上飞舞,洋溢着春天勃勃的生机。每年新茶上市之后,许多游客都会慕名来到各大茶村,品茶、赏景、吃农家饭,赏心悦目,回归自然,这已成为深受游客欢迎的新颖休闲方式。在杭州城中,充满烟火气息的茶楼、茶馆更是鳞次栉比。据统计,在杭州工商登记的茶楼茶馆近 2 000 家,这个数量在全国都非常罕见。杭州人偏爱茶馆的精致和谐,要胜过咖啡馆的热情优雅,以茶艺见长的太极茶馆、以环境见优的门耳茶坊和以地段为优势的湖畔居茶楼、青藤茶馆等,都是其中的代表。

在杭州,茶叶文化就像丝绸文化一样,已经超过了这件物品的本身价值。人们在杭州品茶,品的更是生活;人们在杭州喝茶,喝的更是文化。在这座城市中,流传着太多和茶叶有关的故事和传说,而 1991 年,中国茶叶博物馆在杭州建成开放,也标志着杭州这座城市在我国茶叶文化发展中的重要地位。同样在杭州,人们还能找到一座中国伞博物馆,能够将杭州伞文化的传奇从西湖绸伞一直讲到天堂伞。当然城市里还有一座中国扇博物馆,从江南才子的折扇,到不怕雨淋的王星记黑纸扇,都是这座城市的骄傲。这里还有一座中国刀剪剑博物馆,人人家中都能找到的张小泉剪刀，更是杭州最著名的老字号之一。

近代以来，以“王星记”扇子为代表的“杭扇”、以“张小泉”剪刀为代表的“杭剪”、以“孔凤春”香粉为代表的“杭粉”、以“宓大昌”旱烟为代表的“杭烟”和以“都锦生”织锦为代表的“杭线”成为杭州传统商品的代表，被称为“五杭”。它们选料讲究、制作精细，蜚声中外，成为人们认识杭州的重要窗口。而到了当代，西湖藕粉、西湖莼菜、萧山萝卜干、天目笋干、临安山核桃、天目青顶、径山茶、鸠坑茶、雪水云绿茶、建德草莓、里叶白莲等杭州传统农土特产依然抢手，西湖绸伞、天竺筷子、杭罗、杭州刺绣、萧山花边、余杭滚灯、西泠印泥等手工艺品更是热销。然而富有创造精神的杭州人更在传统特产的基础之上推陈出新，创制出许多符合时代价值和时代需要的新特产。例如，结合茶叶发酵技术，在龙井茶叶产地创制出红茶“九曲红梅”，结合宗教文化特色，在杭州法喜寺推出深受年轻人喜爱的吉祥“御守”等，都将在百花齐放的时代，为杭州创造出更多属于这座城市的美好。

如此多娇

文化是一座城市独一无二的记忆，而杭州是江南文化的典型代表。几千年来，杭州人民在西湖、运河、钱塘江之上创造了无数的文化传奇，以西湖文化、运河文化、钱塘江文化为代表的杭州文化，在开放中融合，在创新中发展。西湖文化采撷跨湖桥文化、良渚文化、吴越文化、南宋文化、明清文化等杭州历代文化之精华，汇集山水文化、园林文化、宗教文化、建筑文化、名人文化、民俗文化、丝绸文化、茶文化、饮食文化之广博，体现了精致、和谐、典雅的特色；运河文化集水利文化、商贸文化、物产文化、水景文化、戏曲文化、庙会集市文化于一体，体现了杭州文化开放、兼容的特色；钱塘江文化犹如滚滚钱塘潮，是杭州人大气开放的象征。

杭州还是中国雅文化的高地。自唐、五代到宋元时期，杭州文化日趋兴盛。特别是南宋时期，由于北方大批人口南迁，形成了南北文化的大交融，让处于南北文化交汇点的杭州呈现出开放、兼容的文化特征。那时的文人雅士都将杭州视作人间至境，留下难以计数的诗词、歌赋、书画、楹联、篆刻等文学艺术作品，其中有不少已成为千古绝唱。那时杭州的出版印刷也为全国之冠，是全国最大的刻书中心。在这时期，杭州的佛教文化也得到了空前的发展，净慈寺、昭庆寺、玛瑙寺、开化寺、慧因高丽寺等纷纷得到建造，灵隐寺、法镜寺、法净寺等东南名刹也相继得到复兴，使杭州有“东南佛国”之称。在南宋，金石书画更是名家荟萃，杭州籍画家就占全国画家总数近 2/5，作为戏曲中心的杭州，歌楼瓦肆更是遍布整个市区。所有这些，都给杭州留下了大量丰厚而珍贵的遗产，也让“风雅处处是平常”的宋韵，成为当代杭州最热门的文化主题之一。

杭州的文化底色和旅游情趣天然契合，相看两不厌。她既是中国最著名的历史文化名城之一，也是中国最优秀的风景旅游城市之一，在这里，“诗和远方”紧紧相连。目前，杭州拥有一大批国字号文旅资源，包括 2 个国家级风景名胜区、3 个国家 5A 级旅游景区、8 个国家级森林公园、2 个国家级自然生态保护区、2 个国家级旅游度假区和 50 多处全国重点文物保护单位等。同时，城市拥有“杭州西湖文化景观”“中国大运河”“良渚古城遗址”三处世界遗产，所拥有的遗产数量仅次于首都北京，位于全国第 2 位。如今，遗产旅游已成为游客来到杭州旅游最主要的目的之一。

随着城市文化保护和建设的不断深入，与杭州西湖两两相望、水乳交融的西溪湿地；有杭州城市“母亲山”以及“大树王国”和“清凉世界”之称的天目山；世界河口涌潮之最和世界最壮观古海塘遗址的钱塘江；迄今为止中国乃至世界范围内所发现年代最早的古代造纸作坊遗址富阳泗洲宋代造纸作坊遗址；以皇城东南西北城墙遗址、南宋太庙遗址、老虎洞宋元窑址、南宋恭圣仁烈皇后宅遗址、德寿宫遗址、三省六部遗址、南宋御街遗址、南宋临安府府衙遗址、严官巷南宋御街遗址、南宋钱塘门遗址、朝天门遗址、郊坛下南宋官窑遗址、南宋临安城东城墙遗址、五府遗址、白马寺遗址、梵天寺遗址、圣果寺遗址等为代表的南宋皇城大遗址，都成为堪比“世界遗产”的城市文化高地，也成为当代杭州文化旅游的新热点。

杭州对文化的保护和挖掘是不遗余力的，城市的文博资源也是异常丰富。目前杭州拥有文化馆 14 座、公共图书馆 15 座，各类博物馆、纪念馆 75 座以上，其中不乏中国丝绸博物馆、中国茶叶博物馆等重量级的国字号博物馆，浙江省“宋韵文化传世工程”的开篇之作南宋德寿宫遗址博物馆，以及有“中国国家版本馆总馆异地灾备库”“华东地区版本资源集聚中心”和“江南特色版本库”之称的杭州国家版本馆（文润阁）等。同时，历史的烽烟在杭州凝结出许多革命的壮志豪情，留下了众多革命遗迹和革命纪念馆，也为红色旅游的开展提供了重要的资源基础。随着国家、城市的不断发展和社会主义事业的不断成功，越来越多人意识到这些革命智慧的宝贵和革命精神的崇高，也为杭州红色文旅的发展带来了前所未有的创新。

杭州一年四季都有丰富的节事和会展活动，除了最具影响力的西湖博览会，还有超山梅花节、西溪花朝节、龙井春茶会、运河庙会、中国国际动漫节、西湖国际音乐节、塘栖枇杷节、西湖荷花节、西湖国际桂花节、杭州文博会、钱江观潮节、杭州国际马拉松大会等。这些活动的举办，也将带动与之相关的一大批旅游活动的开展。而即将在2023年举办的亚运会，更将为这座城市带来运动休闲和体育旅游的迅猛发展。

作为节事和会展活动的重要载体，杭州的接待业（酒店业）发展也在近年异军突起。洲际（洲际、假日等）、万豪（万豪、万怡、喜来登等）、凯悦（柏悦、君悦等）、希尔顿（希尔顿、康莱德等）、四季、悦榕庄、安缦、卓美亚等国际酒店管理集团旗下品牌纷纷入驻，它们和开元（开元名都、开元、开元度假村等）、浙旅蝶来（蝶来、蝶来三舍、蝶来雅谷、蝶来花半等）、维景、钓鱼台等国内优秀酒店品牌交相辉映，汇成独一无二的城市酒店文化。基于西湖山水营构、承载杭州历史传奇的西湖国宾馆、西子宾馆、西湖山庄、新新饭店、大华饭店等传统酒店，更为游客带来“杭州一梦”的别样香甜。

这些年来，杭州市按照“大杭州、大旅游、大发展”的旅游发展思路，积极推进“全域旅游”战略，以西湖风景名胜区为中心，以“三江三湖一山一河一溪一址”为重点，形成了“大杭州，大旅游”的发展格局。钱塘江、富春江、新安江“三江两岸”黄金旅游线熠熠生辉，钱江新城“灯光秀”、梦想小镇“金色长廊”、德寿宫“网红墙”、良渚文化艺术中心“大屋顶”、凤凰国际创意园“小冰岛”等一大批“网红”景点脱颖而出，在杭州这片旅游热土上争奇斗艳。来到杭州，除了游山玩水之外，五光十色的步行街区、时尚现代的创意园区、异彩纷呈的特色小镇也吸引了一大批旅游者的目光。当然，在这其中科技创新成为杭州发展最重要的引擎，智慧旅游更成为杭州独特的文化旅游发展方向。

城中赏风雅，湖上看清嘉，若是到乡野，更有田舍家。随着城乡发展的进一步融合、乡村振兴的进一步推进，在杭州的郊野涌现出越来越多景区化的村庄，可以说是一村一品、一村一景，百花齐放，争奇斗艳。依托美丽乡村和风情小镇开展的乡村旅游，正成为杭州文旅的又一张新名片。这其中著名的代表有画外桐坞的艺术集合村、临安指南村的红叶小镇、富阳东梓关村的新杭派民居、建德杨村桥村的果蔬乐园，以及淳安下姜村、桐庐狄浦村、深澳村等。乡村旅游在杭州，不仅能“看得见水，望得到山，记得住乡愁”，更能发得了朋友圈、聚得起人气、留得住欢声笑语。而大量3A级、4A级景区村的涌现，全域景观的提升和个性化IP的爆发，为杭州的乡村旅游制造了更多精彩的热点。

“东南第一州，钱塘景无俦。春花数不尽，此地最风流。”杭州的美仅仅依靠语言是难以穷尽的，若是要真正领略她的风采，还需要附上追求的脚步，与她来一场亲密的约会。来到杭州，追寻一个属于自己的天堂。

附：杭州主要旅游景点①

景区名称	属地	景区地址
国家5A级景区		
杭州西湖风景名胜区	西湖区	西湖风景名胜区
杭州西溪湿地旅游区	西湖区	天目山路周家村、五常街道五常大道龙舌嘴
杭州市千岛湖风景名胜区	淳安县	千岛湖中心湖区旅游码头
国家4A级景区		
杭州市清河坊历史文化特色街区	上城区	河坊街
玉皇山南基金小镇(特色小镇)	上城区	复兴路与水澄路交叉口
杭州皋亭山景区	上城区	丁兰街道天鹤路789号

① 杭州市人民政府办公厅，杭州市统计局. 杭州概览2022. 有增补。

续表

景区名称	属地	景区地址
京杭大运河·杭州景区	拱墅区	京杭大运河景区
宋城	西湖区	之江路 148 号
龙坞茶镇(特色小镇)	西湖区	留泗路与龙新路路口
兰里景区	西湖区	三墩镇绕城村
杭州雷峰塔景区	西湖区	南山路 15 号
中国丝绸博物馆	西湖区	玉皇山路 73—1 号
浙江美术馆	西湖区	南山路 138 号
杭州乐园	萧山区	风情大道 2555 号
杭州东方文化园	萧山区	义桥镇
杭州市湘湖跨湖桥景区	萧山区	湘湖旅游度假区
杭州市极地海洋公园	萧山区	湘湖路 777 号
浙旅院国际教育旅游体验区	萧山区	萧山高教园区浙江旅游职业学院
杭州双溪竹海漂流景区	余杭区	径山镇双溪竹海路 7 号
杭州良渚博物院	余杭区	良渚街道美丽洲路 1 号
杭州市余杭山沟沟景区	余杭区	鸬鸟镇太平山沟沟村
梦想小镇景区(特色小镇)	余杭区	良睦路 1399 号
径山景区	余杭区	径山镇
杭州市超山景区	临平区	塘栖镇超山风景名胜区
运河·塘栖古镇景区	临平区	塘栖镇酱园弄 9 号
杭州野生动物世界	富阳区	受降镇杭富路九龙大道 1 号
杭州龙门古镇景区	富阳区	龙门镇
杭州富春桃园风景区	富阳区	胥口镇上练村
黄公望隐居地	富阳区	东洲街道黄公望村
临安天目山	临安区	天目山镇天目村
浙西大峡谷	临安区	龙岗镇大峡谷村

续表

景区名称	属地	景区地址
临安大明山风景旅游区	临安区	清凉峰镇白果村
临安太湖园景区	临安区	太湖源镇白沙村
瑶琳仙境旅游区	桐庐县	瑶琳镇瑶琳南路110号
桐庐垂云通天河景区	桐庐县	瑶琳镇东琳村杨家
杭州市桐庐严子陵钓台景区	桐庐县	富春江镇云源路1号
杭州桐庐浪石金滩景区	桐庐县	横村镇浪石村
杭州桐庐江南古村落风景区	桐庐县	杭新景高速深澳出口
桐庐天子地生态风景旅游区	桐庐县	百江镇罗山村
千岛湖乐水小镇·文渊狮城	淳安县	姜家镇狮城路1号
下姜村景区	淳安县	枫树岭镇下姜村
千岛湖石林	淳安县	石林镇
建德大慈岩风景区	建德市	大慈岩镇大慈岩脚
建德七里扬帆景区	建德市	梅城镇旅游码头
建德灵栖洞景区	建德市	航头镇灵栖村
航空小镇(特色小镇)	建德市	寿昌镇横山路
严州古城	建德市	梅城镇开元路七里扬帆旅游码头
国家3A级景区		
小营·江南红巷景区	上城区	小营巷62号
丁兰智慧小镇(特色小镇)	上城区	临丁路699号
运河财富小镇(特色小镇)	拱墅区	上塘路大关路路口
智慧网谷小镇(特色小镇)	拱墅区	石祥路242号
画外桐坞	西湖区	转塘街道外桐坞村委会
杭州西湖灵山景区	西湖区	双浦镇灵山村
云栖小镇(特色小镇)	西湖区	科海路云河街口
艺创小镇(特色小镇)	西湖区	双流路643号

续表

景区名称	属地	景区地址
物联网小镇(特色小镇)	滨江区	阡陌路482号智慧e谷大楼A楼
互联网小镇(特色小镇)	滨江区	创慧街18号
白马湖公园	滨江区	长江路158号
杭州医药港小镇景区(特色小镇)	钱塘区	福城路291号杭州医药港小镇
信息港小镇(特色小镇)	萧山区	启迪路198号杭州湾信息港
楼塔古镇	萧山区	楼塔镇政府
河上店景区	萧山区	河上镇伟民村
古韵欢潭	萧山区	进化镇欢潭村
机器人小镇(特色小镇)	萧山区	鸿兴路389号
梦栖小镇景区(特色小镇)	余杭区	良渚街道莫干山路3111号
杭州·江南慢村景区	余杭区	中泰街道中桥村
遇见鸬鸟景区	余杭区	鸬鸟镇
竹意百丈景区	余杭区	百丈镇
人工智能小镇景区(特色小镇)	余杭区	文一西路1818-2号
运河·五杭景区	临平区	运河街道五杭古集市
中国江南水乡文化博物馆景区	临平区	临平南大街95号
艺尚小镇景区(特色小镇)	临平区	艺尚小镇
鹳山风景区	富阳区	鹳山路2号
贤德状元里景区	富阳区	洞桥镇大溪村
富阳区药谷小镇景区(特色小镇)	富阳区	胥口镇葛溪清水平台
硅谷小镇景区(特色小镇)	富阳区	银湖新区320国道与九龙大道交界处
临安浙西大龙湾	临安区	龙岗镇龙井村
临安西径山景区	临安区	锦北街道集贤村
临安云智造小镇(特色小镇)	临安区	青山湖科技城大园路岗阳街口
文武上田景区	临安区	上田村上路里

续表

景区名称	属地	景区地址
红叶指南景区	临安区	太湖源镇指南村
古韵河桥景区	临安区	河桥镇柳溪街19号
湍口温泉景区	临安区	湍口镇三联村
天目月乡景区	临安区	天目山镇环河北街68号
龙门秘境	临安区	高虹镇石门村
临安博物馆	临安区	锦城街道天目路800号
大奇山国家森林公园	桐庐县	城南街道大奇山脚
合村生仙里景区	桐庐县	合村乡后溪村
莪山遇见山哈景区	桐庐县	莪山畲族乡莪山民族村
富春大岭图景区	桐庐县	桐郑线西武山入村口
健康小镇(特色小镇)	桐庐县	大奇山路城南路交叉口
智慧安防小镇(特色小镇)	桐庐县	洋洲南路199号
白云间休闲旅游度假区	桐庐县	横村镇白云村
武盛古街	桐庐县	分水镇武盛村
红色茶山景区	淳安县	中洲镇厦山村
千岛湖啤酒小镇	淳安县	千岛湖镇坪山工业园区睦州大道669号
淳安县九咆界风景区	淳安县	屏门乡秋上线
千岛湖森林氧吧	淳安县	千岛湖镇淡竹王子山
千岛湖鱼街景区	淳安县	千岛湖镇南景路436号
千岛湖钓鱼岛景区	淳安县	千岛湖镇环湖北路1290号

风雅钱塘　世遗杭州

“东南形胜，三吴都会，钱塘自古繁华。”杭州，是江南水乡的典范，也是吴越文化的杰作。作为首批全国历史文化名城和中国六大古都之一，她把岁月凝成经典，将人文化作传奇。她是大诗人白居易“最忆”的江南名城，也是中国四大民间故事《白蛇传》的发源之地，岳飞抗金的慷慨悲壮，梁祝爱情的千古绝唱，西湖美景的秀丽篇章，杭州文化的源远流长，都深深为人所称道。

今天，文化旅游已经成了杭州新的旅游增长点，人们来到这座城市，都愿意在湖光山色之间追忆往昔的荣华，品味当下的优雅，聆听文化故事，体验人文风情，用感官和杭州文化触碰，用心灵与城市气质共鸣。那么，丰饶的历史为杭州留下了多少文化遗产？人们又能如何触摸和感受它们？接下来，让我们通过世界遗产的窗口，一同开启杭州的“文化密码”。

杭州的历史文化积淀

认识一座城市，通常从它的名字开始，这是城市与生俱来的符号。人们往往只须顾名思义，就能读出一座城市的初心。不过，名满天下的“天堂城市”杭州，却有一个生僻的名字——“杭”。在《新华字典》里，这个字只有一个解释，“杭州，地名”。显然，城市的名字不可能是翻字典取得的，那么这个“杭”字究竟是什么含义呢？杭州人自己总结了一句话，“大禹治水，路过杭州，舍杭登陆，杭为方舟”。也就是说，“杭”是大禹乘坐的大木船，而“杭州”则是大禹停船上岸的地方。因为大禹的到来，于是有了杭州的名字。

俗话说“茫茫禹迹，划为九州”，作为华夏文明重要的领袖，以大禹的姓名、事迹来命名的地方，在今天的中国并不罕见。不过他的时代距今已有 4 000 多年，而这座城市得名“杭州”还不到 1 500 年，所以这背后其实还有另一番渊源。钱塘江畔杭州城，起初只是一座小小的钱唐县。直到隋开皇九年(589 年)推行“以州统县”的州县制，才把这里升格为“杭州”。所以也就不难解读出隋朝人取名的初衷:尽管这个名字是新的，但人们一读到这个“杭”字，就知道这不是一处“新兴”城市，而是一座历史可以直追大禹时代的文化古城！细数杭州的人文历史，大禹的到来不仅赋予了城市的名字，更开启了杭州的文化脉络，从此无数后人摩肩接踵，纷纷而至，为杭州带来了文化的交汇与城市的繁荣。

第一位到来的“大人物”，当属“千古一帝”秦始皇。他认为自己的功业已经超越了“三皇五帝”，所以自称“始皇帝”，几乎没有把那些“前任”放在眼里，却亲自来到浙江祭祀了大禹，这就十分耐人寻味了。尤其是他将自己的船停靠在了大禹同样停过船的杭州，直到今天，人们还能在西湖边找到这块传奇的“秦始皇缆船石”。秦始皇时代距今两千多年，他距离大禹时代也有近两千年，至今遗迹犹在，传说依旧，可以说这就是文化的一脉相承、绵绵不绝。治水的大禹是怎样来到杭州已经不可考证，但是史书却记载了秦始皇南巡时疏通了“陵水道”。凭借这条水上通道，让船一直航行到杭州。于是这条河有了“秦河”的名字，它也成为大运河杭州段最早的雏形——今天杭州城里的上塘河。大运河的桨声在杭州回荡千年，可以说正是由此而始。

接下来与杭州相遇的，是有“海龙王”之称的吴越王钱镠。他对杭州文化的影响太大了，不仅将自己吴越国的国都设在杭州，让这座城市第一次成为江南的政治中心，更花大力气整治了杭州西湖，使这处地方名胜从此登上大雅之堂，同时，还在杭州文化史上开辟了承前启后、生生不息的浪潮。此后的吴越三世五王，宋室南渡九帝，无不以“接力”的方式经营这座城市，留下一个文化繁荣的西湖，换来杭州“人间天堂”的美称。而后，城市再度迎来“南巡”杭州的帝王——康熙皇帝。他不仅如秦始皇一样坐船而来，更要在前人的道路上把文化建设做得更漂亮。今天名满天下的“西湖十景”，正是康熙三十八年(1699 年)他第二次来杭州时所作的题名。从此以后，西湖文化景观的名声更响亮了，如今就算从未来过西湖的人，对断桥残雪、平湖秋月、南屏晚钟这样雅俗共赏的名称都不会太陌生。

康熙五巡杭州可谓政绩斐然，作为他的孙辈，乾隆皇帝更是来了 6 次，为这片湖山留下更多的事迹和传说。这就是杭州文化特有的传承力量：先行者负责披荆斩棘，后来者负责乘风破浪。就如白居易先到，修了一道白堤，让孤山从此不孤，苏东坡后来，再添上一条苏堤，使南北成为通途。正是千百年来无数建设者愿意立足这座城市，本着"功成不必在我"的精神信念，不断为她添砖加瓦，才让这里的积淀越来越丰厚，让杭州的文化越来越深远。而作为杭州人，对这座城市的钟情和爱护更是发自内心的，因为这样的热爱，25 岁的施昕对自己的家乡进行考古发掘，成为发现良渚文化的第一人。今天我们可以确信，大禹之所以选择杭州"舍杭登陆"，起码说明 4 000 年前的这里并不荒凉，良渚文化不仅是杭州文化的重要源头，更成为实证中华五千年文明史的圣地。

千百年来，杭州人珍惜这座城市的名字，珍重这座城市的历史，珍爱脚下的这片土地，它们都是前人留下的宝贵遗产，更是城市向着未来迈进最厚实的基础。由此而上，杭州不断传承发扬、开拓创新，终于一步步登上了国际化大都会的舞台。而在这其中，西湖景观、大运河、良渚古城已超越了地域的眼界，分别于 2011 年、2014 年和 2019 年被列入《世界遗产名录》，成为举世闻名的世界文化遗产。截至 2021 年 7 月，中国以 56 处世界遗产的数量位居全球之冠，杭州更是除首都北京外全国拥有世界遗产最多的城市之一。文化遗产旅游已成为杭州旅游的第一张"金名片"。所以若是有人问你，什么是杭州？相信领略过这三处世界遗产的风采，你会充满自信地给出答案：这就是杭州！

杭州的世遗申报历程

申遗背景

苏东坡曾赞美西湖道："欲把西湖比西子，淡妆浓抹总相宜！"其实杭州这座城市也和西湖一样，无论是历史的千秋风雨，还是时代的激情浪潮，都成为她点亮自己、闪耀世界的舞台。她不仅是一座历史文化名城、一座东方休闲之都、一座生活品质之城，更因西湖景观、大运河、良渚古城三处世界文化遗产，成为举世瞩目的“世界遗产之城”。“世界遗产”的名声很大，在全球的影响力很强，但申报的“门槛”也很高，在数量上更有严格的控制。一个国家无论大小，每年原则上只能申报自然和文化遗产各一项。但是，仅仅在 2011—2019 年这 9 年时间里，杭州就先后三次拥有代表国家申遗的资格，而且三次都申遗成功，让人不能不感慨于杭州遗产资源之丰富，遗产保护之到位，申遗准备之充分，这可以说是世界对杭州在遗产保护成就上最高规格的认可。

今天，许多人会惊叹于杭州申遗的速度之快，成就之高。其实根深才有树大，杭州从新中国成立之初就开始有计划地对西湖、运河和良渚等地进行保护和建设，但是直到 1999 年才第一次提出申遗的方案。不过，申遗确实并非易事，不仅需要遗产的价值名副其实，遗产的保护货真价实，更需要我们有实力在世界面前讲好中国故事。所以如果要申报世界遗产，杭州公认的首选必定是西湖。但是当西湖景观申遗成功之后，未来杭州还会增加多少项世界遗产，却并不是一个确定的数字。作为南宋首都的杭州，皇城遗址犹在，宋韵文化更是影响至今；天目山作为浙江群山之祖，自然生态冠绝江南，人文内涵更是源远流长；杭州的母亲河钱塘江，不仅因天文大潮而闻名，更孕育了“勇立潮头”的浙江精神……随着杭州整体发展的蒸蒸日上，遗产资源会不断地涌现出来，当然大运河和良渚古城的价值表现更为出众，因此更快拥有了世界遗产的认可。

西湖申遗

西湖是杭州最早的申遗项目，是杭州向“世界遗产城市”迈出的第一步。1999 年我国当选为世界遗产委员会成员，也就是在这一年，杭州正式提出要将西湖申报为世界遗产。世界遗产有三类：世界文化遗产、世界自然遗产和世界文化与自然双重遗产，西湖准备申报哪一类呢？在人们惯常思维里，杭州西湖自古以秀丽的山水闻名天下，理应申报自然遗产。但是自然遗产的评审尤其看重项目的突出、普遍和稀缺性，从这些角度看，西湖的优势并不明显。不过 1992 年的世界遗产大会上，在世界文化遗产的分类中增加了一项“文化景观遗产”，细细比对下来，这项类别的评选标准西湖基本都符合，是最有把握成功的，于是西湖最终确定以“西湖文化景观”为题，申报的是世界文化遗产。

申遗的方向确定之后，下一步就需要编制一份完美的《申遗文本》，让世界看懂西湖的精彩，这份重任当时交由中国建筑设计研究院的陈同滨团队完成。这项工作看似容易，实则很难。因为人们对西湖太熟悉了，这里一寺一塔都有文物，一砖一瓦都是历史，可它们却像盘子里的一粒粒宝石，怎样才能串成一条世界遗产的美丽项链？后来，专家们换了个思路：西湖的文化遗产应该不是一条简单的项链，而是一个文化的“立方体”，它有 6 个清晰的面：西湖自然山水、“三面云山一面城”的城湖空间特征、“两堤三岛”景观格局、“西湖十景”题名景观、西湖文化史迹、西湖特色植物。这 6 个面搭起了西湖文化遗产的大架构，就像是一次性浇筑成功了一幢房屋[①]，这样无论是与西湖有关的人还是事，都可以轻松地住进它们各自的“房间”里。这真可谓是一种绝妙的构思，通过立体的方式展现西湖文化，就能让世界找到认识西湖最便捷的“钥匙”。

申遗方向的选择还算容易，文本框架的搭建也算成功，但是在遗产申报过程中，一旦涉及具体的申报内容，还是因东西方文化的差别，产生了许多争议。如在 2002 年杭州重建了雷峰塔，补全了“西湖十景”，一时传为佳话。但是到申遗的时候，专家就提出疑问：这明明是新塔，怎么会是遗产呢？于是只能解释说雷峰塔不是“塔”，是一个宝塔形状的保护罩，这样既可以通过外形传递出雷峰塔的样子，也保护了地下的古塔遗址。与雷峰塔息息相关的“白娘子”，也一度引发了争议。作为四大民间故事之一，《白蛇传》在中国可谓妇孺皆知，但是在西方文化中，蛇象征的几乎都是不好的事物，所以依然有不少外方专家认为白蛇是反面人物，法海是为民除害。那么只能解释随着宋代以来经济的繁荣，人们更加崇尚生活自由，白蛇和许仙的爱情故事就是自由与美好的象征。

但是，也并不是每一次都能说服国际专家。例如杭州好山好水出好茶，“西湖龙井”更是名满天下，位列中国“十大名茶”之首。在杭州人的眼里，龙井茶园本来就是西湖文化景观中的一部分，离开西湖文化的滋养，龙井茶将不是这般模

---

① 杨晓政. 西湖文化读本［M］. 北京：红旗出版社，2013.

样。所以杭州一直希望能够将龙井茶园纳入西湖文化景观中一并申遗，直到2009年向世界遗产委员会递交文本的时候，这个项目都叫做“西湖·龙井茶园文化景观”。但有国际专家坚持认为龙井茶园与西湖没有关系，经过几次讨论，杭州最后只能忍痛将这一概念从申遗方案中删除。而即便是西湖在《申遗文本》中提到的“诗情画意”“天人合一”等东方特有的文化概念，能够传递给国际专家的也可能只是其中的一部分内涵了。但是，西湖还是以极为丰富的人文内涵吸引了世界的注意，打动了专家的目光，获得了越来越多的认可。

当然，世界遗产不仅考核遗产点的资源评级，也很看重城市对遗产的保护程度。今天的西湖之所以能够风华绝代、长盛不衰，完全离不开历代以来建设者们不断的保护与整治。当我们泛舟西湖之上，所能看到的白堤、苏堤、杨公堤等景观，背后都有着白居易、苏东坡、杨孟瑛等人积极整治西湖的身影。新中国成立后，杭州从1951年起就对西湖做了有计划的疏浚，通过8年时间将西湖平均水深由0.55米增加至1.8米。到了2001年，杭州更是利用申遗的契机，全面推进西湖的综合保护工程。2002年，西湖“综保”一期工程完工，雷峰塔景区建成开放，西湖南线游步道全部打通，环湖景区免费对外开放，成为中国首个免门票的5A级景区。从此以后，西湖连续开展了为期十年的综合保护工程，围绕“保护西湖、申报世遗”的目标，从生态保护、环境美化、文脉延续、景观修复等方面对西湖进行全方位的保护和整治，每年向社会推出一个“新西湖”，一直到2011年“功德圆满”，申遗成功。

苏东坡曾经说过，“杭州之有西湖，如人之有眉目，盖不可废也”。确实，西湖记载着杭州这座城市兴衰更替的历史缩影，体现了自然景观与人类文化的互容共渗，是人类不可多得的宝贵遗产。2011年6月24日，在法国巴黎举行的第35届世界遗产大会上，正式将中国“杭州西湖文化景观”列入《世界遗产名录》，成为我国第41处世界遗产。同时，在世界遗产大会上对它特别作了如下的评述：自公元9世纪以来，西湖的湖光山色引得无数文人骚客、艺术大师吟咏兴叹，泼墨挥毫。景区内遍布庙宇、亭台、宝塔、园林，其间点缀着奇花异木、岸堤岛屿，为江南的杭州城增添了无限美景。数百年来，西湖景区对中国其他地区乃至日本和韩国的园林设计都产生了影响，在景观营造的文化传统中，西湖是对天人合一这一理想境界的最佳阐释①。

运河申遗

西湖的综合保护工程和申报世界遗产的工作同步开展，互为表里，共同推动西湖的景观遗产保护工作，也为杭州城市高质量发展提供了宝贵的经验。而就在这两项工程开展如火如荼的2004年，杭州另一项重点项目——运河综合保护工程也上马了。陪伴杭州上千年的大运河，是这座城市最重要的符号之一，许多人第一次听到杭州的名字，就是因为她是世界最长人工河——京杭大运河的终点。虽然近代以来大运河的航运功能日渐衰落，但自20世纪五六十年代起，杭州在大运河畔兴建了“浙江麻纺厂”“杭一棉”“杭丝联”等一批国有大中型企业。作为那时候城市工业文明的中心，大运河杭州段一度重新呈现出热闹繁荣的景象。不过，从20世纪90年代以后，随着城市产业结构调整和工业企业外迁，大运河又走到了发展的十字路口。这一次，跨越农业文明的辉煌和工业文明的荣光的大运河，要以世界文化遗产的形式完成它华丽的转身。

在中国人的心目中，大运河一直是由衷的骄傲。人们从孩童起就听过这样的说法，“长城和运河，一纵一横，在祖国大地上划下一个大写的‘人’字”。所以早在1986年将长城申报为中国首批世界遗产时，就有专家提出了“大运河申遗”的建议。但当时一些观点认为“文物是固定的，运河是流动的”，而且部分河段的破坏和污染较重，因此不适合申报世界遗产，于是运河申遗的事情也就耽搁了下来。到了2005年，从联合国教科文组织传来一个好消息，遗存运河和文化线路将作为新的遗产类别列入《世界遗产名录》。当时在大运河南端的杭州，中国工艺美术大师、国家级非遗传承人朱炳仁率先行动起来，他联合郑孝燮、罗哲文两

---

① UNESCO官方网站：https://whc.unesco.org。原文为：The West Lake Cultural Landscape of Hangzhou, comprising the West Lake and the hills surrounding its three sides, has inspired famous poets, scholars and artists since the 9th century. It comprises numerous temples, pagodas, pavilions, gardens and ornamental trees, as well as causeways and artificial islands. These additions have been made to improve the landscape west of the city of Hangzhou to the south of the Yangtze River. The West Lake has influenced garden design in the rest of China as well as Japan and Korea over the centuries and bears an exceptional testimony to the cultural tradition of improving landscapes to create a series of vistas reflecting an idealised fusion between humans and nature.

位北京学者，以“关于加快京杭大运河遗产保护和申遗工作”为题，联名致信沿运河 18 个城市的市长，呼吁加快运河申遗的工作，他们认为：“站在历史的高度来看，京杭大运河的价值和风貌千万不能在我们这一代人手中断流。”

于是大运河杭州段也走上了开展综合保护工程和申报世界遗产双管齐下的道路。不过和西湖相比，大运河的“综保”工程难度要大得多，在长达 2 000 多年的岁月中，它不仅从未成为过西湖这样的风景名胜，更在文明的激荡中历尽沧桑，伤痕累累。所以运河“综保”工程从 2004 年开工，直到 2006 年才第一次推出“新运河”。这次的工程将运河的水质恢复到Ⅳ类、在运河两岸建设了 20 千米的游步道，构建出运河景观旅游带，开设起水上公共观光巴士，更重点建设了“一馆、两场、三园、六埠、十五桥”景观，在千里大运河上，人们第一次见到了展示运河文化厚度的中国京杭大运河博物馆、体现运河时代风情的运河文化广场。也就在这一年，杭州召开了大运河保护和申遗研讨会，通过了《京杭大运河保护与申遗杭州宣言》，国家文物局更是公布了重设的《中国世界文化遗产预备名单》，将原先榜上无名的京杭大运河列在首位。

从此以后，杭州在连续 6 年的时间里，每年推出一个“新运河”，直到 2014 年申遗成功。在这里，特别值得一提的是申遗项目的名称——中国大运河。在许多人眼里，中国“大运河”就是京杭大运河，但事实上，在中国大地上有深远影响的人工运河不胜枚举，至今依然在使用的河道也不在少数，而京杭大运河只是其中修建工程最大、里程最长、影响力最强的一条。因此在申报遗产的过程中，虽然以干流长达 1 794 千米京杭大运河为主体，也兼顾了在历史上有过重要影响的隋唐大运河和浙东运河，三段河道总长度超过了 2 700 千米。其中隋唐大运河是隋炀帝时期开凿的超级水利工程，是一张以首都洛阳为中心，连通天下的水利网络，虽然大部分河道已经干涸，但依然有很高的遗产价值。浙东运河则始建于越王勾践时期，是中国修建年代最早的运河之一。这条河道一端与京杭大运河相望，另一端延伸至东海，与海上丝绸之路对接。从地理空间上看，我们甚至可以认为它是京杭大运河的延伸。所以这三段河道时空相牵、文脉相连，用中国“大运河”的概念申报，更符合它应有的价值。而在申报世遗的三段运河中，杭州一座城市就跨越了两段，可以说是当之无愧的“运河第一城”。

与西湖的独立申遗不同的是，运河的申遗更像是体育运动中的“团体赛”，需要杭州和众多沿运河的城市共同协作，一起申报。在最终申报的项目中，一共包括了河道遗产 27 段，以及运河水工遗存、附属遗存、相关遗产等 58 处，它们分布在北京、天津、河北、山东、江苏、浙江、河南和安徽 8 省市的 27 座城市中。其中，杭州以 6 处遗产点和 5 处遗产河段的申报数量，在共同申遗的城市中位居前列。2014 年 6 月 22 日，在卡塔尔首都多哈举行的第 38 届世界遗产大会上，中国大运河终于获准列入《世界遗产名录》，成为我国第 46 个世界遗产项目。同时，在世界遗产大会上对它特别作了如下的评述：大运河是世界上最长、最古老的人工水道，也是工业革命前规模最大、范围最广的土木工程项目，它促进了中国南北物资的交流和领土的统一管辖，反映出中国人民高超的智慧、决心和勇气，以及东方文明在水利技术和管理能力方面的杰出成就。历经 2 000 余年的持续发展与演变，大运河直到今天仍发挥着重要的交通、运输、行洪、灌溉、输水等作用，是沿线地区不可缺少的重要交通运输方式。自古至今，在保障中国经济繁荣和社会稳定方面发挥了重要的作用。①

良渚申遗

无论是西湖的碧波荡漾，还是大运河的大河奔流，它们都在岁月的更替中与杭州这座城市共同成长，一起繁荣，与这座城市共享了光辉的岁月，留下了宝贵的遗产。但是，良渚文化却与之不同，它虽然有悠久的历史，却是一项年轻的“文化”。1936 年杭州人施昕更对家乡良渚进行考古发掘，首次证实这一远古文明的存在，1959 年夏鼐先生在长江流域考古工作会议上才正式提出“良渚文化”的命名。回顾历史，良渚文化仿佛并不存在于这座城市的记忆之中，直到今天，我们依然很难在地表看到它留下的遗迹。所以杭州决定将良渚申报为世界文化遗

① UNESCO 官方网站：https://whc. unesco. org。原文为：The Grand Canal is a vast waterway system in the north-eastern and central-eastern plains of China. It conceived as a unified means of communication for the Empire and led to a series of gigantic worksites, creating the world' s largest and most extensive civil engineering project prior to the Industrial Revolution. It formed the backbone of the Empire' s inland communication system, transporting grain and strategic raw materials, and supplying rice to feed the population. It has played an important role in ensuring the country' s economic prosperity and stability and continues today as a major means of internal communication.

产，从最开始就收获了不少争议。首先，良渚并不是中国历史最悠久的文明，中原大地上的同期文明不乏其数，它们很多都还没有申报世界遗产，为什么良渚可以优先？其次，对良渚文化深度的考古研究才刚刚起步，目前我们对这一文化还知之甚少，为什么要着急去申遗？可以说，只有追溯了良渚申遗背后的故事，人们才能对这项遗产有更全面的认识。

从客观上说，良渚文化的发现时间确实不久，但是回望从1936年以来80多年的良渚考古史，可以说它是继1928年安阳殷墟遗址发掘以来，中国可数的连续考古时间最长、取得考古成果最大、改写中华历史记载最多、引起国内外关注最广泛的典型考古遗址之一。它的发掘史的本身，就是人们对它认识不断刷新的过程。最初的良渚文化，仅仅被认为是山东龙山文化的一支，以黑陶文化为代表。后来发现良渚出土的器物在很多方面都有自己的特色，才得以“自成一派”。从20世纪80年代以来，考古工作者对良渚周边反山、瑶山、莫角山、汇观山等地的考古发掘都有重大进展，出土大量雕刻精美的玉器，堪称是文明的曙光，因此被誉为“良渚之光”。但直到2007年良渚古城在杭州发现，被认为是距今5 000年前世界上最大的城市，它才收获了巨大的关注和影响力，也对申报世界遗产有了更大的自信。

当然，良渚申遗也有它自己独特的情况。它不像西湖、运河那样深深扎根于城市之中，通过千百年的发展，在周边形成自己特有的文化环境。它是突然被发现的，而所在的位置距离杭州城区只有不到20千米。这里不仅是城市经济高度发达的地方，也是居民高度集聚的地方，大范围的保护和申遗工作，压力就变得非常大，涉及地方政府、周边群众对良渚遗址保护和经济发展之间许多冲突与博弈。最初，一些群众对遗产保护确实有抵触心理，甚至出现过盗挖遗址的状况，地方也有为不良企业开绿灯的现象。所以，良渚能有如今这样良好的保护状况，实在是多年以来杭州各方为良渚文化的保护、研究、宣传做出巨大努力的结果。最典型的例子莫过于2003年7月，时任浙江省委书记的领导人亲赴良渚遗址考察，当了解到“影响遗址安全的6家石矿关停困难”后，次日就赶到所在地区调研，很快就将这个问题解决了。

其实良渚从1994年就被列入世界文化遗产申报的预备名单，又经过了25

年的申遗“长跑”，才最终“修成正果”。终于在2019年7月6日下午，在阿塞拜疆的巴库举行的世界遗产大会上，中国良渚古城遗址获准列入《世界遗产名录》，成为我国第55项世界遗产。而这次良渚古城遗址申遗的成功，更标志着中国已经拥有的世界遗产总数首次位居世界第一。申遗成功的第二天，良渚古城遗址公园也正式向公众开放，可谓是双喜临门。在世界遗产大会上，针对良渚古城遗址特别作了如下的评述：位于中国东南沿海长江三角洲的良渚古城遗址向人们展示了新石器时代晚期一个以稻作农业为支撑、具有统一信仰的早期区域性国家。该遗址由4个部分组成：瑶山遗址区、谷口高坝区、平原低坝区和城址区。通过大型土质建筑、城市规划、水利系统以及不同墓葬形式所体现的社会等级制度，这些遗址成为早期城市文明的杰出范例①。

杭州的世界遗产分布

西湖遗产

俗话说，“水不在深，有龙则灵”。西湖以639公顷左右的水域面积，在中国的名湖中并不算大，但是胜在景观多彩，文化出众。而世界遗产“杭州西湖文化景观”占地面积却有3 322.88公顷，几乎为西湖面积的5倍之多，可见西湖的文化遗产价值不仅在于湖中绝胜，更在于湖畔风雅。相传乾隆皇帝游西湖的时候，对这里的感慨是四个字——“风月无边”，但在世界遗产的名录上，却需要划出具体的边界来。在这份世界遗产的边界划定中，既要囊括遗产六大承载要素的分布范围，也要兼顾核心要素——“西湖十景”的完整视域空间范围，再结合可清晰

① UNESCO官方网站：https://whc.unesco.org/en/list/1592。原文为：Located in the Yangtze River Basin on the south-eastern coast of the country, the archaeological ruins of Liangzhu (about 3 300－2 300 BCE) reveal an early regional state with a unified belief system based on rice cultivation in Late Neolithic China. The property is composed of four areas: the Area of Yaoshan Site, the Area of High-dam at the Mouth of the Valley, the Area of Low-dam on the Plain and the Area of City Site. These ruins are an outstanding example of early urban civilization expressed in earthen monuments, urban planning, a water conservation system and a social hierarchy expressed in differentiated burials in cemeteries within the property.

辨认的现有地形，才能确定最终的边界。在这其中，“杭州西湖文化景观”突出普遍价值的六大承载要素包括了西湖自然山水、“三面云山一面城”的城湖空间特征、“两堤三岛”景观格局、“西湖十景”题名景观、西湖文化史迹与西湖特色植物。这些要素，可以说是世界认识西湖最重要的窗口了。

首先，西湖对人们的吸引最初必然来自它绝美的自然山水。有道是“水光潋滟晴方好，山色空蒙雨亦奇”，天生丽质的杭州西湖可谓春秋皆有美，四季景不同。这里山水平远，绰约有致，与“淡泊宁静”的中国传统文化气质天然相合。就算从西方的审美角度来看，这样如画的山水出现在眼前，位置不远不近，天际线不高不矮，人们不需要抬头伸颈，只要轻轻睁开眼，就可以获得最完美的欣赏感受，实在是恰到好处。其次，尽管西湖风光四面，处处有景，但是最佳的观赏角度还是在杭州城中，因为西湖本就是和杭州城共同成长起来的。著名武侠小说家金庸先生的先祖查慎行有诗写道“四围图画本天成，三面云山一面城”，正是这湖山大势的最佳写照。东边的城市贴着西湖带状展开，建筑舒展而丰盈，其余三面山峦的海拔由 50 米到 400 米渐次升高，恰好是“山外青山楼外楼”笔意的真切体现。这样得天独厚的资源，可谓是当仁不让的世界遗产。

同时，西湖的美是可以分享的，“天下西湖三十六，就中最好是杭州”，今天，我们不仅可以看到西湖的名字遍布各地，更能看到西湖美景被成功地复制在世界很多地方。最典型的例子就是“三潭印月”的造型和“两堤三岛景观格局”，我们常常能在一个湖中看到两条长堤或是三座岛屿的布局，这可以说是来自西湖的美学延伸，是来自杭州的文化共鸣。不过，西湖上这些景观格局不是一天形成的，白居易最早在湖上修筑白堤时，从未想过将来还会有一条苏堤穿湖而过，但是后来者的添砖加瓦，对西湖而言绝非画蛇添足，而是锦上添花。同样的，“西湖十景”虽是康熙皇帝题写，却也经历了漫长的文化沉淀。在申遗过程中，西湖更首创了题名景观的概念。我们提出，这“西湖十景”不仅景观本身有极高的遗产价值，同时这“题名景观”的模式，也是非常独特的文化形式，在此后出现的韩国“汉城十咏”、日本“金泽八景”等题名景观背后，都能看到“西湖十景”题名的影子，可见它对中国乃至于整个东亚文化圈都有深远的影响。

当然，中国传统文化最提倡“天人合一”，西湖更是其典型体现。清代杭州诗人袁枚曾有诗写道“赖有岳于双少保，人间始觉重西湖”。千百年来，无数名人在西湖留下他们的足迹，成为西湖文化遗产中别样璀璨的一部分。其中最有代表性的 14 处西湖文化史迹被列入《世界遗产名录》，它们分别是保俶塔、雷峰塔遗址、六和塔、净慈寺、灵隐寺、飞来峰造像、岳飞墓（庙）、文澜阁、抱朴道院、钱塘门遗址、清行宫遗址、舞鹤赋刻石及林逋墓、西泠印社、龙井。这里的龙井虽然是一口井，但它同时还是一种茶的名字。西湖龙井天下闻名，但龙井茶园却无缘和西湖景观并称世界遗产。于是我们将龙井茶树和西湖边的红桃绿柳一同以西湖特色植物的范畴列入遗产名录中。西湖边古树名木众多，各色花草荟萃，仅仅申报范围内的种子植物就有 184 科 739 属 1 369 种，它们同样是西湖景观不可或缺的一部分，也是最“生机勃勃”的世界景观文化遗产。

西湖申遗的目的主要是保护西湖、造福后代，让西湖再活一个 2 000 年。在这其中，保护始终是西湖的永恒主题！在西湖申遗成功后的第一时间内，杭州就公开表示，今后保护西湖承诺做到“六个不”，即“还湖于民”目标不改变、“西湖免费开放”政策不改变、“博物馆免费开放”政策不改变、土地不出让、文物不破坏、公共资源不侵占。同时，西湖风景名胜区中还有灵隐、岳庙、六和塔、虎跑等景区是因文物保护等原因需通过收费限流的，杭州也承诺门票不涨价。对西湖而言，申遗成功并非终点，而是新征程上更高的起点。在漫漫“后申遗”之路上，杭州通过不懈的努力，让西湖的遗产保护工作获得了世界高度的认可。2014 年，西湖景区被联合国科教文组织授予“世界遗产保护管理荣誉证书”；2020 年，杭州决定将西湖申遗成功日 6 月 24 日设立为“杭州西湖日”，并推动西湖西溪景区“双西”一体化建设。如今，西湖携手西溪，将放大世界遗产的尺度，在城市中演绎出别样的精彩，更让我们对未来充满了期待。

运河遗产

与端庄可人的西湖相比，大运河显然更为大气浑庞。这项涉及 8 个省级行政区 27 座沿线城市的世界文化遗产，面积有 20 819 公顷，再加上 52 747 公顷的缓冲区，其遗产覆盖的总面积可达空前的 73 566 公顷。据统计，大运河申遗过程中沿线参与人员有上万人，可以说是目前为止申遗规模最大、动员力量最多、财政投入也最多的申遗项目。在申遗的过程中，考虑到各段河道的遗存多样、特征各异等特点，选择了各河段的代表性段落和重要遗产点构成系列遗产进行申报，遗产点共计 58 处，而 2 700 多千米的总河道中，遗产河道长度就有 1 011 千米。在这其中，杭州以 11 个遗产点段的数量，在运河沿线城市中位列前茅。具体包括了富义仓、凤山水城门遗址、桥西历史街区、西兴过塘行及码头、拱宸桥、广济桥 6 个遗产点，以及杭州塘段(起点在海宁，经余杭临平进入杭州)、江南运河杭州段(即拱宸桥到三堡的运河杭州段)、上塘河段、杭州中河—龙山河、浙东运河主线 5 段河道。

不难发现，大运河杭州段的这些遗产点段中，既有河道、码头、桥梁，也有仓库、街区、水门，不仅数量众多，类别尤其丰富，是运河文化最生动的写照。在这其中，最核心的遗产内容当然就是河道了，被列入《世界遗产名录》的这 5 段河道最大的特点就是四通八达：包括了北去嘉兴的杭州塘，东去绍兴的浙东运河主线，南去钱塘江的中河—龙山河，更有穿越杭州主城区的上塘河与下塘河。可以说正是因为它们的存在，让杭州真正做到了左右逢源，四境通达，成为江南水上交通重要的枢纽城市，在历史上留下浓墨重彩的文化印记。其中的上塘河始建于秦代，是有历史记录以来杭州开凿的第一条运河，已经静静流淌了 2 000 多年；而下塘河拱宸桥至武林门段正是今天江南运河杭州段的主线，是运河文化遗迹最丰富、保留最完整、开发最成熟的河段，也是今天来到杭州体验运河文化旅游的第一首选。

在大运河之上，最醒目的遗产点莫过于桥梁了。在 58 处遗产点中，杭州入选了广济桥和拱宸桥两座桥梁，这在所有的遗产申报城市中是绝无仅有的。其中广济桥是千里大运河上仅存的一座七孔古桥；而拱宸桥不仅是杭州市区最高的运河桥，是数百年来京杭大运河终点的标志，更是今天大运河杭州段 Logo 的原型，是游览大运河杭州段必到之处。在拱宸桥之畔，还有承载运河繁华的桥西历史文化街区，古桥、古河与古街可谓是相映成趣。当然，运河毕竟不同于普通河流，它需要承载更为繁重的运输任务，也留下了富义仓和西兴过塘行及码头这样与运输工作有关的特色遗产点。在全部遗产点中，富义仓是唯一保存完好的古粮仓，而西兴过塘行及码头同样是唯一的码头和过塘行。凤山水城门则更为传奇，它不仅是杭州古代 5 座水门中唯一尚存的，而且城门下近 20 米的河道至今还保留着元明时期的原状，是研究杭州城市历史与运河变迁的重要坐标。

2011 年杭州西湖申遗成功，仅仅时隔 3 年，大运河再夺桂冠，对杭州而言可谓喜事连连。也许有人要问，同为世界遗产的大运河与西湖有什么不同？其实，作为世界文化遗产的不同类型，两者的差别还是挺大的。大运河见证了中国漕运史，还代表了工业革命之前世界水利工程的最高水平。所以它主要反映的是生产文明、技术文明和制度文明。而西湖是一种文化景观，体现了东方士大夫的哲学观念，是人与自然和谐共生的典范，更多反映的是一种生活文明、生态文明和精神文明。评选世界文化遗产有六大标准，一般只要符合其中一条就有申请资格，而专家们认为中国大运河至少符合了其中四条标准：首先，大运河是古代中国人创造力的杰出典范；其次，漕运等独特运河文化传统支撑农业经济的繁荣；再次，大运河反映了工业革命之前水利工程的最高水平；最后，大运河创造并维持了运河沿岸居民特有的生活方式和文化。

运河申遗的成功，大大提升了杭州的城市知名度与文化软实力，人们的生活环境也将变得更加美好。当然，在享受世界文化遗产带来的红利的同时，更需要保护、守望、传承好大运河这份人类共同的文化遗产。杭州将继续坚持“还河于民”目标不改变；“打造世界级旅游产品”目标不改变；保护运河的目标不改变，以法制体系、组织体系和机制体系为保障，进一步加强对遗产点段的全面保护。随着各项保护工作的深入推进，千年古运河越发流光溢彩、璀璨夺目，越来越多的访客也将目光投向了这里。2019 年，国家审议通过了《长城、大运河、长征国家文化公园建设方案》；2020 年，计划投资 31.9 亿元，由北京“鸟巢”设计团队、瑞士赫尔佐格和德梅隆事务所设计的杭州京杭大运河博物院正式开工；2022 年，《杭州大运河国家文化公园规划》正式获得批复，杭州将依托十一条骨架河道，形成“山水群落、河岸双带、核心十园、特色百景”的杭州大运河国家文化公园规划结构，在未来焕发出更加美丽的光辉。

良渚遗产

与西湖、大运河收获千年赞誉不同，人们对良渚的认知不到百年，广泛关注也只在最近数十年之间。可以说如果没有遗址的发现，良渚只是个名不见经传的小镇，但是这不长的考古发掘史，却为人们勾勒出一个不同以往的古老文明。2007年，良渚古城的发现和确认，让这座5 000年前的王国浮出水面，印证了长江流域对中国文明起源的杰出贡献，也为这座城市平添了一处世界遗产。2019年良渚文化更被写入全国统编的教科书，在七年级和高中的《中国历史》以及高一《数学》课本中，都有相关的内容。在《世界遗产名录》中，良渚古城遗址的遗产区范围包括了占地910公顷的良渚古城、外围的瑶山遗址和11条水坝，总面积可达1 430公顷，外部还有10 150公顷的缓冲区。今天来到杭州，每个人都能感受到良渚文化的影响力，城市更为它建设了大量的遗产保护设施和丰富的文旅体验项目，让这里成为近年来杭州万众瞩目的新热点。

在良渚的遗产内容中，最重要的就是良渚古城了。80多年的考古发掘让良渚遗址先后获得了八项“中国十大考古新发现”，但唯独良渚古城的发现，被国际考古界选入2011—2012年“世界10项考古新发现”。这项5 000年前的“大手笔”建设，一口气将杭州的建城史向前推进了3 000多年。面积达300公顷的良渚古城，以其精妙成熟的规划设计、规模宏大的工程体量、丰富完备的水利系统、高度发达的农业文明、具有文字特征的刻画符号、复杂的社会分工和统一的宗教信仰等特色，充分反映出良渚社会已具备成熟的早期国家形态，堪称是“中华第一城”。我们常说中国和埃及一样，是拥有5 000年历史的文明古国，而良渚古城便是实证中华文明5 000年历史最有力的证据。世界著名考古学家科林·伦福儒在两次考察杭州良渚遗址后，更是感慨道：中国新石器时代是被远远低估的，由于良渚的重要发现，世界考古界需要重新审视中国商代以前的历史。

今天，杭州通过良渚古城遗址公园的模式，向世界展示良渚文化的非凡与出众。遗址公园中不仅拥有依靠现代科技设立的监测中心，为文化遗产的保护提供支持，同时也是浙江首个5G全覆盖的国家遗址公园，目前已实现园区场馆、旅游线路5G全覆盖，采用“5G＋VR”技术，丰富访客的参访和游览体验过程。在良渚古城遗址公园（城址区）中，我们能够用双脚丈量古城的城墙遗址，探索“湿地营城”的种种奥秘；能沿着古河道的走向，在钟家港作坊区观摩良渚人的手工技艺；能登上雉山观景台，俯瞰整座古城的格局；能亲临莫角山宫殿区，追忆古城曾经的恢宏壮丽；能信步反山王陵，聆听良渚玉文化的传奇；更能徜徉在大观山休憩区，饲喂网红小鹿，抑或是徐行在古城之中，迎着 5 000 年来始终吹拂着的微风，品味文化与生活的美好相融。在距离良渚古城遗址公园 5 千米的美丽洲公园中，还有一座风景如画的良渚博物院，展陈良渚考古成就，传播良渚文化内涵，是访客们认识、了解良渚文化的另一个重要窗口。

而在良渚古城之外，瑶山遗址本是良渚时期的一座祭坛，后用作墓地。这是迄今等级最高、出土玉器数量最多、器类最为丰富、制作最为精美、最具影响力的良渚文化墓地之一，祭坛更拥有神秘的天文之迷。而 2015 年在古城外围发现了以 11 条水坝为主体的大型水利工程，更是改写了中国水利史。这是目前已知的同时期世界上规模最大、功能最完备的大型水利系统，也是中国最早的大型水利工程。这些发现用确凿的证据证明了在“大禹治水”的传说之前，良渚先民已经有能力通过水利工程战胜水患，更能利用它们发展水运，创造更大的物质文明。良渚古城外围遗址的发掘，也再次证实了良渚古城具有完整的都城结构，由内而外依次为宫城、王城、外郭城和外围水利系统，又一次改写了人类文化的历史。因此，在这里分别建设了瑶山遗址公园和老虎岭遗址公园，作为良渚古城遗址公园（城址区）的延伸，为访客提供游览和参访体验。

良渚遗址的真实性依靠考古挖掘，完整性则依靠整体保护。和西湖、大运河一样，对良渚而言“保护”永远是第一位的。因此，杭州不仅成立了良渚遗址管理区管理委员会，通过这种“文物特区”的模式，开国内“大遗址”保护的先河；还将良渚申遗成功日——每年的 7 月 6 日定为“杭州良渚日”，推动全社会对良渚文化的传承和保护；更因地制宜，探索出一条“一面保护，一面发展”的遗产保护新路来：对良渚古城遗址进行生态修复，尽最大可能恢复当时的自然风貌，在其东侧建设良渚新城，扛起发展的大旗。可以说是真正体现了“保护为了人民，保护依靠人民，保护的成果让人民共享，保护的成效让人民检验”的遗产保护原则。如今，良渚古城已渐渐恢复水美草丰、飞鸟欢集的风貌，良渚方案，杭州智慧，不仅让遗产地老百姓充分得到了好处，更在这片古老的土地上彰显出更多文旅融合的精彩，盛开出更多幸福美丽的花朵。

杭州世遗旅游精华

淡妆浓抹——双西传奇

杭州，缘湖而兴，因湖而名，以湖为魂。西湖气质和杭州文化早已水乳交融，难分彼此了。放眼全国，很难找到哪座城市能如杭州这般，与一个顶级山水名胜如此紧密地依存共生。而如果由西湖向西，或顺天目山路、循沿山河而上，或穿"九里云松"，过灵溪隧道向前，抑或沿着"双西绿道"，途径湖光览胜、疏林清音、纳福云台等景点后，西溪国家湿地公园的隐世容颜就会出现在眼前。西湖与西溪，隔山相望、唇齿相依、山水相连、河路相通，宛若一对天堂城市的千年恋人，共谱一曲"双西"文化和旅游的传奇华章。

女作家王旭烽在《走读西湖》的开篇就说道：西湖是这样的所在，你会因为找不到适当的词语来描述她而陷入幸福的彷徨。西湖是囊括所有的：春夏秋冬，日月星光；柳风桂雨、晨钟暮鼓；悲欢离合，长歌短吟；英雄美女，高僧士子；行侠游客，浪子孤魂；阳春白雪，下里巴人……西湖太丰富了，仿佛又太密集，让你觉得西湖数不胜数，不知从何说起。这时候，没有什么可以替代你的行动，来到杭州，首先就应该将目光投向西湖，迈步走向西湖，用自己的双脚丈量与西湖的距离，用亲身的走读来揭开西湖的传奇。

1. 西湖文化旅游概述

杭州西湖仿佛天生就有一种吸引力，让人们渴望去一睹她的容颜，而来到西湖之畔，游客们询问最多的可能是：她是什么时候建造的？事实上，几乎所有人都能看出来，如果没有千百年来的细心打磨，今日之西湖绝不会如此风华绝代，但是她却真的是一座天然的湖泊，诞生在大约 2 000 年之前的汉代。

西湖的诞生是一个缓慢的过程，在中国最早的纪传体史书《史记》中，记载了秦始皇南巡到杭州，被钱塘江的滚滚波涛所阻隔的事。千百年来杭州人口口相传，当年为他缆船的石头就在今天西湖边的大石佛院中，说明那时西湖还未完全形成，这里的水和钱塘江还是相连通的。当代的专家学者经过地质研究，也证明了西湖在远古时代是一处浅浅的海湾，经过若干年的水陆变迁，才成为一个独立的淡水湖泊。因此，与周围的山外青山相比，西湖是很年轻的，她几乎是在人们的眼皮底下诞生的，成长的历程也几乎被人们全程记录。

(1)西湖得名

杭州西湖的名称，最早的官方记载来自东汉班固的《汉书·地理志》，其中写道：钱唐，武林山，武林水所出。一般认为武林山就是今天灵隐、天竺一带群山的总称，而发源于这一带的南涧、北涧等山涧汇合为金沙涧，东流注入西湖，是西湖最大的天然水源。因此"武林水"之名是西湖最早见于记载的名字。

到了北魏时期，郦道元在《水经注》中记载：县南江侧有明圣湖，父老传言湖有金牛，古见之，神化不测，湖取名焉。这就衍生出西湖另外两个名称：明圣湖和金牛湖。同时，杭州古称钱唐县，因此西湖还有钱唐湖的美称，这个名字因后来白居易的《钱塘湖春行》而名噪一时，却没能像"钱塘江"一样保留到今天，因为她很快就有了更好的名字——西湖。西湖的得名说起来也很自然，隋代时期将钱塘县城从西湖之西迁建到湖东，于是湖居城西，故名西湖。人们觉得这名字简单、方便又动听，于是很快就流传开了。

到了唐代，"西湖"已是被人们频繁使用的"热词"了。我们在大诗人白居易的诗文中，就经常能读到"西湖"一词，如《西湖晚归回望孤山寺赠诸客》《西湖别》等。北宋时，大文学家苏轼在他的名篇《饮湖上初晴后雨》中更吟出了"欲把西湖比西子，淡妆浓抹总相宜"的千古绝唱，让西湖又多了个"西子湖"的美名。除此之外，西湖还有龙川、钱源、石函湖、放生池、上湖、高士湖、明月湖、美人湖等众多别名，但是没有哪个名字能如"西湖"这样既简洁又响亮，穿越了历史的天空，成为今天杭州最重要的标志符号。

都说"天下西湖三十六，就中最好是杭州"，西湖原本只是个表示方位的名字，也没有什么专利，但是杭州西湖却用她 2 000 年来的成就，让这个名字与城市紧紧相连，成为天下西湖中所公认的第一名湖。

(2)西湖历史

人们喜爱西湖，就会关注她的历史，在杭州的民间故事里，有"西湖明珠自天降，龙飞凤舞到钱塘”的传说。人们愿意相信，这美如明珠的西湖一定是来自上天的馈赠。但是科学研究表明西湖的形成并没有这么多的诗情画意。这里原本是一处海湾，或许因为火山的喷发和地质作用，导致了湖盆的形成，又因为潮水冲击和泥沙淤塞，最终形成了湖面。所以已故的浙江大学校长竺可桢曾经说过：西湖若没有人工的疏浚，必遭天然的淘汰。而西湖的历史，更可看作是一部自然淤塞和人工疏浚的文化史。从唐代到清代，人们对西湖的疏浚达 23 次之多，其中最主要的疏浚就有 5 次。如果没有这些疏浚整治，可能西湖在千年以前就已经不复存在了，而正是对西湖不断地保护和建设，才让西湖的自然人文景观逐渐发育成熟，为西湖积淀下无比厚重的文化遗产。

西湖初次重要疏浚发生在唐长庆二年（822 年）白居易来到杭州担任刺史之时。当西湖山水出现在眼前，官场失意、年过半百的白公精神为之一振。但那时的西湖疏于治理，水患频生，百姓不堪其苦。于是他着手整治西湖，并修筑了一条白公堤，解决了杭州百姓的农业生产和灌溉问题。虽然这条湖堤已经消失在历史的烟尘中，但杭州人依然通过西湖上的白堤，表达了对白居易的怀念之情，今天在湖滨公园也能看到“惜别白公”的雕塑，他留下的“最忆是杭州”的名句，更是千古传颂，也是目前西湖上唯一一台山水实景演出的名字。第二次重要疏浚则发生在五代时期，吴越国国王钱镠组织千人“撩湖军”大规模疏浚西湖，使得西湖的“山水文章”初露雏形。吴越国的“三世五王”在杭州守土安邦，可谓父母一方，民不能忘。今天在西湖之畔，还能见到纪念他们的钱王祠。第三次重要疏浚发生在北宋元佑五年（1090 年），这次的主人公是著名的文学家苏东坡。他亲自为西湖请命，上书宋哲宗，写下历史性的文件《乞开杭州西湖状》，那句著名的断言“杭州之有西湖，如人之有眉目，盖不可废也”便出于此。之后苏东坡发动了 20 万民工撤废葑田，深挖湖底，并在湖中建立三座石塔，以禁植菱藕，更用淤泥葑草筑就了一条沟通西湖南北的长堤——苏堤。苏东坡在杭期间，筑堤一条，吟诗千百，让西湖真正成为人们流连忘返的风景胜地。第四次疏浚是在明正德三年（1508 年）苏轼的四川老乡杨孟瑛为官杭州时。他发动民夫八千，历时 152 天，毁田 3 481 亩，恢复西湖旧观。当时所挖的葑泥一部分拓宽了苏堤，另一部分则新筑一条杨公堤，在西湖上与苏堤并驾齐驱。第五次疏浚是在清嘉庆五年（1800

年)，浙江巡抚阮元疏浚西湖后，用淤泥堆筑成了湖中小岛阮公墩，使得湖中岛屿成三，秀色可观。

千百年来，岁月不曾淹没这些疏浚成果。今天信步西湖之畔，它们依然历历在目，是西湖上最重要的文化景观。而正是这一次次对西湖的保护工作，让她由一个自然湖泊逐渐演变成人天共美的文化之湖。到新中国成立后，杭州在第一时间就将治理西湖作为城市建设项目，列入国家投资计划。经过 1951 年和 1976 年两次大规模的疏浚后，杭州把疏浚西湖作为一项常规的工作。而 1985 年启动的西湖引水工程，通过引钱塘江水入西湖，使得西湖水平均每 33 天得到一次更换。近年来，主湖区年均透明度保持在 80 厘米以上，显著改善了西湖水生态环境。自 2001 年起，西湖更是通过连续十年的综合保护工程，让世人为之瞩目。终于在 2011 年正式获得世界文化遗产称号，成为目前我国列入《世界遗产名录》中唯一一处湖泊类文化遗产。

(3)西湖概况

西湖最独特的魅力，在于她淡妆浓抹总相宜的气质，虽然一个时代有一个时代的西湖，但她无论在哪个时代都能收获最高的赞誉。今天人们眼中的西湖，是风光绰约、景色秀丽的风景名胜，也是历史悠久、人文厚重的世界文化遗产，更是经历 10 次综合保护工程和“双西”合璧的新西湖。她坐落于杭州老城区的西面，“三面环山一面城”是她最真切的写照。西湖的湖面面积原有 560 公顷，并不算大，通过近年来的整治增加到 639 公顷，湖面被白堤、苏堤、杨公堤等湖中长堤分隔为外西湖、西里湖、北里湖、小南湖及岳湖共五片水面。其中以外西湖的面积为最大，但每一片湖面的景观各有特色，共同组合成了玲珑多姿的美丽湖泊。西湖蓄水量近 1 400 万立方米，平均水深 2.27 米，最深处 5 米，最浅处不到 1 米，柔波荡漾、景色宜人。

经过整治，如今环西湖沿线的游步道已经全面贯通，景区绿地增加了 100 多公顷，保护修缮恢复了 180 多处自然和人文景观，让历史上“一山、二塔、三岛、三堤、五湖“的西湖全景重返人间。其中“一山”指的是西湖中唯一的天然岛屿——孤山，这是清代行宫旧址所在地，因此杭州有民谣“孤山不孤寡人孤”；“二塔”指的是西湖北面宝石山上的保俶塔和南面夕照山上的雷峰塔，两座宝塔隔湖而立，盈盈相望，杭州旧有“雷锋如老衲，保俶如美人”的说法；“三岛”指的是阮公墩、湖心亭、小瀛洲三座人工小岛，它们建造年代不一，鼎立于外西湖的湖心，象征“蓬莱、方丈、瀛洲”三座海上仙山；“三堤”自然是白堤、苏堤和杨公堤，它们就像三条碧绿的丝带，将西湖修饰得更加美轮美奂。

西湖虽然面积不大，但景点众多。自从南宋迁都杭州后，为西湖带来了前所未有的繁华，也涌现出了名传千载的“西湖十景”。此外，历史上较出名的还有元人效仿宋代设立的元“西湖十景”、明“西湖十八景”、清“钱塘十八景”等。清圣祖康熙南巡时为“西湖十景”定名，勒石成碑，永立湖山，成为西湖上最经典的景观。它们分别是：苏堤春晓、曲院风荷、平湖秋月、断桥残雪、柳浪闻莺、花港观鱼、雷峰夕照、双峰插云、南屏晚钟、三潭印月。1985年经杭州市民投票又评出了“新西湖十景”，2007年还有“三评西湖十景”。随着西湖整治和提升工作不断深入，美景越来越丰富，品质也越来越优质，同时，杭州市政府还提出了“还湖于民”的口号，西湖及沿线的环湖公园和博物馆全部实行免费开放。

古语云“天下西湖三十六”，据统计，在全国各地以“西湖”命名的湖泊有数十个之多，杭州西湖无疑是其中最为著名的。由于她在历史文化和风景名胜中的重要地位，1982年被评选为首批国家重点风景名胜区。在1985年“中国十大风景名胜”评选中，杭州西湖仅次于万里长城和桂林山水，被评为第三。2006年，她成为首批国家5A级旅游景区，2011年“西湖文化景观”被列入世界遗产名录。西湖成功申遗后，杭州受到世界更大的关注，游览人次不断刷新着记录。2018年，杭州西湖景区全年共接待游客2 813.94万人次，位列全国景区人气指数和自驾游排名榜的榜首。火爆的人流，卓越的口碑，在给杭州带来旅游经济繁荣的同时，也让西湖在后世遗时代拥有更上一层楼的勇气和信心。

(4)西湖发展

当我们漫步湖边，可能在不经意之间会发现许多散落各处的老宅，它们不知何时都已修葺一新，悄悄地打开封闭已久的大门，向游客免费开放了，如黄宾虹曾经居住的栖霞岭31号、沪杭商人聚会修禅的菩提精舍、南浔八代丝商邢家的抱青别墅、第一届西湖博览会工业馆旧址、中国第一部宪法的起草地汤宅、马一浮静心读书的蒋庄……据统计，环湖有80余幢老宅，它们的存在如同80余段历史断片，而当这些片段与湖光山色相交织时，历史突然变得青春起来。是的，保护西湖不仅仅要保护有形的西湖，更重要的是传承好西湖的人文气质。所以西湖全面的开放，就是对她最好的保护。同时，再好的故事也要有听众，随着越来越多的人与西湖亲近，和西湖对话，随西湖共舞，世界遗产的精神意义也会从这片山水之间转印到每位游客的心上。

2020 年 6 月 24 日，在首个“杭州西湖日”启动仪式上，杭州市政府做出了推进“西湖西溪一体化保护提升”的重大决策，标志着杭州西湖和西溪迈入了“双西合璧”的新时代。西溪湿地位于西湖西北 5 千米处，和西湖隔山相望，有水相通，是杭州未来申遗的热点项目。总的来说，西湖为杭州之“目”，以颜值取胜；而西溪乃城市之“肺”，以吐纳见长。两者唇齿相依，水系相连，文脉相接，意气相通。千百年来，湖语溪吟，湖歌溪唱，相生相伴，相得益彰。如今在“双西合璧”的背景下，杭州将西湖、西溪两大景区统一标准、统筹管理、集中经营，同时，通过“去景区化”“景城一体”等模式来推动城市公园化建设，进一步加快西湖和西溪的遗产保护工作，全面推动“双西”综合保护和西溪申遗的深度融合。

西湖是一所书院，我们在湖上走读。最经典的游览方式就是船游，线路通常是从苏堤的跨虹桥码头上船，绕外西湖一周，沿途将欣赏到苏堤、西泠桥、白堤、断桥、雷峰塔、三潭印月等景点。如果时间充足，特别推荐的游览目的地是 2002 年后修复的新西湖——金沙港、茅家埠、乌龟潭和浴鹄湾景区，那里是西湖最清幽绝美之地，被称为“西湖秘境”。与西湖文脉相通的西溪湿地则分为东西两大景区，对于观光休闲游客而言，周家村与龙舌嘴为景区最主要的出入口；烟水渔庄、深潭口、高庄和洪园为景区中最著名的景点；新春探梅节、阳春花朝节、端午龙舟节、金秋火柿节、暮秋听芦节为景区中的五大传统节庆，覆盖全年四季，精彩纷呈，为景区的游览体验锦上添花。

2. 西湖风景名胜区

(1)苏堤

今天，如果选择了走读西湖，那一定是从“西湖十景”开始的。这十处湖山胜景自南宋起便闻名至今，800 年的风雨沧桑，没让任何一处招致湮没，堪称是经典中的经典。而“西湖十景”之首，正是大名鼎鼎的“苏堤春晓”。苏堤旧长 5 里有余，目前约为 2.8 千米，堤上筑桥六座，遍植桃柳，既是连接西湖南北的便捷通道，又是游湖赏景的绝佳之地。苏东坡有诗“春江水暖鸭先知”，而杭州人认识春天，却要从苏堤开始。每年严冬刚过，杨柳新绿，苏堤就如报春使者，最先苏醒过来；到了阳春三月，春风浩荡之时，人行堤上，近看花红柳绿，远观湖光山色，人面桃花，姹紫嫣红，移步换景，寸寸是画，堪称美不胜收。俗话说“一年之计在于春，一日之计在于晨”，在春日拂晓、春光萌动之时，迎着吹面不寒的杨柳轻风，踏着朝露轻沾的长堤芳径，是游赏苏堤的最佳时分，正所谓“西湖风光醉人处，恰是苏堤春晓时”。

苏堤始建于宋元祐五年(1090 年)，自建成以来已有 930 多年了。但无论在何时，人们赞美它时都不会忘记它的缔造者——苏东坡。苏东坡曾两度担任杭州地方长官，第一次是他 36 岁那年担任杭州通判。尽管是个行政副职，但他仍以关心百姓疾苦为己任。当发现杭州城里水井废坏，市民取水很不方便时，他就主动挑起治理饮用水的担子，疏通了唐代李泌开凿的六口“相国井”。15 年后，他又来到杭州担任地方最高长官——知州。这一次他带给杭州的，除了浩大的西湖疏浚工程之外，更是创造性地利用废弃淤泥拦湖筑堤，留下了这条传奇的苏堤。杭州西湖因此获得了第二生命，苏东坡在公务之余也多了一处休闲胜地，他可以从容泛舟湖上，留下众多脍炙人口的诗句。

在历史上，关于东坡泛舟游湖、喝酒吟诗的记载不乏其数，但有趣的是，杭州百姓对此似乎并无反感，仿佛还抱有极大的欣赏态度。这大概与苏东坡的清廉正直有关，我们遍查志书野史，没有发现他的游山玩水中有哪笔花费来路不明，而直到今天，在杭州还能吃到名菜“东坡肉”，能聆听到他“两袖清风筑苏堤，文火烹肉同民乐”的故事传说。可以说“苏公胜迹今犹在，花月依旧沐清风”，这才是真正的千古佳话。林语堂说过，苏东坡是个无可救药的乐天派，再难的生活都能过得乐呵呵。正如他诗里写过的“人生如逆旅，我亦是行人”。两度外任杭州的苏轼，看遍了杭州的湖光山色，尝遍了杭州的头牌美食，传遍了杭州的美名佳话，更让来到杭州的每位游人，萌生了能与他相遇的渴望。

(2)西泠桥

看过苏堤，沿着湖岸东行 200 米就是西泠桥。此地古称“西陵”“西村”，后因湖水在此流过，泠泠作响，故称“西泠”。在此桥未建之前，人们从西湖北岸前往孤山游赏，都要在这喊人摆渡，所以也称这里为“西村唤渡处”。如今这里背靠栖霞岭，面对西湖，直通孤山，附近集聚了苏小小墓、武松墓、秋瑾墓、岳王庙、风雨亭、西泠印社等湖山胜迹，是游赏西湖的必经之处，其中最为人称道的就是慕才亭下的苏小小墓了。“千载芳名留古迹，六朝韵事著西泠。”苏小小可以说是历史上第一位杭州籍的文化名人，被誉为西湖最早的“代言人”。她本是南朝时期的钱塘歌妓，生得端庄美丽，文采风流，“春花秋月如相仿，家住西泠妾姓苏”相传就是她吟下的名句，被传颂至今。

在西泠桥畔，关于与苏小小的故事有很多，最出名的就是她和阮郁的爱情悲歌。相传一次她乘车出游，与青年才俊阮郁相遇在西泠桥上。两人一见倾心，苏小小当即吟诗一首：“妾乘油壁车，朗跨青骢马；何处结同心？西陵松柏下”，于是两位有情人在西湖边喜结良缘，这样的巧遇不知惹来多少后人的羡慕。然而好景不长，阮郁被在京做官的父亲派人催归，一去就音讯全无，从此苏小小郁郁寡欢，不久便离开人世，葬于西泠桥畔。当然，苏小小不仅拥有一位怜香惜玉的“白马王子”，更拥有一双能识风流的慧眼。相传她还资助过一位名叫鲍仁的落魄书生，鼓励他进京赶考。他年鲍仁高中功名，官至滑州刺史，特地回来报恩，不料却只见到一方青冢，于是建起了这座慕才亭，永做纪念。

“生在西泠，死在西泠，葬在西泠，不负一生爱好山水”是苏小小的遗愿，一个生活在社会底层的女子，却千余年来被人们反复传唱和歌咏，实属难得。“山水之于小小，犹如小小之于我。”西泠桥畔的这处埋香之所，可以说既了却了佳人遗愿，又为西湖山水增色。在历史的岁月中，苏小小墓被毁建多次，现在的亭和墓是 2004 年北山街历史文化街区综合保护工程中复建的。修复后的慕才亭有 12 副楹联，在整个西湖风景区内首屈一指，其中“湖山此地曾埋玉，花月其人可铸金”一联由中国书协理事、国际书法家协会顾问马世晓先生书写，堪称是苏小小一生最经典的写照。

(3)西泠印社

在西泠桥的另一端，有一片依山而建的园林庭院，这就是素有“湖山最佳处”的西泠印社。诗、书、画、印是我国传统书画艺术的“四绝”，印章是我国传统文人重要的身份标志，而西泠印社则是我国成立最早、成就最高、影响最广的印学团体，享有“天下第一名社”的美誉。西泠印社“人以印集、社以地名”，由浙派篆刻家丁仁、王禔、吴隐、叶铭等召集同人发起创建于 1904 年，确立了“保存金石、研究印学、兼及书画”的宗旨。盛名之下，精英云集，吴昌硕、马衡、张宗祥、沙孟海、赵朴初、启功和饶宗颐等艺坛领袖先后担任印社社长，李叔同、黄宾虹、马一浮、丰子恺等文化名流都曾是西泠印社社员。截至 2021 年 12 月，西泠印社有社员 510 人（含名誉社员 43 人），分布于海内外各地。2018 年饶宗颐先生去世后，西泠印社的社长之位暂时空缺，目前由诸乐三先生弟子、年逾九旬的刘江先生担任执行社长。

西泠印社不仅学术荟萃、名流云集，它的自然景观和园林建筑也堪称一绝。它占地面积 5 950 平方米，建筑总面积 1 090.29 平方米，为国家重点文物保护单位。社址内包括多处明清古建筑，还保留有唐代诗人白居易所筑的竹阁、宋代苏东坡留诗的柏堂、四照阁、明代仰贤亭等古迹的旧址。这里园林精雅，景致幽绝，人文景观荟萃，摩崖题刻随处可见，在汉三老石室内更珍藏有“浙江第一古碑”之称的国家一级文物——汉三老讳字忌日碑。1999 年，西泠印社扩建了西泠桥畔一座中西合璧的民国建筑——杜庄，在此基础上筹建了国家级专业博物馆——中国印学博物馆。2009 年，由西泠印社领衔申报的“中国篆刻艺术”成功入选联合国教科文组织《人类非物质文化遗产代表作名录》。如今篆刻艺术受到越来越多年轻人的关注，也成为中小学生最为喜爱的“第二课堂”之一。

（4）林和靖墓

沿着西泠印社的后坡下山，不远处就是林和靖墓和放鹤亭。说起西湖的诗情画意和隐逸文化，林和靖一定是绕不开的话题。如果说苏东坡是用超人的才情在西湖构筑了别具一格的山水园林，那么林和靖则是用高洁的品性将西湖打造成一座精神家园。林和靖本名林逋，是北宋著名隐逸诗人。他生于公元 967 年，出生后十年，雷峰塔开始建造；卒于 1028 年，他死后近十年，苏东坡才刚刚出生。相传他幼时刻苦好学，通晓经史百家。但是性情孤高，淡泊名利。长大后，他也有一段漫游江淮的时间，而后便隐居杭州西湖，结庐孤山，20 年不踏入市井，是我国历史上最为著名的隐士之一。

林和靖的隐居生活虽然清贫，但却是极其令人神往的，成为西湖上一个独特的文化符号。据说他在简陋的屋舍周围栽种了300多株梅树，用梅子换钱度日，平时还喜欢饲养仙鹤，因此有了“梅妻鹤子”的美名。又相传他喜欢驾着一叶小舟，遍游西湖诸寺庙，与高僧诗友相往来。每逢客人到家叩门，便叫童子纵鹤放飞，他在湖上若见仙鹤飞来，便棹舟回家，这画面哪怕是今天看来，也会给人一种通灵天地、飘飘欲仙的感觉。同时，林和靖还是著名的文学家，他的诗词书画俱佳，咏梅名句“疏影横斜水清浅，暗香浮动月黄昏”更是千古传诵，可是他有个习惯，就是作诗随就随弃，从不留存。如此豁达潇洒的高士，很快得到了文化上的眷顾，连同被他钟情的杭州西湖，也一并清雅起来。

虽然隐居在西湖深处，但是林和靖的名声越来越大，到他45岁的时候，连当时的宋真宗都敬佩他的为人，并要求杭州的地方官善待他。同时，虽然是方外之士，但林和靖的生前知交好友却并不少，其中也不乏文化名流。例如在林和靖离世前的最后的岁月，小他20多岁的范仲淹前来拜访，一个是先天下之忧而忧的政治家，另一个是避世的隐士，两个气质完全不同的人竟在孤山之上成了忘年交，成为当时一段佳话。林和靖去世后，就直接葬于孤山，当时的宋仁宗特别赐谥“和靖”二字。在我国古代的谥法中，有“不刚不柔曰和”“宽乐令终曰靖”的说法，这充分体现出仁宗皇帝对林和靖隐逸人生的认可。从此，人们便称他为“和靖先生”。

宋室南渡之后，杭州变成了国都。朝廷下令在孤山上修建皇家寺庙，要求原有的宅田墓地等完全迁出，可唯独留下了林和靖墓。这可以说既是好事，也是祸事。说是好事，因为历朝历代的保护，人们至今还能在原址看到这座林和靖墓，而祸事却被记录在明末文学家张岱的《西湖梦寻》中。根据记载，南宋灭亡之后，有盗墓贼认为林逋是大名士，墓中的珍宝必定极多。可是挖开坟墓后，发现陪葬的竟然只有一只端砚和一支玉簪。端砚不奇怪，而那支玉簪就让后人不禁浮想翩翩了，这是否为女子遗物？终身不娶的林逋是否也有过感情往事？他那清丽缠绵的《长相思》（“吴山青，越山青，两岸青山相对迎，争忍离别情”）是否真有所指对象？相信对于大部分杭州人而言，都是希望隐士有后的，绝了情爱的隐士，终不如经历过红尘的隐士更可爱、更接地气吧。

（5）白堤

从孤山旁的平湖秋月往东，有一条桃柳相间的湖堤，这就是大名鼎鼎的白堤。白堤长约 1 千米，原名“白沙堤”，早在一千多年前的唐朝，它就以风光旖旎而著称，白居易的诗歌“最爱湖东行不足，绿杨阴里白沙堤”就是对它最真切的写照。今日的人们往来白堤之上，或是因为往来湖中交通之便，或是因为游赏风景恰逢其处，或是因为断桥上的白娘子传奇，或是因为怀念大诗人白居易。白居易来到杭州当“父母官”，实属西湖之大幸。在他到来之前，杭州西湖虽然景色优美，却常常给城市造成祸害，一下大雨，湖水就泛滥成灾，久旱不雨又容易干涸，造成农业减产，粮食歉收。于是在反复研究之后，他拿出了治理西湖的最佳方案：修筑一条长堤将西湖一分为二，平时蓄水，旱时灌田。从此，西湖失去了暴烈，增添了柔和，以“大家闺秀”的面貌出现在了世人面前。

白居易一生作诗近 3 000 首，其中关于杭州的就有 200 余首，是历代描写杭州最多的诗人之一。三年刺史任满，即将离开杭州之时，他留下了著名的《别州民》：税重多贫户，农饥足旱田。唯留一湖水，与汝救凶年。在这里他很谦虚地对杭州百姓说，自己为官一任，却没为百姓做多少事，勉强可以安慰的大概也就是西湖治理好了，有了灌溉排涝之便，荒年也就离你们远一些了。在他眼里，一条白公堤或许不算伟岸的形象工程，然而对杭州而言，这功绩却是千秋万代的。杭州人忘不了白居易，为了纪念他，特地将白沙堤改名为白堤。而离任杭州的白居易同样忘不了杭州和西湖，在离开 15 年后，他在北国洛阳写了一首寄往杭州的五言古诗《寄题馀杭郡楼》，其中提到“江山与风月，最忆是杭州”。三年之后，他更用三首《忆江南》写出了千古绝唱：“江南忆，最忆是杭州！”

白堤是连接杭州市区和西湖的一条湖上纽带，中分白堤的锦带桥好似这条纽带上的搭扣，处于白堤尽头的断桥则宛如它的挂钩。长长的湖堤到此而断，因此称之为断桥，这是断桥得名最通俗的解释。相传早在唐朝时，断桥就已经建成，宋代称保佑桥，元代称段家桥，在杭州西湖的古今桥梁中，它的名气是最大的。而白娘子与许仙断桥相会那一幕，更是中国民间故事中最经典的画面。因此，有人也提出了“断桥不断肝肠断”的说法。每逢春节或者国庆假期，杭州的旅游景点里，人流最为汹涌的必定是断桥。在游客的心目中，断桥所处之地，是山、城、湖、堤、桥的交会处，是观赏西湖盛景的最佳之地。而在中国文化史上，它更是一座“断肠人在天涯”的浪漫之桥，是西湖永恒的符号。

关于断桥的文化典故很多，“断桥不断”和“长桥不长”“孤山不孤”被称为“杭州三怪”，断桥、长桥和西泠桥被称为杭州的三座情人桥，“断桥残雪”更是可遇不可求的传奇景观。每当瑞雪初霁，桥的阳面因阳光照射渐渐消融，而背面还冰雪依旧，远远望去，此桥似断非断，所以称断桥残雪。当然，还有一种说法是南宋王朝偏安一隅，多情的画家取残山剩水之意，于是拟出了这长传近千年的桥名和景名。真实的断桥千年不断，她的倒影在湖上摇曳至今，看尽了人间冷暖、聚散离别。而断桥边，一场桃花雨，一把紫竹伞，一个转身回眸，就随时有可能开启下一段旷世情缘。

(6)雷峰塔

雷峰塔位于西湖南岸夕照山上，初建于公元 977 年。吴越王钱弘俶因王妃产子而修塔以谢诸佛，祈求国泰民安，所以有“皇妃塔”的称谓，又因此塔处在古杭州城的西关之外，也称“西关砖塔”。说起吴越国，相传它的开国君王钱镠早年落难时，曾受到天目山僧人帮助，或是感恩，或是崇敬，吴越国一直沿袭着信奉佛教的传统。据史料记载，雷峰塔最初计划修成“千尺十三层”，终因财力不足改成了七层。虽说如此，这座“八面玲珑”的楼阁式佛塔还是金碧辉煌，婀娜多姿。登临塔顶，西湖风景可以一览无余。不过再气势恢宏的建筑，也逃不过历史的变迁，雷峰塔在建成之后一毁于方腊起义，二损于宋金战争，南宋复建后，又在明代被倭寇焚毁。不过屡次损毁的都只是塔外的木构檐廊，砖砌的塔心始终屹立山上，对着夕照的斜阳，是为西湖十景之“雷峰夕照”。

因为雷峰塔的残缺之美，在西湖之上历来有“保俶如美女，雷峰如老衲”的说法。到了民国初期，民间突然盛传雷峰塔砖有驱蛇避邪的功效，引来周边百姓的盗挖，终于在 1925 年 9 月 25 日轰然倒塌。从此“西湖十景”残缺不全，直到 74 年之后的 1999 年，杭州市政府作出重建雷峰塔的决定。2001 年首先发掘了雷峰塔地宫，出土了“鎏金银阿育王塔”等 77 件重要文物，专家推断塔内成殓的应该是“佛螺髻发舍利”。随后，就在雷峰塔遗址之上新建新塔。这座雷峰新塔由清华大学设计，采用杭州著名铜雕艺术大师朱炳仁的铜雕艺术，用铜达到 280 吨，是目前采用铜构件最多、铜饰面积最大的铜塔，于2002年10月25日落成。作为西湖南线的制高点，登上雷峰新塔，西湖山水美景和杭州城市繁华尽收眼底，而雷峰塔与保俶塔的对景重现，让这片湖山恢复了往日的和谐与美丽。

（7）湖中三岛

湖上有山称为岛，西湖之中有其三。除了早已被白堤连通的天然岛屿孤山外，今天的西湖上还有湖心亭、阮公墩和三潭印月三座人工岛屿。人们常将其比作古时候海上的三座仙山——蓬莱、方丈和瀛洲。其中湖心亭对应的是“蓬莱”，“湖心亭”既是一座岛屿的名字，也是一座亭子的名字。亭是“中国四大名亭”之一，岛是西湖三岛中最早营建的岛。这里在宋、元时是湖心寺，明代建有振鹭亭，后改清喜阁。明末张岱前往湖心亭看雪，传为一时佳话。清代“湖心平眺”被列为“钱塘十八景”之一，乾隆更在亭上题过匾额“静观万类”。岛的南面有一座石碑，题有“虫二”两字，据说也是乾隆御笔，取“风月无边”的意思。阮公墩则对应着“方丈”，它是西湖中一座最年轻的人工小岛，是清朝嘉庆五年（1800年）浙江巡抚阮元疏浚西湖后堆筑的，“阮墩环碧”为新西湖十景之一。不过在西湖申遗之后因为遗产保护，它不再对游人开放，成为西湖中鸟类栖息的天堂。

湖上三岛中，对应瀛洲的自然就是小瀛洲了，它的面积约为7公顷，是湖中最大的人工岛，东西以土堤相连，南北有曲桥相通，从空中俯瞰呈“田”字形，体现出“湖中有岛，岛中有湖”的特色。这里最早是吴越国时期的水心保宁寺，明代改为放生之所。清代时期浙江总督李卫和湘军将领彭玉麟先后在此经营，逐渐形成了一座经典的水上园林。岛上有开网亭、亭亭亭、御碑亭、我心相印亭等造型各异的亭子，让人走走停停、歇歇看看，饱览美景。同时，这座岛也被称为三潭印月岛，闻名天下的“三潭印月”景观正是坐落在岛的南部。那是3座高为2米的石塔，在水面之上亭亭玉立，每座小塔的塔身呈球形，排列着5个小圆孔，塔顶为葫芦形，造型优美，是西湖上最具特色的景观，也是最能代表杭州的文化符号，其图案更被印在了人民币的背面，传遍天下。每当中秋月夜，人们在塔内点上蜡烛，洞口蒙上薄纸，烛光倒映在湖中，就能出现“天上月一轮，湖中影成三”的“三潭印月”奇观，您知道此时最多能见到几个月亮吗？

（8）西湖西线

在杭州人眼里，十次西湖综合保护工程带给西湖的最大变化，除了 2002 年的西湖南线整治工程外，就属 2003 年的“西湖西进”工程了。历史上的西湖在唐代曾有 1 080 公顷左右的面积，随着岁月变迁，到新中国成立后只剩下 560 多公顷了，随着杭州旅游业的发展，在西湖边越来越多的地方出现了游客拥挤现象，同时也有不少游客提出，如今只能在西湖之上纵览湖光山色，却无缘像古人一样荡舟寻幽觅胜。因此早在 20 世纪 80 年代就有人提出“西湖西进”计划，建议根据历史上西湖的面貌，将西部平原地块局部恢复成湖，将原本深藏于西湖西部腹地的自然人文景观展现在游客面前，丰富西湖的景观内涵。2002 年 12 月 1 日，西湖西进工程正式启动，通过三年的时间，向西部拓展了金沙港、茅家埠、乌龟潭、浴鹄湾四块水域，增加湿地型湖面 70 公顷，复建了杨公堤，重建了“里六桥”①，将西湖面积恢复到明代时期的规模，向世界推出了一片“新西湖”。

［**浴鹄湾**］ 浴鹄湾位于西湖的西南角，由杨公堤、虎跑路、三台山路以及八盘岭路围合，于 2003 年整治修复。这里是西湖重要的自然水源——赤山溪的入水口，也是西湖水质最好的区域之一，古时称为“赤山水曲”，与小南湖贯通。景区内湖面开合不一，岸线曲折有致，丰富的绿茵植被，稀疏的茅屋廊榭，让人仿佛置身幽深的画卷中。这里没有外西湖那样游客如织，也没有车来人往般的喧嚣，有的只是宁静、静默和唯美。岸边还点缀了子久草堂、先贤堂、黄篾楼水轩、武状元坊等建筑。

其中的子久草堂，相传是“元四家”之首黄公望在赤山之阴结庐隐居之地。相传他原本姓陆，幼年父母双亡，出继给温州平阳黄氏为子。黄氏家境富裕，九十岁高龄得一继子，高兴得叹道：“黄公望子久矣。”从此便改名黄公望，字子久。这些古迹今景若隐若现地分布在湖边的各处，为整个景区增加了别样的人文气息。这里更有造型别致的霁虹桥，如飞虹卧波，舒展飘逸，曲曲折折的廊桥之下，白墙黑瓦，步移景换，十分雅致，是年轻人最喜爱的“网红”之地。

［**乌龟潭**］ 乌龟潭景区位于杨公堤以西、浴鹄湾之北，相传古时候西湖中有大乌龟兴风作浪，后被人们设计用一口大香炉倒扣在西湖之底，香炉的三只脚露

---

① 杭州西湖的杨公堤上有六座桥，因与苏堤外六桥相衬相映，故称“里六桥”，分别为：环璧、流金、卧龙、隐秀、景行、浚源。

在湖面上，就是三潭印月，而西湖一度也被称为乌龟潭。今天的乌龟潭，山光水色，野趣盎然，是一处人与动植物和谐共生的自然湿地景区。

乌龟潭附近最主要的人文景点，当属代表杭州人“杭铁头”精神的于谦墓和于谦祠。“千锤万凿出深山，烈火焚烧若等闲”，于谦少年时期写的诗，到今天还传诵不绝。而他临危受命，在北京城外击退大举来犯的瓦刺军队的功绩，更是永载史册。《明史》中评价他：“忠心义烈，与日月争光。”但是，铁骨铮铮的于谦还是在明英宗“夺门之变”后被害，酿成明朝第一大冤案。直到明宪宗即位才为他平反，并在杭州墓旁建旌功祠，形成了祠墓合一的格局。如今的于谦墓是在1982年重修，2004年又对其建筑和周边环境进行整治修缮，使之与整个乌龟潭景区融为一体。

3. 西溪国家湿地公园

(1)西溪湿地概述

俗话说，“千里迢迢到杭州，一心只为西湖游”。来到杭州，人人都爱这里的西湖之美，那是风情万种的千般妩媚、大家闺秀的雍容尊贵。但其实西湖还有一位好姐妹，一位清水芙蓉般的浣纱女子，蛾眉淡扫的乡野村姑，那就是与西湖同为5A级景区的西溪湿地。作为中国首个国家湿地公园，西溪和西湖的地缘相近、水脉相通、文化相融，共同彰显杭州生态旅游的魅力，书写杭州文化旅游的传奇。然而西湖是城市的眉眼，西溪是城市的肺肾，与西湖相比，“大隐于市”的西溪更有一种润物无声的魅力。有道是“西湖游罢西溪去”，循着沿山河的流水，一朝步入西溪湿地，这里返璞归真的乡村旷野之美，浓郁独特的民俗风情之乐，定会让你流连不已，陶然忘归。

欲知西溪，先问湿地。湿地是一个外来词汇，是英文单词Wetland的中文翻译，从字面理解就是“潮湿的土地”。按《国际湿地公约》定义，湿地指不论其为天然或人工、常久或暂时之沼泽地、湿原、泥炭地或水域地带，带有静止或流动、或为淡水、半咸水或咸水水体者，包括低潮时水深不超过6米的水域。通俗地说，我们日常所见的河流、湖泊、沼泽、水库、池塘、稻田等都属于湿地，它们共同的特点是其表面经常覆盖着水，是介于陆地和水体间的过渡地带。曾经杭州西溪一带因为地势低洼，水网密布，所以往往水多时就是汪洋一片，水少时就是池塘遍布。于是当地百姓利用这样的环境特征进行开垦，建了许多鱼塘，又种植一些桑树、柿子树等加固堤岸，就形成了一处具有江南水乡特色的农耕湿地。这样的湿地形态不是原生而成，所以我们也把它叫做次生湿地。

西溪古称河渚，历史上的湿地面积约为60平方千米，经历了东晋发现、唐宋发展、明清全盛、民国衰败等阶段。据说当年宋高宗赵构也看中了西溪这块地方，想在这里修建皇宫，后来发现西湖边更好，但还是舍不得西溪，于是就说了一句话“西溪且留下”。到如今，西溪湿地所在的地方还依然叫做留下街道。在明清的《钱塘县志》中就记载了这件事，2008年末上映的贺岁电影《非诚勿扰》更将这一情节搬上银幕，让更多人知道杭州除了西湖，还有这样一个诗情画意的西溪。但是到20世纪八九十年代，伴随城市化建设的浪潮，西溪的水域面积逐渐萎缩，水质也受到不同程度的污染。对于西溪的未来，是保护还是“推平”？杭州市政府胸怀长远，着眼未来，决定投资上百亿元资金，推动西溪湿地综合保护工程，为杭州留下一片湿地景观，为子孙后代留下一份生态遗产。

2003年8月，西溪湿地综合保护工程实施，通过加强生态保护、地形整理、植被配置等系列举措，逐步恢复和重建了受损的生态系统，焕发出全新的生命力。2005年5月1日，杭州西溪国家湿地公园正式对外开放，成为中国第一个集城市湿地、农耕湿地、文化湿地于一体的国家级湿地公园。西溪之重，重在生态，西溪湿地公园有别于一般的城市公园，它始终将保护湿地的生态功能放在首位，因此其中有超过80%的区域不对游客开放。同时，杭州还专门出台了《杭州西溪国家湿地公园保护管理条例》，对湿地内放生动物、引进外来物种、游客接待容量等作了具体规定，设置了费家搪、虾龙滩、朝天暮漾、包家埭和合建港五大生态保护区和生态恢复区。

今天，实现保护的西溪湿地总面积约为11.5平方千米，分为中部湿地生态旅游休闲区（西溪一期）、东部湿地生态保护培育区（西溪二期）和西部湿地生态景观封育区（西溪三期）。在加强湿地生态保护的同时，西溪湿地建设了以“三堤十景”为代表的一大批自然和人文景观，其中“三堤”为福堤、绿堤、寿堤；“十景”为秋芦飞雪、火柿映波、龙舟胜会、莲滩鹭影、洪园余韵、蒹葭泛月、渔村烟雨、曲水寻梅、高庄晨迹、河渚听曲。

同时，还开发了以龙舟盛会、碧潭网鱼、竹林挖笋等为代表的一系列民俗活动，使这里成为当代市民游客喜闻乐见的休闲胜地。为了平衡湿地保护和文旅发展，杭州西溪国家湿地公园还特别规划了收费区域和免费区域，设置了周家村、龙舌嘴、邬家湾三处收费出入口和西溪天堂、文二西路北门、文三西路东门三处免费区域出入口，更针对访客的不同需求，推出了经典一日游、西溪向晚游、渔夫之旅、生态科普游、影视外景游、文化探寻游、健康徒步游、家风之旅、清风专线等主题游览线路。

(2)西溪游船

“西溪之胜，独胜在水。”在西溪湿地之中，约有70%的面积为河港、池塘、湖漾、沼泽等水域，它的内河总长可达100多千米，其间水道如巷、河汊如网，水草丰美，野趣盎然。依托得天独厚的水域条件，西溪湿地公园为人们营造出别具一格的生态画卷，体现出江南水乡的独特韵味，成为杭州首屈一指的休闲胜地。因此，西溪湿地最佳的“打开方式”就是坐船。慢行在悠悠的湿地水巷之中，可以领略幽雅的自然景观、品味醇厚的文化积淀，也能够衔接丰富的活动项目、体验独特的湿地风情。

西溪国家湿地公园为访客们提供了多样化的水上游览方式，主要包括了有固定游览线路、针对大众旅游者的电瓶观光船和游览线路不固定、针对个性化旅游者的摇橹船。同时，西溪湿地在东区的周家村、烟水渔庄、深潭口、茭芦田庄和西区的龙舌嘴、洪园等地设置了多处旅游码头，方便了不同方向入园的访客，也方便了与多种陆地活动项目的组合联动。

[周家村码头] 周家村是西溪湿地最主要的出入口之一，这里设有大型游客集散中心和湿地公园东区游船总码头。无论是沏一壶清茶，泛舟西溪之上，还是邀三五知己，品尝西溪船菜，抑或是带上全家老小，体验湿地渔夫之乐，这里都是首选之地。当然，来到周家村，更多访客还是选择搭乘环保节能的电瓶游船，在湿地的水湾港汊之中体验西溪的生态之美和休闲之乐。

在码头上可以看到“非诚勿扰”的标志，这是为纪念2008年同名电影在此取景而设立的，同时这座码头还是电影《机器侠》的外景取景地之一。凭借独特的湿地景观和深厚的人文积淀，近年来西溪湿地成了许多知名影视作品的重要取景地，如 2007 年《姨妈的后现代生活》、2008 年《和爱一起飞》、2009 年《机器侠》、2011 年《命运交响曲》、2012 年《富春山居图》等，更集合了数十家影视企业，在湿地之中打造了有“中国影视梦工厂”之称的西溪创意产业园。随着电瓶游船从周家村始发，美丽的湿地画卷将一路展开，游船沿途将停靠烟水鱼庄、深潭口、菱芦田庄三座码头，将西溪湿地东区的精华景点串联在一起。

［**烟水鱼庄码头**］ “一曲溪流一曲烟”，烟水弥漫是西溪最写意的表达方式，渔事田庄是西溪最真切的生活写照，湿地公园中的烟水鱼庄景点，则是西溪村居文化的真实演绎。这里过去是原住居民的家园，如今复原了西溪传统的生活状态。从烟水鱼庄码头上岸，可以参观桑蚕丝绸故事、西溪人家和西溪婚俗三座展示馆，体验人们在湿地中靠水吃水、自给自足、怡然自乐的闲适情趣。

在水网密布的西溪湿地，最多见的就是水产鱼类。据不完全统计，西溪湿地分布有淡水鱼类 99 种，约占区域纯淡水鱼类的 58.2%。其中最常见的是四大家鱼：青鱼、草鱼、鲢鱼和鳙鱼。曾经西溪也是杭州城的一个活鱼库，拥有鱼塘上万座，杭州市面上约半数的淡水鱼都是这里供应的。但如今它们已经没有人工喂养，在湿地环境中形成了自己的食物链，都属于野生鱼了。在上岸参观时需要特别注意的是，西溪湿地每个景点上下船的码头都是分开的，游览完毕需要到前面的小洋房码头上船，才能前往第二个景点。

［**深潭口码头**］ 深潭口，顾名思义是西溪湿地的最深之处，这里也是其景观荟萃之所在。清代文人笔记《南漳子》记载：“深潭口，非舟不度，闻有龙，深潭不可测。”因此，千百年来这里都流传着赛龙舟的特色民俗。尤其是每逢端午佳节，更是杭州举行龙舟胜会的主要场地之一。届时十里八乡万人空巷，场面十分热闹。西溪蒋村的龙舟习俗据说始于唐代，盛于南宋，再到乾隆皇帝下江南时被御封为“龙舟胜会”。当地有“划龙船体强庆丰年，观龙舟吉利保平安”的民谣，可见人们对赛龙舟的喜爱。蒋村龙舟有多种形式，划法也有别于其他地方，它不赛速度赛花样，颇有花样龙舟的意味，具有浓厚的地方特色。

同时，深潭口也是电影《非诚勿扰》中的一个重要取景点。在河道的尽头有三棵老樟树，最老的一棵有 360 余年，形如佛掌，护佑着这片土地。所谓树大潭深，必有福泽，深潭口与河渚街相连，历来就是西溪最为热闹和繁盛的街市，也是体验西溪民俗文化的一处胜地。

［**茭芦田庄码头**］ “一岸茭芦何处村，小舟荡漾日黄昏。”茭芦田庄坐落在西溪湿地东南部的港汊深湾中，是杭州最早的特色生态酒店之一。这一带溪流丰沛，河道纵横，是西溪农耕文化和隐逸情怀交融的好去处。

从茭芦田庄码头登岸，西行可以由西溪水阁步入西溪梅墅，在曲折回环的水岸旁体验曲水寻梅的闲情雅趣。东去可以参观著名人文景点高庄。高庄原名西溪山庄，它是清初显宦，康熙宠臣，杭州才子高士奇的府第。其主体建筑依托湿地自然环境营构，前府后院，设计精巧，既有官宦人家的显赫威严，又有湿地民居的野趣盎然，更有文人宅院的匠心独具。《清史稿·高士奇传》记载，康熙二十八年(1689年)康熙皇帝第二次南巡来到杭州时，高士奇就是在这里接待了圣上，康熙皇帝还御笔亲书“竹窗”二字赏赐给他，可谓是恩荣备至。如今，西溪湿地重建了高庄，并复建了竹窗、竺西草堂、蕉园诗社等，成为“西溪十景”之“高庄宸迹”。

西溪湿地高庄 （徐坤龙摄）

(3)西溪天堂

历史上的西溪，并不是个“大鸣大放”的地方，它地处城郊乡野，文化根植于充满烟火气息的平民生活之中。今天的西溪，同样看不到大张旗鼓的建设，人们对它的认同依然要靠切身的体验。因此对西溪而言，蜻蜓点水、走马观花式的观光，只能得到最浅层的感知，若要加深对它的认识，领略这处乡野天堂的魅力，一餐一卧、良久相随是必不可少的，那么最合适的体验所在，当属国际旅游综合体——“西溪天堂”了。

“西溪天堂”位于西溪湿地公园的东南角，距离西湖不足 5 千米，距离市中心武林广场约 7.5 千米，是中国首个世界级旅游综合体项目。它以国际领先的酒店式物业开发模式——“酒店集群”为核心概念，集商住休闲、旅游服务、集散换乘和湿地科普四大功能于一体，涵盖中国湿地博物馆、旅游服务中心和配套公共服务设施、精品商业综合区、国际品牌的“喜来登”“悦榕庄”酒店等多重复合功能区块，是杭州迈向国际知名休闲旅游城市的文旅新平台。

［**中国湿地博物馆**］　在满目苍翠、郁郁葱葱的西溪湿地，最醒目的标志莫过于一个“浮”于湿地植被顶端、充满现代气息的椭圆形玻璃球体，这就是中国湿地博物馆的观光塔，在民用无人机摄影旅游普及之前，唯有在此才能欣赏到最具西溪特色的鱼鳞状地貌和“万塘览胜”的美景。

中国湿地博物馆是访客探索西溪湿地的一个独特视角，它位于西溪天堂综合体旅游集散中心中，是原国家林业局批建的以湿地为主题的国家级博物馆。博物馆建筑面积 20 200 平方米，高 30 米，展示面积 7 800 平方米，由普利兹克建筑奖获得者、日本著名建筑师矶崎新设计，于 2009 年 11 月 2 日正式对外开放。它不但是西溪国家湿地公园的第一标志性建筑，也是展示中国湿地保护成果、普及湿地科普知识的重要场所，更是进入西溪国家湿地公园的“导览厅”。它的出现，不但与湿地公园组成室内与室外、实景与虚景相结合的体验，更能让参访者从不同角度欣赏到比想象中更美、更有韵味的西溪湿地！

中国湿地博物馆划分为地下一层、地面三层，共八大区域、四个主题展厅：序厅、湿地与人类厅、中国湿地厅、西溪湿地厅及专题展厅。其中，序厅主要介绍湿地基本知识和世界经典湿地；湿地与人类厅主要介绍人类与湿地的关系；中国湿地厅是湿地博物馆的核心部分，主要介绍中国湿地的类型、特点、国内重要湿地及我国开展湿地保护工作的成果等；西溪湿地厅则重在突出西溪湿地的独特属性——城市湿地、次生湿地、人工湿地和人文湿地，主要阐述西溪湿地的历史变迁及其文化，西溪湿地资源状况等。生态和谐是中国湿地博物馆强调的重要理念，在它的屋顶上覆盖着茂密的人工绿地，一道宽宽的木栈道蜿蜒通向观景平台。站在观景台上，整个西溪湿地绿浪翻滚，一览无余，而到了气候宜人的季节，博物馆的码头平台又是亲近湿地最好的去处。

在中国湿地博物馆中，中国厅的设计尤为值得一提——它面朝湿地，临水而立，透过明镜般的落地玻璃墙，西溪湿地的风光仿佛一幅画卷，在眼前完美呈现：碧波荡漾的绿水、青翠葱茏的小岛、连绵茂盛的植物、悠然翩飞的水鸟，把人们带入一个静谧的世界。展厅以“浸入式”的场景体验为特色，通过开放式展厅及160度环幕影院等多媒体技术，介绍了中国湿地资源状况、特征及湿地与可持续发展的关系。

参观者可以沿着广西山口红树林、上海崇明东滩、江西鄱阳湖、东北三江平原湿地、新疆巴音布鲁克及塔里木河胡杨林、青海三江源、云南哈尼梯田7类中国湿地的复原场景，进行湿地的生态之旅。通过逼真的复原，参访者对红树林湿地特有的泌盐和植物胎生现象、三江平原从“北大荒”变身“北大仓”的历史，以及人工湿地与自然湿地间的差别等知识都可以得到形象认知。2022年，中国湿地博物馆被认定为浙江省首批中小学思政课教师实践教育基地，以及第二批“双千”助力“双减”科普专项行动教育基地。

（4）西溪洪园

作为中国建设年代最早、距离城市中心最近的国家湿地公园，杭州西溪湿地的保护难度和开发体量是巨大的，因此先后分为三期陆续向社会推出，“西溪湿地·洪园”景区正是杭州西溪湿地综合保护工程的“收官之作”，于2009年正式运营。起初，这里称为“西溪湿地三期”或“西溪湿地西区”，后因辖区内拥有著名景观洪园，才以此代称。

“西溪湿地·洪园”景区位于余杭区五常街道，面积约为335.3公顷。这里鱼塘遍布，港汊纵横，荡中有岛，岛中有塘，是典型的江南次生湿地类型。“洪园余韵”“蒹葭泛月”等特色景点名列“西溪十景”之中，以国家非遗“五常龙舟胜会”“五常十八般武艺”为代表的五常民俗文化和洪氏文化，更为这里留下了深厚的文化积淀。一条长长的“寿堤”自北向南纵贯景区，串联起了西溪农耕文化体验村、五常民俗文化村、西溪大众休憩村和西溪艺术集合村 4 个特色村落，进一步凸显了生态西溪、人文西溪和艺术西溪的特质。

从景区建设和参观体验的角度来看，西溪国家湿地公园的东、西两个园区还是有较大的差别。东区为西溪综合保护工程的一期和二期，因为那里距离西湖和杭州市区更近，开发较早，因此建设更为成熟，游览则以乘船赏景为主，步行体验为辅；而西区的洪园则是以湿地景观与传统文化的结合为特色，重在文化体验，触景生情。

既然称为洪园，这里主打的当然就是洪氏文化。作为数百年的钱塘望族，杭州洪氏家风源远流长，子弟名人辈出。例如初心不忘，被誉为“宋之苏武”的宋代魏国公洪皓、主持修缮长城的明代刑部尚书洪钟、创作《长生殿》的清代才子洪升等，他们和杭州西溪的文化碰触，是洪园最精彩的部分。今天，这里恢复了供奉洪氏先祖的洪氏宗祠，修建了展示洪氏家族文化的钱塘望族馆，纪念洪升和《长生殿》的洪府，休闲怀古的荆源访古文化街区等，更通过吉祥文化馆、五常人家、龙舟胜会展馆、四季花海、东关荷塘等景点的建设，将西溪湿地·洪园打造成生态秀美的休闲圣地，生机盎然的文化乐园。

[洪氏宗祠]　西溪湿地·洪园的核心景区——五常民俗文化村隐藏在湿地的港汊深湾之中，在这里能体验到浓浓的洪氏文化。从洪园码头下船后，转过曲折小径，首先见到的就是近年来重新复建的洪氏宗祠。在中国传统文化中，祠堂是每个家族最重要和神圣的地方，洪氏宗祠也是“西溪湿地·洪园”景区中规模最大的建筑物之一。

在杭州西溪文化的造就过程中，钱塘洪氏起了极为重要的作用。据历史记载，南宋时期，洪氏始祖洪皓得到朝廷赏赐的西溪三顷田产，在这里留下了“御田里”的美名，因此祠堂门口一条大路也叫御田里路。在洪氏宗祠的大门口有一副对联“宋朝父子公侯三宰相，明纪祖孙太保五尚书”，说的是南宋时期洪皓的儿子洪适、洪遵和洪迈都做过相当于宰相的一品大员，明代时候的洪钟祖孙五代都出过尚书一级的高官，其中洪钟和他的曾孙洪瞻祖更被封为太子少保，门口一排 10 根旗杆，更彰显了这个家族数百年来兴盛不衰的荣耀。

重建的洪氏宗祠占地约 1 200 平方米，由门屋、享堂和寝殿等组成，这是西溪湿地人文观光的一处胜景，也是了解洪氏家族文化的重要窗口。每年冬至，分布在全国各地的洪氏后裔都会聚集在这里，举行一年一度的祭祖仪式。进入门屋，回头就能看到一块“共工源脉”的牌匾。根据族谱记载，洪氏家族源自炎帝后裔共工氏，他曾担任分管水利的官员，被人们尊为水神。共工氏曾起兵与黄帝共争天下，失败后子孙因避仇改为洪姓。

穿过洪氏宗祠的桂花天井，就能见到它的主体建筑——三瑞堂。这里挂满了楹联牌匾，处处显露出西溪洪氏列祖列宗非凡的功勋业绩，环绕享堂的东西回廊上，更是挂满“皇帝诏曰”“皇帝敕曰”“皇帝制曰”的圣旨文字，不仅让人肃然起敬，也能让人们对洪氏家族发展的历史事迹有更多了解。

这座享堂三开三进深，共悬挂了 9 块匾额，正中一块“三瑞堂”，堂前正中第一块“忠贯日月”，相传最早为宋高宗赵构亲题，赞许的是代表宋朝出使金国的洪皓，被扣押 15 年依然忠贞不屈，堪称“第二苏武”。第二匾“钱塘望族”说的是洪皓本是江西人，因为在杭州被赏赐宅邸，自此以后，“子孙明德相承，遂为钱塘望族”。这件事被他的后人明代洪瞻祖记载在《西溪旧志》中。堂上正匾“三瑞堂”，则是洪皓这一支洪氏分支的世家堂号。在享堂正中，悬挂的正是杭州始祖洪皓的画像，在他左右两侧，则分别挂着西溪始祖洪有恒和明代重臣洪钟的画像，他们都是洪氏祖上最值得骄傲的先辈。明代初年，洪有恒因慕“钱塘山水之胜，西溪土田犹肥”，因此举家迁徙到这里，为这里留下“洪家埭”的名字，头上一块“甘棠遗泽”匾额，将他比作泽被周代子民的召公奭。而明代的洪钟因为主持边防修缮长城，被誉为“国之长城”，他也是今天在西溪湿地留下文化遗迹最多的洪氏先祖之一，头上一块“益弘以骞”匾额，是王阳明在墓志铭中写的话，赞美他的个人成就随着职务的升迁而愈发升腾广大。

最后一进寝殿，是供奉洪氏列祖列宗的地方，门口高挂一块“棣华竞秀”的匾额。棠棣之花本是形容兄弟之情，在这里意为颂扬洪氏子弟代代英才辈出。寝殿之中供奉着洪氏先人的牌位，是他们灵魂的休憩之所，所以这里光线昏暗，示意外人莫要轻易打扰。其中有三块匾额“天运灵台”“干云合抱”“世泽长流”，既表达了对祖先壮大家族的崇敬和护佑家族的祈盼，也流露出对家族繁荣昌盛的祝福和源远流长的愿景。

在许多人的印象里，祠堂的功能就是祭祀祖先，其实在传统文化中，祠堂的功能要丰富得多，慎终追远固然必不可少，它还承担整个家族日常的社会和生活功能。例如在祠堂一旁，通常都会附设乡学，作为家族子弟读书仕进的学塾。在今天的洪氏宗祠旁也复建了一所乡学，从侧门出去就能见到。在这里除了展示科举文化之外，还特别布置了“钱塘望族——洪氏家族文化陈列馆”，展示了洪氏家族的发展变迁和他们的文化成就。

［洪府］ 洪府是洪园景区的主体景点，相传为明代刑部尚书、太子少保洪钟所建。在绵延数百年的洪氏家族中，洪钟可以说是对西溪湿地文化影响最深远的人物之一。根据文献记载，洪钟晚年归隐于西溪，居住在洪府，却也在洪园构楼藏书，课授子弟，闲话桑麻，怡然自乐。不过历史上的洪园在西溪河渚之东，而今天洪园所在的洪家埭，乃是洪钟府第——洪府的旧址。

岁月流转，沧桑变迁，时至今日，无论洪园和洪府都已经难觅旧迹。因此对于洪园的概念，人们看重的将不再是复制一座园林，而是以文化的高度重建一片景区。同时，在其中新构了一座洪府，再现了峰石攀云、花木扶疏之胜景，体现出宁静淡泊、远离喧嚣的归隐文化。在 2008 年评选出的“西溪十景”中，“洪园余韵”自然也是名列其中。当然，人们如果要在西溪湿地感受洪氏文化，除了来到西区参访洪园外，也可以前往东区游览洪钟别业。

步入洪府的白壁墙门，首先见到的就是一片粼粼水面和一座横跨其上的凌波栈桥。隔水相望，在桥梁的尽头才是真正的洪府宅邸。外部湿地的河塘港汊和内部宅院的池塘水系相互贯通，体现出湿地民居建筑独特的风格。在洪府的正大门之上，高悬着“御爵府”的金字大匾。南宋时期，正是因为御赐始祖洪皓名爵府邸，洪氏家族才定居在杭州。直到 20 世纪 50 年代，这块“御爵府”牌匾依然还保存在洪氏宗祠之中。同时，这一带确实是历史上洪府的一部分，2007 年在这附近还发现“洪府界”的墙石。今日的洪府不仅恢复了洪钟的遗构，也在东侧和南侧恢复了其孙洪楩的藏书楼和清平山堂建筑，并在其北增设洪升纪念馆和戏曲长廊，使得洪府成为一个集园林艺术、隐逸情趣、洪氏文化和湿地景观于一体的综合性景点。

今天，在以洪府为核心的“西溪湿地·洪园”景区，更创设了“洪园十景”——长生曲苑、三瑞连枝、萝荫书屋、思母桥渡、槿篱茅舍、清平山堂、蕉园琴韵、香雪花坞、篁影映秀和鸾栖小筑。

［今夕共西溪］　有人说，相逢是首歌。两千多年前的江南，越女逢上楚国王子，曼声吟出“今夕何夕兮，搴洲中流，今日何日兮，得与王子同舟”；一千多年前的江北，杜甫逢上卫八处士，书赠名句“今夕复何夕，共此灯烛光”；而今夜如果相逢“西溪湿地·洪园”，一场名为《今夕共西溪》的视觉盛宴将让你的旅程得到最好的升华。

《今夕共西溪》是一部总投资 1.5 亿元、时长 70 分钟的美学实景大戏，于 2021 年 5 月 1 日正式公演。演出以西溪湿地“钱塘望族——洪氏文化”为背景，以“家、国、情”为主题，以西溪之水为舞台，通过“戏剧、舞蹈、音乐、全息投影、全息声”等手段，以洪皓之子洪适的视角切入，讲述了洪皓出使金国被扣押 15 年，仍不忘初心，坚定使命。妻子沈氏留守家中，秉行家训，教子有方，为国家培育了三位宰相，在家国情怀下，夫妻二人相望相恋的一段伟大而又浪漫的爱情故事。

作为中国首台江南美学浸润实景演出，《今夕共西溪》通过四大核心亮点，牢牢抓住了观众的目光。首先，它拥有全国首个生态湿地演出剧场，演出期间负离子高达 5 000 个以上。在沉浸式观演过程中，观众不仅可以在洪氏的家国情义中浸润心灵，也可以在湿地园林中浸润心肺。其次，这是全国首部双动线行进的室内外实景大戏，打造了独一无二的演出艺术形式。演出分 A、B 两条不同的游览线，分别从女主角沈氏和男主角洪皓的角度演绎。也就是说，A 线的观众和 B 线的观众看到的其实是不同的演出，但表达的内容是一样的。同时，这不仅是全国首个生态湿地全息声实景剧场，更创造性地通过可 360 度旋转的古建观众席，可升降、旋转、移动、双面成像的透明屏，可水中升降的云雨装置等设施，融合全息声、全息投影等多媒体新技术，打造了一场既唯美震撼，又感人至深的江南美学大戏，成为杭州“双西”又一张闪亮的“金名片”。

杭州是人性的方舟，“双西”是众生的家园。无论西湖还是西溪，都不是三言两语就能说得清的，更不是一次两次能游尽兴的。我也深信，每一次与她的重逢，你都会有新的感动和收获！期待能在西湖与你再次相遇！

通波千里——运河华章

1. 大运河(杭州段)文化旅游概述

在中国广袤的东部平原上有一条特别的河流，她没有钱塘潮涌的惊涛骇浪，也没有长江黄河的万里奔流，更没有汪洋大海的波澜壮阔，她只是一条在历史中静静地流淌了两千多年的人工河，但是我们依然愿意用文化中最崇高的字——“大”来形容她。她，就是激荡千年的大运河。相信每个人都熟悉她的名字，但您对她的了解又有几分呢？千百年来，她见证了多少历史的变幻、文化的兴衰。她是真实的河流，也是无形的经脉，大运河水浸润下的人间百味，或许比世界上任何一条河流都要厚重。作为世界上建造时间最早、使用最久、空间跨度最大的人工运河，今天她不仅风华依旧，而且流淌出了时代的气息。此刻，就让我们在浙江大地上聆听她的脉动，共同去欣赏她迷人的风采吧。

(1)大运河概念

通常，运河被认为是人工开凿的通航河道。中国的运河建设历史悠久，春秋时期的胥河是世界上开凿最早的运河，而闻名天下的京杭大运河更是贯通南北的大动脉，和地跨东西的万里长城在中国的版图上划下一个大写的“人”字，成为中国文化最重要的象征之一。

但是您是否知道，在大运河的浩瀚历史中，京杭大运河只是一个特殊的阶段。同时，从空间上看，大运河从来不是单独的一条或几条河，在她的背后更有一张无比庞大的水利网络。所以这里说的大运河，在时空上要远超人们熟悉的京杭大运河，她包括了隋唐大运河、京杭大运河和浙东大运河三部分。这项始建于公元前 486 年的伟大的水利工程，全长 2 700 余千米，跨越地球 10 多个纬度，地跨北京、天津、河北、山东、河南、安徽、江苏、浙江 8 个省、直辖市，纵贯在中国东部大平原上，是中国自古以来南北交通的大动脉，至今历史延续已超过 2 500 年。

2014 年 6 月 22 日，中国大运河在第 38 届世界遗产大会上获准列入世界遗产名录，成为中国第 46 个世界遗产项目。大运河杭州段位于她的南端，列入世界文化遗产的河段长度为 1 100 多千米，占遗产河道总长的 32.3%，纳入遗产的点段共有 11 处。在这里，让我们通过大运河杭州段历史之长、成就之广、变化之大三个方面来认识这一条伟大的河流。

(2)大运河(杭州段)的历史

身处当代的我们，可能很难想象古时候运河开凿的重要性和艰巨性。事实上，河流给人类交通运输带来的方便，实在是道路运输远远无法企及的。“谁谓河广？一苇杭之”，只要水力可以胜任，各种物资就能轻而易举到达沿岸各地，既省力，又经济。因此，世上几乎所有伟大文明都源自河流之旁。但是，天然河道的运输也有它的不足之处，主要受河道流向和流程的制约，那些远离河流的地区，就得不到方便。于是就出现了人工开凿运河的办法，来补充天然河道的不足。

杭州是大运河最早开凿的地方之一，这里的人们依水而居，因水而兴，自古就以高明的水利技术著称。早在良渚时期，先民依着山形水势在这里兴建水利工程，至今还保留下 11 条水坝遗址，被列入世界文化遗产。江南充沛的雨水和发达的河流水系，也为运河开凿提供了极大的便利。但是早期的杭州地广人稀，要实施运河这样浩大的工程，还需要等待高度集权的政府来行动。

到了秦始皇时期，为了方便南巡，特地整修了从嘉兴到杭州的“陵水道”，贯通钱塘江，从此江南运河便初具规模。到了西晋时期，钱塘江南的西兴运河建成，从钱塘江到东海畅行无阻，大运河杭州段的航道从此基本奠定。钱塘江就像一条扁担，挑起了江南江北两段运河。只是当年的钱塘江还叫罗刹江，江宽水急，难以逾越，使得两段运河之后的命运也走向了两个方向。

正如秦始皇的“大一统”，需要“连六国长城，贯天下驰道”一样，隋朝统一中国之后，为了整合全国经济和交通，也大规模整治了钱塘江以北的江南运河，将其并入“隋唐大运河”的水利网络。杭州成了这项全国性水利工程的终点，从此后的历史发展看，这也成为未来这座城市腾飞的起点。从此，运河的繁荣给杭州带来了脱胎换骨的变化。

钱塘江南的浙东运河迎来下一个春天，还要等到南宋王朝定都杭州以后。因为宋金的对立，使得南北联系中断，因而浙东运河和江南运河一起成为南宋经济文化的“生命线”。加之南宋政权格外重视对外贸易，因而浙东运河得到了大规模整修，由今天杭州的萧山通达浙江另一座经济重镇——宁波。作为当时重要的对外贸易通道，浙东运河背靠江南发达的运输网络，面向世界更广阔的天地，架构出了海上丝绸之路，成为影响世界的贸易通道，大运河杭州段一时风光无两。此后，伴随着历史的更替，北方运河有了各种兴衰和变化，而大运河杭州段却繁荣始终，成为杭州人民的由衷骄傲。

(3)大运河(杭州段)的成就

在历史上，大运河杭州段被称为“官河”，也就是主要由政府负责建设、运营、维护和管理等工作。其重要性主要包括以下几个方面。

航运无疑是大运河最重要的功能。江南天然是水乡，最不缺的就是河湖港汊，轻舟快船。但要满载货物，长途远路，就会吃亏在航运配套设施的不足，更别说是跨州连省，远通外国了。唯有大运河，打通千条河，能将满天星聚成一团火。依托发达的水陆联运体系和超强的集散能力，大运河成了整个国家经济和民生的保障。杭州的人力物产，纵然远隔千山，依然能够使命必达；全国的钱粮物资，依托漕运轮转，将不再患寡与不均。而浙东运河更有出其不意的好处，不仅让万千航船巧妙地避过了杭州湾的凶猛潮水，更凭借与海上丝绸之路的对接，成为对外贸易的重要通道。

于是，杭州的丝、龙井的茶、官方的货、民间的物……在这运河之上，它们随着舟楫穿梭，往来不绝。而大运河长达 2 500 年的繁忙背后，更凝聚了一代代中国人对美好生活的希望。也正因此，在半个江南的传统里，都会将“水”视作财富的象征；而整部杭州的繁荣史，更少不了来自大运河的烙印。春水多时排涝分洪，秋雨少时灌溉输送。大运河有无穷的功能，也有无穷的手段，千村百镇处处水坝码头，万里行船总有仓储驿站，年年岁岁这里碧水长流，岁岁年年运河建设不休。

近代以来，随着公路、铁路等交通设施的日益完善，大运河的传统运输线路受到了一定的冲击，但历史的递进却没有在杭州段留下太多遗憾。这里繁忙的水上运输不仅从未中断，反倒因为航道和设施全面的升级，有了更大的运输力量。尤其是新中国成立以后，春风再次吹起了运河两岸的生机，1988 年建成了京杭运河和钱塘江的沟通工程，真正将江、河与大海衔接在一起。大运河杭州段 2 500 年历史的两条航道——江南运河和浙东运河终于携起手来，古老的河道必将重新爆发出“洪荒之力”，在这片钱塘之地上续写神话和传奇。

时至今日，也许很多人依然无法想象，那些关乎杭州城市发展命脉的重点物资，如成品油、建材等，80%的运输量竟是由大运河承担，它承担电煤南运的比例更是超过了90%。每天那一船又一船的煤炭顺流而下，化作一缕缕辉煌的流光，照亮了多少江南的黑夜，而悠悠的运河水也不曾忘记远方的祈盼。2002年，原本只负责客货通航的“京杭大运河”被纳入了“南水北调”三线工程之一。通过特别的渠道，一股股清凉的运河水浸润了千里外干渴的北方大地。随着时代的不断发展，大运河的明天将越来越美好，而随着它“臂膀”的无限延展，欢声笑语也将冲出杭州，洋溢在中国更广阔的土地上。

(4)大运河(杭州段)的变化

上一个时代的大运河无疑是震古烁今的，恢宏的建设带来运河经济的空前繁荣，而繁荣的经济也带来昌盛的运河文化。明清以来，中国文化的中心始终不离江南运河一带。大运河成就了沿线城市跨越千年的荣光，而沿线城市的发展也加速了运河功能的升级。“上有天堂，下有苏杭”，运河旁的苏州和杭州两座天堂城市，正是大运河在这个阶段最成功的“文化作品”。

到了近代，在大运河之畔建起了中国最早一批公路、铁路和机场。例如始建于光绪三十二年(1906年)的江墅铁路(终点为运河边拱宸桥“日租界”)；始建于民国二十一年(1932年)的京杭国道(南京—杭州，终点为运河边“小河驿”)等。是的，中国大地上有那么多条运河，但唯独这条大运河的传统运输功能最先被更发达的交通形式取而代之。或许有人会说：大运河太老了，大运河落后了。然而又有多少人能意识到，这其实是大运河的功能升级，它实际上是超前了。它将更快地放下历史的担子，扛起新时代的风帆，在1 100多万杭州人的眼皮底下，化茧成蝶，华丽转身。

但是说起大运河的文化，还是会有一丝遗憾。因为哪怕在最繁忙的时代，它也是默默无声的。多少波澜壮阔的城市从它身旁立起，多少划时代的文化因它夺目辉煌，它只是在背后默默地祝福。人们历来对它的歌颂从来无关春花秋月，甚至没有多少人会注意到它的容颜。可是多年的污染，实在已让大运河伤痕累累。曾几何时，它一度成了杭州黑臭河水的代名词，老百姓也纷纷搬离它的身旁。2002年,杭州在全省率先启动了运河综合保护工程,运河沿线各地也纷纷跟进。从“消除黑臭”到“剿灭劣Ⅴ类”,从“两美浙江”到“五水共治”,大运河越来越美丽。杭州更是制定出了全国首个《美丽河道评价标准》,通过“美丽河道”的打造,带动全市整体环境的提升,成为“美丽浙江”建设的点睛之笔。

今天在运河边,我们不应该忘记的还有“运河三老”:古文物专家罗哲文、古建筑专家郑孝燮和生于杭州本地的中国工艺美术大师朱炳仁。2005年,正是由他们首次联名发出加快运河的保护和申遗的倡议。这项倡议很快得到了全国响应,成为推动运河申遗的第一支“响箭”。如今河水变清了,鱼儿回来了,申遗成功了,居民回来了,这里成了城市最美的风景线。最令人欣喜的是,诗歌和文字也回来了。

说真的,大运河和诗歌之间真的被分隔得太久了,你可知道人们已经有多久没有在这里吟唱了吗?要知道在历史上,它不只是浙江北上的一条通道,更是全国各地文人进入浙江的主要通道,那时的大运河是多么的诗情画意啊。在那些灵动的句子里,大运河是繁华的样子,也是发达的样子。而那悠悠的运河水,既是漂泊者的心脉律动,也是伤怀者的离愁别绪,更是读书人感慨兴亡的一声长叹。在那些美丽的诗句中,我们睁开眼是美丽动人的运河画卷,闭上眼有丰富多彩的精神世界。今天,大运河没有辜负这些诗歌,而它们真的又回来了。2019年,浙江省发布了4条“诗路文化带”,其中“大运河诗路”就是一条以世界文化遗产大运河为纽带,穿越湖州、嘉兴、杭州,一直通过绍兴、宁波入海的文化带,引领着我们乘着诗歌的翅膀,追寻它更加美好的明天。

(5)大运河(杭州段)的文旅资源

大运河杭州段纳入“中国大运河”世界文化遗产的点段共有11个,包含了6个遗产点和5段航道。其中6处遗产点由北至南分别为广济桥、拱宸桥、桥西历史文化街区、富义仓、凤山水城门遗址、西兴过塘行及码头。它们由大运河的波涛前后串联,与周边景物共同构成了一条璀璨夺目的运河文化带。在千年运河的桨声波影里,人们背靠着遗产的丰饶,更用新时代的建设,换来市民游客齐声的喝彩。如今来到大运河杭州段,无论市民还是访客,都可以通过点、线、面多空间、多角度,去体验运河的文化魅力。

在大运河杭州段，有最为丰富的文化遗存，至今繁忙的河上运输，本身就是最具特色的文化景观。古河、古街、古桥、古寺、古城门、古码头，数不尽的文旅景点，为人们打开了一扇又一扇文化的窗口。触摸历史温度，聆听文化传奇，大运河也是当下走读城市文化，“打卡”杭州热度的必到之处。同时，这里有多种形式的水上观光线路，近通香积寺、拱宸桥，远达钱塘江、塘栖古镇，日游亲水观光，夜游流光溢彩；也有景观多样的运河绿道——“杭州运道”，相伴晨昏，康体健身，还有与大运河相依相存的桥西直街、小河直街和大兜路三条步行街区，可以充分体现出“线性旅游”的独特魅力，体会到河畔之城的别样幸福。

当然，在大运河之畔，更少不了情景相融的活动体验，人们不仅可以在香积寺的素斋飘香，活态馆的工匠传奇中，体验运河生活的千滋百味；在小河直街的文艺旅拍，大兜路上的闲适茶饮中，体验运河休闲的适情雅趣；在“走运”大会的兴致勃发，“运河庙会”的熙熙攘攘中，感受运河节庆的火热欢腾；在西湖文化广场、运河文化广场中，体验运河商业的繁荣兴盛；更能在老开心茶馆的小热昏戏《如梦上塘》的沉浸演艺中，感受运河文化的无边华彩和万千仪态。

2022 年 4 月，位于运河天地的“京杭大运河 · 杭州景区旅游驿站”成功入选浙江省首批一级旅游驿站（试点）名单。来到杭州这座美丽的城市，就让我们迎着时代的波涛，领略一下大运河在这里有着怎样迷人的风情。

2. 运河水上游船

如果说大运河是歌，那么运河水就是承载这首歌的五线谱，而漕舫船则是乐谱上一个个动听的乐符。来到大运河，坐趟漕舫船，用最贴近水的方式，去聆听大运河的悠悠涛声，能最全面地领略它的文化风貌，也能最便捷地感受它的前世今生。今天，大运河杭州段的“黄金”游览线路是由武林门码头到拱宸桥的一段，这不仅是江南运河杭州段的主要干流，也是文化遗存最为丰富、建设开发最为成熟的一段。游客可以选择在武林门码头登船，在 60 分钟的行程中，除了触摸大运河的千年传奇，领略它的时代华章，还能有机会欣赏到杭州段 6 处遗产点中的 3 处：富义仓、桥西历史文化街区和拱宸桥。

(1)武林门码头

武林门码头是大运河杭州段上规模最大的客运码头之一，也是运河最为荡气回肠的时代缩影。从古到今，这里都是进出杭州城的必经之所！武林门和大运河的相遇，又见证了城市多少的沧桑与巨变。

历史上的杭州有十座城门，其中“武林门”是位置最北的一座，也是名字最为“霸气”的一座。因为杭州旧称“武林”，故而得名。作为杭州的北大门，它是城市最重要的关口，故而也称为“北关门”“百官门”。杭州过去民谣有“百官门外鱼担儿”的说法，就是说这里有远近闻名的大鱼市。每天清晨，来自杭嘉湖一带的鲜鱼都汇集于此，舟楫纵横，熙熙攘攘；而到了夜晚，游罢西湖的游客也会涌入这里。因为城外没有宵禁的规定，所以更加热闹繁盛，为杭州留下了“北关夜市”的美名。而那时沿大运河南下的船，只要看到这座门，就知道杭州到了。

千年弹指过，岁月看今朝。对如今的城市而言，无论是环城北路的便捷，下穿隧道的畅达，还是延安商街的繁华，运河航道的兴旺，无不汇聚在武林门一带。这座昔日杭州城的北大门，已然成为今天真正的市中心！虽然城墙和城门难觅旧迹，但是武林门的地名保留了下来，成为杭州鲜亮的文化符号；武林门的码头也修葺一新，成为运河上的时尚地标。在这里登上漕舫船，畅游大运河，你会发现它根本不曾老去。此刻正和传统江南的水乡古城杭州一道，向着国际舞台不断迈进，成为世界瞩目的新焦点！

(2)西湖文化广场

随着游船的行驶，首先见到的就是今天武林商圈最重要的地标性建筑——西湖文化广场。由北而来的大运河在这里拐了个弯，同杭州城的护城河汇作了一处，这拐弯处便是整个城市的交通咽喉。这里当年属于杭州炼油厂地块，今天汇集了浙江省博物馆、浙江省科技馆、浙江自然博物院、银泰百货等文旅业态，成了城市新的商业高地、文化高地和休闲高地。面对这片现代化建筑群，你也许能看得到保俶塔和西湖明珠的影子。而在标高 170 米的浙江环球中心之下，杭州通过“西湖文化广场”的名字转换时空，让传统和现代在这里绚丽澎湃，激荡出新时代的力量！

(3)潮王桥

说到大运河的建设，那既是一支催人奋进的进行曲，也是一场海纳百川的大合唱。在它滚滚的洪流背后，千百年来，涌现出多少浙江人的拼搏身影。游船经过的潮王桥，纪念的就是这样一位英雄——潮王。他是历史上真实的人物，名叫石魁（瑰），在桥墩两侧就可以看到他的雕像。

说起潮王的故事传说，可谓慷慨悲壮。古时运河和钱塘江相通，钱塘江大潮的时候相传会一直涨到这里，因此石魁带领民众修缮江防海塘，最终壮烈牺牲，因此被封为潮王。可以说没有钱塘江潮的波涛汹涌，也就没有杭州文化的千古风流。在G20峰会期间，领导人在杭州提出了“干在实处，走在前列，勇立潮头”的浙江精神，号召浙江人民像潮王一样勇做时代的“弄潮儿”。相信潮王的精神一定会伴随运河的发展，在这里创造更大的成功！

(4)御码头

大运河的商贸带来了杭州的繁华，而繁华的经济也让这座城市收获了更高的关注度，上至帝王将相，下至民间才俊，在大运河边留下了太多的胜迹传说，其中首推的当属声名赫赫的御码头。据专家考证，当年康熙、乾隆二位清代帝王“下江南”，先后11次来到杭州，都是在这里舍舟上岸的。今天小小的一方码头，代表的却是那个时代能给予运河的最大荣光。

在河岸的另一侧，则复建了当时地方官员恭迎“万岁爷”的“候圣驾”，兴建了以“乾隆下江南”传说为主题的大型水上餐厅“乾隆舫”。不过，昔日的繁华终于渐渐远去，小小的码头也已经洗尽铅华，但是大运河却一直流淌到了今天。历史过往，风物依然，面对此情此景，确实让人感慨良多。

(5)富义仓

海纳百川，有容乃大，大运河的浩瀚，也在于众多支流的汇聚。在大运河的胜利河口，有目前整个杭州城里唯一保留下来的粮仓遗址——富义仓。义仓本是中国传统储粮备荒的一种社会制度，而光绪六年浙江巡抚谭钟麟在这里集粮十万石，根据“以仁致富，和则义达”的含义，建立了富义仓。

从此之后，经杭州漕运的米粮大多储于富义仓，它当时与北京的南新仓并称为“天下粮仓”。48年之后，“谭大人”的儿子谭延闿做上了国民政府主席的位子，128年之后，这里成了杭州市区唯一的古粮仓。如今，富义仓虽然丧失了仓储功能，但经过现代元素转换和艺术升级，整个仓库建筑群变成了咖啡馆、设计室，当年晾晒谷物的天井也成了都市人的社交场所，成了当代青年人喜闻乐见的“复艺仓”。

(6)江桥暮雨

“还将梦魂去，一夜到江涨”，大文豪苏东坡诗句里提到的江涨桥，与潮王桥相隔不远，相传钱塘江大潮汛的时候，潮水可以一直涨到这一带。宋代在江涨桥畔设立了税务司后，这里逐渐成为杭州城外最重要的货物集散地，明代以后更成为大运河的尽头。于是，江涨桥也成了杭州运河上名气仅次于拱宸桥的著名桥梁。

虽然当年繁华大多已被雨打风吹去，但正所谓“燕子衔将春色去，纱窗几阵黄梅雨”，这儿古桥独立烟雨中的江南景致，远远望来，确乎别有一番意境呢。因此明代就以“江桥暮雨”的景观，成为广为传颂的“湖墅八景”之一，而此情此景和杭州的天堂伞更是绝配。可是非常遗憾，当年的石拱古桥已被今天的钢筋混凝土拱桥所取代，于是特别对这座桥梁进行了以潮水为主题的装饰，希望带回它的历史厚重感。

(7)大兜路街区

在大运河(杭州段)的综合保护工程中，修复了运河两岸的人文生态，也恢复了运河上的一些码头设施。其中，“香积古埠”是最有历史氛围的。在游船上欣赏这座码头，有说不尽的古意盎然。透过岸上的行道树，可以发现码头背后是一条古色古香的街道，这就是杭州运河三大街区之一的大兜路历史文化街区，在其中能够看到运河商贸繁荣的缩影。

元代以后，大运河杭州段的干流从上塘河转移到这条下塘河，一下子热闹起来的就是大兜路这一带。坐落在河边的香积寺，则是过去进入杭州见到的第一座寺庙，因此香火鼎盛，被称为“运河第一香”。历史上，香积寺屡有毁建，2009 年杭州又一次在旧址上重建了它。在大兜路上，曾经的国家厂丝储备仓库蛹破蝶飞，成了今天丝绸主题的契弗利酒店，而沿街保留下的大量传统民居，无不在古色古香中透露着时尚的气息，著名钢琴家郎朗的艺术世界也在其中。郎朗是首位“京杭大运河·杭州”形象大使，有了他的加盟，大运河无疑将在世界的舞台上奏出更流畅动人的旋律。

(8)航泊三水

“航泊三水”是大运河上的一处独特景观，只有在游船上才能体验感触。在这里，西来的余杭塘河和由西北来的小河与大运河刚好相汇。得天独厚的地理位置造就了这里“康桥晓市”的胜景，也书写了数百年水陆码头的繁忙。今天，大运河上的航船依然可以溯余杭塘河而上，到达创业者的乐园梦想小镇；或者拐入会安桥，探索百花深处的小河直街。

对于古老的河道，不可复得的历史遗存，杭州给出的是各具特色的保护方案，2007 年小河直街改造完毕之后，成为杭州运河三大街区之一，但超过 60％的居民最终得以迁回到这里，让文化和生活在这里真正融合，也使得小河历史文化街区荣获“联合国人居环境范例奖”。我们相信，老树可以发出新枝，百花可以在此齐放。今天在大运河的两岸，更多的新概念和新业态在拔地而起，这里依然四方辐辏，这里依然大气开放，这里依然前沿时尚，每个人都可以在这里见证到大运河凤凰涅槃的力量。

(9)拱宸桥

船过运河桥洞，宛在西洋镜中，每穿一座桥洞，风景便会不同。穿过登云大桥后，在游船的左右，高楼渐去，民居栉比，白墙黑瓦，参差有序，运河文化的中心拱宸桥就要到了。在游船的一侧是运河文化广场，拱墅区政府和中国京杭大运河博物馆在那里，另一侧是大运河杭州段又一著名遗产点——桥西历史文化街区，杭州手工艺活态馆和三大国家级博物馆在这里，而大名鼎鼎的拱宸桥则出现在船头正前方。

《论语》上说：“为政以德，譬如北辰，居其所而众星共之。”远远看去，拱宸桥就像大运河拱起双手行礼，向北方恭迎圣驾的样子。它是目前为止杭州城内最高最长的古代石拱桥，也是曾经京杭大运河终点的标志，那纤细秀美的身段，倒映水中的倩影，成为大运河在杭州永恒的符号。经过拱宸桥时，可以看到桥墩两侧都有神兽护桥，俗话说“龙生九子，各有不同”，这便是其中之一，学名“𧈢𧏡”，保卫着拱宸桥的安全。

拱宸桥的建造年代相传是明崇祯四年(1631 年)，历史上经历了三次重要的修缮，最后一次修缮是光绪十年(1884 年)由杭州著名乡贤丁丙主持的。拱宸桥身长约 92 米，高约 16 米，是三孔薄墩联拱驼峰桥的式样。2005 年，杭州市运河集团在此基础上整饬一新。也就是这一年，时任浙江省委书记在考察运河时提出了“希望杭州用好运河这张金名片”的要求。2014 年 6 月 22 日，在联合国教科文组织第 38 次世界遗产委员会会议上，它终于成为了我国第 46 个，同时也是杭州的第二处世界遗产。未来它将和西湖一道，成为承载这个城市历史文化最重要的平台，展现这个城市深度和魅力最重要的窗口。

3. 桥西历史文化街区

在大运河杭州段的 6 处世界遗产点中，拱宸桥和桥西历史文化街区是紧密相连的。今天我们说的桥西，就是过去拱宸桥以西片区的泛称，这里既是京杭大运河的终点，又是万里漕运的起点，自古以来就是码头林立、商铺纵横的地方，六行（米行、鱼行、纸行、酒行、柴行、洋行）、六馆（烟馆、茶馆、戏馆、菜馆、赌馆、妓馆）扎堆，三教九流汇聚。近代以来，杭州最早的民族资本主义正是在这里兴起，因为街市的热闹和商贸的繁荣，此处一度被称为“小上海”。新中国成立以后，这里更成为杭州最重要的轻纺工业的集聚区。因此，桥西可以说浓缩了自晚清以来近代杭州百余年民族工业发展的背影，是杭州运河史上一处重要的文化地标，堪称这座城市“没有围墙的博物馆”。

今天的桥西历史文化街区，以拱宸桥为原点，依托运河向西发散，北至中国扇博物馆，南至登云路，西至小河路，占地面积约 7.83 公顷。在这片不大的空间里，分布着中国刀剪剑博物馆、中国伞博物馆、中国扇博物馆以及中国杭州工艺美术博物馆 4 座国家级博物馆，密度之高在国内也是罕见的，而文化荟萃更是这里的重要标签。可以不夸张地说：如果运河风景是十丈锦绣，桥西就是织锦的梭；如果运河文化是饕餮大餐，桥西就是上灶的锅；如果运河历史是烟锁重楼，桥西就是开门的锁。眼下的桥西，既是游客爱逛的新场所，文青眼中的“可爱多”，也是居民生活的“理想国”。面对这曾经城市的“低矮破”，今天文旅的“香饽饽”，如果能多了解一些桥西直街保护、改造、建设的内容，以及大运河在这儿的文化特色，相信人人都会爱上这里。

（1）丝韵记忆

在桥西直街的主入口，先声夺人的是一座极富动感的雕塑。远远看来仿佛一支金色的羽毛笔，缓缓书写大运河的光辉岁月：大运河的里程到了这里就划上了句号，而桥西直街的历史却在这里开篇。待到走近时，这又宛如一支奋力入水的船桨，正是运河商贸的繁荣，才带来桥西直街近百年的繁华。水一定是运河文化的灵魂，但运河的伟大更离不开激流勇进的船桨精神。走到跟前才能看清楚，这其实是过去纺纱线的一个飞梭。在那个“金梭和银梭，日月在穿梭”的年代，拱宸桥西的土地为杭州的经济建设和发展做出了重大贡献。杭州最早的纺织工厂在这里，曾经杭州城北最大的纺织工业集聚区也在这里。

所以这座雕塑的名称叫作“丝韵记忆”，但是记忆只代表了过去，桥西的未来却写在当代人的脚下。随着城市的发展和经济的转型，当这片运河最早的工业区即将结束历史使命的时候，如何让这里能真正传承往日的辉煌，开创更加美好的明天，无疑是当代运河人肩上的使命和重担。为了让访客来宾都能因运河而兴奋、让居民群众都能以桥西而自豪，2006 年杭州启动了桥西历史街区综合保护工程，并在此后进行了四轮景观提升改造工程，基本恢复了历史上拱宸桥西的商业景观和形态，改善了人们的居住环境，使得这里成为集居住、商业、创意产业和文化旅游于一体，集中体现大运河杭州段近代工业文化、平民居住文化和仓储运输文化的复合型历史街区。

(2)通益公纱厂旧址

进入桥西的主要街道叫作桥弄街，它的起点就是大名鼎鼎的拱宸桥。在新千年后，随着运河航运地位的下降和城市产业结构的调整，桥西由盛极一时的传统工业区变成了一处低收入群体聚集的棚户区，区域内一度居民混杂，基础设施落后，公共空间严重缺乏。因此，重构历史风貌，保留乡愁情怀，恢复商业氛围，延续桥西文脉，也就成了 2006 年开展桥西综合保护工程的重要初心。

在桥弄街的北侧过去主要是一些老旧厂房，在保护工程中基本都保留下来了，其中的三层洋房就是杭州市优秀历史建筑——杭州一棉有限公司离退休人员服务中心卫生所旧址。这个“杭州一棉”就是杭州第一棉纺织厂，它曾是浙江最大的棉纱厂、杭州最重要的国有企业，也是著名的百年老厂，前身就是大名鼎鼎的通益公纱厂。在这里有一段改造的砖墙小品，上面记录了它的前世今生。

通益公纱厂的筹建，最早可以追溯到清光绪十五年(1889 年)，杭州富商丁丙、王震元和南浔巨富庞元济共同集资，在拱宸桥畔建了两个厂：一个是主营丝织的“世经缫丝厂”，一个是主营棉纱纺织的“通益公纱厂”。通益公纱厂是整个浙江最早的棉纺织厂，规模宏大，当年光厂房建设的投资就超过银两 30 万。经历了百年风雨后，当时的三个车间和一栋办公楼依然屹立在这里。

但是这座新生工厂的成长，却并不如那些建筑一般坚实。在内忧外患的旧社会，民族资本也是风雨飘摇，通益公纱厂此后几经转手，艰难维持。终于等到新中国成立以后公私合营，成为杭州棉纺织厂，迎来了它新的春天。新中国成立初期的杭州，纺织业可以说是最重要的产业，当时几千号人的“杭一棉”，能进来工作的都是杭州城里的精英，全国劳模常常花落这里，员工的福利也是羡煞旁人的。正因为工厂有如此耀眼的履历，所以当企业写进了历史之后，人们才把更多的崇敬加注在这一片老厂房之上，希望通过这一代的建设，让它涅槃重生，续写传奇。

(3)中国扇博物馆

在桥西，可以看到一座中国扇博物馆。自古江南多才俊，而江南才子的出场，扇子可以说是必需的“装备”。所以在传统的杭州，手工制扇业就异常发达。据记载，南宋时期杭州城里就有一条二里多长的扇子巷，是制作扇子作坊的集中地。而清朝末年出现的王星记黑纸扇，日晒雨淋不折不裂，和西湖龙井、杭州丝绸并称为“杭产三绝”，成为杭州扇子最响亮的传奇。因此，杭州市政府特别出资在这里建设了这座国家级专题性博物馆。

中国扇博物馆的主体建筑，正是由“杭一棉”厂区中保存较好的东纺车间改造而成的，在当时可以说是拱宸桥边最高的建筑了。同时，在它的前方又做了一幢民国风情的建筑，成为博物馆的入口。中国扇博物馆于2009年建成开放，它是中国历史上第一所以扇子为主题的专门性博物馆。都说“三百六十行，行行出状元”，你知道在历史上，制扇工人也有祖师爷，也有祖师庙吗？在这座博物馆中，特别收藏了全国唯一的一块扇业祖师殿石牌匾，今天成为扇博物馆的镇馆之宝，特别值得一睹究竟。

(4)杭州手工艺活态馆

在中国扇博物馆之后，就能看见通益公纱厂“素颜”的老厂房了，这是正宗的百年建筑——木柱用的是美国红松，房梁处的斗形金属套接为英国进口，这间中西合璧的砖木结构建筑，到今天还巍然屹立在运河之畔。它锯齿形的房顶窗户全部朝北开，既保证了充足的采光，又能避免棉纱制品受到阳光直射而褪色。今天，它的主体建筑2、3号厂房被改造成杭州手工艺活态馆，并在2011年5月正式建成向公众开放。

手工艺活态展示馆是杭州首家集互动教学、非遗手工体验、民间技艺表演于一体的非遗文化体验馆，也是浙江省最大的手工体验基地和国家级文保单位。馆内展示了刺绣、印染、杭州紫砂、西湖绸伞、张小泉锻剪等数十项手工技艺，不仅吸引了数十位包括国家、省、市级工艺美术大师、非遗传承人等各类技艺人员进驻，吸引了无数的游客市民的关注，同时也成为千百位儿童少年的第二课堂。

活态馆向人们呈现的是一个全新的概念——活态。它利用传统的工业遗产空间，搭建起非遗传承、展示和活化的平台，让观众不仅能够在现场身临其境见证非遗活化的过程，还可以亲自下场体验和学习具有浓厚特色的传统工艺和非遗文化，让兴趣作为传承的纽带，让体验成为沟通的方式，让技艺不再是记忆。因为活态馆的创新和成功，2012 年杭州被联合国教科文组织授予“工艺与民间艺术之都”的称号，这也是对大运河文化复兴工作重要的肯定。

(5)拱宸桥

沿着桥弄街走向它的起点，就能来到拱宸桥的桥头，这里是传统上公认京杭大运河的终点，还有一块“世界文化遗产——中国大运河”的地理标识碑。2 500 多年以来，大运河为我们留下了无数宝贵的遗产，而在这其中，唯独拱宸桥却备受历史的“宠爱”。这座桥最早见到记载是在明崇祯四年(1631 年)，因为在太平天国战争中遭到严重的破坏，杭州著名乡贤丁丙于光绪十年(1884 年)对它进行了大规模的修缮。同时，这位丁丙号称“八千卷楼主人”，不仅因在留下风木庵抢救回文澜阁藏书而名垂青史，也是通益公纱厂的发起人之一，还是西泠印社发起人丁仁的叔祖，可谓是杭州的“模范市民”了。

此后整整 120 年，拱宸桥没有大规模的修缮，直到 2005 年市运河集团对桥梁进行了提升优化。一年之后，运河综合保护一期正式向公众推出，拱宸桥第一次亮灯；两年之后，桥西综保进入实施阶段，拱宸桥边居民开始动迁；三年之后，运河水上黄金线开辟，漕舫游船到达拱宸桥码头；四年之后，拱宸桥边三大博物馆正式开馆；五年之后，桥西历史文化街区正式开街——时间是 2010 年 9 月 30 日。无论是回望历史，还是面向未来，拱宸桥始终稳稳居于桥西文化和发展的中心。而以拱宸桥为原点发出的两条街道——桥西直街与桥弄街，一横一直，也就构成了桥西历史街区的整体框架。

(6)方回春堂国药号

由桥弄街拐向桥西直街，在拐角之处坐落着杭州中医药界的一家百年老店——方回春堂。清代顺治六年(1649年)，杭州人方清怡创办了它，距今已有300多年历史，可以说是中国现存最古老的国药馆之一。方家是中药世家，特别擅长于儿科，这里祖传秘方精制的“小儿回春丸”享誉杭城，也让方回春堂成了杭州中药店的金字招牌。只是近代中国风雨飘摇，方回春堂也不能幸免，一度卖掉祖传堂屋。近年来，国家逐渐重视传统医药的复兴和发展，方回春堂顺应时代潮流，盘回当年的老店面，于2001年在河坊街原址上恢复营业，并在杭州各地开出十余家门店，这就是其中之一。

方回春堂的古训是“许可赚钱，不许卖假”，一直以择料讲究、选工尽善尽美著称。如今，它打出“名医好药，方回春堂”的新招牌，不仅邀请名医坐堂，还定期举办冬令进补膏方节、参茸节以及端午节送香袋、腊八节施粥等传统民俗活动，擦亮了老字号的“金字招牌”，也为桥西带来了浓浓的草木芬芳。

(7)张大仙庙

名医好药能够妙手回春，传统文化也可以枯木逢春。在方回春堂之后，有一座照壁写着“紫气东来”，这就是近年在桥西直街上复建的张大仙庙。庙门口的碑廊上有几块石碑，其中详细地记录了张大仙的生平事迹以及这座庙宇的建设始末。

张大仙原名张胜贵，湖北蕲水人，清代同治年间来到杭州拱宸桥一带谋生。相传他精通医术，宅心仁厚，为穷人看病都不收费，很受老百姓喜爱。在光绪四年(1878年)三月二十一日傍晚，一位妇女在拱宸桥头跳河自杀，张道长不顾春寒水冷，跳下运河将妇女救起，自己却没能跟着上来。这时候突然从天上冲下一只老鹰，叼起他的长发拖到岸边，可惜59岁的张道长此时已经没了呼吸。百姓不愿意相信他已经去世，都说他在拱宸桥上成仙了。

在照壁的背面有一幅砖雕《张大仙成仙图》，生动描绘了这段故事。事情传到朝廷后得到光绪皇帝和慈禧太后的肯定，下旨封他做“张大真人”。从此他的墓边有了张大仙庙，庙旁边有了大仙弄。新中国成立后，张大仙的墓庙因故都被毁去，如今已成了运河文化广场的一部分。而桥西这里原有一座道教三官殿的遗址。因此，在2008年利用这块场地复建了张大仙庙，并无偿交给市道教协会管理使用。此举既为张大仙续起了香火，更弘扬了他的优秀品德，也振兴了道教文化。

(8)吉祥寺弄

拱宸桥一带，曾经流传着这样的民谣：一条弄堂两垛墙，弄堂无不几花长，吉祥里厢啊婆娘，要吉祥来弗吉祥，说的就是这一条吉祥寺弄。有道是“南朝四百八十寺，多少楼台烟雨中”，曾经巷子中的吉祥寺早就已经化作往日云烟，但是几堵墙、几花长，不起眼小巷却和它的名字一起留到了现在，成为人们今天不可多得的宝贵回忆。

在桥西历史文化街区的保护过程中，几乎完整地保留了当年的老街老巷，并且在整改结束之后回迁了部分原住民。这些曾经车马不方便进出的狭窄弄堂，却成了今天勾起杭州人最美乡愁的地方，这里迷宫一样交错纵横的小巷，也是观光游客最感兴趣的空间，在2018年的改造提升中，在吉祥寺弄的古井边还增添了3D彩绘拱宸桥一景，还原了20世纪这里“小上海”的风情，已然变成时下桥西的“网红打卡点”。

(9)中心集施茶材会公所

在吉祥寺弄的巷口有一张桥西历史文化街区文化景观的分布图，可以看到这条窄窄的巷子当中，还留存了民国时期的中心集施茶材会公所。这个名字乍听起来或许有点费解，其实，茶是凉茶，材是棺材。在桥西的繁华背后，有着无数苦力穷人的血汗流淌。于是在炎炎夏季，一碗免费的凉茶就会从这里送出；雪中送炭，免费的薄皮棺材，也能给他们最后一点尊严，乐善好施爱心助人的品德，也从这里传承开来。

如今，这里是拱宸桥附近从事慈善事业的民间组织中唯一幸存下来的。或许是缘分，或许是传承，今天利用“茶材会”的老房子，开办起了“老开心茶馆”。除了喝茶以外，这里更多地承担了保护传统民俗文化的任务，茶馆里经常上演杭州小热昏、杭州评话、滑稽戏等杭州特色戏种，甚至还开设起了相关的民俗艺术培训班，让这样宝贵的民俗文化真正活在我们的身边。古色古香的茶馆，幽幽一壶清茶，听着台上传来的吴侬软语，百年前的画面似乎就在眼前。

(10)如意里

在桥西直街上，别具匠心的小品是人们一直钟爱的设计亮点。在如意里巷口，就有一组非常有趣的雕塑“躲猫猫儿”。随着城市化的发展和棚户区的改造，现在这样的场景更多只能出现在“老杭州”的回忆当中了。为了守住乡愁，在综保工程中，特别保留了桥西街区的如意里、同和里、通源里三大民居群落。其中，在如意里民居群落中保留下许多典型的老式石库门里弄建筑，这里是杭州最早的中西合璧联排式里弄住宅之一，更是杭州开埠之后西风东渐的实物见证，弥足珍贵。

说到如意里的开发，就不能不提晚清著名的杭州乡贤丁丙，他和兄弟丁申本来都是杭州经营布匹的商人，却改写了桥西的很多历史。中日甲午战争以后，杭州被开辟为通商口岸，日本租界就建设在拱宸桥对面的地方，为了对抗日资的侵入，65 岁的丁丙和 33 岁的南浔富商庞元济就是在这里开办了浙江第一家机械缫丝厂——世经缫丝厂，在这里亮起了浙江省第一盏电灯，也开启了浙江省近代民族工业机械化和股份制的历史。

(11)杭州水文资源科普展厅

在桥西直街，有一座比较特殊的博物馆——杭州水文资源科普展厅。这是拱宸桥水位站特别为公众呈现的一个科普教育空间，于 2013 年 12 月 17 日建成开放，主要展示了杭州的水文历史与发展，以及在国民经济建设中的基础作用，并介绍了水文工作在新时期新的发展机遇和历史使命。

或许难以置信，在民国九年(1920 年)的时候，拱宸桥就已经成立水位站，负责测量京杭大运河的水位。可以说是浙江省最早的水位站之一了，它不仅见证了京杭大运河由旧到新的变迁历程，同时也为大运河保留了一百年的水文资料，成为我们今天水文工作非常重要的参考资料。

在展厅中，收录了关于水文的重要文献资料，展示了祖国大地上的众多水利设施，更通过一棵千年水文树，向我们展示了从古到今水文科学的发展从萌芽到成熟的成长过程。在运河边，还可以看到拱宸桥水文站的立柱、降雨观测点等水文设施。

（12）大运河标志石

在桥西直街，有一片开阔的“土特产码头”平台，这里原本是国有企业杭州土特产有限公司的专用码头，如今已被改造成旅游码头，并在一旁建起了大运河的观景平台。在这里有一块大运河标志石，正面清晰地记录了大运河杭州段的全部河道，包括了杭州塘南段、上塘河、中河、龙山河、西兴运河等。正是通过这些在不同时期修建的河道工程，串联起城市中大大小小河湖港汊，才能形成覆盖整个杭州的庞大水利网络，叙说着大运河杭州段的千年传奇。

在这块标志石的背后，记录的则是世界文化遗产——中国大运河的地理全图。同时，这里也是桥西直街上欣赏拱宸桥的最佳位置。从这里望过去，这座桥就像拱起双手行礼，向北方恭迎圣驾的姿势。如今它依旧亭亭地站立在运河的波涛之中，恭迎着五湖四海的来宾，成为大运河在杭州永恒的符号。

（13）中国刀剪剑博物馆

在桥西土特产旅游码头旁，有一些外表陈旧的建筑，这就是曾经的杭州土特产集团有限公司仓库。繁荣的运河贸易，使得以杭剪、杭粉、杭扇、杭线、杭烟“五杭”为代表的杭州土特产名扬四海，人们熟悉的张小泉、孔凤春、王星记、都锦生、宓大昌等老字号就是其中的佼佼者。作为一家杭州老牌商贸企业，始建于1954年的杭州土特产集团有限公司至今依然从事正宗的杭州土特产和高规格的礼品业务。但这些曾经的建筑仓库空间，如今却已被打造成中国独一无二的手工艺特色博物馆群。其中的1号楼是一层砖木结构的工业仓储房，建筑青瓦青砖，有着浓郁的民国风情，它和旁边的2号楼被改造为中国刀剪剑博物馆，并于2009年9月30日正式对外开放。

也许有人会奇怪，在同一座博物馆中，为什么会出现刀、剪、剑三个不同的主题。其实，刀、剪本是同源，而杭州“张小泉”又是我国最著名的剪刀品牌，和北方“王麻子”品牌齐名，浙江龙泉的刀、剑更是千古流芳。因此，博物馆创造性地将刀、剪、剑三大主题融于一体，通过多角度、多元化的方式，介绍和展现“物开一刃为刀，两面开刃为剑，双刃相交为剪”的刀剪剑特色文化。通过精致展品，访客既可以在展馆中了解刀、剪、剑各自的历史文化，也可以从生活化视角去体验民间风俗、生活趣识，成为桥西最具特色的国家级博物馆。

(14)中国伞博物馆

“上有天堂，下有苏杭”，伞是“天堂城市”杭州独特的文化符号，西湖绸伞为杭州带来最美的写意，“天堂伞”更成为杭州最经典的标志品牌。因此，土特产仓库最南面的4号楼，中国伞博物馆危然矗立。值得一提的是，博物馆在建筑外墙上开了许多四方形的透明门窗。据说这样的做法是为了将运河的景观引入室内，让参观的人们感受到10多米外运河水带来的动感。在这里，我们立足杭州，放眼世界，诉说着千百年来手中一把小小雨伞的传奇。烟雨江南，衍生出独特的伞文化，伞的审美、伞的诗意和伞的象征意蕴伴随着历史发展的车轮，碾压出一道独特的文化轨迹，也为天堂杭州增加一抹亮丽的色彩。

在两馆中间的3号楼，仅仅保留了沿运河一面的屋墙，剩下三边都用落地玻璃门窗装饰，成为馆内独特的商业区。在它的背后新建了现代化的5号楼，作为连接两馆的通道和整个博物馆群的正大门。正是在建筑师和设计师女娲补天般的灵巧双手之下，陈旧的仓库化蛹成蝶，破茧而出。开放式的体验空间和多样化的体验活动，更让每位参访者都能成为这些特色文化真正的主人。

附：運河頌（杭州段）①

維天靡常②，唯昊穹蒼。地迥③八荒，載土茫茫④。

卑高相承⑤，其勢大匡。千流嚮海，無水不傍⑥。

巍我華夏，立此疆場。作河中贯，於彼東方。

總括諸泾，協領群浜。邀乎巨川，縱横頡頏。

率然⑦擕手，淺深不妨。百流敦睦，宛在一墻。

殊哉偉業，生民未嘗⑧。良兮斯渚，乃沐初陽。

孰云吴遠，誰謂越廣⑨。三日風颻，輕帆至杭。

---

① 本文位列第四届京杭大运河国际诗歌大会“年度十佳作品”榜首，作者杜晨。

② 《诗·文王》：侯服于周，天命靡常。

③ 王子安《滕王阁序》：天高地迥，觉宇宙之无穷。

④ 《诗·玄鸟》：宅殷土芒芒。

⑤ 《易·系辞》：天尊地卑，乾坤定矣。卑高以陈，贵贱位矣。

⑥ 《淮南子·天文训》：地不满东南，故水潦尘埃归焉。

⑦ 《孙子·九地》：故善用兵者，譬如率然……携手若使一人。

⑧ 《孟子·公孙丑》：自生民以来，未有……。

⑨ 《诗·河广》：谁谓河广？一苇杭之。

龍遊鳳翥，天目乳長[①]。應此浩蕩，遂興钱塘。

舟犁澤濟，水旺道昌。貨通八省[②]，船盡漕商。

上逮幽燕，下涉瀟湘。更跨四極，遠拓海疆。

宋窯明紡，浙品琳琅。朝發市港，暮達萬鄉。

歲貢域產，民物官糧。往來利倍，金玉盈艙。

遠纘禹績，近功錢王。千秋以降，遞相輝煌。

包育沃壤，益滋農桑。唯此樂土，終焉允臧[③]。

以爾福瑕，聲名汪洋[④]。施及周旁，號為天堂[⑤]。

杙生肘掌[⑥]，實有強梁。擅我桷杗，取我圭璋。

幾番起落，無非滄桑。歌題楊柳[⑦]，月隱成霜[⑧]。

何流不逝，濯足浪浪[⑨]。前勇辟創，後彦托扛。

人事代謝，飛如電芒。星移物轉，復聞鏗鏘。

異時花開，體茲芬芳。彫韻鐫情，柔波清凉。

昔年工廠，猶自珍藏。回眸凝望，熠熠有光。

舊隄新雨[⑩]，満目青黃。遺產溫存，古蹟留香。

夕顔今意，浮世面龐。宜言静好，畫裏徜徉。

不負春早，形舒譽揚。亞運榮耀，山河氣昂。

使命慷慨，豪情滿腔。當信來日，莫之與京[⑪]。

---

① 钱诚允《吴越备史》：天目山垂两乳长，龙飞凤舞到钱塘。

② 大运河跨京、津、冀、鲁、豫、皖、苏、浙八省市。

③ 《诗·定之方中》：降观于桑，卜云其吉，终焉允臧。

④ 《中庸》：是以声名洋溢乎中国，施及蛮貊。

⑤ 范石湖《吴郡志》：谚曰“天上天堂，地下苏杭”。

⑥ 《庄子·至乐》：俄而柳生其左肘，其意蹶蹶然恶之。

⑦ 《开河记》：帝御笔写赐垂柳姓杨，曰杨柳也。晏小山《鹧鸪天》：舞低杨柳楼心月，歌尽桃花扇底风。

⑧ 张懿孙《枫桥夜泊》：月落乌啼霜满天。

⑨ 屈原《渔父》：沧浪之水浊兮，可以濯吾足。

⑩ 扬州个园宜雨轩联：旧雨适至，新雨初来。

⑪ 此“京”在阳部，居良切，音姜。如《左传·庄公二十二年》：八世之后，莫之与京。

运河拱宸桥夜景 （徐坤龙摄）

古国遥望——良渚时空

1. 良渚文化旅游基本概况

在杭州城的西北，有一座美丽的小镇——良渚。相传这里曾经河流遍布、水草丰茂，有许多美丽的水中小洲，后来人们在此开垦出不少良田，于是就渐渐有了这个动听的名字。自宋代得名“良渚里”以来，这里始终岁月静好，外人不扰，直到1936年发现了良渚文化，才逐渐声名鹊起。而2019年良渚古城荣膺世界文化遗产称号，更让全世界把目光聚焦在这里，成为今天杭州最重要的文化旅游目的地之一。在良渚古城申遗成功的第二天，杭州正式向世界开放了良渚古城遗址公园。今天，人们可以在这片5 000年文明的土地上触摸良渚人的生活天地，走近他们的精神世界，体验良渚古城的生产生活，品味良渚文化的别样趣味。距离良渚古城5千米的良渚博物院和美丽洲公园，更是人们认识、了解良渚文化的重要窗口。

为了便于良渚文化旅游的体验，我们先来梳理一下与“良渚”相关的几个重要概念:良渚文化、良渚遗址、良渚古城、良渚王国、良渚文明等。

(1)良渚文化

“良渚”的字面意思是美丽的水中小洲,是人类逐水而居的真实写照,也是江南水乡的代名词,而良渚文化正是这片美丽小洲中升起的文明之光。根据专家考证,良渚文化主要分布于长江中下游地区,是环太湖流域地区的一支考古学文化,存在于距今 5 300～4 300 年的新石器时代晚期,大约和黄河中游的仰韶文化庙底沟类型(距今约 6 000～4 800 年)、黄河下游的大汶口文化(距今约 6 500～4 500 年)、龙山文化(距今约 4 500～4 000 年)时代相交,和长江中游的屈家岭文化(距今约 5 300～4 600 年)基本同期。

从 1936 年至今,已发现了 600 多处良渚文化遗址点,分布在环太湖一带大约 3.6 万平方千米的空间范围中。良渚文化分布范围虽然如此之广,但是它有一个中心地区,那就是位于杭州市余杭区范围内的“良渚遗址群”。

(2)良渚遗址

“良渚遗址群”是良渚文化的代表性遗址,主要位于杭州市余杭区良渚、瓶窑二镇范围内,包括了莫角山、反山、瑶山、汇观山等著名遗址。这里不仅是良渚文化的命名地,也是良渚时期社会的政治、经济、宗教和文化中心。1936 年,良渚文化就是在这里被发现的。说到良渚遗址的发掘,就不能不提发现良渚文化的第一人——施昕更。

施昕更就是良渚本地人,当时在浙江博物馆的前身——浙江省立西湖博物馆担任自然科学部地质矿产组助理干事。1935 年 5 月,他参与了杭州古荡遗址的考古发掘,意外发现出土的石器和陶片“似曾相识”。在自己家乡良渚,也常常见到有人倒卖类似的文物,于是他隐隐觉得良渚似乎有一个古遗址的存在。在得到西湖博物馆的同意和支持下,从 1936 年 12 月到 1937 年 2 月,25 岁的施昕更先生主持了三次对良渚的田野考古发掘,获得众多石器、陶器等实物资料,从科学的角度确认良渚存在着远古文化遗存。

同样在 1937 年,施昕更完成了上万字的《良渚——杭县第二区黑陶文化遗址初步报告》。在报告中,他不仅详细介绍了发掘经过、收获,还特别写道:“我们上古的祖先,坚忍地开辟了这广袤的土地,创下了彪炳千秋的文化,我们今日追溯过去，应当如何兢兢业业地延续我们民族的生命与光荣的文化呢？”同时，施昕更还以“最新的考古报告都以地名为名”为理由，把“良渚”作为遗址的定名。但是因为种种原因，当时考古学者并未采取“良渚文化”的说法。直到1957年，考古学家夏鼐在《浙江新石器时代文物图象》的序言中指出，良渚等遗址出土的遗物有其独有特色。两年后，他在长江流域规划办公室文物考古队队长会议上，正式提出了“太湖沿岸和杭州湾的良渚文化”这一说法。

不过，良渚遗址虽然是良渚文化最早的发掘地，但却并不意味着这里就是良渚文化的中心地。然而自20世纪80年代以来，人们在良渚周边反山、莫角山等地接连发现许多重要的遗址点，出土了大量高规格的文物，越来越多的证据指向了一个结论：这片遗址群落在良渚文化中处于特别重要的地位。1986年，在杭州举行的良渚遗址发现50周年学术讨论会上，第一次提出了“良渚遗址群”的概念，指出在这片面积约42平方千米空间范围内，分布着良渚文化遗址中等级最高、类型最丰富、分布最密集的遗址群落。2007年，在良渚遗址群中发现了良渚古城，更有力地证明了良渚遗址群是良渚文化绝对的中心区域。

(3)良渚古城

良渚古城是良渚遗址群中最重要的核心遗址，位于瓶窑镇以东，104国道以北，面积约6.3平方千米，于2007年被发现。说起良渚古城的发现，也有许多传奇色彩。2006年底，当地政府为保护良渚遗址，外迁安置当地的农民，当时打算在瓶窑葡萄畈遗址高地西侧建设农民安置房。因为良渚遗址的特殊重要性，在建房前考古队先进场试掘。谁料一挖下去，就得到了意想不到的收获：先是发现了良渚时期的古河道，又发现了一些人工堆筑的石块。由于这一遗迹位于良渚最重要的地带——莫角山遗址西侧约200米，考古人员推测这可能是莫角山遗址的西城墙。于是，浙江省考古所向国家文物局申报了在莫角山周边的考古调查。从2007年3月开始考古发掘，至11月5日确认了最后一道南城墙的分布范围，一个东西1 600～1 700米、南北1 800～1 900米、四面围合总面积约300万平方米的良渚古城，就真真切切出现在了我们的面前。

良渚古城的发现，被评为2007年中国“十大考古发现”，如此庞大、完整的城市格局，远远超出了以往对于良渚文化的认知，震惊了当时的考古学界。已故的原故宫博物院院长张忠培先生在考察良渚古城的发掘现场后，曾激动地说，“新发现的大型石砌遗迹规模如此宏大，在中国同时期中还没有第二个，这个发现的意义，不亚于当年反山、瑶山的重大发现”。更令人惊喜的是，在良渚遗址群中，原本无规律分布的反山、莫角山等遗址点，因为良渚古城的发现，其布局思想突然变得清晰起来，显露出一个经过精心规划的、有着明确功能分区的、庞大而完整的城市空间形态。随着考古工作的推进，2010 年进一步确认了良渚古城的外城，2015 年又发现和确认了古城外围大型水利系统。由此，良渚古城遗址成为良渚文化中遗址点分布最密集、遗存类型最丰富、等级最高、规模最大、结构最复杂的核心遗址，带有早期国家都城的性质。

(4)良渚王国

因为良渚古城的发现，为人们研究良渚文化带来了许多新的认识，其中最主要的一点就是“良渚王国”概念的提出。我们知道，早期的原始人类大多以聚落或部落的形态存在，只有特别发达的文明，才能够建立起“国家”这样的社会形态。在西方学者的研究理论中，“四大文明古国”中的中国，文明史可追溯到距今 3 500 多年的商朝，但是良渚古城的发现深深动摇了这一理论。距今 5 000 年前的良渚古城，不仅同时拥有城墙和水利系统，而且是目前世界上已发现的同类型都邑遗址中规模最大的，被称为“中华第一城”。

根据在良渚考古中发现的规模宏大的城址、功能复杂的水利系统、分等级的墓地祭坛，以及具有信仰和制度象征的玉器等，考古学家提出了“良渚王国”的概念，认为良渚已经可以算是一个古老的王国。这个王国是新石器时代晚期曾经存在于中国长江下游的一个以稻作农业为经济支撑、出现了明显社会分化和具有统一精神信仰的早期区域性国家，而它的国都就在良渚古城。

(5)良渚文明

在“良渚王国”的基础上，中国学者又提出了“良渚文明”的概念。西方的学术理论普遍认为，人类在原始社会就有了文化，语言的发生就标志着文化的开端，而当人类进入阶级社会之后才出现了文明，这是人类文化发展的特殊阶段。文字的使用、金属工具的出现、国家的形成等就是文明开始的标志。因为到目前为止还没有在良渚文化的地层中发现金属工具，在出土器物上发现的刻画符号也不能称之为成熟的文字，所以良渚文化过去一直被称为“文明的曙光”，仅仅是“日出”的前奏。但是“良渚古城”的发现，则打破了西方文明探源的理论瓶颈。从城市规制、社会等级、权力分配、分工体系、组织管理和统一信仰，乃至玉质礼器的制作、城墙和高台的堆筑、水利设施的建设等方面体现出的成就来看，无不表明良渚真实拥有一个成熟而强大的文明。

所以，2019 年良渚古城申遗的成功，不仅为中华五千年文明史提供了独特见证，也为世界早期文明的研究提供了一种全新的理念，表明了国际主流学术界对中华文明史的一种认可态度，也表明中国在“文明”的学术定义上有了更大的话语权。

同时，良渚文明更大的价值，则体现在它对中国文化史的影响上。过去我们认为，上下五千年以来华夏文明一脉相承，蔚为大观，让其他文明黯淡失色，寥廓的中华大地上，可谓“月明星稀”。然而通过良渚文明的繁荣，让人们看到了长江下游史前稻作文明的最高成就，它和长江上中游、黄河上中下游的各种文明一起，在古老的中华大地上奋进开拓，相互辉映，堪称“满天星斗”。崇拜“神、鬼、巫”的良渚文明和重视“天、地、人”的华夏文明能够并立于天下，足以体现中华文明“海纳百川”的胸襟气度与“和而不同”的精神气质，而良渚古城更无愧是实证中华五千年文明史的圣地。

(6)良渚古城遗址公园

为了更好地实现对良渚古城遗址的保护、展示和利用，杭州在这片遗址之上建设起了良渚古城遗址公园。公园规划总面积 14.33 平方千米，分城址区、瑶山遗址区、平原低坝一山前长堤区和谷口高坝区 4 个片区，是一座集文博展陈、考古研学、旅游观光、互动体验于一体的综合性公园。

2019 年 7 月 6 日，良渚古城遗址成功入选《世界遗产名录》，成为全人类共有的珍贵遗产。随后良渚古城遗址公园也正式对社会公众开放。最先有限开放的是面积 3.66 平方千米的城址区核心部分。通过对城门与城墙、河道与作坊、莫角山宫殿、反山王陵等遗址的解读，让参访者能够全面认知良渚古城，了解良渚文明。2021 年 9 月，瑶山遗址公园向公众开放，作为比良渚古城营建时间更早的遗址点，瑶山遗址公园大大丰富了良渚古城遗址公园的活动空间和文化内涵。

2022 年“杭州良渚日”之际(7 月 6 日),老虎岭遗址公园正式面向公众开放。作为目前良渚古城遗址唯一一处展示水利系统剖面结构的遗址点,老虎岭遗址公园向世人揭示良渚先民在利用和改造自然中的创造性与科学性。

良渚古城遗址公园以考古定性公园,以公园表现遗址,是对良渚遗产保护的一项重要探索和创新工程,其建设理念是在考古研究的基础上,以遗址本体的保护为主,通过深挖遗址文化内涵,梳理遗址区内环境,着力恢复良渚时期的古地貌环境,为我们展示一个水草丰美、河网密布的王国都邑,努力讲好 5 000 年前的良渚故事。

因此,良渚古城遗址公园主要有两大特色:首先,这是一处考古文化公园,丰富的考古发掘研究、公众考古展示、互动考古体验等功能,是其有别于其他公园的一大特色;其次,这是一处湿地生态公园,公园大面积地保留和还原了原来的湿地生态系统,公园内林木繁茂、水系纵横,吸引了大量珍贵鸟类前来栖息,充分展示了良渚古城时期的水乡泽国风貌。同时,由于遗址脆弱,不宜露明展示,真正的古城遗址主要在地面以下。为了给遗址进行最好的保护,因此遗址现场多以植物标识、模拟复原等方式呈现。

(7)良渚博物院

若要感受良渚文明的功业之广,莫过于参访良渚古城遗址公园;而若要认识良渚文化的内涵之深,则莫过于走进良渚博物院了。良渚博物院的前身是 1994 年开馆的良渚文化博物馆,隶属于杭州良渚遗址管理委员会,是一座收藏、研究、展示和宣传良渚文化的考古遗址博物馆。博物院位于浙江省杭州市余杭区良渚街道美丽洲公园内,于 2008 年 10 月对外开放。

良渚博物院总占地面积 4 万余平方米,建筑面积 1 万平方米,由英国著名建筑设计师戴维·奇普菲尔德(David Chipperfield)设计。这座建筑以“一把玉锥散落地面”为设计理念,由不完全平行的四个长条形建筑组成,被称为“收藏珍宝的盒子”。建筑的结构非常简洁,突破了具象形态的束缚,体现了艺术与自然、历史与现代的和谐融合,荣获了由知名杂志《商业周刊》和《建筑实录》评审的“最佳公共建筑奖”。

根据良渚遗址最新考古成果,良渚博物院对基本陈列进行改造升级后,于

2018年6月重新对外开放。目前其常规展览面积4 000余平方米，分为3个展厅。常规展览的主题是：良渚遗址是实证中华5 000年文明史的圣地。展览依托“水乡泽国”“文明圣地”“玉魂国魄”三个展厅，全面、立体、真实地展示了良渚遗址和良渚文化的考古成果、遗产价值，体现了良渚文明在中华文明“多元一体”历史发展进程中的重要地位和独特贡献。院内共展出良渚文化时期玉器、石器、陶器和漆木器等各类珍贵文物600多件(组)。同时，博物馆将传统展示与数字化展示等手段相结合，合理使用大型油画、场景复原、数字多媒体及3D打印等新技术，强化了观众在实体文物中参观的感受，扩展了博物馆的有限展示空间，为观众提供了更具个性化的数字化展示服务。①

(8)良渚文化大走廊

良渚文化大走廊位于余杭区北部，西起径山镇，东至良渚街道和仁和街道。这条带状区域，正是余杭文旅资源最为集中的区域，其中包括了良渚古城遗址公园、瑶山遗址公园、老虎岭遗址公园、杭州国家版本馆、大运河文化国家公园(余杭段)、小古城遗址、良渚博物院、浙江省考古与文物保护基地、瓶窑古镇、安溪古镇等众多“文化明珠”，更拥有“径山茶宴”“余杭纸伞”等非遗项目，可谓丰富多彩、琳琅满目。

这条大走廊由良渚文化领衔，汇集良渚、运河、径山三大文化“金名片”，将这里5 000年来的文明历程尽数囊括，充分展现了余杭文明的源长垂远、绵绵不绝。其中，良渚遗址作为“世界遗产、文明圣地”，价值影响深远；大运河文化国家公园(余杭段)包含了大运河漕运仓储文化、水乡田园风貌等文化特色；径山文化中的禅茶文化博大精深，更是日本佛教临济宗和日本茶道之源；杭州国家版本馆肩负赓续中华文脉重任；浙江省考古与文物保护基地集考古遗产保护、文物整理修复、考古科技研究等功能于一体；瓶窑古镇传承千年“窑火”文化、安溪古镇展示江南水乡风采；“余杭纸伞”等非遗项目则展现了传统民间技艺的传承与创新。

同时，良渚文化大走廊还串联起以新港村、径山村、小古城村为代表的美丽乡村文化，以中国(良渚)数字文化社区为代表的现代数字文化，文化在这里既能追古，又可溯今。这更是一条没有边界的走廊，一块开放式的平台，良渚遗韵、别

---

① 良渚博物院/博物馆简介，https://www.lzmuseum.cn/BoWuYuanJianJie/index.html。

样宋韵，现代风韵、数字神韵，各个时期的文化精彩，都能在这里交相辉映，流光溢彩。

2. 良渚古城遗址公园(城址区)

(1)良渚古城遗址公园(城址区)概况

良渚古城遗址公园的城址区是良渚文化权力和信仰的中心，也是展现良渚城市文明的主要载体。这座古城位于杭州市余杭区大遮山与大雄山之间河网密集的地带，可谓背山枕河，占尽形胜，自古就是一处丰饶肥美的地方。良渚古城的城址也是迄今为止发现同时代规模最大的城市遗址，整体遗存占地约 630 公顷，由宫殿、内城和外城三重结构组成。其中宫殿区约 39 公顷，是古城的核心地带；内城由墙体围合而成，面积约 300 公顷，设有 8 座水城门和 1 座陆地城门；外城则由散布的多个条状台地半围合而成。这种“三重向心式”的都邑布局结构，充满了中国文化特有的空间智慧，数千年来被中国历代王朝一脉相沿。

城址区的内外分布着大量同时期遗存，比较有特色的有古城东侧多种类别的手工业生产加工区和西侧不同等级的墓葬区，体现了城市规划中精妙的功能布局智慧。其中的反山墓地出土玉器达 3 500 多件，是目前发现的最高等级王族墓葬墓地。城内还发现了由人工疏通的多条古河道，它们均能与城外自然河网水系贯通，形成独具特色的水上之城，反映了良渚先民高超的水利营建技术。

对于良渚古城遗址公园来说，最大的挑战莫过于遗产展示了。因为这种在潮湿环境下的土遗址保护和展示，在国际上都没有可借鉴的先例。同时，除了要“征服”国际专家学者，更要让普通群众都能看懂这片文明圣地的“盛况”。于是，良渚古城遗址确定了一个遗产展示的理念：最小化干预，最大化展示。也就是选择少动土、不破坏遗址整体性与真实性的方式，用具备可逆性的展示项目来真实还原良渚古国。例如为了还原 5 000 年前良渚古城的湿地环境，公园用不同的植物在古城内遗址分布区做了划分：大片水稻的区域代表了古城中的水域地带，树皮铺设的区域代表了房屋的遗址等。正是以这样的方式，良渚时期的生活环境才得以重现于人们眼前。

今天，良渚古城遗址公园的城址区开放的面积为 366 公顷，超过 17 个“鸟巢”(国家体育场)的大小。主要设置了城门与城墙、考古体验、河道与作坊、雉山观景台、莫角山宫殿、反山王陵、西城墙遗址、凤山研学基地、大观山休憩区和鹿苑 10 大片区。在城址区中，最常见的参访方式是通过观光车导览与步行体验相结合，这样可以全面又便捷地领略良渚古城的文化魅力。同时也请参访者都能心怀敬畏，珍惜这里的一草一木，理解配合园内的安排，有序有礼、文明参访，互相尊重、彼此谦让，一起感受 5 000 年文明圣地，一起守护遗产、保护遗址，共同助力良渚文化的传播与推广！

(2)南入口

参访良渚古城遗址公园，首先要"摸着门道"。目前遗址公园共设有四个门：南入口、西入口、凤山宕口入口和东入口，其中南入口是最常用的主出入口，西入口对接瓶窑老街，主要为方便本地群众参访而设，凤山宕口入口临近研学营地，东入口对接良渚文化艺术走廊。遗址公园对出入口进行了功能区分，不仅为良渚古城的参访带来了更大的便利，同时也能将南入口最主要的接待资源更多地让渡给远道而来的访客。

作为遗址公园的主入口，南入口采用的是良渚时期茅屋土墙的建筑风格。这样的建筑乍一看或许并不华丽雄伟，却与整座良渚古城遗址的景观风貌特别吻合，这也反映出遗址公园在遗产保护中，同样也注重遗产地的景观保护。良渚古城遗址公园不同于一般的公园，为了更好地保护遗址，对每日入园参观人数进行了限流，而且需要提前网上预约。在南入口设有现代化的游客中心，能为前来参访的客人提供全方位的接待服务。

在南入口的广场正中，有一座题为《良月流晖》雕塑，特别引人注目。整座雕塑高 20 米，由青铜和石材组合而成，分为基座、玉器和火焰三部分。其中底层的琮形基座象征矗立良渚大地的古城和水利系统。中层玉器的组合则融合了天、地、人的意象：居于下方的方形玉琮象征大地，刻在玉琮上的神秘符号来自远古的良渚陶器；居于上方圆形的玉璧既代表上天，也是古文字"良"的变形；居于中间的三叉形器，则代表人与天地的相互呼应。而雕塑顶端跳跃灵动的火焰，不仅是基于良渚漆器纹样的设计，更象征着中华文明生生不息、蓬勃向上的原动力。这座雕塑由联合国教科文组织"和平艺术家"韩美林设计并创作，于 2020 年 7 月 6 日首个"杭州良渚日"时在这里正式揭幕。艺术家在这里以雕塑语言向中华文明致敬，而每位参访者的到来，也是对良渚文化无声的礼赞。

(3)观光车

从南入口进入遗址公园，首先看到的就是一片水草丰茂的湿地景观，这是根据良渚先民的生活场景复原的生态景观。在南入口的一侧，可以看到观光车的始发站。因为遗址公园的占地面积较广，有代表性的参访点位置也比较分散，因此搭乘观光车是最合适的游览、参访形式。根据访客人员数量，遗址公园提供6座、11座、14座规格观光车，在古城中也设立了11座观光车站。在遗址公园中，观光车单向行驶，访客可以在任意车站下车体验，结束后至上车点登车继续下一站的行程。当然，除了以观光车游览为主的参访模式外，遗址公园也新增了景区自行车、步行路线等多种参访方式，能让更多的访客慢下来，细细体味良渚古城遗址，深入了解良渚文化。

(4)陆城门站

遗址公园观光车的第2站是陆城门站。但是，站在这里睁大双眼是既看不见城门，也看不见城墙的，这里只有它们的遗址。所以，遗址公园采用红色铁网来标明它们的位置。也许有人会有疑问：既然在地表已经没有任何建筑遗迹，怎么知道这就是陆城门呢？因为考古人员在这里发现了三座人工堆筑的台地，将这个地方划分为4条通道，用以连通古城的内外。

在良渚古城中，这座陆城门有着非常特殊的意义。因为目前在古城中已经发现的九处城门遗址中，居然有八处都是水城门，唯独这一处是陆城门。可见当年想进入良渚古城，除了这里之外，只能靠划船进入。同时，在古城之内还发现了密集的水网分布，其长度至少有30千米以上，更说明了良渚古城是一座神秘的“水上城市”，先民们在这里的生活环境和生活方式，与今天的杭州相比有巨大的区别。

遗址公园在这里特地采用金属网格雕塑的形式，还原了当时居民进出城门的景象。可以看到，他们有带着小孩的、有打猎归来的，甚至还有带着狗出行的。因为根据考古发现，狗在良渚时期已经被驯化，成为良渚人的好伙伴。特别值得一提的是，用这种方式来演绎良渚先民的生活场景、表现良渚古城的功能布局，是遗址公园的一大创举。因为既然是来到了遗址，访客们更愿意看到的是现场展示，但是良渚古城的面积实在太大了，即便是几百上千平方米的展示，放在遗址区内也如同沧海一粟。所以，遗址公园需要根据不同的展示内容，设计不同的展示形式。而这批金属雕像通过“打底勾边塑形”的手法来塑造，可谓是亦实亦虚，妙趣横生，让人有穿越时空的感觉，对良渚古城的破坏也比较小。这样的场景在遗址公园中一共能见到四处，分别是出入城门、玉器制作、木材加工以及水路运输。

(5)南城墙站

观光车南城墙站，是遗址公园中最主要的参访站点之一。访客可以在该站点附近参访南城墙发掘点和水城门，还可以前往何村服务点休憩和补给。遗址公园在这里还特别设置了“湿地营城”和“水城中的劳作与生活”两座主题展示馆，方便访客们更全面地认识良渚先民对古城的营建和使用，了解其背后的文化特色。

［**水城门**］ 在这里能看到的是良渚古城水城门的遗址。通过考古研究发现，5 000 年前的良渚古城营建于一片沼泽湿地之上，这里河网密布，水系发达，所以无论内城还是外城中都有许多河道。于是良渚先民通过 8 座水门将内城与外城相连，在每侧的城墙上刚好各开了 2 座水门，此处是位于南城墙东侧的水城门遗址。

在古城之中，水城门一般宽 30～60 米。其中西城墙的两座水门相对较窄而这座水城门平面呈长条形，南北长约 120 米，东西宽 30～45 米，水城门两侧矗立着仿木的柱子，上面有对水城门位置和宽度的标示。对良渚先民而言，水路交通可以说是当时最主要的出行方式，在这里特别展示了先民们使用独木舟、竹筏等工具，将城外物资运送至良渚古城内的场景。

［**南城墙发掘点**］ 良渚古城的内城是由四面城墙合围而成的庞大建筑体，而南城墙遗址点则是其中唯一向公众真实展示的考古遗址剖面。人们可以真实地看到良渚古城城墙遗址的原貌，认识良渚古城的营建特色，感受良渚先民的建筑智慧。在这里可以很清楚地看见城墙的墙体使用黄色黏土堆筑而成，底部则铺垫了 20～40 厘米厚的石块。

经过考古钻探和城墙的解剖发掘，证明良渚古城其他部分城墙的建筑模式和这里高度一致。这种用石头铺垫地基、用黄色黏土堆筑城墙的做法，在全世界同时代遗址中目前还是第一次见到。根据专家分析，之所以选择这样的营建方式，是因为良渚古城建设在湿地沼泽之上，用石头地基不仅可以加固基础，还可防止地下水对墙体的侵蚀。2007 年，考古人员正是因为发现了这些城墙底下的石头，才逐步揭开良渚古城神秘的面纱。

堆筑在石块上方的黄土为城墙墙体，目前保留的高度约 2.5 米。这些土主要是牢固性较好的黄色黏土，如果仔细观察，还可以发现墙体上呈现出不同颜色，说明土质来源于周边多处不同山体。根据专家分析，江南湿润多雨的环境可能已经使得良渚先民懂得辨别泥土的优劣。但是，这些土遗址却非常容易受潮湿环境的影响，并遇到风化、渗水、干裂、失色、粉化脱落、生物病害等问题，因此工作人员会对遗址本体做定期维护。

那么良渚先民要建完全部城墙，究竟要花多长时间呢？考虑到当时生产力水平比较低下，如果按 3 个人一天最多能完成 1 立方米的土石方量计算，至少需要 1 万人连续工作 1 年才能营建完成。如果没有强大的号召力和管理能力，完成这样的工程是无法想象的。

[“湿地营城”展示馆]　为了配合南城墙发掘点的参访体验，遗址公园在何村服务点设立了“湿地营城”展示馆，为访客详细介绍了良渚先民是如何根据环境特点，最终完成良渚古城的营建。

用当代人的眼光看，5 000 年前的良渚大地是一片湿地平原，建造大规模城市非常困难，所以想在湿地营城，首先要解决的问题就是选址。通过这里一张古老的地图，可以看出良渚古城的选址恰好在天目山余脉和太湖流域平原的交汇之处，这里靠近连绵不绝的天目山丘陵，容易获取各种山地的资源，也面临广阔的河网平原，适于稻作农业和水上交通。从微观视角看，古城坐落在大遮山和大雄山之间，这就有了可以依托的安全屏障，而苕溪之水从古城旁边流过，为城市带来丰富的水利资源。由此可见，这处良渚先民们用双脚选择出来的地方，充满了他们深邃而独特的智慧。

通过当代的考古发掘，人们发现恢宏的良渚古城仅内城城墙就长达 6 千米，宽度更在 20～150 米，这样庞大的建筑体量，又是如何在湿地平原之上建设起来的呢？这涉及取材、运输、设计、施工等多方面的因素。一座城市的营建，通常往往是就地取材，而建造良渚古城的土石材料却基本来自周边大山，通过水路运输到这里，体现出良渚先民适应自然、利用自然、改造自然的高超水平。

为了克服平原湿地环境潮湿、土质松软等不利条件，良渚先民还创造性地使用了垫石、堆筑、草裹泥以及护岸木桩等工艺营建古城。在展示馆中有一条全长7.35米的独木舟模型，是参考余杭茅山遗址发现的独木舟制作的，这是良渚时期最普遍使用的交通工具。另外，古城内外发现的码头、竹筏等遗迹遗物，也生动反映了良渚先民在湿地城市中的生产生活画面。

［**“水城中的劳作与生活”展示馆**］　良渚典型的平原湿地环境特征，不仅使得这里在城市营建方面与众不同，也让居住在这里的先民有着独特的劳作与生活方式。在“水城中的劳作与生活”展示馆中，主要就是展示这一独特的文化。考古研究表明，在良渚古城内，王族和显贵阶层居住在宫殿区，而以此为中心，在内城中还断续分布着20处人工堆筑的台地。这些台地基本都是居住遗址，大多数台地上还包括有手工业作坊遗址。在台地边缘与河道内，考古人员更发现了玉器、漆器、石器、骨角牙器等各类手工遗物，反映出在良渚古城中存在着专门化的手工作坊。值得一提的是，古城内的作坊产品大多工艺娴熟高超、做工精致复杂，并非为一般阶层所享用，体现出高端手工业的特色。

同时，考古人员在良渚古城内发现有大量的动植物遗存，说明先民的饮食结构非常丰富。其中出土的碳化稻米数量众多，说明良渚人已经将水稻作为主食，再通过养殖、狩猎、打鱼等方式来丰富饮食结构。通过动物骨骼遗存分析，他们以饲养家猪作为主要的肉食来源，同时还通过狩猎梅花鹿、圣水牛等猎物获取其他肉食资源，而河网密布的环境则为人们提供了丰富的水产资源，鲤鱼、中华鳖和螺蛳都是良渚人常见的食物。在良渚古城还发现了大量的瓜果蔬菜，像桃子、李子、梅子、杏子、葫芦、菱角等，说明在良渚时期已经进入了以稻作农业为主、渔猎采集为辅的生活模式。不过迄今为止，良渚古城内尚未发现明确的水稻田遗迹，说明良渚古城内可能没有从事农业生产的人居住。

(6)钟家港站

在遗址公园中，钟家港是一处重要的交通节点。从观光车钟家港站向东就是遗址公园的东入口，那里连接着良渚遗址综合保护工程二期中最重要的建设成果——良渚文化艺术走廊，是通向长命集镇、良渚博物院、良渚文化村、梦栖小镇和良渚新镇的重要通道。脚下的柏油马路则是中国首条近代意义上的国道——始建于1929年的京杭国道，新中国成立后被称为104国道。20世纪80年代，正是因为扩建104国道的工程推进至良渚一带，带动这里的考古发掘，先后发掘了反山、瑶山、汇观山、莫角山等重要遗址，才改写了良渚文化，也促进了良渚遗址历史上首个专门的保护管理机构——良渚遗址文化管理所的建立。为了更好地保护良渚遗址，104国道也因此南移改道。而在良渚时期，这里更是钟家港和长命港两条古河道的交汇地带，是古城内重要的生产和生活区域。

钟家港的“港”字，顾名思义就是“水巷”，也就是小河道的意思。但是在5 000年前，它却是贯通良渚古城南北的主干道。根据考古勘探确认，那时钟家港古河道的总长度约为1 000米、宽约18～80米、深约3米，河道两岸分布着许多良渚时期人工修筑的台地，说明当时的良渚先民过着“枕河而居”的生活。因为人们直接在河边倾倒生产和生活垃圾，因此在古河道中发掘出了大量陶器、石器、木器和玉器等遗物，说明当时河道两岸居住着大量手工业匠人，也表明当时已经形成专业化的手工业生产形式。

在这里同样通过一系列金属网格雕塑，立体还原了良渚人当时的生产生活场景。其中的玉器作坊雕像群特别展示了玉琮制作过程中选料、切割、管钻打孔、琢刻纹饰、打磨抛光等工序。在雕塑下还铺设了碎石层来隔绝遗址面，更确保了遗址的原真性与完整性保护。

(7)雉山站

雉山是位于良渚古城东北角的一座自然山体，海拔30余米，是古城重要的制高点。因此，遗址公园在这里铺设了登山游步道和山顶观景平台，访客可以登山俯瞰良渚古城的全貌。在山脚下有一片原住居民留下的宅基地，如今被改造成了遗址公园中的又一处服务点，可以为访客提供文化体验、书籍阅览和生活服务等功能。同时，遗址公园在山脚下开出一片花海，在水边建设木栈道、平台和茶室，把这里营造成古城中一个舒适的休闲空间。

登上雉山观景平台，良渚古城的风貌可以一览无余。可以看到，蜿蜒在原野上的垄垄土岗，组成了内城四面封闭围合的城墙。这座内城平面略呈“圆角方形”，南北长约 1 910 米，东西宽约 1 770 米，周长近 6 000 米，总面积约 300 公顷。在考古发掘中，整座古城首先被发现的是西侧和北侧的城墙，但是因为它们刚好平行于东苕溪的河流走向，又分别消失在雉山和对面的凤山脚下，因此一度被怀疑是古代的苕溪大堤的遗址。直到 2007 年 10 月下旬，考古人员在雉山以南的农田下发现了东城墙遗址，良渚古城的内城空间才基本确定。

这样一来，位于古城东北转角处的雉山，俨然也成了古城城墙的一部分。说明良渚先民在建城之初，充分利用了自然地形，将东北角的雉山、西南角的凤山利用到城墙营建中。这样一来，雉山既是整个城墙建造的地形依托，又是古城营建时明显的定位点，更是古城建成后的防卫制高点，还能起到减少工程量的作用，体现了良渚先民利用自然、改造自然的高超智慧。

(8)莫角山站

莫角山位于良渚古城的中部，是一块巨大的长方形高地。从 1958 年起，这里是杭州大观山果园的一部分，以生产的水蜜桃著称。1987 年 10 月，为配合 104 国道改扩建工程，考古部门对莫角山东南部进行考古发掘，意外发现了大片的红烧土堆积。当时北京大学严文明教授对此很重视，认为可能是良渚时期大型建筑毁弃或祭祀活动之后的遗迹。但是因为发掘规模和经费过于庞大，放弃了进一步的发掘，不过莫角山遗址却因此被保留下来。

到了 1992 年 6 月，当时遗址上的长命印刷厂想扩建厂房，考古人员重新来到这里勘探，结果发现了面积巨大的沙土广场，这更是在良渚文化中见过加工最好的夯土。如此大面积地精心夯筑，说明它很可能是一个大型建筑的基址，这一发现因此荣膺了 1993 年度“全国十大考古新发现”。2007 年底，良渚古城宣告发现后，莫角山的位置和布局终于有了合理解释：这里就是良渚古城的中心，长达 6 千米的土筑城墙围绕莫角山分布，呈现出精心规划、宏伟壮阔的都城格局。

[**莫角山台地**]　莫角山名字有个山，看着像座山，但真的不是山，而是良渚先民人工堆筑起来的巨大土台，堆筑面积可达 30 多万平方米，堆筑高度达到了十几米。通过 30 多年的考古发掘，如今对莫角山台地的功能和结构有了更清晰的认知。先民在堆筑这座台地时，充分利用了莫角山西侧的一座自然山体——

姜家山，然后向东逐步扩大，堆筑起了这座台地。台地的下部铺的都是青淤泥，并在其上放置纵横交错的方木地梁，类似木地板下铺设的地垄，可以起到加固台地，防止出现不均衡沉降的功能。随后在上面通过堆筑黄土的方式，建造起这座长方形的巨型台地。最后又在上面堆了 3 个独立的土台，分别是东侧的大莫角山、西北侧的小莫角山和西南侧的乌龟山。如今它们整体被命名为莫角山遗址。

莫角山遗址体量巨大，是目前已知良渚文化最大的单体遗址之一，工程浩大，施工考究，显然是经过了精心设计和规划的，充分体现“以中为尊，以高为崇”的理念，是整个良渚王国最高的权利和信仰中心。

［**沙土广场**］ 莫角山台地是用淤泥和黄土堆筑而成，上部是一大片沙土广场。这样的建筑结构非常奇特，当年的考古人员也正是因为被它吸引，才逐渐揭开了它神秘的面纱。

通过考古发掘，发现这座广场是良渚先民用沙和泥土间隔的方式，即一层土、一层沙，密密夯筑而成的，这种方法能使咬合面更加紧实。在史前时期，夯土的建筑技法已经流行于北方，但在南方却较为稀少，如莫角山上这样大面积的夯土更属罕见。整座沙土广场的面积将近 7 公顷，平均厚度约 60 厘米。这样特殊的建筑工艺，极有可能意味着沙土广场具有特殊的功能。在沙土边缘和外围，考古人员发现大面积的红烧土堆积和房屋遗迹、石头墙基，环绕沙土广场南部和东部，也发现了 9 座房屋台基。因此，考古学家认为这座沙土广场可能是莫角山宫殿区的王族、贵族举行重要仪式的场所。

［**大莫角山**］ 大莫角山是莫角山台地上三座独立土台中规模最大、堆筑高度最高的一个。其最高点达到了 16.5 米，站在上面，自然会产生一种“君临天下”的感觉，或许 5 000 年前的良渚之王也站在这里俯瞰过整个良渚王国。2013—2015 年，考古工作者在大莫角山上发现了 7 座良渚文化时期房屋基址，面积在 300～900 平方米，对比手工作坊区那些 5～20 平方米的房屋空间，可以说是高下立判。在这里可以看到复原性展示的 2 号房屋基址，它东西长约 25.5 米，南北宽约 11.5 米。房基比周边高约 60 厘米，三面分布有红烧土堆积，边界清晰规整，据此可大致确认房屋的范围。

在遗址公园中，除了这样的部分复原性展示外，对于考古发现的大部分房屋基址都进行了回填处理，并覆盖松树皮作为标识展示的方式。所以，在莫角山台地上能见到用黑色松树皮覆盖的区域，都是 5 000 年前良渚古城中的房屋、甚至是宫殿建筑。

［**小莫角山**］ 小莫角山是莫角山台地上规模最小的一处台地，面积大约 0.35 公顷，堆筑高度大约 6 米。在小莫角山上，最明显的特色遗迹就是柱洞。这是建筑废弃后留下埋置柱子的地洞，是人们了解古建筑布局的重要依据。今天在小莫角山上看到一根根立起来的木柱，就是根据考古发现的柱洞遗迹想象还原的。2006 年和 2015 年，在这里一共发现 4 座房屋建筑遗迹，其中一座年代较早，规模较大，有大型基槽和柱洞，可分为东西两个隔间。另外 3 座房址年代略晚。或许有人奇怪，既然在小莫角山上发现了 4 座房屋基址，但为什么只能看到 3 座？这是因为早期那座房屋的基址被后期覆盖了。

而在小莫角山旁的乌龟山，因为顶上、西坡和北坡曾被后人大量取土，受破坏程度十分严重，已找不到房屋基址的遗迹。不过从大、小莫角山的房屋分布情况来看，乌龟山上很有可能也出现过房屋建筑。

［**池中寺**］ 池中寺遗址位于莫角山台地的南部，在这里也上演过一段良渚古城的考古传奇。因为莫角山遗址的考古发掘有了重要发现，所以原本打算在这里建造一座介绍莫角山的遗址展示馆。不料在钻探之后，却意外发现了数量可观的稻米堆积层。于是考古学家在 2017 年对此处进行了大规模的勘探工作，发现稻米堆积层最厚处可达一米多，经过换算，这些碳化稻米总重量超过 30 万斤（15 万千克），证明池中寺遗址是良渚时期的一座“超级大粮仓”。

同时，池中寺也是一座人工堆砌的台地，在那次考古发掘中，明确了整个台地的面积为 1.2 公顷，堆筑厚度约 3 米。池中寺台地的东、南、西三面环水，北侧与莫角山宫殿区相连，因此这里也被考古学家形象地称为“皇家粮仓”。不过，在良渚古城中并没有发现稻田的遗迹，说明这些粮食都来自古城之外，也证明良渚已经拥有高度发达的稻作农业文明，出现了明显的城乡分野。

(9)反山站

反山遗址是良渚王陵的所在地，也是良渚文化中知名度最高、影响力最大的遗址点。1986 年在对它的考古发掘中，发现了迄今为止规格最高、随葬最厚的良渚时期墓葬，通过出土的上千件文物，改写了人们对良渚文化的认识。在遗址公园的观光车反山站点附近，访客们可以参访反山遗址发掘现场（反山王陵）、反山王陵展示馆、姜家山贵族墓地等，这里还可以步行前往良渚古城西城墙遗址和遗址公园的西入口。

［**反山王陵**］ 反山的名字里面有个“山”，但其实却是一座毫不起眼的小土墩，这里原本属于杭州余杭长命乡雉山村。早在 1971 年，它南面的桑树头遗址就出土了良渚时期的玉器，但反山遗址的发现依然充满了传奇。那是在 1986 年，因为长命乡农机厂转产筹建长命制动材料厂，选中了反山周围的大片土地。浙江省文物考古研究所前来先行勘测，发现反山不是自然形成，于是要求厂方暂时不动土，同时向国家申报发掘。

5 月 8 日，对反山的正式考古发掘开始了。在最初 20 天的时间里，考古队一连发掘了 11 座汉代墓葬，随后就发现了一块灰褐色的斑土。根据经验，考古人员认为这就是一座土坑墓的口子，谁知花了两天时间下挖近一米，却没有发现任何遗物，不免让人怀疑是不是搞错了。所幸考古队并未放弃，到了 5 月 31 日下午 3 点，天边传来滚滚雷声，眼看大雨将至，突然有人挖出一块粘着玉粒和漆皮的土块，人们激动不已，反山的第 12 号大墓出现了。

这座反山 12 号墓，是反山等级最高、随葬品最为丰厚的墓葬。最终出土器物以单件计算共 658 件，其中玉器 647 件，占比高达 98%。同时，这里更出土了迄今为止个体最大的玉琮和玉钺。其中“玉钺王”不仅形体宽大，而且在钺的两面各雕琢有一个完整的神徽图案。而重达 6.5 千克的“玉琮王”除了四角分层雕琢神徽外，在四面竖槽中也各刻有两个完整的神徽图案，以这种雕刻方式雕刻的良渚玉琮目前仅此一例。象征至高神权与王权的“玉琮王”和“玉钺王”出土于同一墓葬，说明反山 12 号墓葬的主人在良渚古城中具有至高无上的地位。而在反山遗址 660 平方米的范围内，一共发现了南北两列共 11 座高级墓葬，出土器物多达 1 200 多件（组），以单件计算近 4 000 件，其中玉器占了 90%以上，轰动了整个世界。这一刻，距离施昕更发现良渚遗址刚好过去了 50 年整。

综合考察良渚时期的贵族墓葬，除了随葬大量玉礼器之外，还有一个显著的特点，就是这些墓葬均埋在人工营建的高台土墩上，著名的考古学家苏秉琦教授将其形象地比喻为“土筑金字塔”。而反山墓地的堆筑方式与莫角山台地类似，是采用底部铺设草裹泥，上面堆筑黄土的方式。为保护遗址不受侵害，遗址公园在真实墓坑上抬高了 80 厘米，用铜铸的方式还原了 11 座墓葬，同时再现了 1986 年考古发掘时的情景。

从反山大墓的排列位置、墓坑规格、随葬品的多寡与种类上分析，能推断出墓主人生前的地位和身份。其中，南排以中间的 12 号墓等级最高，北排以 20 号墓的等级最高，而编号 22 和编号 23 的墓葬出土了玉璜和玉质纺织工具，却不见玉钺和石钺，可以推测墓主应为女性。

［反山展示馆］ 反山的发掘成果是空前的，它是目前发现规格最高的良渚文化墓地，有着丰富的文化内涵。为了让访客能够更好地了解反山遗址发掘的过程和反山考古研究的成果，遗址公园特别设立了一座反山展示馆。这座室内展示馆通过丰富的图片、实物和现代科技手段，全方位地介绍了 1986 年以来考古工作者在反山遗址的考古历程。在这里，每位参访者都可以通过互动设施查询墓葬出土文物的相关情况，解析文物背后的文化知识，这些知识深度解析了良渚文化器物中既普遍、又神秘的神徽图案。

同时，在这座展示馆中通过横向比较 600 多处良渚文化遗址和多处墓葬遗迹，有力地证明了反山墓葬的规格之高、良渚古城的规模之大和良渚古国的文化之盛，让人们更深刻的体会 5 000 年前良渚文明的伟力。

3. 良渚古城遗址公园（瑶山遗址公园）

良渚文化的博大悠久，不止在于古城中耀眼的文明火焰，也在于郊野外星斗般的古迹遗存，而其中最为夺目的一处，当属位于古城北方的瑶山了。瑶山遗址位于杭州余杭安溪下溪湾村，属于良渚文化早期遗址，营建时间约为公元前 3 300 年。遗址包括一处祭坛和一组高等级墓地，具有坛墓一体的结构特征，是良渚古城遗址的重要组成部分。

瑶山遗址的发掘始于 1987 年，是迄今建造等级最高、出土玉器数量最多、器类最为丰富、制作最为精美、最具影响力的良渚文化墓地之一，可以与反山遗址齐名。2021 年 9 月 29 日，瑶山遗址公园试开园，成为继良渚古城遗址公园（城址区）开放后的又一处遗址参访点。正所谓“碧海无波，瑶台有路”，瑶山遗址公园正是一处凝聚良渚古人祭祀文化、天文智慧的神秘遗址，一处能与良渚先民跨越时空、对话天地的传奇所在。

(1)瑶山遗址公园概况

瑶山遗址公园距离良渚古城遗址公园(城址区)约5千米，整体由瑶山、凤凰山、馒头山三座山峰共同组成，占地面积约66公顷，其核心遗址点瑶山祭坛营建于5 300年前，在祭坛上分布着13座墓葬，是良渚考古史上发现的第一座“坛墓一体”的复合遗址，印证了良渚这个“神王之国”信仰统一、神权至上的精神面貌。瑶山遗址公园是揭示良渚时期历史特征的重要场所，是展示良渚时期文化环境的重要窗口，也是继良渚古城之后的又一处文明“朝圣地”。

为了在遗址保护与展示过程中实现“最小干预”“真实性”与“可识别”等要求，瑶山遗址在发掘后，通过回填土夯实、混凝土基层浇筑、GRC面层施工等步骤进行保护，并采用新型复合材料模拟展示考古发掘情景，实现了遗址保护和文化展示的高度统一。

(2)东门访客中心

瑶山遗址公园设有东西两个出入口，其中东入口为普通访客出入的通道，在这里设立了访客中心，能为参访者提供全面、周到的接待服务。访客中心的建筑风格和良渚古城遗址公园的城址区一脉相承，也是复原了良渚时期黄土墙、茅草屋的造型。在瑶山遗址公园中，除了遗址点之外，还设有“瑶山下的独白”服务点、凤凰山观景台、瑶山果园等，可以说既是一处展示良渚时期历史文化的神秘遗址，也是一座可游、可憩、可学的休闲公园。

其中，“瑶山下的独白”服务点位于瑶山遗址东入口附近，其中有文创商店、咖啡馆等，为访客提供休闲娱乐空间；凤凰山观景台则是瑶山遗址公园的制高点，访客在这里可以通过望远镜远眺城址区。与城址区相比，瑶山遗址公园面积更小、参访点更集中，访客可以全程步行参观，在这里“瑶”望良渚5 000年。

(3)瑶山遗址

瑶山遗址是良渚先民依托自然山丘而建的，因为这个小山丘被当地人称为瑶山，所以根据考古学最小地名命名原则，把这里命名为瑶山遗址。瑶山遗址位于良渚遗址群东北角，距离良渚古城东北方向约5千米，是一处由祭坛和墓葬组成的复合型遗址。根据考古研究表明，它属于良渚文化早期遗存，营建和使用都在良渚古城兴建之前。这么重要的一处遗址是怎么被发现的呢？

说起瑶山遗址的发现，离不开一位大功臣，他就是浙江省文物考古研究所的年轻技工马竹山。1987 年 5 月 1 日，瑶山当地村民在山顶挖出了玉器，很快就引发了周边近乎疯狂的盗掘。马竹山得知此事后，第一时间向当地乡政府报告情况，公安和相关部门迅速入驻，这才有效制止盗掘现象。随后相关部门对瑶山进行抢救性发掘。从 5 月 7 日到 6 月 4 日，短短一个月不到的时间里完成十余座墓葬的发掘和清理，出土玉器以单件计算多达二千多件，震惊了当时的考古界。

瑶山遗址的发现，使得它与反山同时被评为"七五"期间全国"十大考古新发现"之一。但是，遗址的发掘工作却并没有终止，随着 20 世纪 90 年代以来在瑶山西部的不法盗掘死灰复燃，遗址亟待再次抢救性发掘。于是在 1996 年、1997 年、1998 年三年，对瑶山遗址进行了第二阶段的发掘，取得了预期的成果，也基本确定了瑶山遗址的范围。到了 2017 年，为配合良渚古城申遗和遗址公园建设，浙江省文物考古研究所又对瑶山遗址进行了清理发掘，尤其对东部区域进行了全面积发掘。

这样经历了前后五次的考古发掘后，考古人员在瑶山的顶部揭露一座形态规整的良渚时期祭坛遗址，以及叠压其上的 13 座良渚文化高等级贵族墓葬，基本厘清了瑶山遗址的平面布局及其主体部位的堆积营建过程。瑶山遗址的发现，将良渚文化的研究引向深入，推进了中国文明起源课题的研究，在实证中华五千多年文明史的历程中，有着举足轻重的地位。

(4)瑶山祭坛

瑶山祭坛遗址是瑶山遗址最主要的组成部分。这是一个主体呈方形覆斗状的土台，土台边缘以石坎护坡，由于它的顶面形态规整、结构特殊，周围又没有发现任何生活遗迹和遗物，因此被认为是一处进行祭祀的场所。瑶山遗址采用的是保护性发掘的方式，对揭露的遗迹进行了覆土回填保护，并采用新型复合材料对遗址作了模拟标识展示。

这座祭坛的神秘之处，主要在于祭坛中间有三重土色，从内到外依次是红色、灰色、黄褐色，尤其是良渚先民通过挖沟填筑的方式，用 1.7～2.1 米宽的灰色围沟将三重土色清晰区分开，这种刻意而为之的做法，背后有许多的未解之谜。在祭坛上，中间的红色土台南北长 7.6～7.7 米、宽 5.9～6.2 米，呈长方形；在最外围的黄褐色斑土台面上，能见到大小不一的砾石，考古专家推测原来这里可能铺有砾石台面。

这座祭坛位于瑶山之上，而建筑方位又恰好呈正北方向，具有较好的观测视野与观象条件，因此，考古学家通过研究，推测它的功能可能与祭祀天地、神灵、祖先和观天象有关。有专家进行观测发现，站在红色台面中心位置，冬至日看到日出的方向正好与祭坛的东南角所指方位一致，日落则正好在西南角。夏至日的日出在东北角，日落则在西北角。而春分、秋分当日的太阳恰好从祭坛的正东方向升起，从祭坛的正西方向落下。

考古专家分析，这样准确的规律显然不会是偶然的巧合。因为即使同样的方位角，如果将灰土框移位，则会因为山脉的遮挡而无法在同样的时间和角度看到日出日落。可见祭坛和土框所在位置，应是经过精心设计与选定的。虽然经过了几千年的风雨侵蚀，祭坛的四边可能已不像最初那样精确规范，但人们仍可以利用它准确地测定一个回归年的周期，这无疑让我们对良渚先民的智慧由衷钦佩。至于祭坛是否还能用于其他天体的观测，这还有待于今后的进一步研究。

(5)瑶山墓地

在祭坛顶面上，发现 13 座高等级的贵族墓葬。从考古地层关系看，墓葬打破祭坛，说明这里首先建造的是祭坛，一段时间后可能祭坛被弃用，从而成为埋葬王族与高等级贵族的专设墓地。在祭坛上一共发现了 13 座墓葬，随葬器物编号 755 件(组)，以单件计多达 2 537 件。其中玉器为主要随葬器物，共出土玉器编号 679 件(组)，以单件计共 2 459 件[①]。

在瑶山遗址中，全部墓葬均为东西向，分成南北两行排列。南行墓列玉器组合为玉冠状器、带盖柱形器、三叉形器、成组锥形器、钺、小琮及石钺。北行墓列玉器组合为玉冠状器、璜、圆牌和纺轮。根据玉器组合推断，南行均为男性，北行均是女性。那么不同性别的墓主人之间到底是什么样的一个社会关系？有些人

---

① 杭州良渚遗址管理区管理委员会，浙江省文物考古研究所. 良渚玉器［M］. 北京：科学出版社，2018.

认为是配偶关系，也有些认为不一定。

在这几座墓葬中，南行居中的 7 号墓与北行居中的 11 号墓等级最高。其中 7 号墓是瑶山墓葬中出土玉器类型最全、数量最多的墓葬，而且发现了玉钺、三叉形器、成组的锥形器等高等级男性墓葬中才会出土的玉器。瑶山 11 号墓则是一座女性贵族墓葬。这种“以中为尊”的墓葬排列原则是一个很有趣的现象，在城址区内的反山、姜家山等高等级墓葬中也有发现。

从墓葬的选址位置、墓坑形制、随葬品规模、玉礼器等级等多方面考察，瑶山墓地都能排入良渚文化最高等级墓地之一，它与位于城址区的反山墓地基本平级，它们和较高等级的姜家山墓地、中等级的文家山墓地、低等级的卞家山墓地等共同揭示了良渚早期国家形态的阶层分化和社会分工等现象。同时，在瑶山遗址中心区域的西部还曾出土琮等重器，说明遗址在其后还历经多次营建和拓展过程。

(6)凤凰山观景台

瑶山原本是天目山余脉凤凰山向东延伸的一处低矮山丘，海拔约 35 米，相对高度约 20 米。因此，遗址公园特别在凤凰山设置了一座观景台，这样不仅能通过望远镜观看整座遗址公园的全貌，还能够登高祈福，把美好的祝愿留在这里。站在凤凰山观景台，向东眺望就是瑶山祭坛，继续向东，在景区的东门之外就是下溪湾村，那里埋葬着创作《梦溪笔谈》的宋代大学者沈括。向南眺望，东南面一座独立的山丘叫馒头山，海拔 37.30 米。东苕溪从馒头山南侧自西南向东北蜿蜒流过。西南方向近处是和瑶山遗址公园隔溪相望的安溪古镇，远处则是良渚古城遗址，更远处还有和瑶山同为祭坛的汇观山遗址。在这里，我们甚至可以对良渚古城展开无边的遐想：大约距今 5 000 年之前，在瑶山等地周边应该有一大批良渚先民中的精英，他们通过有计划、有目的、有步骤地准备，最终才建起了后来宏大的良渚古城和水利设施……

良渚文化的发现，充满了巧合与传奇；良渚文化的研究，充满了奥秘与神奇；而人们在今天与良渚文化的相知，与良渚古城的相逢，也必将收获喜悦与惊奇。想必这就是文化的魅力，这就是良渚的奇妙，这就是走读杭州最好的相遇，也将是杭州之行最值得珍藏的美好。

良渚古城遗址公园钟家港　（徐坤龙摄）

附：杭州的全国重点文物保护单位（截至 2022 年）

名　称	时　代	地　址
岳飞墓	南宋	北山街 80 号
六和塔	南宋	之江路 16 号
飞来峰造像（包括飞来峰造像和西湖南山造像）	五代—元代	灵隐寺前飞来峰、天龙山、慈云岭南坡、烟霞洞
闸口白塔	五代	钱塘江边闸口白塔岭上
胡庆余堂（包括胡庆余堂和胡雪岩旧居）	清	河坊街大井巷 95 号、元宝街 18 号
良渚遗址	新石器时代	良渚街道、瓶窑镇、安溪镇
临安城遗址（包括南宋皇城、太庙等遗址）	南宋	核心区位于凤凰山及馒头山一带
凤凰寺	元至清	中山中路 325 号
文澜阁	清	孤山路 25 号
宝成寺麻曷葛剌造像	元	瑞石亭 15 号

续表

名　称	时　代	地　址
梵天寺经幢	五代	梵天寺路87号
西泠印社	清	孤山路31号
跨湖桥遗址	新石器时代	萧山城厢街道
茅湾里窑址	周至战国	萧山进化镇大汤坞村
郊坛下和老虎洞窑址	宋至元	乌龟山、凤凰山北麓
于谦墓	明至清	三台山
独松关和古驿道——杭宣古道(余杭段)	宋至清	百丈镇半山村至独松关
京杭大运河	春秋至清	市区
马寅初旧居	民国	庆春路626号
钱塘江大桥	民国	之江大道六和塔旁
之江大学旧址	民国	之江路51号，浙江大学之江校区内
笕桥中央航校旧址	民国	笕桥机场内
章太炎故居	民国	余杭仓前街道
小古城遗址	新石器时代	余杭径山镇
灵隐寺石塔和经幢	五代、北宋	灵隐寺
保俶塔	五代、明、民国	宝石山上
龙兴寺经幢	唐	灯芯巷口
南山造像	元	瓶窑镇南山
仓前粮仓	清至中华人民共和国	余杭仓前街道灵源村
浙江兴业银行旧址	1923年	中山中路261号
西湖十景(包括西湖三潭石塔)	南宋至清	西湖风景名胜区
乌龟洞遗址	旧石器时代	建德李家镇新桥村后乌龟山
西山桥	南宋	建德干潭镇梓洲村
新叶村乡土建筑	明至民国	建德新叶村
泗洲造纸作坊遗址	宋	富阳银湖街道泗洲村

续表

名　称	时　代	地　址
吴越国王陵(包括杭州吴汉月墓)	五代	临安锦城街道、锦北街道、玲珑街道
功臣塔及功臣寺遗址	五代	临安锦城街道
天目窑遗址群	宋至元	临安於潜镇
普庆寺石塔	元	临安青山湖街道横畈湖山村
鲤鱼山—老虎岭水坝遗址	新石器时代	余杭瓶窑镇
杭州忠义桥	南宋	留下街道
梅城南峰塔和北峰塔	明	建德梅城古镇
杭州孔庙碑林	唐至民国	府学巷
求是书院旧址	1897—1914 年	大学路
浙江图书馆旧址大学路馆舍宿舍	1909—1936 年	大学路
仁爱医院旧址	1922 年	刀茅巷
第一届西湖博览会工业馆旧址	1928 年	北山路
五四宪法起草地旧址	1953 年	北山街

杭州主要国有博物馆(截至 2022 年)

名　称	开馆时间	地　址
浙江省博物馆	1929 年	孤山路 25 号、西湖文化广场
浙江自然博物馆	2009 年	西湖文化广场 6 号
中国丝绸博物馆	1992 年	玉皇山路 73-1 号
中国茶叶博物馆	1991 年	龙井双峰
杭州南宋官窑博物馆	1992 年	玉皇山南施家山 42 号
中国财税博物馆	2004 年	吴山广场 28 号
杭州西湖博物馆	2005 年	南山路 89 号
杭州京杭大运河博物馆	2006 年	运河文化广场 1 号
杭州工艺美术博物馆(杭州中国刀剪剑、扇业、伞业博物馆)	2009 年	小河路 336 号
良渚博物院	2008 年	美丽洲路 1 号

续表

名　称	开馆时间	地　址
西溪湿地博物馆	2009年	紫金港路21号
中国水利博物馆	2010年	萧山水博大道1号
杭州博物馆	2001年	粮道山38号
杭州名人纪念馆(唐云艺术馆)	1988年	南山路2-1号
韩美林艺术馆	2005年	玉泉桃源岭3号
余杭博物馆(中国江南水乡文化博物馆)	2002年	南大街95号
桐庐博物馆	2004年	桐庐城南街道学圣路646号
萧山区博物馆	2007年	萧山北干山南路651号
萧山跨湖桥遗址博物馆	2009年	萧山湘湖景区湘湖路978号
淳安博物馆	2018年	千岛湖镇清溪新城珍珠大道珍珠一路113号
富阳博物馆	2017年	富阳江滨大道159号
杭州铁路博物馆(知青纪念馆)	2018年	之江路白塔公园内
临安博物馆	2018年	临安锦城街道天目路800号
南宋德寿宫遗址博物馆	2022年	望江路228-264号

韶华胜极 宋韵杭州

“春风秋雨总难消，西湖万古最妖娆。”作为1982年国务院批准的全国首批24座历史文化名城之一，杭州历来以青绿的自然山水、动人的民间故事、市井的人间烟火、风雅的人文气质著称于世。游赏城市风光、触摸城市生活、走读城市经典，更成为游客触摸杭州文化，体验杭州文旅最主要的形式。于是，西湖—西溪风景名胜区、大运河杭州段、良渚古城遗址公园、钱塘江、天目山、千岛湖等景区，成为人们来到杭州后首选的文旅目的地。然而或许是杭州文化太丰富，或许是杭州美景太缤纷，人们便将她的另一张重量级文化“王牌”淡忘了许久，这就是声名赫赫的南宋“古都”。

在中国历史上，杭州不仅在文化上拥有“三吴都会”的美称，同时还是吴越国的国都和南宋王朝的首都，是中国“六大古都”之一。但是她却没有北京的帝都巍峨，南京的金陵王气，西安的关中百里，洛阳的天下之中，开封的东京梦华……因此，尽管许多人出口能诵“暖风熏得游人醉，直把杭州作汴州”，但真正来到这座城市时，却往往容易忽略掉她的宋风雅韵。

是的，今日的杭州城里，南宋皇城遗址犹在，却已被万家灯火的繁华环抱，曾经的古都确乎已经消散在历史的天空，然而宋韵的气质却早已浸没在这片土地，在城市文化生活中久久萦绕。有道是“风雅处处是平常”，2021年，杭州市将“南宋文化遗址保护与利用”作为城市的文旅“金名片”重点培育，通过“宋韵”元素解码南宋文化的主题，定义了这座城市文化旅游全新的打开方式。2022年，浙江省更强调了宋韵文化是具有中国气派和浙江辨识度的重要文化标识，提出了实施“宋韵文化传世工程”的目标。

当年韶华，今朝胜极，宋韵杭州，由此开启。

宋韵在杭州的缘起

说起江南，人们能够想到的或许是桂花糕的香甜、糯米酒的醇厚，或许是湖光山色的柔媚，水乡小镇的恬静，这里“杏花烟雨江南，小桥流水人家”的美好意境，常常催生出人们“不辞长作江南人”的梦想。当然，在江南名城杭州，不仅有明清的繁华，也有宋韵的清雅，“自古寻宋到江南”更成为杭州文化史上的一段佳话。为什么“寻宋”要到江南？因为江南与宋朝相互成就，共度繁华。而在杭州的历史发展脉络中，宋朝更是一个绕不开的时代。在长达319年的王朝岁月中，杭州完成了从地方城市到全国首都的转变，实现了政治、经济、文化、艺术等多个领域的层级跃升，成为人们口中真正的“人间天堂”。

宋太宗太平兴国三年(978年)吴越国主钱弘俶将所部一十三州“纳土归宋”，成为北宋在江南唯一“和平接管”的地区。杭州城市的基础建设和经济文化都获得了最大的保全，她也由此开启了和宋代300年的历史交集。在“崇文抑武”的北宋时期，文风鼎盛的江南名城杭州迎来了经济社会的飞跃，以苏东坡为代表的士大夫阶层更为这座城市“添砖加瓦”，留下了长传至今的众多文化遗产。到了南宋时期，以张俊、韩世忠、岳飞等将领为代表的南宋军队在杭州周边积极抗争，通过一系列战争的胜利，巩固了南宋的江山基业，也助力杭州的发展“更上一层楼”。宋高宗绍兴八年(1138年)南宋王朝正式定都杭州，从此她的发展就与南宋的命运紧紧联系在一起，直到这个王朝走完漫长的一生。

从北宋时期对杭州“东南形胜，三吴都会，钱塘自古繁华”的认识，到南宋时期长达138年的定都历史，可以说“大宋”王朝在杭州的文化积淀，比中国任何一座城市都来得深远。而近千年前的宋时繁华，不但绽放在宋人的诗歌中，更沉淀于后人念兹在兹的宋韵之中。元代时期，意大利旅行家马可·波罗来到杭州。此时杭州刚刚经过宋末的战乱和元初的荒废，景观风貌已经大不如前，然而依然能让马可·波罗深深赞叹，在他的游记中称赞这里是“世上最美丽华贵之天城”。明清以来，随着经济社会的复苏，悠悠宋韵更成为杭州文化新兴的亮点。人们津津乐道于苏东坡的旷达、岳武穆的忠烈、济公活佛的诙谐、宋版书籍的珍贵，更成功地将宋韵文化融合在杭州人衣、食、住、行的生活点滴之中。

那么，何谓“宋韵”呢？杭州师范大学人文学院教授、国学院副院长范立舟说：“‘韵’的原始意义在于中国传统社会后期艺术审美的一个核心概念。‘宋韵’则是一个既有历史积淀、又有时代指向的，具备丰富内涵的概念集成。它应该跳出单纯的审美，构成一种广博的人文精神。”学者郑嘉励先生则将“宋韵”的内涵概括为“浩然正气的爱国主义、以天下为己任的士大夫精神、经世致用的浙学思想、放眼天下的海外贸易、典型敦厚的士大夫生活美学、丰富多元的市民生活、奠定后世审美范式的文化艺术、以三大发明为代表的科学技术”。简而言之，宋韵就是宋代文化中那些能够影响至今的格调风韵，它们与这个时代的文化载体结合，为人们带来更为丰富的文化体验和价值收获，在杭州更有集中的体现。

发达的城市商业文明，也是支持宋韵文化源远流长的重要原因。中国历代王朝多习惯于重农抑商，对发展工商业不感兴趣，但宋代“永嘉学派”的叶适却理直气壮地指出“抑末厚本，非正论也”，成为当时的宏论。因此，宋代政府对发展工商业充满热情，那时的商品经济比之前的汉唐、之后的明代甚至清代某些时候都要发达。南宋时期的杭州城“乃四方辐辏之地，即与外郡不同”(《梦粱录》)，更出现了灯火通明的夜市、可以 24 小时营业的酒店与娱乐场所。要知道在宋以前官府是不允许夜市出现的，入夜便实行宵禁。我们读古诗，可以非常轻易地读到田园牧歌式的小农意象，但如果读宋诗，却常常可以读出一种充满烟火气息的城市商业之美，这正是商业文明在农业文明的大地上生根萌芽的体现。

宋代文化开启了中国此后近千年文化的主流，其对中华民族文化心理结构与政治伦理原则的影响至大至深，对中国的历史进程与中国人的思维方式、价值观念与精神风貌具有不可估量的价值。如今提出的“宋韵”，更可以说是最具江南辨识度的文化名片。作为宋韵文化的荟萃地，杭州进一步挖掘、传承和发扬宋韵文化，不仅是为了丰富市民阶层生活、打造城市新名片，更是为了弘扬优秀的传统文化、增强全社会的文化自信与民族认同感。

宋韵在杭州的发展

正所谓“江南处处有宋迹，至今杭州留宋韵”。如今来到杭州，无论出现在哪个圈子，都能找到宋韵的影子。出门买东西，帆布背包上印了宋徽宗的《瑞鹤图》；去 KTV 唱歌，流行歌曲用的都是宋词的词牌名《念奴娇》《菩萨蛮》；到景区游玩，岳王庙、宋城、皋亭山、径山……处处都跟宋代有关系。2015 年 11 月 15 日，国家领导人在土耳其安塔利亚 G20 峰会上宣布，2016 年将在杭州举办二十国集团领导人第十一次峰会，并同时向国际友人介绍：“杭州风景如画，堪称人间天堂。杭州是历史文化名城，也是创新活力之城，相信 2016 年峰会将会给大家呈现一种历史和现实交汇的独特韵味。”而杭州为这“历史和现实交汇的独特韵味”落实了一个具体的意向，那就是——宋韵。

对杭州而言，留不住的是宋代的京华烟云，忘不了的是大宋的繁华往事，到如今值得拥有的则是宋韵悠然。作为一座现代化的发达城市，杭州在面向未来开拓创新的同时，也不能舍弃历史长河中闪闪发光的宝贵遗产。要让千年宋韵在新时代传承下去，是要花功夫去挖掘，用心来呈现的。在“2021 宋韵文化节”启幕之际，时任杭州市市长的刘忻指出，杭州在宋韵文化传承过程中，将做好“三个字”：承、工、时。其中，“承”就是继承和传承，“工”就是工夫和工程。宋韵文化是中国文化的瑰宝，需要花工夫去挖掘、用工程来彰显，“时”则指的是要与时代相结合、与时尚相结合，与数字经济、人工智能相结合，线上与线下相结合，才能真正实现宋韵文化的新传承、打造杭州新文化地标。

传承是一座城市的文化基因。如何做好对宋韵的传承，主要就是回答一个问题：宋韵是什么？作为立足当下、面向未来的杭州，不可能敲锣打鼓地回到大宋王朝，只是将宋代的文化精华和时代有机结合。如今杭州已有超 150 个宋韵文化元素纳入了省文化基因库，并从中选出 15～20 个重点文化元素进行研究解码。例如德寿宫、南宋官窑、八卦田……都是最具地方特色的宋韵文化元素。完成文化基因解码的任务后，就能重点推进解码成果的转化利用。为此，杭州特别提出了“四个一批”，即规划设计一批旅游景区和线路、创作一批精品文艺作品、打造一批品牌文化活动、设计开发一批文创产品。例如上城区开发推广了“南宋有约”“杏林春韵”等宋韵研学游线，开辟了一批宋韵文旅体验新热点、新地标，成为游客深度体验杭州历史文化的不错选择。

如何做好宋韵建设工程，主要就是回答一个问题：宋韵看什么？人们若是在北京领略帝都，看的是故宫；人们若是到西安感受秦风，看的是兵马俑；人们若是来杭州品味宋韵，城市能拿出什么给他们看呢？2020 年 6 月，浙江省文化和旅游厅与杭州市人民政府举行培育文旅“金名片”共建合作签约仪式，其中以宋韵为主题的“南宋文化遗址保护与利用”入选文旅“金名片”。城市更在 2020 年启动了南宋德寿宫遗址博物馆的建设，还进一步探明了临安天目窑遗址群、推进了太庙广场改造、开展了“西方三圣”造像保护罩建设……更在 2021 年首次开展“宋韵杭式生活体验基地、体验点”创建评定活动，并最终认定了 3 家“宋韵杭式生活体验基地”和 12 个“宋韵杭式生活体验点”。

这是宋韵文化的一次深度“出圈”，将“风雅处处是平常”的宋代生活方式和生活美学植入了日常体验场景。人们可以去清河坊赴一场民间茶会，赶一趟吴山庙会；可以去余杭径山尝一口陆羽泡的茶、静坐一场禅修；可以去宋城欣赏沉浸式穿越演出、上手感受宋代的工艺手作。而德寿宫遗址不仅是我国少有的经过系统考古、完整揭露和深入研究的南宋遗址，还是唯一一处集皇家宫苑和江南园林于一体的遗址，是打造“南宋文化遗址保护与利用”金名片的重要素材。杭州除了帮人们整理好了宋韵体验点的清单，还努力丰富了点位上的体验项目和展示空间。

如何将宋韵与时代完美结合，主要也是回答一个问题：宋韵该如何创新？虽说文化是传统的，形式是现代的，但这不是简单混搭就可以有所成就的，更需要把握住时代的脉搏。杭州以现代的方式，去复振宋韵文化、传唱宋韵文化，让文化传播毫无滞碍。杭州每年有两次重要的宋韵节事活动，一次是上半年的“宋韵杭式生活节”，一次是下半年的“宋韵文化节”。其中，“宋韵杭式生活节”开展了数百项宋韵文化活动，包括宋画、宋服、宋宴、宋扇、宋茶、宋瓷等多种宋代生活场景，“宋韵文化节”则是由“南宋文化节”升级而来，规模更为宏大隆重，内容更为丰富多彩，让人们在“闻弦歌，知雅意”中触摸、了解、体悟宋韵文化。

杭州还将继续发挥承、工、时“三字诀”，让宋韵文化在新时代“流传”起来、“传承”下去。在打造世界一流历史文化名城的道路上，宋韵文化将会是杭州最亮丽的一抹底色。

杭州宋韵文旅资源

诗文联句、书卷画作、琴曲棋谱……宋人“平常风雅”的生活方式和清丽隽永的生活美学延续至今，也根植进当代的杭式生活。为深化杭州历史文化名城建设，打响宋韵杭式品质生活品牌，杭州市文化广电旅游局主办的“宋韵杭式生活体验基地、体验点”创建评定活动于 2021 年末揭晓，最终认定“宋韵杭式生活体验基地”3 家，“宋韵杭式生活体验点”12 家。

地处南宋都城临安城遗址中心的南宋御街·清河坊、融合禅修与茶文化的余杭径山、因南宋岳飞率军途经此地饮潭水而欢得名的欢潭村，是首批宋韵杭式生活体验基地，它们综合了多种宋韵杭式生活的体验项目和艺术类型，为市民游客提供宋韵文化多维空间。此外，杭州宋城、城隍阁景区、宋代玉器艺术馆、杭州殊胜龙井酒店、杭州萧山南宋官窑艺术馆、承香堂、西湖琴社、富阳元书纸制作体验中心、天目盏“天目一品”制作展示中心、宋宴、钱塘观礼、慧因高丽寺·慧因湖书院这 12 家宋韵杭式生活体验点也各具特色，涵盖茶艺、花艺、香艺、食艺、曲艺、琴艺、诗词、书画、服饰、名物、雅集等方面的宋式文化生活艺术。

2022 年 7 月 23 日，以“宋韵”为建筑特色的杭州国家版本馆正式对外开放，是杭州宋韵文旅发展历程中的一大盛事。南宋德寿宫遗址博物馆也于 2022 年 11 月 22 日正式对外开放，更是南宋皇城大遗址综合保护工程的开山之作，也是浙江省宋韵文化传承和展示的重要载体。2022 年底，由浙江大学项目组等单位参与、历时 17 年的“中国历代书画大系”即将结项，共计编纂出版《宋画全集》等 60 卷 226 册，是迄今为止同类出版物中精品佳作收录最全，出版规模最大的中国绘画图像文献。其成果展在杭州国家版本馆、浙江大学考古和艺术博物馆等地陆续开展，更将杭州宋韵文化旅游的价值提升到一个新的高度。

杭州宋韵旅游精华

豪华竞逐——宋都历史

宋代是中国历史上非常独特的一个朝代，作为一个地跨南北的政权，它的疆域几乎是中国历代同类王朝中最小的，周边的辽、金、西夏、吐蕃、大理、越南等王朝，无一不是强邻。从这个王朝的诞生之日起，它就始终处在危机四伏的环境中。然而宋代又是中国历史上最繁华、最富庶的王朝之一，它坐拥当时最强大的社会文明，最令人艳羡的物质财富，最知名的文臣武将，最发达的科学技术，还拥有能与唐诗并驾齐驱、彪炳文学史册的宋词文学。大画家张择端的《清明上河图》绘就了北宋首都开封的无边繁华，大旅行家马可·波罗在游记中更是盛赞南宋首都杭州为“世上最美丽华贵之天城”。宋代时期的许多故事传说至今依然被人们津津乐道，而宋代的政治、科学、文化、艺术也深深影响了当代的人类社会，为人们留下了金声而玉振的宋韵文化。

当年宋人怀古时，曾有“念往昔，豪华竞逐”的感慨，而如今人们亲临南宋的故都，在杭州触摸人文、吟赏烟霞的时候，若能信手拾掇城市历史，随处追忆当年荣华，无疑将更好地认知城市的文化特色，体验宋韵文化的独特魅力。

1. 宋室南迁

“靖康耻，犹未雪，臣子恨，何时灭？”这是岳飞在《满江红》中的千古名句，镌刻在杭州岳王庙的碑廊石刻中。它是每位中国人最熟悉的宋词名句之一，也是一名南宋主战派武将对国仇家恨的无奈感怀。在 1957 年的《香港商报》上，武侠小说家金庸以杭州为故事发生地，以“靖”“康”二字作为两位男性主人公的名字，发表了武侠小说《射雕英雄传》，风靡一时，也让这段往事更鲜活地浮现在人们面前。虽然小说只是文学作品，但宋室南迁的历史，确实要从靖康元年（1126 年）的那次事变说起。

“靖康”是宋钦宗赵桓的年号，他和他的父亲宋徽宗赵佶，是北宋最后两位帝王。在赵佶身上，我们可以找到很多南唐后主李煜的影子：他从小对笔墨丹青、骑马射箭、蹴鞠嬉戏、奇花异石、飞禽走兽有着极其浓厚的兴趣，尤其在书法绘画方面，更是表现出非凡的天赋，还自创了书法字体“瘦金体”。可是，艺术上的成就却不能掩盖宋徽宗执政的无能。在他统治期间，政治腐败、外交不力，以致民怨四起，方腊、宋江等起义活动更是此起彼伏。而年轻的宋钦宗是一位与宋徽宗一样的无能之君，他优柔寡断，反复无常，在位一年多时间，竟走马灯似地换了二十余位宰相，终于遇上了异族入侵的祸患。

入侵北宋的金国，原是依附辽国的一些女真人部落。他们在宋徽宗政和四年（1114 年）集体叛辽时，尚且兵力不足，但是在领袖完颜阿骨打的带领下，迅速崛起为一个强大的国家。一年后，女真人就称帝建国，国号为金。此后不过九年，金人尽取辽之五京，十二年灭掉辽国，随后兵分两路进攻北宋，兵围北宋首都汴梁。最终，宋金“城下之盟”不成，金兵在靖康二年（1127 年）虏走徽钦二帝和宗室三千人北去。此时，距女真人起兵才不过十四年，而享国 167 年的北宋，就这么亡了。在宋徽宗膝下的 38 个儿子，42 个女儿中，唯一幸免于这场大劫难的，就是他的第九个儿子——康王赵构。

因为兄弟姐妹太多，赵构母子长期以来并不得宠。靖康元年（1126 年）正月，金军第一次兵临汴梁城下，年仅 19 岁的康王赵构挺身而出，主动请缨去金营议和，其实是去金营做人质。但是在金营的十几天里，赵构的表现可谓完美，完全没有养尊处优的纨绔作风，可以说是威武不能屈，以至于金军统帅完颜宗望怀疑赵构根本不是真正的皇子，请宋朝廷把赵构换了回去。当然，这事后来让他后悔不已。不久金兵二次南下，就指名要康王入营议和。但是这次赵构走到半道，被抗金名将宗泽给留了下来。

到了“靖康之变”后，面对突然得到的大片土地，金国无力全部管理，于是便设立傀儡政权楚帝张邦昌，并在四月退兵北还。为了救亡图存，北宋军民纷纷拥戴赵构。五月，赵构在“南京”应天府（今河南商丘）登基称帝，是为宋高宗，改元建炎。同时，因为是在“南京”即位，其后统治的区域也在南方，所以史称“南宋”。

2. 定都杭州

宋高宗的继位，标志着金国人彻底消灭赵宋政权计划的失败。于是金国一面在南方增设傀儡政权，一面再次分兵入侵。宋高宗从应天府退到扬州，又从扬州经由镇江、平江(今江苏苏州)后退到杭州。这次仓皇南渡充满了惊险、狼狈、血腥和颠沛，对年仅 22 岁的赵构的打击是刻骨铭心的，甚至造成了不可逆的生理问题，高宗从此再也没有子嗣。

相传高宗到杭州的第一天，下榻在一座叫“归德院”的破庙中，谁知当晚三更，突然传来“轰隆隆”的声音，赵构以为是金军追来了，吓得魂不附体，正想跑路，不一会部下来报，说是钱塘江潮水的轰鸣。为了掩饰自己的尴尬，高宗提笔写下了“潮鸣”两个大字，从此归德院就改名潮鸣寺了。当然，宋高宗的恐惧不完全是空穴来风，不久手下军官苗傅和刘正彦利发动兵变，逼迫宋高宗退位，还让他搬到半山的显忠寺居住。不过在韩世忠等人的协助下，26 天后宋高宗复辟成功，随即升杭州为临安府，把这里确定为临时办公地点，准备在这里大干一场。

然而计划赶不上变化，很快金兵就追到这里，这一次的主将是金国猛将完颜宗弼(金兀术)，其大举南下的目的，就是抓住高宗，永绝后患。结果他们一直把宋高宗赵构赶入东海，四个月漂到了永嘉(今浙江温州)才落帆上岸。完颜宗弼在退兵北去的路上和南宋名将韩世忠和岳飞遭遇，尤其在黄天荡一带吃了不小的亏，让他意识到短期之内无法平定江南。于是金人便在江北拥立齐帝刘豫作为战略缓冲，并放回秦桧，同时着手与南宋议和。此时宋高宗一方面痛定思痛，决意把宋室中兴大业当作第一要务，并取“绍万世之宏休，兴百年之丕绪”之意，改年号为绍兴(1131 年)。另一方面在第二年回到临安城，对这座城市进行全面的建设和整顿。绍兴八年(1138 年)宋高宗正式下诏，以临安府为行在所，标志着南宋正式定都杭州。

此前，经历过五代十国时期吴越国“三世五王”的惨淡经营，以及苏东坡等北宋名臣的积极建设，南宋时期的临安府已然初具规模。然而关于南宋皇宫的选址，也有一段传说。相传宋高宗首先看好的是风景秀丽的西溪，但是因为囊中羞涩，最终只能把皇宫定在了凤凰山麓的杭州州治之南。另一种说法是因为凤凰山是杭州的制高点，在这里比较容易控制全城局势。因此，南宋皇宫也成了中国历代唯一建在山坡上的皇宫。紧挨着皇宫的，就是临安城了。南宋的临安城，有着不输汴梁城的繁华，还多出了几分属于江南的秀美。

因为江南特殊的地形特征，整个城池也不再一味追求方正，甚至抛弃了北宫南市的传统格局，建成不规则的长方形。经过一番大兴土木，临安成为南跨吴山、北达湖墅、东临钱塘江、西傍西湖的壮观大城。城门的名字更具独特的“杭州韵味”，比如东南的候潮门、西面的钱塘门等，更因城东北方向属艮，因此根据汴梁城的“万寿艮岳”取名艮山门，表示了南宋王朝心念故土的情怀。与汴梁一条汴河贯京城相比，临安城内的河道纵横交错，大桥小桥更是星罗棋布，像通江桥、佑圣观桥、盐桥、新安桥等，体现了江南水乡的特色，在今天都能觅得踪迹。

宋室南迁还带来了移民大潮，这是西晋末年“永嘉南渡”之后中国历史上的又一次大规模的北人南移，人有用脚步选择自己生存土地的权力，既然要选就选最好的，所以大部分流民都留在了临安。南宋政府对北方流民也采取了接待安置的一系列政策，比如今天城北夹城巷清水潭巷附近的妙行寺，因地处运河码头，流民众多，接待任务繁重，成为杭城当时最大规模的接待寺。在南迁的队伍中，也少不了知名的文人武将，武将中有延安人韩世忠、相州（今河南汤阴）人岳飞、保安军（今陕西志丹）人刘光世、凤翔（今陕西宝鸡）人张俊等，文人中最有名的是济南人李清照。南迁还带来了南北饮食文化的交融，今天的杭州名点“片儿川”和“小笼包”都是典型的南料北烹结合的产物。

说到底，高宗最后选择把“行在所”放在杭州，主要还是两大原因，第一，在宋金战局中大宋始终处于守势，相比建康，杭州多了杭嘉湖平原纵横水网作为天然屏障，而金人不善水战，对南宋朝廷来说，更加安全；第二，杭州早在宋仁宗时期就号称“地有湖山美，东南第一州”，再加之是吴越国的都城所在，城市建设有相当规模，物质基础也比较雄厚，这些也都是成为一国之都所必不可少的先决条件。

3. 绍兴和议

在宋高宗绍兴年间所达成的宋金和议，可以说是对后世影响最深远的历史事件之一。在中华民族的历史上，既崇拜开疆拓土的民族英雄，也存在以和为贵的处世哲学。经过数十年的战争，在宋金两方阵营中，“主战派”和“主和派”都存在。对南宋而言，宋高宗个人的态度尤为重要。可是他既畏惧金兵势大，又畏惧宋钦宗还朝，所以思想态度常常在战与和之间摇摆。而金国在一口“吃不下”南宋的情况下，也存在议和的想法。谁知不久金国国内发生政变，完颜宗磐（蒲卢虎）、完颜宗隽（讹鲁观）、完颜昌（挞懒）等“缓进派”纷纷被杀，于是以完颜宗弼为首的“急进派”又占据了上风。

绍兴九年（1139 年），完颜宗弼毁成约，执宋使，组织军队再度侵宋。南宋军队奋起还击，先后有刘锜的顺昌大捷、吴璘的扶风之捷、岳飞的郾城之捷和刘锜的柘皋之捷等，严重打击了金兵侵略的气焰。这样的结果让金国“主战派”锐气大挫，于是在绍兴十一年（1141 年）重申和意，和南宋相约以淮水——大散关为界，由宋每年向金输送银二十五万两，绢二十五万匹，称臣奉表于金。以宋高宗和秦桧为代表的南宋统治集团表示认可，于是和议遂成，史称“绍兴和议”。

在中国历史上，关于“绍兴和议”的功过是非有着巨大的争议，南宋方面为和议付出的代价更不可谓不大。当岳飞大破金军主力骑兵“铁浮屠”和“拐子马”，进军离汴梁不足五十里的朱仙镇时，金兵只能发出“撼山易，撼岳家军难”的哀叹。而谁也没料到，宋高宗却一天内连下十二道金牌逼令岳飞退兵，痛心疾首的岳飞只能仰天长叹：“十年之功，毁于一旦。”

在解除了韩世忠、张俊、岳飞等抗金将领的兵权后，宋金达成了合约。条件是屈辱的，但是战争总算是结束了，南北对峙的局面再一次形成。为了这一刻，赵构以“莫须有”的罪名杀了岳飞，以向金纳贡称臣的代价，换来了生母韦氏和宋徽宗的遗体，也换来了东南的半壁江山。当岳飞被害的消息传到北方，金国贵族们纷纷为此喝酒庆贺，这令亲者痛、仇者快的一幕，被杭州人洪皓记录下来，成为中国历史上最悲情的时刻之一。岳飞被害的风波亭就在今天庆春路的小车桥附近，埋葬英雄遗骨的岳王庙成为千古流芳的湖山名胜，而“天日昭昭”则是这位一代名将的最后感慨。

但是宋高宗没有想到的是，和平从来都不可能维系在一纸合约上。绍兴十九年（1149 年），极度崇尚汉文化的完颜亮坐上金国皇帝宝座。他是小说《射雕英雄传》里完颜洪烈的人物原型，也是今天北京城的缔造者。他在位期间，励精图治，推行汉化，迁都燕京，成为南宋王朝的新对手。

完颜亮的汉学水平很高，据说有一次他读到柳永的《望海潮》，对“有三秋桂子，十里荷花”的江南垂涎不已，于是命画工潜入临安城，绘制了西湖山水，带回燕京，做成屏风。当看到临安城市盛况的画面时，完颜亮眼睛都直了，长期居住在北方苦寒之地的他实在不敢相信这世上居然还有这么美的天堂，于是立马让人添上自己骑马的画像，又即兴赋诗一首“自古车书一混同，南人何事费车公？提兵百万西湖上，立马吴山第一峰。”今天我们在吴山上的三茅观附近，还能看到“吴山第一峰”的石刻。

完颜亮的野心在绍兴三十一年(1161年)差点成为现实，当年十月，他兵分四路对南宋发动全面进攻。战争初期，金兵进展顺利。但是在采石矶渡江的时候，被宋将虞允文击溃。金军伤亡惨重，最终激起兵变，完颜亮被部下所杀。而宋高宗也被折腾得够呛，干脆学他的老爸宋徽宗，“撂挑子”不干了。可是此时宋高宗已无子嗣，只能于绍兴三十二年(1162年)五月立宗室建王赵玮(赵伯琮)为太子(后改名赵昚)。一个月之后传位于他，史称宋孝宗，而赵构自称太上皇帝。赵昚是宋太祖赵匡胤的七世孙，因此宋朝皇位到了这里，又回到了太祖一系。

绍兴和议虽然基本上奠定了南宋后期的和平局面，也成就了杭州近800年的繁华岁月，但同时也使宋朝永久失去了山西和关中的马场，从此岳家军的背嵬战士、万骑马军成为绝唱，南宋直至灭亡，主要都只能靠步兵和北方游牧民族的骑兵抗衡。

4. 乾淳之治

禅让典礼一结束，宋高宗就被刚即位的宋孝宗亲自扶着上了马车，送出和宁门，前往新落成不久的德寿宫，开启了他的“退休生活”。德寿宫是在原宰相秦桧的府邸基础上营造的，坐落在大内不远的望仙桥东，占地超过17万平方米，有金鱼池、小西湖、巨型太湖石假山“飞来峰”等大量园林景观。自从宋高宗迁居后，这里就成了临安城内令人瞩目的中心地带，跟南面的皇宫合称“南北大内”。2020年，杭州市政府在德寿宫遗址进行了保护和开发，并建设了南宋博物院，不日将对公众开放。除了德寿宫之外，宋孝宗为了侍奉太上皇，还在清波门外修建了聚景园，这也是临安最大的御花园，春天花团锦簇，夏天莲叶田田，绝对是一处赏花纳凉的绝佳之地，如今“西湖十景”中的柳浪闻莺就在此处。

在这样宜人的环境中，宋高宗赵构的退休生活不可谓不美，吟诗、作画、酿酒、游湖、观潮、打球、看戏，一个字儿，就是“玩”。周密在《武林旧事》中曾经记载，高宗没事就喜欢游湖。有一次坐船停在苏堤附近，碰到一个叫宋五嫂的开封老乡，真是老乡见老乡，两眼泪汪汪。没想到这宋五嫂饭还做得特别好吃，用江南盛产的淡水鱼以中原的烹饪方式做出了一道鱼羹，让高宗似乎吃到了儿时的味道，赞不绝口，这也就是杭州名菜“宋嫂鱼羹”的由来。另一种说法是宋五嫂看到高宗只知游赏西湖，不思恢复中原，不知自己何年才能回到故乡，心中泛酸，于是就在鱼羹中加上了几勺醋，使得宋嫂鱼羹的滋味中带着几丝酸味。赵构的后半生在德寿宫“玩”了整整二十五年，到淳熙十四年(1187 年)，以八十一岁高龄去世。而他之所以能如此无忧无虑，还得说赶上了好时候，那就是整个南宋王朝盛世——乾淳之治。

乾淳是宋孝宗时期乾道和淳熙两个年号的合称，这一时期的南宋王朝在政治上锐意进取，经济上迅猛发展，社会稳定繁荣，人民安居乐业，是自北宋末年战乱以来罕见的治世。作为宋高宗的养子之一，宋孝宗赵昚六岁被选中在宫中养育，36 岁即皇帝位。即位后宋孝宗雷厉风行，第一时间就召主战派老将张浚入朝，共图北伐大计，随后下诏为岳飞平反，把岳飞的遗体迁葬到栖霞岭下。孝宗专门召见了岳飞的儿子岳霖，拍着他的背真诚地说:“卿家冤枉，朕悉知之”，从此，杭州城里的老百姓开始名正言顺地祭祀岳飞，一直到今天。在隆兴元年(1163 年)宋孝宗还主持过一次北伐活动，并通过“隆兴和议”对南宋在“绍兴和议”中的地位略加改善。

在内政方面，孝宗的各项政策也是可圈可点，首先是改革财政、发展经济，数次下诏减轻赋税，并且督促地方官兴修水利，发展生产，使得连年五谷丰登，社会民生富庶。在文化方面，孝宗倡导百家争鸣、共同发展的学术环境，造就了以朱熹、陆九渊为代表的思想家和以陆游、范成大、杨万里、辛弃疾为代表的文学家，而以岳麓书院、白鹿洞书院、石鼓书院、武夷精舍为代表的书院也都是在乾淳之治中兴起。

总体来说，赵昚才是南宋名副其实的中兴之主。他在位期间，政治清明、社会稳定、经济繁荣、文化昌盛。只可惜几乎在同一时期，北方出现了赵昚“一生的对手”——金世宗完颜雍,其治下的金国也出现了著名的“大定之治”,使得赵眘几乎找不到北伐的借口。南北两朝分治下同时出现了天下康宁的升平景象,在中国历史上也并不多见。

然而,在政治清明、经济繁荣的同时,思想上的斗争从来都没有停歇,大宋王朝是战是守,是继续北伐还是偏安东南,始终都是一座架在南宋政治决策者心中的天平。朝廷内部的主战派与主和派两大阵营争论不休。就连素有名望的大儒朱熹对于抗金北伐都摇摆不定。而南宋王朝的行在来到临安府已经半个世纪了,再坚强的意志也会被草长莺飞的江南消磨殆尽,难怪生活在孝宗朝的诗人林升会提笔写下“暖风熏得游人醉,直把杭州作汴州”的诗句来提醒世人,当然这首诗虽然是讥讽朝廷苟且求安,但客观上也反映了当时临安城娱乐生活的异常丰富。西湖更是成为临安最大的园林风景区,经过治理的湖水柔媚多姿,加上雕梁画栋的高台楼榭,西湖之景,四时无穷。

城外的西湖都如此热闹,城内的临安街巷的繁华程度更是可想而知,全城最宽的道路——御街从和宁门一直贯穿到南瓦子北,这条路可以说是当时全中国,乃至全世界最繁华的地区,热闹程度堪比今天北京的王府井和上海的南京路步行街,熙熙攘攘的御街买卖日夜不绝,小商小贩根据季节更替变换着自己的商品。经济繁荣也带动了文化娱乐业的发展,在“来时瓦合,去时瓦解”的瓦舍里,各种勾栏内表演盛行。800年后,当年的御街成了今天杭州城里的中山中路,经过当代人的保护和建设,2009年杭州南宋御街正式开街,这里将历史繁华和时代风貌演绎得美轮美奂,成为城市又一张美丽的金名片。城市的繁华可以次第相续,但南宋王朝却在宋孝宗之后发生了盛极而衰的转变。

5. 韩氏专攻

政局的动荡,是南宋社会变革的重要开端。宋孝宗淳熙十四年(1187年)十月,来到江南60年的宋高宗赵构在德寿宫离开了这个世界。宋孝宗虽然是高宗的养子,但“父子”间感情深厚,所以他坚持要为高宗守孝三年。这位中国历史上唯“三”的庙号为“孝宗”的皇帝,绝对当得起这个“孝子”。但也是因为这个原因,对于朝政分身乏术的孝宗让太子赵惇参与国家的治理,并在守孝三年期满后的淳熙十六年(1189年)决定禅位给太子赵惇,也就是宋光宗。可是宋光宗也不是嫡长子，18 年的太子生涯虽然让他赢得王位，但是常年紧张的心理状态，也让他的精神发生了一些问题。严重的时候不仅几乎无法处理政务，甚至还做出许多大逆不道的事情，尤其是在父亲孝宗临终时坚决不去探望，去世时不肯亲执父丧等行为，招致社会的重大非议。于是以赵汝愚、韩侂胄为首的文武大臣们，在征得太皇太后同意后，逼光宗禅位。皇子嘉王赵扩穿上黄袍，正式即位，这就是宋宁宗。

宋宁宗继位后，首先器重的是右相赵汝愚。赵汝愚是宋太宗赵光义八世孙，也是宋孝宗乾道二年(1166 年)的状元。赵汝愚素有大志，但尊崇道学，把大儒朱熹请来做了宁宗的老师。但是朱熹希望通过匡正君德来限制君权的滥用，引起宋宁宗和韩侂胄的不满。于是在韩侂胄的撺掇下，宋宁宗庆元年间，朱熹和赵汝愚先后被打倒，前后有 59 人受到迫害，这就是"庆元党禁"。庆元党禁是中国历史上知识分子遭受的一场浩劫，孝宗时期学术界的百花齐放不复存在。此后韩侂胄在宋宁宗的支持下，权势如日中天。他本是北宋著名将领韩琦之后，是南宋朝廷中著名的"主战派"，于是开始推动他一生中最重要的政治和军事行动——北伐。

嘉泰四年(1204 年)，韩侂胄上奏宁宗追封岳飞为鄂王，不久后，又削去秦桧的王爵，并把谥号改为缪丑。此举大快人心，一时交口称赞，这就为北伐打好了充分的群众基础。说实话，当时金朝的情况也不太妙，皇帝金章宗完颜璟沉迷酒色，国库亏空。韩侂胄认为有机可乘。为了得到更多的支持，他还重新启用了辛弃疾等一批主张对金用兵的大臣，但是在战争准备方面，做得就过于疏忽。开战之前，不少有识之士认为这场战争几无胜算。但韩侂胄一意孤行，请宋宁宗于开禧二年(1205 年)五月正式下诏北伐。

果不其然，由于金朝事先得到了风声，早已有所准备，宋军得不到多少便宜，西线主将吴曦更是里通金朝，图谋叛变。就在韩侂胄一筹莫展的时候，朝中更是后院起火。礼部侍郎史弥远勾结皇后和皇子赵询，在韩侂胄上早朝的路上将其绑走杀害。韩侂胄一死，史弥远成了最大的赢家，他遵照金朝要求，割下韩侂胄的头颅，送到燕京，在嘉定元年(1208 年)与金国订立更为屈辱的"嘉定和议"。南宋的最后一次像样的北伐，就这么结束了。可笑的是，"隆兴和议"之后，升为宰相的史弥远居然还大摆御宴，庆贺和议的缔结，大画家马远的《华灯侍宴图》描绘的就是这一场景。大诗人陆游在临终之际的绝笔诗《示儿》中的："王师北定中原日，家祭无忘告乃翁。"也成为所有主战派士大夫一个可望而不可及的梦想。

6. 弥远乱政

把政敌韩侂胄彻底搞垮以后，下一个权臣史弥远在南宋的舞台上粉墨登场了，嘉定二年(1209年)，史弥远在为母亲守孝了半年之后，被封为右丞相，从此他独揽相权和军权，并且破坏了宋朝的宰相制度，一个人做宰相做了二十六年。这史弥远本来如意算盘打得好好的：皇帝宁宗听我的，当年协助我杀韩侂胄的太子赵询也是我的人，这天下还不得由我说了算。谁曾想过了没几年，太子病死了。宋宁宗另立养子赵竑为皇子。

赵竑对史弥远的专权跋扈早就看得牙痒痒，可惜对身边的变化没有足够的警觉。赵竑喜欢弹琴，史弥远就送了他一个擅长弹琴的美女，从此他的一举一动都在史弥远的掌握之中。终于在宋宁宗病重时，史弥远策划了一场宫廷政变。他伪造了宁宗遗诏，将太子赵竑废为济王，找个借口逼他自缢。又强行将宋宁宗之弟、沂王赵希瓐的嗣子赵贵诚(赵与莒)立为皇子，改名赵昀。宁宗去世后赵昀被拥立为皇帝，这就是宋理宗。理宗登基后，把所有政务都交给史弥远，自己暗中韬光养晦，南宋政治日渐腐败。

经济基础决定上层建筑，南宋衰败的端倪也首先来自经济层面。宋孝宗初年发行了会子，这是南宋王朝真正意义上的纸币，由南宋朝廷保证其货币信用。会子携带轻便，交易简便，大大提振了当时的社会经济。可是到了史弥远当朝时期，为了掠夺人民财富，开始大量疯狂印造新会子，并且规定会子不再用金、银、铜钱兑换，而只能用新会子兑换旧会子，到后来干脆把旧会子折价一半。这样的结果可想而知，以临安城为代表的各大城市，都出现了恶性通货膨胀，会子币值大跌，物价飞涨，民不聊生。到绍定年间，会子的滥发与贬值已经到了极端严重的境地，虽然后期采取了一些补救措施，使会子稍稍有所稳定，但是此时的南宋经济已经处在风雨飘摇之中，国家财政处在破产的边缘。

史弥远专政遭到非议的还有用人。他的死党"四木三凶"(薛极、胡榘、聂子述、赵汝述，李知孝、梁成大、莫泽）和北宋年间乱政的“六贼”（蔡京、童贯、王黼、梁师成、朱勔、李彦）一样遗臭万年。为了在政治斗争中排除异己，史弥远可以说是不遗余力，以真德秀、魏了翁为首的正直大臣在朝堂上没有说话的份。此外，史弥远的外交政策也只能用丧权辱国来形容，掌权后为了方便向金国摇尾乞怜，他还立即恢复了秦桧的爵位及谥号。

在朝野上下和百姓心目中，史弥远的丑行，实是与秦桧不相上下。所以在绍定六年（1233 年）史弥远去世后，他得到的谥号“忠献”跟秦桧是一样的，这恐怕绝对不是偶然的巧合，更多的是当时士大夫们的某种共识。史弥远的死，让人们弹冠相庆，但是人们渐渐地也发现，他专政留下的后遗症比起韩侂胄来，简直有过之而无不及。史弥远当政的二十六年，南宋王朝已经病入膏肓，颓势再也不可逆转了。

7. 端平更化

权臣史弥远之死对那个在幕后韬光养晦、当了十年傀儡皇帝的宋理宗赵昀来说，简直就是一针强心剂，他立刻将年号改为“端平”，正式开始了他的亲政生涯。跟宋孝宗一样，他也是从小生活在民间，十六岁才被送到临安，所以对百姓的疾苦是比较了解的。他亲政之初立志中兴，采取罢黜史党、亲擢台谏、澄清吏治、整顿财政等改革措施，史称“端平更化”。端平元年（1234 年），宋理宗派兵联蒙灭金。

而“幸福”似乎也来得很突然，端平元年的正月初十，前线就传来捷报，宋蒙联军攻破蔡州（河南汝南），金国的末代皇帝金哀宗自杀了。那个从“靖康之变”开始，一直在大宋上至皇帝、下到平民头顶上作威作福的大金国，终于亡国了。蔡州战役结束后，南宋军队忙着在废墟中寻找金哀宗完颜守绪的尸体，最终找到了一部分烧焦了的骨骼。这些遗骨由主帅孟珙运回临安后，送到凤凰山脚下的太庙，告慰那些被金军欺凌侮辱过的列祖列宗。整个南宋沸腾了，这个世代仇敌终于被彻底消灭了，全国上下一片欢欣。金哀宗虽然已经被烧成了焦炭，但也要接受严厉的惩罚。宋理宗还下令把金哀宗的遗骨“关”到今天众安桥附近，那座曾经关押过岳飞的大理寺监牢中“囚禁”起来，死人也要把牢底坐穿。

然而，偏安在江南的宋理宗可能是被短暂的胜利冲昏了头脑，完全忘记了唇亡齿寒的道理；也有可能赵宋王室对于收复中原的愿望太强烈了，强烈到没有充分分析敌我双方的实力对比，就急于还于旧都。于是就在同一年，南宋再度出兵，计划收复南京归德（河南商丘）、东京汴梁（河南开封）和西京洛阳。因为准备不足，这次出兵最终以失败告终，还为蒙古侵略提供了口实。次年蒙古大汗窝阔台以宋朝背约为由全面侵宋，持续四十多年的宋蒙战争爆发。没有了金国的屏障，南宋军民将独自面对当时世界上最强大的武装力量——蒙古铁骑。在这种局面下，理宗也不得不下了罪己诏，检讨自己的过失，从而安定人心。

对外作战失败，理宗只能把工作的重心慢慢转移到内政上来，先是驱逐了史弥远的余党，纠正了嘉定以来权臣独相的局面，对于宰相的人选更是谨小慎微，这也使这一时期的政治相对稳定；又采取了一系列措施整顿官场中的贪污腐败，以及物价飞涨、国库空虚的经济问题；在思想上，推崇朱熹理学，推动理学官学化的进程，大量任命理学人才，这些人物大多清正廉明。这也是理宗所有的改革政策中最彻底、也最被人推崇的。也就是从理宗朝开始，理学成为官方统治思想，历经元、明、清三朝，统治中国思想界六七百年，影响深远。理宗的庙号“理”字，就是因为这个而来的。

值得一提的是，世界上最早的官办孤儿院——慈幼局就是在理宗的支持下，由临安推广到天下各州的，国家对没有亲人养育的弃婴、孤儿给予救济，使他们避免死于非命，理宗朝对孤幼救济的制度化、普遍化、专业化，远远领先于世界。纵观整个端平更化，在整个南宋一百五十年的进程中，只是“回光返照”一般的存在。当时甚至有人把这一时期的政治清明和北宋哲宗元祐年间司马光当政时相比，称之为“小元祐”。不过，“端平更化”虽然网罗了大量的贤人能臣，但大多数政策朝令夕改，最终无甚建树。澄清吏治、整顿财政的各项措施也大多是治标不治本，所以初衷甚佳但收效甚微的“端平更化”最终无法改变南宋王朝一步步滑向深渊的趋势。

8. 蟋蟀宰相

因为“端平更化”的成效不大，理宗的政策和策略随之转向。尤其到了执政后期，因为在政治上建树不多，理宗本人也厌倦朝政，开始追逐声色犬马，完全丧失了早年那种励精图治的精神。他在临安大兴土木，造佛寺道观祈祝长寿，建楼榭亭阁专供游幸，可以说是“晚节不保”。宋理宗笃信道教，仅在临安城内外新建和重建的道观，就超过历代所建全部道观的总和。而且这些道观大多规模宏大，耗资无数。如淳祐四年(1244 年)，理宗下诏把位于今天延安路附近的沂王府改建成道观，历时三年才告完成，赐名“龙翔宫”。这也是今天龙翔桥地名的由来，但是，宝祐元年(1253 年)的一场大火，把龙翔宫四周的街道烧得一片精光，理宗又趁机在废墟上建起新的园苑。

理宗把心思都放在了玩上，自然也就再无精力打理朝政，干脆就放手把军政大权交给了贾似道。贾似道是嘉熙二年(1238 年)的进士，据说还是西汉著名文学家贾谊的后代，少年时还是有点才华的，但改不了一身的纨绔习气。如果说他是南宋排名第二的“花花公子”，恐怕没有人敢称第一。凭借姐姐贾贵妃的关系升迁之后，他仗着自己受宠，举止毫不检点，常常白天就去找娼妓，晚上又彻夜游湖玩乐。据说一次理宗登高望远，结果看见西湖上灯火通明，便问随从是何人如此。随从张口便答：“一定是贾似道在那里。”理宗第二天去核实，果真如此。于是理宗便让京尹史岩之去告诫贾似道。谁知史岩之对理宗说：“贾似道虽然有少年的风流习气，但他的才能可以大用。”

客观地说，贾似道有一定的才干，他的管理才能也受到许多史家和学者的肯定，例如为了稳定物价，贾似道建议废除和籴，减少纸币的流通，并提倡“公田法”。限定所有人地产的数量，超出限定的土地由国家收购变成公田，然后将公田的收入去偿付军需。这种举措缓解了中央财政危机，但侵害了地主集团的利益，因此遭到大地主阶层的强烈反对。贾似道还对科考取士做出新的规定，成为后世“保结、搜检之法”的先声。由于武将中虚报开支，大吃空额的现象普遍存在，贾似道在武将中实行了“打算法”，核实军费开销，但因此也引起了一批武将的记恨，埋下了军队不稳定的隐患。此外，他还曾亲自制定官斛式样，口狭底阔，有利于公平出入。但是贾似道在爬上权力巅峰后，对内铲除异己、祸国殃民，对外谎冒战功、虚与委蛇，断送了南宋大好河山，成为史上著名的大奸臣。

相传贾似道生平有两大爱好：一是收藏，二是斗蟋蟀。在收藏领域，他是一位敏锐的艺术鉴赏家，今天还存世的许多古代书画，如王羲之的《快雪时晴帖》、展子虔的《虢国夫人游春图》、欧阳询的《行书千字文卷》、黄庭坚的《砥柱铭》等，都曾经是他的私人藏品。

在西湖北岸，宝石山与栖霞岭之间的葛岭，曾是晋代抱朴子葛洪炼丹修行的地方。这里蜿蜒数里，风光宜人，被宋高宗辟为御花园。淳祐年间，宋度宗把它赐给了贾似道，他就在这里大兴土木，建造了历史上著名的"半闲堂"。据说贾似道每日在园中纵酒嬉戏，斗蟋蟀取乐，因此才有"朝中无宰相，湖上有平章"的说法。周密在《齐东野语》中也说"贾师宪当国日，卧治湖山，作堂曰半闲"。不过贾似道玩蟋蟀也玩出了一定的境界，由他编著的《促织经》是世界上第一部研究蟋蟀的专著，对蟋蟀进行了详尽的论述。但是，堂堂一国的执政者居然以"蟋蟀宰相"这样荒唐的形象流传后世，也给后人留下无尽的叹息和感慨。

9. 南宋之亡

南宋的皇帝生生印证了一句话，"王小二过年，一年不如一年"，景定五年(1264 年)宋理宗病重时，曾下诏征求全国名医为自己治病，但居然无人应征，最终在临安病死。因为宋理宗没有子嗣，就把弟弟荣王赵与芮的儿子赵禥过继为养子，赵禥即位后改年号为"咸淳"，这就是宋度宗。度宗的母亲因为出身微贱，发现怀孕后立刻被逼服打胎药。谁知胎儿没有打下来，还是生出了度宗，但他却因此体弱多病，智力尤其弱于常人。度宗一生，皇帝的本职工作干得一塌糊涂，也从不担心国家的前途命运，面对虎视眈眈的蒙元政权，更毫无还手之力，朝中一切事务统统委任贾似道。对他而言，在国家灭亡之前先行一步，没有让南宋亡在自己手上，这是最侥幸的地方，但却是整个国家的"悲剧"。

咸淳十年(1274 年)七月，过度透支自己身体的宋度宗最终撑不下去了，在临安宫中的福宁殿一命呜呼，遗诏命三岁的太子赵㬎继位，是为宋恭帝。这时候蒙古铁骑已经拿下四川，长江中上游也基本被元军占领，南宋已经风雨飘摇。可是对于一个三岁的小娃娃来说，四起的烽烟哪有床头的拨浪鼓好玩。仅仅两个月以后，元军就向南宋发起了总攻。汉阳、鄂州相继陷落，长江防线洞开，南宋朝野内外大震。

此时，京师各界依然把希望寄托在贾似道身上。贾似道跟蒙古人交手多年，因此他仍然幻想着故技重施，希望通过之前对辽、金称臣纳币的老套路，再换回一段时间的苟且偷生。但先后改元“中统”“至元”的元世祖忽必烈，此时已经是铁了心地要灭亡南宋，这些招数自然都不管用了。贾似道很快因兵败被贬，一路到了漳州，被监押官郑虎臣所杀，结束了他擅权误国的一生。

紧接着，元军从建康分三路向临安挺进。常州军民奋勇抵抗，结果城破被屠，于是平江（江苏苏州）守将吓得直接开城投降。随着元军的逼近，临安城内人心惶惶，各种朝廷大小官员为保身家性命，掉头就跑。虽然摄政的谢太后严厉谴责，但是根本无力回天，到德祐二年（1276 年）的正月，居然出现在朝堂上的官员只剩下 6 人的窘况，其中一位就是自江西起兵勤王才来到临安，刚刚被封为右丞相兼枢密使的文天祥。

蒙古铁骑兵临城下，局面无可挽回，文天祥作为使臣来到临安城北的皋亭山，与元军统帅伯颜谈判。正气凛然的文天祥为南宋王朝保留了最后的气节，但他的行为却激怒了伯颜，被强行扣留在元军中。打不过，跑不掉，求和也不成，摆在谢太后面前的，只有出城投降，保全百姓这一条路了。于是在那年三月，66 岁的谢太后抱着 5 岁的宋恭帝，带着南宋皇族出城跪降，南宋王朝事实灭亡了。此后数百年间，杭州人每逢说起“湖墅八景”中的“皋亭积雪”，都会为南宋终结的那一幕而扼腕流涕。

在另一边，宋度宗的杨淑妃带着儿子赵昰和赵昺出逃，为赵宋王朝保留了一丝血脉，后来在温州江心寺与大臣陆秀夫、张世杰、文天祥等人会合。众人在福州奉刚满 7 岁的赵昰为帝，是为宋端宗，改元景炎。一年后，宋端宗病死了，大家又奉他弟弟赵昺为帝，改元祥兴。不久，文天祥被生擒，陆地的抗元势力覆灭。陆秀夫和张世杰护卫赵昺逃到崖山，流亡海上。

祥兴二年（1279 年）正月，元军对南宋的海上流亡朝廷发动猛烈攻击。二月六日，张世杰在崖山战败后翻船溺亡，43 岁的陆秀夫见大势已去，背着八岁的赵昺投海，随行十多万军民接着相继跳海。而文天祥在被俘之后拒不投降，在留下了“人生自古谁无死，留取丹心照汗青”的千古名句后英勇就义，“宋末三杰”至此全部殉国。

惨烈的崖山海战宣告了南宋王朝 153 年偏安统治的彻底结束。南宋虽不复存在了，但是对中国后世历史发展影响是巨大的。全国的经济重心在南宋期间完成了由黄河流域向长江流域的历史性转移。南宋的经济总量已占全世界的60%。首都临安府人口更是超过百万，农业、商业、手工业和对外贸易都在世界上占了绝对领先的地位，而此时的欧洲还在中世纪黑暗的笼罩下。南宋虽然被同时代的少数民族政权打败，但后世的元朝在思想、文化上，都被南宋所代表的先进文化所征服，可以说也推进了中国的“大一统”进程和“中华民族”的大融合。而南宋的文化韵味和生活情趣，则跨越了800年的时光，我们至今依然能够品味到它的馥郁芬芳，领略到它的动人模样。

德寿重华——宋宫遗韵

在杭州历史上，有一座传奇的宫殿，它的名字被历代吟咏不绝，然而却没有多少人能有幸一睹其真容，这就是德寿宫。

“德寿宫前春昼长，宫中花开宫外香。太皇颐神玉霄上，都人久不瞻清光。”大诗人杨万里仅用寥寥数笔，就为人们勾勒出了德寿宫的整体轮廓。这是南宋临安城内一处极其重要的宫苑，本为宋高宗赵构的居所，退位后的宋孝宗和两宫太后也先后居住于此。这里曾经宫殿与园林并置，也是南宋礼制规格最高的建筑之一，承载着赵宋王朝的历史光辉。然而到了南宋末年，它却突然被改建为道观和民居，除了名字之外，只为后世留下了一个模糊的轮廓。

1984年，杭州首次被发现了南宋德寿宫遗址。在经历21世纪以来四次较大规模的考古发掘后，南宋德寿宫遗址保护展示工程于2020年12月正式启动。依托德寿宫遗址原址，建成了集遗址本体及出土文物的保护、研究、收藏和展示为一体的专题博物馆——南宋德寿宫遗址博物馆。整个项目用地面积约21 367平方米，建筑面积约12 321平方米，露明展示面积4 590平方米，是南宋皇城大遗址综合保护工程的开山之作，也是浙江省宋韵文化传承和展示的重要载体。

1. 中区二层（重华宫正殿区域）

（1）正大门

南宋德寿宫遗址博物馆坐北朝南，坐落在中河之畔，隔河与南宋御街和鼓楼相望，隔望江路与胡雪岩故居、朱智故居相对，紧邻胡雪岩的账房汪秉衡旧居“汪宅”(今杭州市方志馆)。博物馆的主体建筑为砖木结构,大门上“德寿”二字闪闪发光。正所谓“惟天为大,其德曰诚”“乃文乃武,得寿得名”,“德寿”二字是传统文化中美好的祝辞,早在春秋时期,就有“大王德寿,无疆无极”的辞章流传。南宋绍兴三十二年(1162 年),宋高宗赵构建成此宫,便以此来命名,作为自己退位后的居所。正所谓“请祝圣人如一口,定知德寿万年春”,虽然此后这里也曾经几度改名,但德寿宫的名字是流传最广、影响最大的。

(2)重华宫正殿

拾级而上,进入博物馆的大门,迎面就是开阔的重华宫正殿广场,右侧为游客中心,左侧为特展厅,正前方为重华宫正殿,这是按照宋孝宗入住德寿宫时居住的核心建筑——“重华殿”的形象来复原的,同样是一座全榫卯的木结构建筑。考古发掘遗迹表明,就在这个位置有一座宫殿建筑。同时它与宋人周必大《思陵录》中记载的“正殿”尺寸完全一致,因此才被确定为重华宫正殿。

在复原设计时,对于这里的地面、台基、门窗、蹲兽、瓦当等细节,参考了北宋李诫《营造法式》、部分存世建筑和宋代绘画作品。例如斗拱、柱梁参考的是宁波的保国寺;楼阁的细节则参考了灵隐寺前的双塔、闸口的白塔等建筑。广场上更是采用宋式“香糕砖”铺地,宋风浓郁,古韵悠然。

(3)复原陈设展区

[御座区] 重华宫正殿共五开间,是博物馆的复原陈设展区。进入正殿,明堂正中为御座区,复原展示了宋高宗、宋孝宗在德寿宫朝会、宴会的场景。根据南宋宰相周必大《龙飞录》记载,宋高宗退居太上皇时,最初文武百官仍需“五日一朝”,后来为了避免烦琐,逐渐改为每月初二日朝。或许有人奇怪,为什么御座高台上会有两把椅子?这就与宋孝宗赵昚有关了。他虽然不是高宗的亲生儿子,但是一生侍奉高宗,极其孝顺,日常更会“晨昏定省”,也就是定时到这里省视问安。于是正中靠后的椅子高宗坐,一旁靠前的椅子为孝宗坐。

正殿内,特意布置了一些多方寻觅来的宋画仿制品。御座之后的红柒山水屏风上,绘有南宋赵伯驹的《江山秋色图》(局部)。在现存的宋画中,保留了众多的宫殿式样,也为正殿的复原陈设提供了重要参考。像正中的御座外形,就参考了辽宁省博物馆藏《女孝经图》;椅头、脚踏等细节,又参考了台北故宫博物院藏

《南薰殿帝后像》中“高宗御座像”中的样子；香炉、装饰物的摆放，又有南宋赵伯驹《汉宫图》的影子。由画及景，画中的御座、摆件“转换”成了眼前的实物，形成了画内画外的互文。

［**博古区**］ 为重现宋画中的宫廷生活，殿内特意设置了博古区、茶饮区的情景复原。博古，既有鉴赏古玩的含义，又有博古通今的意味。宋代“博古”之风盛行，上至宫廷，下至民间，均有这种喜好。在宋画中也很常见，如北宋《人物图》、南宋《槐荫消夏图》《十八学士图》，以及李公麟《西园雅集图》等。这其中商周铜器、精美瓷器和文房书画等，是人们最为常见的把玩之物。如今大殿左侧为博古区，陈设复原多参考了宋代旧物。

［**茶饮区**］ 饮茶也是宋朝人的一大爱好。在宋代，茶的品饮由“粥茶法”逐渐变为“末茶法”，即将茶叶碾磨成粉，再用热水冲饮。点茶、煎茶和擂茶成了南宋最为常见的饮茶形式。茶饮区内，陈列着茶叶处理器、茶叶与茶具收纳器、煮水器具、点茶器具等，仿制器物参考宋徽宗的《文会图》、刘松年的《碾茶图》、南宋审安老人的《十二茶具图赞》等绘画书籍。配合着屏风上宋高宗赵构的真草作品《嵇康养生论》，访客们自然可以想象当年宋高宗在此开宴茶饮、饮茶会友的场景。陈设虽然简单，但是展现出了宋代雅致、简约的生活美学。

两侧展板上展示的则是德寿宫的变迁历史及其相关的人物事件。沉浸式还原 800 多年前德寿宫大殿现场、“两宫并立”的历史情景。

［**德寿宫的主人**］ 说到德寿宫，还要从这里最初的情形说起。这里有一幅德寿宫的历史变迁图，勾勒了这座宫苑的前世今生。此地最初被秦桧看中，请宋高宗赐为宅第。绍兴十五年(1145 年)，宋高宗满足了他的要求。秦桧入居以后，大规模营建房屋园林，相传里面楼台亭榭高大宏丽，高宗曾数次前往，并为其御题“一德格天”的匾额。绍兴二十五年(1155 年)，秦桧病死，宅第缴还。后来高宗欲行“禅让”，下令将秦桧之宅改为宫殿，以备退位之后居住。这项工程于绍兴三十二年(1162 年)六月改建成功，遂命名为“德寿宫”。孝宗即位后，高宗作为太上皇，从此便居住在德寿宫中。

在德寿宫，宋高宗享受了 25 年悠闲的退养生活，直到 81 岁那一年告别人世，在德寿宫中驾崩。随后宋孝宗便在这里为宋高宗的皇后、当时的吴太后修盖了一座慈福宫，于是这里形成了“两宫并立”的格局。淳熙十六年(1189年)，宋孝宗仿效高宗“内禅”，退居德寿宫安养晚年，并将德寿宫改名重华宫，如今这座复原殿宇之名正是“重华”。而后因为孝宗谢皇后入住，慈福宫又易名为寿慈宫。在这一阶段，德寿宫主要为帝后们退位或养老时候所居。因此，这座宫殿在后世常常以“优游卒岁”的文化形象出现。清人曹贞吉有词“想德寿重华，两宫游幸，绮罗管弦，缭绕苏堤”，正是对那时的生动描绘。

德寿宫比较大的历史转折点发生在宋宁宗开禧二年(1206年)，当时已经改名寿慈宫的德寿宫前殿发生火灾，导致无法继续居住。于是谢皇后只能重新回到南宋皇城南内居住。

从此，德寿宫再无退位后的帝后居住，此地渐渐荒废破败。直到62年后的宋度宗咸淳四年(1268年)，德寿宫总算被人重新想起来了，得到了一次大规模的建设。首先是把南屏山侧翠芳园(南屏御园，今白云庵)的树木移植过来，美化环境；二是将德寿宫北部改建为宗阳宫，作为御前宫观，也就是拜祭道教太上老君的地方；三是将南半部作为民居。至此，一代皇家圣地，荣光渐褪。清人吴锡麒在《游宗阳宫》中也发出了“故宫德寿黯烟萝，桥转新宫去踏莎”的感慨。又过了8年，临安为元人攻占，德寿宫便彻底退出了历史舞台。

［**德寿宫的复原**］　德寿宫建筑格局的形成，和历史上的数次修建有关。通过梳理有限的文献记载可知，宋高宗拟禅位时所筑新宫“德寿宫”，自然有一次建设行为。乾道三年(1167年)春，建“冷泉堂”“飞来峰”和“聚远楼”，开掘“大池”，引注湖水，应有第二次建设。淳熙十五年(1188年)为吴太后修建慈福宫，则是第三次。通过这三次建设，形成了重华宫居中轴线、慈福宫居于次轴线的格局。但古代文献中有关建设行为的记载多是语焉不详。因此，通过考古工作揭示遗址、开展复原研究，就成了全面认识德寿宫真实面貌的重要途径。

这里有一幅德寿宫总体格局复原及功能分区图，代表了当代通过考古和文献分析等手段后对德寿宫的认识。首先可以确定的是德寿宫“南宫北苑”的布局，这和南宋皇城相近。其次，因为这里在历史上数次改建，目前“重华宫——慈福宫”时期(1189—1206年)建筑遗址保存情况相对较好，整体揭示信息较多，又与《思陵录》等文献记载相对应，因此这次德寿宫的主体复原主要围绕这一时期展开。中轴线为宫殿区，东西两侧为内宫服务区、外宫区，北部为北苑区。其中，南部各主要建筑布局关系较为清晰，北苑则尚未进行考古发掘。

在这里还有一个根据文献复原的德寿宫沙盘模型，中间红点标示着重华宫正殿的位置。由此可见，历史上的德寿宫占地面积比今天的博物馆要大得多。在边上的触摸屏幕上，有更为详细的德寿宫遗址电子查询系统。这里还有重华宫正殿复原的木质模型，可以通过一旁的电子屏幕，检索到这座建筑各处大木作、小木作、砖瓦作、砖石作的形制由来。可以说，这里一砖一瓦的式样，都是有来历的。

2. 中区一层（南宋历史文化陈列和重华宫遗址展区）

（1）南宋历史文化陈列专题展区

德寿宫就像一面镜子，不仅能够照射出南宋王室的宫廷文化，更能折射出整个南宋王朝的历史沧桑。走出重华宫正殿，沿着通道来到广场之下，就能看见南宋历史文化陈列专题展区。展览名称为“从杭州看见南宋——南宋历史文化陈列”，参观者通过“背海立国”“盛世繁华”两个板块，结合上百件文物和相关图片文字资料，从南宋发展历史、经济文化成就、科学技术与对外贸易、文化交流等多个方面解读南宋文化。

靖康二年（1127 年）五月初一，宋徽宗赵佶第九子、康王赵构在南京应天府（河南商丘）即位，史称宋高宗，标志着南宋王朝的建立。“背海立国”板块全面回顾了南宋王朝立国以来的沧桑岁月，包括了建炎南渡的坎坷、攒宫绍兴的无奈、行在临安的抉择、绍祚中兴的振奋、宋金对峙的坚持、文治时代的繁盛、烽烟向南的凶险、钓鱼城上的慷慨、崖山海战的壮烈。

南宋立国 153 年，不仅守住了中国传统文化的根脉，其经济社会之发展、文化艺术之繁荣、学术思想之活跃、科学技术之进步、民众生活之丰富，都是郁郁煌煌、名著百代的。其物质文明与精神文明所达到的高度，更可以说是空前绝后的。“盛世繁华”板块，通过文化中兴、物阜民丰、海舶千帆等栏目，从学术璀璨（学术思想）、文教兴盛（文化教育）、风雅宋韵（文学艺术）、百业生辉（手工技艺）、科技发达（科学技术）、海上通途（市舶贸易）、传播交流（宗教信仰）等多个角度，全方位展示了南宋经济、社会、文化的整体风貌。

(2)重华宫正殿遗址本体

在博物馆的宫殿区，最核心的展览不是复原的建筑，也不是陈列的文物，而是重华宫正殿的遗址本体。它的位置就在重华宫正殿复原建筑的正下方。在前往遗址区域的路上极易产生一种错觉，仿佛是跟着遗址进入了地下。事实上，这里是博物馆的地上一层，而包括重华宫正殿在内，整个殿前广场上的复原建筑群都位于地上二层。也就是说，头顶上的那座重华宫正殿建筑，本质上是遗址本体的一个“保护罩”。而这个“保护罩”之所以通过复原建筑的形式呈现，那是因为如果这间殿宇依然还在，大约也是这种风格的建筑。

大殿遗址本体的展示区域面积约 1 150 平方米(含遗址本体及周边廊道)，在这里可以清晰地看见 800 年前的夯土台基、磉墩柱础、香糕砖石等建筑遗迹。周边廊道上则是关于德寿宫四次考古发掘过程及考古成果的介绍。作为露天展示的遗址，相关的保护工作必不可少。例如为了系统保护潮湿环境下的遗址，解决微生物侵害问题，就需要这座大厅没有窗户，隔绝自然光线，保持土体干燥。面对近在咫尺的中河，为了防止透水、渗水的危险，更采用了“TAD 止水帷幕技术”，为遗址做了一圈“地下栅栏”。博物馆开馆后，同步开展了遗址实时监测、病害应急处理、长期保护方案的制定及工程实施、日常维护等工作。

但是对大多数人而言，这样的遗址实在不太看得懂，也难以想象。为了丰富遗址的可看性，博物馆通过实景引导、AI 讲解、虚拟文物展示等数字化复原技术，让访客“沉浸式”感受德寿宫的前世今生。这里三块巨型幕布将遗址北、东、西三面包围住，通过 CAVE 空间投影技术和视觉融合技术，营造了一个沉浸式的观影环境，访客仅凭裸眼就能拥有身临其境的感觉。博物馆还通过《德寿古今》《德寿重华》两部数字影片，对遗址进行了解读。其中，《德寿古今》展示的是遗址的变迁与复原，《德寿重华》则从历史沿革、营造制度、礼仪文化三个层次重现了德寿宫，展现宋人的生活场景和文化习俗。

(3)德寿宫遗址考古成果展区

在德寿宫遗址考古成果展区，详细介绍了德寿宫历次考古的发掘成果。德寿宫遗址是迄今为止发掘面积最大、规格最高、揭露遗存最丰富的一处南宋皇家宫殿园林建筑遗址。总揭露面积近 7 000 平方米，出土遗物共计 6 696 件(组)，其中陶瓷器 5 784 件。另出土砖瓦脊兽等建筑构件 368 件、石质文物 71 件、动物骨骼及骨器 151 件(组)、铜钱 207 件(组)、金银器等金属文物 65 件、漆木器 34 件、料器 16 件。德寿宫遗址的发掘,是南宋临安城遗址保护的重要一环,在历史、艺术和科学上具有重要的研究价值。

这里通过平面和三维图示,清晰地表明了德寿宫与临安城以及南宋皇城之间的关系。南宋建炎三年(1129 年)升杭州为临安府,所以临安城就相当于今天的杭州城,是杭州百姓居住生活的地方。皇城则是南宋皇宫的所在地,包括宫城内百官朝会、皇族居住的宫殿区域,以及宫城外内府衙署的办公区域、太子居住的东宫区域等。其位置位于临安城的最南端,处于凤凰山和钱塘江之间。而德寿宫的位置则在南宋皇城以北,因此当时人们还称德寿宫为“北大内”或“北内”,而把皇城称为“南大内”或“南内”。

[**德寿宫考古发掘过程**] 关于德寿宫的考古发掘,前后历时二十余年。这里通过一条时间轴线,直观地介绍了这处遗址重见天日的全过程。1979 年,古建筑专家郭俊纶提出德寿宫位置的研究结论,引起考古界对德寿宫遗址的广泛关注。1984 年在中河东岸发现了 100 余米南宋道路,初步判断属于德寿宫遗址,成为德寿宫遗址考古的开端。进入 21 世纪后,德寿宫遗址在 20 余年时间里历经前后 4 次考古发掘,取得了许多重要成果。

2001 年,在配合望江路拓宽工程的考古发掘中,第一次发现了德寿宫的东宫墙、南宫墙和部分宫内建筑遗迹。2005—2006 年,在望江地区旧城改造过程中,发现与南宋德寿宫密切相关的西宫墙与便门、水渠、水池、水井、砖铺路面等重要建筑遗迹,为判定遗址的范围提供了重要依据。2010 年 4—7 月的第三次考古,又发现了属于南宋德寿宫遗址的多处夯土基础、宫殿建筑基址及水井、暗沟等建筑遗迹,基本明确了德寿宫遗址中轴线南部殿堂类建筑遗迹的大致分布情况。2017—2020 年的第四次发掘,揭示了南部中轴线上的多组建筑群。至此,德寿宫范围逐渐明确,宫址之谜也被逐渐揭开。

[**德寿宫考古成果**] 在考古成果展区,可以看到德寿宫历次考古的范围图。因为考古发掘所发现的遗迹均以建筑基址为主,并辅有少量园林遗存,所以可以基本判断为南部宫殿区。

其实，在德寿宫遗址区域自地表而下土层堆积共分 4 层，南宋时期的遗存主要叠压于第 4 层下，大约距离现在地表 2.5～4 米不等处。根据上下叠压关系，也可以将南宋时期遗迹依照早晚关系分为四个时期，分别为南宋早期、德寿宫一期（1162—1166 年宋高宗营建时期）、德寿宫二期（1167—1188 年宋孝宗扩建后苑时期）、德寿宫三期（1189—1206 年重华宫与慈福宫时期）。其中，以营造时间最晚的第三期遗迹保存最好，规模最大。因此考古工作也主要揭露了德寿宫第三期的遗迹。

在这里介绍了考古工作者通过东、南、西三侧边界，基本明确的德寿宫基址范围平面图。根据测量，其东西宽约 180 米，南北长约 530 米，面积大约为 11 万平方米。同时，考古工作者通过水池驳岸的发现，基本明确德寿宫南宫、北苑之间的边界，这里也有相关的示意图。在 2017—2020 年第四次对德寿宫进行考古发掘时，发现了中区大殿遗址。根据推测为重华宫正殿。这里则详细介绍了对重华宫正殿建筑尺寸、建筑形象等形象化研究的内容和结论。

3. 西区（慈福宫及相关苑囿遗址区）

（1）慈福宫正殿

走出重华宫一楼展厅的侧门，就来到了另一重院落——慈福宫正殿。经过考古发掘及研究，明确了德寿宫第三期遗迹基本呈中、西两路分布。不过两部分建筑遗迹间隔明显，不存在明显对应的柱网结构，由此专家学者推测其分属于两组大型院落：中轴线上为重华宫，而西部为慈福宫。这里是德寿宫的“第二任主人”吴太后居住生活的地方。吴太后是宋高宗的皇后，孝宗即位后，她与高宗一起迁居德寿宫。高宗去世后，吴太后不忍离开高宗居住的地方。为了让其安享晚年，宋孝宗便对德寿宫做了部分改建，建造了这座慈福宫。

吴太后一生，经历高宗、孝宗、光宗、宁宗四朝，在后位（含太后、太皇太后）长达五十五年，是历史上在后位最长的皇后之一。德寿宫“第三任主人”宋孝宗驾崩后不久，吴太后被尊为太皇太后，重新迁回了重华宫，并将其改名为“慈福宫”。而这座“老慈福宫”则改称为“寿慈宫”，给宋孝宗的皇后谢氏居住。所以谢太后也可以说是德寿宫的“第四任主人”。吴太皇太后与谢太后一住慈福宫、一住寿慈宫，在这座“北内”共同生活了多年。直到吴太皇太后去世，谢太后也离开这里，搬进了新“慈福宫”，又把名字改成了她的“寿慈宫”。

今天，博物馆西区部分主要由慈福宫正殿、慈福宫和相关苑囿遗址区构成。正对慈福宫正殿的照壁之上，还能看到一幅大型铜雕壁画《千里江山图》。这幅画长 14.4 米、高 1.2 米，由中国工艺美术大师、国家级非物质文化遗产铜雕技艺代表性传承人朱炳仁耗时四个月创作。

(2)南宋临安城专题展区

在慈福宫正殿，布置的是南宋临安城专题展区，展览名称为“都城纪胜”，主要内容为对南宋临安城考古发掘成果，以及临安城的城市格局解读。对杭州而言，南宋时期的临安城阶段，是它有史以来第一次、也是唯一一次成为一个王朝的首都。故而需要按照“帝都”规格，建立宫廷区和中央行政区，增加庙社、郊坛、城防等新的功能分区。同时，城市用“厢坊制”取代了唐代以来的“坊市制”，将城内划分为八厢八十四坊，城外为四厢五坊，打通了居民区与工商业区的界限，推动城市逐步向更开放的“街巷制”转变。

作为著名的江南水乡，南宋临安城的街巷呈现出水陆并行的格局。这里展示了当时城内“丰”字形的道路网络，以及由盐桥运河（今中河）、市河（今光复路）、清湖河（今浣纱路、劳动路）为主体的水上交通网络。当然，“罗马不是一天建成的”，杭州城市的建设也是循序渐进的。这里展示了杭州城市城郭变迁图和城门分布图。下方巨大的沙盘更将临安城的模型安放在今天的杭州的航拍图之上，可以清晰看出杭州城市古今变迁的过程。其中通过宽阔的御街，能够将“南内”南宋皇城与“北内”德寿宫连接起来。通过辅助的多媒体设备，还能动态展示临安城的厢坊布局和城市功能区块。

(3)慈福宫及相关苑囿遗址区本体展示区

慈福宫及相关苑囿遗址位于博物馆的西区，这里场地较为开阔，发掘面积近 6 000 平方米，揭露建筑遗迹较多，展示区展示面积约 4 180 平方米，其中遗址本体区域 3 600 多平方米，自南向北主要依次为：慈福宫寝殿（工字殿）—方池—凉棚—四角亭—五开间建筑。

首先看到的就是慈福宫寝殿遗址。据考证，慈福宫的建筑格局是前后殿相连的“工字殿”，因为两座大殿前后分布，中间设一条中廊，故而得名。前殿为重要礼仪空间，后殿为起居的寝殿。如今复原了前殿的建筑，而这里则是寝殿的遗址。吴太后也正是在这里度过了自己的80岁寿诞。

在慈福宫寝殿遗址之后，有一座方池遗址。方池和假山的结合，是南宋园林中常见的造园手法。方池之北，发现了一片和慈福宫寝殿遗址相仿的柱网布局，通过分析可能为厅堂建筑，因此被命名为凉棚遗址。在方池西侧，还有一段长约30米、宽约2米、深不足1米的明渠遗址，将宫外中河与方池沟通起来，在当时能够形成蜿蜒绵长的溪涧景观。为了调节方池的水位，这里还设置了一座半弧形的砖砌水闸。当然，这样也能形成类似“冷泉放闸”的飞瀑景观。

在方池、凉棚遗址之后，还有道路、水井、花坛、围墙、水渠等建筑设施的遗址。其中保存比较完整的是一处面阔5间的宫殿建筑，它属于官厅直舍的外宫区域，也就是古代官员在禁中当值办事之处。同时通过考古发掘，发现它叠压了宋高宗时期排水沟和围墙的遗迹，说明这个时期此地有过较大规模的改建。比较特别的是位于遗址区北侧的一处厕所遗址，现存缸体一口。根据地层关系分析，其建造年代为南宋早期，早于德寿宫，有可能是秦桧宅第时期的厕所。在东侧方亭遗址之上，还复原了一个凉亭屋顶，让整个遗址鲜活了起来。

博物馆在这处遗址本体展示区中，同样采用数字科技辅助展览，配套了小西湖动态长卷、水渠方池投影、园林理水、匠作天成等多处数字化展项。将“宋韵文化”再现，“见物、见人、见生活”，带给访客一场别开生面的穿越之旅。在周边廊道的展览区域，除了详细介绍了慈福宫及相关苑囿遗址区17个遗址点及相关出土文物外，还通过丰富的图片文字资料，介绍了宋辽金元都城遗址、南宋考古大事记，以及杭州、浙江、全国的南宋遗存、国保单位等内容。

4. 北区(景观园林区)

(1)景观园林区

走出慈寿宫遗址展示区，就回到了重华宫正殿的背后。这里有一座清新淡雅的园林。根据文献记载，宋孝宗乾道三年(1167年)，孝宗为高宗在德寿宫后苑中兴建花园，此后德寿宫的建筑格局基本定型为“南宫北苑”。德寿宫北苑构造精美，营建巧妙，据《武林旧事》记载，这里凿有大龙池，“引水注之，名曰小西湖；人工垒石为万岁山，以象飞来峰”，形成了可以媲美西湖的景观。这里的园林更按四季景观设计，以便四时游览。同时，这里还建有冷泉堂、聚远楼等景观建筑，体现了“巧于因借、精在体宜”的造园特点。

不过因为条件限制，目前尚未对德寿宫北苑进行全面的考古发掘。所以这座景观园林区是利用南部宫殿区的遗址空间营构的一座仿宋园林，坐落在如今的红尘市井之中。园中的主要建筑为聚远楼和旁边的八角亭。聚远楼相传为德寿宫北苑里最宏伟的建筑，根据《咸淳临安志》记载，当时宋高宗不仅亲笔题写了楼额，还在屏风上写下苏轼“赖有高楼能聚远，一时收拾付(与)闲人”的诗句。登临其上，更能将远近景观一览无余，如今在这里成立了“宋韵特藏文献研究中心”，收藏了许多珍贵的宋韵文献，供在馆阅读和专业研究使用。

在景观园林区的北部，有一处水池条石驳岸遗址，是在2017年第四次考古发掘时发现的。这段水池驳岸做工考究、用料扎实，两端向北转折且持续延伸。其做法与北宋汴京城西北的御苑金明池(又称西池、西湖)相近。因此专家分析，其可能为北苑主要水景大龙池(小西湖)的西南隅，或是与之相连的水池驳岸，或许就是北部园林区和南部宫殿区的交界之处。当然，对德寿宫以及南宋临安城的研究探索工作才刚刚起步，还有更多的传奇与秘密有待揭开。

(2)德寿宫墙

走出德寿宫，一道红墙横亘眼前，这就是博物馆最著名的拍摄取景点——德寿宫墙。在中国古代，建筑色彩有着严格的等级要求。这一抹鲜艳的岱赭红色，为水墨江南的杭州城增添了别样的“古都”气息。

虽然皇家宫苑有红色的宫墙并不稀奇，不过德寿宫红墙的复原也并非只凭猜测，还是要靠历史说话。在北宋李诫编修的《营造法式》中，就提到粉刷墙壁时的“红灰做法”。根据文献记载，宋高宗移居新宫前提出维修房子要用红土刷墙。对德寿宫考古发掘也发现水渠底部以坚硬平整的灰红色夯土夯筑。再结合南宋文史研究专家傅伯星发现“南宋首创大红宫墙”的结论，这一段红墙就出现在德寿宫之侧。不过这段墙虽然颜色高贵，却见不到皇家“标配”的琉璃瓦。那是因为到目前为止，在德寿宫的考古现场没能出土一片琉璃瓦，出土的都是灰瓦。因此，这段“灰瓦红墙”便成了今天德寿宫独特的“文化符号”。

南宋德寿宫遗址公园正门 （徐坤龙摄）

附：南宋考古大事记[①]

时间	城市	考古大事	年代
1956 年	杭州	乌龟山窑址(郊坛下官窑)	南宋
1956 年	台州	黄岩沙埠窑遗址	宋
1981 年	金华	铁店窑遗址	宋元
1983 年	杭州	皇城遗址	南宋
1988 年	杭州	卷烟厂御街遗址	南宋

① 资料来源：南宋德寿宫遗址博物馆。

续表

时间	城市	考古大事	年代
1989 年	金华	武义吕祖谦及家族墓	宋
1995 年	杭州	三省六部遗址	南宋
1995 年	宁波	明州市舶司遗址	宋元
1995 年	杭州	太庙遗址	南宋
1996 年	杭州	惠民路制药遗址	南宋
1996 年	杭州	老虎洞窑址(修内司官窑)	南宋
2000 年	杭州	临安府治遗址	南宋
2001 年	杭州	恭圣仁烈皇后宅遗址	南宋
2003 年	宁波	和义路沉船	南宋
2003 年	杭州	府学遗址	南宋
2005 年	湖州	风车口南宋墓地	南宋
2006 年	丽水	大窑龙泉窑遗址	宋
2006 年	杭州	南宋京城墙遗址	南宋
2008 年	杭州	富阳泗洲造纸遗址	宋
2012 年	丽水	庆元潘里垄瓷窑址	南宋
2012 年	宁波	余姚史嵩之及夫人赵氏墓	南宋
2012 年	绍兴	宋六陵陵园遗址	南宋
2013 年	杭州	临安天目窑遗址群	宋元
2013 年	宁波	东钱湖墓葬群	宋元明
2015 年	嘉兴	子城遗址	宋一明清
2015 年	湖州	凡石桥遗址	宋元
2016 年	绍兴	柯桥兰若寺墓	南宋
2016 年	台州	黄岩赵伯澐墓	南宋
2018 年	杭州	余杭瓶窑窑址	南宋
2018 年	宁波	巍星路窖藏	南宋

平常风雅——宋式生活

来到一座城市，许多人关注的是它的风景。那些自然界的造化传奇，岁月时光的温情雕刻，能为人们塑造出一张张惊世夺目的城市容颜。然而如若选择了造访杭州，更多人都会关心这里的生活。城市妙处在生活，生活妙处在平常。千年的人文积淀，勾勒出了这座城市的生活品位，时代的建设风潮，描绘出了这座城市的生活性格。人们在这里出生，在这里成长，用街头巷尾的烟火气息，创造城市独有的平凡传奇，用回望千年的宋韵风雅，演绎杭州独有的文化价值。

1. 宋式生活的渊源

(1)宋式生活大背景

南宋的首都是杭州，这点谁都知道。可是又有多少人清楚，南宋为何要定都杭州呢？从地域上来看，这座城市没有天然的地理屏障，也没有广阔的战略纵深，更没有发达的道路交通，并不是一个特别适合定都的地方。所以对于南宋开国皇帝宋高宗赵构而言，杭州并不是首都的唯一选择。在选址定都时，至少还有一个选项是建康，也就是今天的南京。

在担任首都这件事情上，“六朝古都”南京可谓资历丰富，而杭州的“履历表”上只是一片空白。那么最后杭州是如何把南京给比下去的？因为除了同样可以仰仗长江天堑的保护之外，杭州坐落于更为富庶的江南地区。同时，作为大运河的终点，这里有不可取代的漕运优势，于是这个王朝的首都最终花落杭州。

担任南宋王朝的首都之后，杭州很快就成为当时全国政治、经济和文化的中心，也直接导致这座城市的人口在短时间内发生了爆炸式的增长。无论是逃难而来的达官贵人，还是经营贸易的各地商人，无不云集于此，使得杭州迅速成为13世纪世界上人口密度最高的城市。当时西方最发达的城市威尼斯人口不过十余万，而南宋末年的杭州人口却已高达百万。因此和杭州相比，威尼斯最多只能算是一个小城镇了。也许有人会疑惑，这个数字是怎么算出来的？根据史料记载，南宋时期，每家每户都有义务在门口贴上一张户口清单，详细记录家庭成员的姓名、年龄等信息。马可·波罗在他的游记中也提到了这一特点，国家和城市的管理者因此能够确切掌握城市的人口数据。

这个时候，如果能再关注一下杭州的城市规划，就会发现另外一个非常有趣的现象：杭州的城市人口急剧增加，但是居住区域好像没有向城外扩展多少。那么问题就来了，城市多了这么多人，都住到哪里去了呢？事实上大量人口涌入，必然造成杭州的房屋紧张。早在南宋时期，住房问题就已经是杭州的一个焦点问题了。当时很多官员都要仰仗皇帝的恩赐，才能在杭州有落脚之地。而平民区的房子正立面均极窄小，进深很大，多层楼宇比比皆是，沿街楼宇则大多是店铺和手工作坊。所以人们常常戏说，假如武大郎生活在杭州，那他必然是个成功人士，因为他有一间临街的房子。为了解决房屋紧张问题，南宋更推出了完整的"廉租房"制度，向官员或平民出租公房，遇到灾情还会酌情减免房租。那些无家可归的人可以暂时住在空闲的馆舍，寺庙道观也可向灾民开放住宿，总的来说，当时杭州的住宿生活是非常人性化的。

对人们而言，生活在城市中，仅有一个安身之处是不够的，还需要解决吃饭问题。因为生活在城市的居民基本不事农业生产，每天上百万张嘴要吃饭，他们的粮食从哪里来呢？这时候，杭州城中发达的水利系统就发挥作用了。杭州左依钱塘江，右靠西湖，自古以来水网密布，运输发达。人们以河代路，以舟代车，生活物资的运输便捷而又高效。隋代以来，大运河的建设更使杭州的物流能力获得极大提高。加之杭州坐落在江南水乡的腹地，这里是中国最重要的鱼米之乡，农业发达，经济富裕，于是城市很自然地成为粮食和物资的集散中心。

充足的食物供应，为杭州的居民带来了温饱的生活，而发达的商业网络，更让杭州成为一座富裕的城市。其实追根溯源，"城""市"这两个字含义是各不相同的。城是人们生活的场所，在这其中，人们居住的地方称为"坊"，商品交易的地方称为"市"。但是在宋代以前，城、市、坊都是相对封闭的区域，城中有宵禁的规定，夜间禁止闲杂人等行走，而许多市与坊都被围在高墙之内，开市、闭市都有时间限制。然而到了南宋，越来越多的市坊打开了间隔，楼上住人、楼下开店的沿街店铺也多了很多，甚至形成不少店铺云集的商业街。最重要的是，交易时间也不受制约，很多地方都可以通宵达旦做生意。在南宋的杭州城里，不仅可以买到全国各地的货物，甚至还能见到不少来自海外的商品。而丰富的商品经济也促进了杭州人对生活品质的追求，尤其是他们在衣食住行以及文化生活上，创造了更为丰富的情趣，更有不少方面深深影响到今天，成为独具魅力的宋韵文化。

（2）解读宋韵多维度

人们在解读历史的时候，不免会有一种感慨：宋代并不完美。然而在宋代的文化“大树”上，能够一直传承至今的那些内容，无疑都是最娇艳的花朵。通常来说，美好需要立足于审美主体的人格、修养、思想、品位、格调等特质，但是在这里我们尝试通过更多的维度和视角，来解构宋韵文化的具体内涵，寻觅宋韵文化的特色亮点。

说到宋韵文化，第一是辞章之美，文字之韵。宋词是中国文学史上能与唐诗齐名的又一高峰，是宋代文人的伟大创举。宋诗在继承唐诗精华的同时，以丰富的哲理性开创了别具一格的诗风。宋代的散文亦是名家辈出，成就卓著，广受后人追慕的“唐宋八大家”，宋代就占了六席。由宋太祖赵匡胤定下的政治制度，更是给文人以史无前例的宽松文化环境，让宋代文人的名字在世界文学的天空中如繁星般灿烂。而由北宋至南宋的递变，扭转了宋代的文学方向，拓展了宋代的文学视野，为人们留下了更多别开生面的文学作品，也奠定了“宋韵”整体的气质格调和审美境界。

第二是书法之美，笔墨之韵。唐人书法中大气严整的“尚法”之美，正如唐诗一样是一块难以逾越的丰碑，但并不意味着宋人就此甘拜下风。宋朝“文治”国策下的每个读书人都有辉煌的人生梦想，也激发了他们在书法领域的积极探索，宋人提出了“法本无法”“持法外之意”等新见解。无论是“尚意”书法的别开境界，还是“汲古出新”的另辟蹊径，抑或传承魏晋风度的《淳化阁帖》所生成的“帖学”，以及“金石学”和“兰亭学”的发轫，莫不名著当世、影响深远。

可以说，宋人的尺牍书风并未被一方书斋所困，而是开创了迥异于唐人书法的艺术新境界。“苏黄米蔡”四大书家的作品，气势充沛，笔传千年。而宋高宗“初作黄字，天下翕然学黄字；后作米字，天下翕然学米字，最后作孙过庭字，故孝宗、太上皆作孙字”更成为南宋书坛的一段佳话。

第三是绘画之美，丹青之韵。宋代绘画同样在隋唐五代的基础上继续得到发展。民间绘画、宫廷绘画、士大夫绘画各自形成体系，彼此间又互相影响、吸收、渗透，构成宋画丰富多彩的面貌。相比书法，宋人于绘画有更多独到专长。

宫廷画院的创立，文人绘画的勃兴，都让曾经属于“小道”的绘画登上大雅之堂。水墨与设色各擅其长，工笔与写意比翼齐飞，这都是那时画坛百花齐放的缩影。

宋代理学“格物致知”的精神，又影响了那时文人、画师的观察与思考，天地之间何物不能入画？何物不能至美？立意高远、用笔精纯、境界深妙、精益求精的艺术探索和实践，促使中国绘画史上的鼎盛时期的到来，并使宋画艺术这座高峰至今让人景仰。

第四是戏曲之美，粉墨之韵。王国维说，戏曲就是以歌舞演故事。宋代戏曲涵盖宋杂剧、南戏、傀儡戏、皮影戏、歌舞百戏等戏曲形式。两宋时期南北之间剧烈的社会变迁、人口流动和文化交融，为古老的戏曲艺术发展带来了新的机遇。从宫廷教坊到勾栏瓦舍，歌舞百戏无所不在，无时不有。演不完的悲欢离合，唱不尽的善恶忠奸，世俗化的大舞台承载了民众百姓的集体梦想。宋杂剧的“故事”和“唱念”，确立了中国戏曲的两大基本要素。南宋开始，“百戏之祖”南戏大放异彩，它与宋杂剧并行齐飞，各擅风流，最终形成了一门独立的戏曲艺术。

第五是建筑之美，营造之韵。它涵盖城市建筑、宫廷建筑、园林建筑等建筑形式。宋代在城市中创立了“坊巷制”，彻底突破了“里坊制”下坊墙的束缚，在南宋时的临安城里，商业、学校、娱乐等建筑与民居混合共处，这种新型的市井建筑群构建了新型的社会关系，城市发展也因此而迈上了新的台阶。

宋代著名建筑学家李诫撰写的《营造法式》如同一座高峰，为建筑工程系统管理制度建树了崭新的典范，它讲到的木梁力学技术，先于西方五六百年；它记载的结构合理、造型柔美的建筑形态和风格，成为此后古典建筑的榜样。宫廷建筑的“御街—千步廊”制度，成为后世同类建筑的标配。写意化的造园艺术把诗意栖居的理想照进现实，至今都是东方生活美学的经典。

第六是风物之美，器物之韵。宋代农业经济的稳定发展，商贸业空前繁荣，手工业高度发达，成就了诸多风物名产的品质和韵味。宋锦之美甲天下，两浙地区的丝绸产量和花色品种，又傲居全国榜首，缂丝创意则赋予丝绸文化极致的艺术美。宋代年产茶叶超越唐代的 6 000 万斤，达到 1.5 亿斤，茶为国饮，成为开门七件事之一，茶马交易与南茶北输，又使更广大地区的饮茶之风延绵不绝。饮酒消费进入了品质时代，品牌名酒、上等佳酿新品迭出，纷争于世，《北山酒经》的问世更带来了酒品的大幅提升。印刷术在浙、蜀、闽形成三大出版中心，宝贵的知识迅速转变成广大民众的精神财富，宋版书由此成为中国文化的一块丰碑。

两宋时期的汝、官、哥、钧、定五大名窑，共同开创了影响千年的陶瓷“黄金时代”。长期以来处庙堂之高的美玉之器，进入了文人化、世俗化和生活化的新领域，玉器的装饰美成为新的社会风尚。“旧时王谢堂前燕”的金银器也“飞入寻常百姓家”，实现了华丽转身，其方寸之间蕴含的工艺匠心和艺术造诣，引领了陶瓷器和漆木器制作的审美意趣。“潇湘八景”“西湖十景”完成了自然山水向精神家园的优美一转，景名的“点睛之笔”可以融入书、画、诗、词，可以融合歌、咏、乐、舞，促使各门类艺术在锦绣河山之间相互启示和打通，树立了中国一种独特的文化艺术典范。

第七是风俗之美，烟火之韵。它涵盖社会生活中的饮食、服饰、节庆、花饰、香道等日常风俗。宋人三餐饮食满满的是文化品位，从北馔、南食和川饭的开宗立派，到名目繁多的点心、饮料、果品、小食，饮食在宋代从果腹之需升华为美食文化；唐人一个简单的“品茗”，被宋人演化出“斗茶”“分茶”“点茶”等“茶百戏”，唐人行酒令到宋代已然演变成“小词”“散曲”。

宋代典型的都市街景是“蛾儿雪柳黄金缕，笑语盈盈暗香去”，而受程朱理学影响的宋服一改唐装的宽袍大袖、华丽显露，变为合身淡雅、清丽文秀，在开创审美新时尚的同时，尽显一代衣冠的风雅。正月十五闹元宵，清明踏青祭祖先，端午粽子赛龙舟，中秋赏月观钱潮，宋人的岁时节庆带来了千年不衰的习俗风尚。宋人又将雅致精致变成日常生活的常态，把烧香、点茶、挂画、插花这四件“雅事”，做成了四样“闲事”。

第八是风范之美，神气之韵。它涵盖家国情怀、道德操守、哲学理念、科学思想、爱国精神等内容。两宋文明达到了中国历史上空前的文明高度。文明的正面，有正气与风范；文明的背后，是胸怀和情怀。“以天下为己任”生发的经世致用和责任担当，“先天下之忧而忧，后天下之乐而乐”的思想境界，成为士大夫家国治理的情怀。

在宋代，理学、史学和文学等方面的思想理论促使了教育的全面兴盛，并影响了此后中国的主流教育。农学、医学、算学、天文学等领域则产生了可贵的科学思想,《梦溪笔谈》阐述分析了大量自然科学现象和工艺技术问题,涉及天文、数学、物理、化学、生物等学科,被誉为“中国科学史上的里程碑”。在外侮日深中迸发的那声“尽忠报国”的呐喊,让爱国主义和英雄主义从此成为中华民族的精神脊梁。《正气歌》的经久不衰更使一代文化尤为光彩夺目,余韵无穷。

总之,“宋韵文化”是两宋文化的精华之所在,是在物质和非物质遗产中表现出来的进步思想、高尚情操、哲学理念、美学观念、文学造诣、艺术格调、匠心精神和生活风尚等文化价值,具有积极进取、和谐包容、精致典雅、诗情画意的人文特色,代表了当时物质文明和精神文明的高度,也是今天人们探索文化和体验风雅的重要文旅资源。

2. 宋式生活的演绎

(1)宋韵之饮食美味

作为日常生活中最主要的一部分,饮食塑造着每个人的生命质地。当历史发展到宋代时,人们的生活方式和今天已经比较接近,而日常饮食更是和当代所差无几。古人都有早起的习惯,宋代早市的时间大约也在五更天,各类早点铺热闹营业,都是异常丰盛。今天早餐中最常见的油条,相传就是源自南宋时期临安城中的“油炸桧”。用过早餐后,宋人爱踢足球。他们管这叫“蹴鞠”。文人则爱玩更儒雅的“宋版高尔夫”,也就是“捶丸”。和现在一样,这些运动也是身份的一种象征。转眼到了晌午,吃中饭成了头等大事。南宋的杭州,酒肆超过百家,菜品繁多,在杭州城南的浑水闸一带,相传就有过许多甲鱼食肆。

在宋代,铁锅的出现给厨师们提供了更丰富的创作空间,也催生了煎、炒、烹、炸等多种新型烹饪方式。这不仅大大拓展了宋代饮食的范围,同时也逐步促成了各地菜系的形成。南宋的临安城规模宏大,不仅是当时世界上人口最多的城市,也是人口流动最密集的地方。四方辐辏为这座城市带来了更为丰富的饮食需要和更为融合的饮食口味。在宋代,因为宵禁的解除,人们有了更丰富的夜生活,也有了夜间增加饮食的习惯。根据记载,在南宋临安城的夜市中,可以买到多种低度数的米酒、果酒甚至是冰镇饮料,由此可见宋人夜生活的丰富多彩。

宋代饮食的丰富,不仅是食物的种类和烹调方式的繁多,更在于饮食的形式多样。无论是庙堂之上的贵族风范,还是江湖之远的平民餐饮,都有着独特而非凡的韵味。在宋代社会上，虽然已经没有贵族的概念，但是在正式场合的宴席中，还保留着传统贵族的“分餐制”习俗。这种习俗讲究饮酒和进食的礼节与顺序，一巡酒，一巡菜，有着强烈的仪式感和浓郁的贵族气息。在宴席中，每人各自只吃自己的食物，和今天欧洲、日本的一些“分餐制”习俗也很相像。

对平民百姓而言，更习惯的是“合餐制”的饮食，这种风气也是宋代开始兴盛的。这种饮食形式的好处是保证菜肴的完整性，一条鱼、一盘鸡，在烹调时可以不必切碎，大大丰富了食物的色、香、味、形。而食客们围桌吃饭，既增加了饮食的热闹气氛，同时也增加了饮食过程的自由度。

俗话说“一方水土养一方人”，南北的饮食受地域条件的限制，本身就有较大差别，但是由北宋向南宋的变迁，不仅是政治中心的转移，更是文化生活的递进。大量北方人南下，能够将北方的饮食习俗带到江南，却无法带去北方地道的食材，只能采用“南料北烹”的方式，却因此大大丰富了南方的餐饮形式。北宋沈括在《梦溪笔谈》中记载，“大抵南人嗜咸，北人嗜甘”。而随着北方人来到江南后，南方的饮食口味有 180 度的转变，甚至一直影响到今天。由鲤鱼烹制的“黄河糖醋鱼”变成了由草鱼烹制的“西湖醋鱼”，就是典型的例子。同时，糖在宋时属于“奢侈品”，吃糖可以说是一种炫耀行为，宋代以后，江南成为全国菜肴最甜的地方，其富庶程度可见一斑。

在宋代饮食中，有大量菜品能够一直流传到今天，成为当代的经典。当然，也有不少菜品因为历史变迁而失传。尤其是一些北宋经典菜肴，因为在南方缺乏相应食材而逐渐消失在历史中。比如说苏东坡最喜欢吃的“杏酪同州羔”。据他自己所说，是“蒸烂同州羊，灌以杏酪，食之以匕，不以箸，亦大快事”。可惜现在没看到过了。然后还有用葫芦叶、羊肉和香料炖出来的“瓠羹”。因为葫芦在古代就是瓠子，这个今天也见不着了。

根据史书记载，北宋的羊肉烹饪方法是胜于少数民族的。当时宋朝使者出使北方，心想着来到草原，可以饱餐一顿羊肉，结果却是大失所望。因为虽然草原盛产羊肉，但是当时游牧民族的烹饪手法过于简单，无论水煮还是烧烤，都不能令宋人满意。而宋人的羊肉烹饪究竟有多好吃，现在只能在书上的文字中憧憬了。

宋人的文字写得很有意境，对美食的描绘也令人陶醉。于是到了今天，许多爱好宋韵文化的人都会想尽办法把失传的宋代菜品恢复出来。例如我们在南宋林洪的《山家清供》和吴自牧的《梦粱录》中都读到了一味“蟹酿橙”的佳肴，起先很难想象 800 多年前就有这样以水果入馔的蟹菜了，但成功复制之后，人们发现果然是美味之至，名不虚传。

同时，在海外也发现了许多宋代的失传美食。例如北宋有个皇家园林叫作“金明池”，会定期向民众开放。汴京的民众从这里钓上鱼来，就在水边把鱼去鳞、剖腹，然后片好蘸料吃。这个叫做“陵水斫脍”，是当时汴京很出名的景象。但随着金元入主中原以后，因为游牧民族不吃生鱼，这种饮食习惯慢慢就被中原人忘记了，但在日本却成了料理中的主流。

《礼记》上说“饮食男女，人之大欲存焉”，一座城市的文明程度，首先看的就是民众的饮食，看是追求吃饱还是吃好。南北饮食的融合，不仅造就了南宋丰富多样的饮食文化，更推动了此后杭州本地饮食——杭帮菜的诞生。

今天来到杭州，杭帮菜是食客们不能拒绝的美味。西湖醋鱼、东坡肉、龙井虾仁、叫化童子鸡、干炸响铃、蜜汁火方、杭州酱鸭、番茄虾仁锅巴、油焖春笋、火腿蚕豆、火踵神仙鸭、西湖莼菜汤、清汤鱼圆、生爆鳝片、栗子炒仔鸡、排南、荷叶粉蒸肉、鱼头豆腐、红烧卷鸡、一品南乳肉、南肉春笋、清蒸鲥鱼、八宝童鸡、糟鸡、杭州卤鸭、百鸟朝凤、蛤蜊汆鲫鱼、春笋步鱼、油爆虾、鱼头浓汤、咸件儿、火蒙鞭笋、虾子冬笋、糟烩鞭笋、栗子冬菇、糟青鱼干 36 道杭州传统名菜；虾仁小笼、幸福双、百果油包、松丝汤包、油汆馒头、鲜肉蒸馄饨、虾爆鳝面、片儿川面、冬菇炒面、猫耳朵、吴山酥油饼、荷叶八宝饭、巧西施舌、酒酿三元等杭州名点；笋干老鸭煲、蟹酿橙、芙蓉水晶虾、八宝鸭、莲藕炝腰花、钱江肉丝、金牌扣肉、脆皮鱼、珍宝蟹、砂锅鱼头王、双味鸡、稻草鸭、蛋黄青蟹等新派杭州名菜，无不令人食指大动。

品尝杭帮美食，流淌在餐桌上的除了美味，更有独特的文化意境，每道菜背后都有一个传奇故事，每道菜入口都能品出时代的风味，正是这样的宋韵今味，才是杭州美食文化的生动演绎，才是杭州生活的最佳写照。

(2)宋韵之绝世瓷器

在英文中，中国国名 China 拼写的方式和“瓷器”是相同的，数千年来，中国人的制瓷技艺更是冠绝全球。然而在中国漫长的瓷器发展史中，宋代是绝对的巅峰时期。繁荣的宋代经济，造就了陶瓷产业百家争鸣的盛世景象。各地瓷窑群星璀璨、各显风骚，打破了唐代“南青北白”的单一格局，形成了定窑、钧窑、龙泉窑、磁州窑、耀州窑、建窑、越窑和景德镇窑“八大窑系”，更有“汝、官、哥、钧、定”五大名窑，芳名千载，长传百世。收藏界有一句名言，“家财万贯，不及宋瓷一件”，足以见得宋代瓷器的历史价值和文化品格之高。海上丝绸之路在宋代的勃兴，大大推动了瓷器长距离、大规模的运输，也让这种来自中国的艺术成为影响世界的传奇。

集万千宠爱于一身的汝窑，拥有了宋代瓷器中最辉煌的形象。“汝窑为魁”是对它地位最直接的肯定，“雨过天青”是对它釉色最传神的描绘，数十年的烧制历史，在漫长的岁月长河中不值一瞬，不足百件的存世器物，更为它笼罩上一层神秘的面纱。相传汝窑采用玛瑙入釉、还原窑变的独特技艺，才烧制出让人心醉的天青和天蓝色。其器物大多造型精致而简洁，胎质细密，呈香灰色，釉面光洁温润，匀净淡雅，不带装饰，但往往又有深浅不一的开片，如鱼鳞，如蟹爪，具有一种自然之美。这种单纯以釉色见长的雅器，正是北宋文人士大夫的心中所爱。千百年来，人们赋予了汝窑器物最崇高的评价，也反映了对宋韵“清雅”艺术的由衷赞赏。

俗话说，“物以稀为贵”。传奇的汝窑如流星般划过历史的天空，引来后世无数的仰慕与追逐。如今，台北故宫博物院以 23 件汝窑器物的收藏高居全球之冠，北京故宫博物院收藏 17 件屈居第二。2017 年香港苏富比拍卖会上，一件北宋“汝窑天青洗”从 8 000 万港币起拍，34 次叫价后，以 2.94 亿港币成交，足见它的文化影响力。事实上到南宋时，汝窑器物就已十分稀有，因此此后不少名窑都尝试对它仿制，然而或许是宫廷用瓷的烧制不计成本，或许是工艺流程和配方非常严谨，使得这些仿制纷纷以失败告终。仿制不成，汝窑越发声名洋溢，而各地窑品也越发特色各异了。

在宋代瓷器中，能与汝窑瓷器并列称雄的，当属官窑了。顾名思义，官窑就是由官方营建的瓷窑，按照这种分类模式，天下瓷窑除官窑之外皆是民窑。其实，最早瓷窑本无官、民之分，哪个瓷窑的烧制技艺高，它的一部分产品就成为

“贡瓷”，专供朝廷和官府使用。而后为了方便“定向采购”，“贡瓷”模式演变为由宫廷提供样式，由地方负责监督，瓷窑严格按照“官样”烧制的“制样须索”模式。到宋徽宗时期，宫廷用瓷终于进入“官窑”模式，即由官方直接设立瓷窑，直接控制和管理瓷器的生产，产品由官方处理，一般不外流民间。不过，由于历史漫长，巨变沧桑，北宋官窑的窑址到目前为止依然没有发现，然而在今天的杭州城中，修内司和郊坛下两处官窑遗址已被考古发掘所证明。

说到皇家和官府用瓷，可能有人直接就将其与富丽堂皇、荣华富贵联系在一起。然而宋代官窑瓷器主要为素面，既无华美的雕饰，又无艳彩涂绘，最多使用凹凸直棱和弦纹为饰。这点大出许多人的意料，却是宋韵“平常之处见风雅”的典型体现。其胎色铁黑、釉色粉青，通过“紫口铁足”等特色形象，增添器物的古朴典雅之美，“紫口铁足”是指青瓷胎料中含铁量高达 3.5%～5%，致使制品的口缘釉薄处露灰或灰紫色、而底端刮釉露胎处呈黑褐或深灰色。官窑的器形除常见的盘、碟、洗等之外，仿商、周、秦、汉古铜器中的各式瓶、炉样式也很多。如今，杭州在对南宋郊坛下官窑遗址保护的同时，还在其上建起了南宋官窑博物馆，成为人们认识和了解南宋官窑最重要的一个窗口。

此外，在宋代“八大名窑”中，龙泉窑、建窑、越窑、景德镇窑都与杭州有较深的渊源。越窑和龙泉窑都是以烧制青瓷著称的浙江名窑。其中越窑是浙江历史最悠久的窑址之一，更以烧制“晶莹如玉，明澈如冰”的“秘色瓷”而著称。龙泉窑有长达 1 700 多年的烧造历史，是中国烧制时间最长的瓷窑，有“千年窑火”的美誉。在南宋时期，龙泉窑创制出“梅子青”和“粉青”两种釉色，将青瓷釉色之美推上了巅峰。杭州国家版本馆 250 余扇大门上就贴有 7 万多片“梅子青”色的龙泉青瓷片，面积可达 1.5 万平方米，营造了“山水青绿”的别样意境。

宋人讲究色素的质感单纯，表现出追求简约的美学，所以烧造出来的产品，总能呈现出一种优雅秀丽的感觉。建窑以黑釉瓷器为主，是宋代最佳的“斗茶”器具。在宋代由杭州天目山流入海外的建盏被日本人称为“天目盏”，代表了建窑烧制的最高水平。景德镇的瓷器更是一种工匠精神的体现。景德镇有一句话：景德镇的名声是摔出来的。什么是摔？就是只要发现不好的产品就要打破。不能让它流入市场。要把最完美的瓷器送出景德镇。正是本着这种精神，景德镇窑超越了宋代的时间界限，在后世发展的道路上越走越宽广。

(3)宋韵之丹青绘画

宋徽宗有诗云："丹青难下笔，造化独留功。"绘画是一种闲情逸致的情绪表达。有人说，宋画之美，美在简单、含蓄、谦卑、轻柔的文艺态度，在困顿中浪漫，在缺憾中赞美，于山川小景、人物花鸟中轻叩生命的价值。在宋朝的 300 多年里，有名记载的画家多达 482 人，他们创作了大量山水、人物、花鸟、风俗等绘画佳作。保存至今的宋画作品至少有上千件，散布在中国和世界上的 200 多个城市中。宋画是中国绘画史上的一个高峰，宋人笔下的丹青绘画具有精致典雅、诗情画意的人文特色，呈现出一种百花齐放的丰富多样，极简而不炫技的绘画风格，更形成了影响至今的雅致风尚。

说到宋代绘画，最重要的特色就是宫廷绘画的兴盛。在五代南唐、西蜀建立画院的基础上，宋代继续设立翰林图画院，以培养宫廷需要的绘画人才，宋徽宗时还曾一度设立画学。宋代多数帝王如仁宗、神宗、徽宗、高宗、光宗、宁宗等人都对绘画有不同程度的兴趣，也都很重视画院建设。特别是宋徽宗赵佶，他不仅本人在绘画上具有较高的修养和技巧，也特别注意网罗知名画家，扩充和完善宫廷画院，并不断搜访名画充实内府收藏，更留下了众多传奇的书画故事。例如有一年宣和殿前花辅里，一只孔雀正展翅飞上藤墩，徽宗以此为题要在座画师作画。不多久画师们都交了卷，最后徽宗说："画是画得漂亮，可惜都画错了。"画师们一听，面面相觑，半天说不出话来。最后徽宗说："孔雀登高，都是先举左脚的，而你们画的都是先举右脚，所以说画错了。"宋朝的画院集中了社会上的优秀画家，体现了当时最高的绘画水平。

北宋开国后，汴京一带成为绘画艺术中心，宫廷画院先后集中了五代十国以来最优秀的画师。院体花鸟以"黄家富贵体"(黄筌)为规范，道释画中以"吴家样"(吴道子)影响最大，山水画则以院外画家成就最高。其中董源、李成、范宽三大画家，开创了唐人所未开拓新画风，大大完善了中国山水画面貌。其实地分南北，山水不同，画家的艺术风格也渐渐分别开来。在南方多见山水平远的风光，通常都被绘成长卷，欣赏时缓缓打开，别有意境，这是南派画家钟爱的风格。而北派画家则爱上了高耸的山峰，连画轴都是立起来的，叫做立轴。也就是说，只要看画轴是竖是横就能大概知道这幅画是属于南派还是北派了。

到了熙宁和元丰时期，出现了以李公麟为代表的鞍马人物画，以郭熙为代表的山水画，以崔白为代表的花鸟画。他们在内容及艺术上都展示出崭新的风貌。李公麟以单纯朴素的白描形式，精确地表现了人物的特征，特别是在刻画士大夫生活形象和情趣上，获得极大成功。崔白和郭熙都是可以不经起稿而放手作画的高手。崔白善于表现败荷凫雁的荒情野趣，突破了宋初画院内黄氏体制的规范，取得了更为自然生动的效果。郭熙善于表现山水林泉的幽情美趣，把山水绘画推向更高水平。而以苏轼、文同为代表的文人士大夫绘画潮流，也于此时形成。他们并不执着于工整，只是随性所致，追求“得意忘形”的境界。

徽宗赵佶、高宗赵构统治时期，则是宋代宫廷画院最为繁荣的时期。徽宗时画院制度已相当完备，社会上民间画家艺术水平的提高，为画院输送了不少优秀画家。善画百马、百雁的马贲，开南宋山水画新风的李唐，善画风俗画的张择端，富有才华的青年山水画家王希孟，善画花鸟翎毛的韩若拙、孟应之、薛志，以画婴儿货郎著称的苏汉臣，为徽宗代笔供御画的刘益、富燮等人，都以画艺精湛、笔墨不凡而著称。宋徽宗的《瑞鹤图》、张择端的《清明上河图》、王希孟的《千里江山图》等都是流传千古的名作。徽宗时内府书画收藏极富，《宣和画谱》反映了当时宫廷收藏的盛况。靖康之变后，汴京被金兵洗劫，大批画家逃到江南，又成为南宋高宗画院中的骨干力量，促进了江南地区绘画的发展。

到了孝宗以后的南宋时期，特别是光宗、宁宗时期，山水画继李唐之后，出现了明显的画风变化，代表画家为刘松年、马远、夏圭等人。他们重视章法的剪裁，画面效果含蓄凝练，简洁而富有诗意，具有优美的意境，而简率而富有表现力的大斧劈皴，则显示了笔墨技巧的提高。尤其是马远和夏圭二人，在绘画构图时喜欢只画出景物的一角半边，因此有“马一角”和“夏半边”的绰号。他们的作品既有“小中见大”的绘画意境，又能体会到“半壁河山”的独特气韵。历史故事画及风俗画在整个南宋时期都比较流行，其中李嵩是典型的代表，他的《宋江三十六人像》《服田图》《四迷图》《观潮图》等作品大多含有深刻的意义。梁楷、牧溪、温日观的水墨、减笔则开了元明写意画之风气。

宋人绘画大处着眼，小处落笔，可谓风格不同，各成千秋。在 2002 年北京嘉德春拍上以 2 530 万元人民币高价成交的宋徽宗画作《写生珍禽图》，其中的花鸟神形兼备，就像照片拍出来一样，几乎可以做到以假乱真的地步。这种细致入微的观察被中国学者称为“格物致知”的精神，而在西方学者眼里则是“魔术般的写实主义”。大名鼎鼎的《清明上河图》5 米多的长卷中，500 多个人物都有非常清晰的角色设定，堪称对北宋汴梁城市生活的宏大叙事。而画卷最后部分留下问路、问医、问命的三问，玄机暗藏，余韵悠长，更让这幅宋代名画气度不凡。南宋时期画师也开始喜欢上了小版式，经常爱用册页和扇子，画面越来越精简，却能利用空白处产生一种独特的氛围暗示。

时至今日，南宋宫廷画院虽然已不复存在，但是美术气息在杭州这座城市中却始终浓郁而芬芳。在杭州国家版本馆的“南园”之中，有两座由废弃矿坑改造的山体，一座神似北宋山水画的巅峰之作——范宽的《溪山行旅图》，另一座宛如南宋山水画的开派之作——李唐的《万壑松风图》，它们两两相对，宋风画韵，意境悠然，令人叹为观止。杭州还有中国最早的国立高等艺术学府——中国美术学院，有浙江最主要的美术殿堂——浙江美术馆，也有包括西湖美术馆、空山美术馆、山下美术馆、仓美术馆、天目里美术馆、钱塘湾艺术馆、民艺博物馆、富春山馆等在内的一大批美术场馆，更有“杭州美术节”等艺术活动，在这里可以聆听到千年宋韵的悠扬，也可以领略时代笔墨的千秋，更能在这些大美丹青的背后，领略这座城市在当代别样的风情。

(4)宋韵之点茶斗茶

宋朝其实是一个比较开明的朝代，经济上发达，人民的生活水平也比较高。唐人一个简单的“品茗”，到宋代已被演化出斗茶、分茶、点茶等“茶百戏”。这其中，点茶成了宋朝流行的“吃茶”方式。市井百姓，宫廷贵族，均以此为乐。和前朝的“煎茶法”不同，北宋点茶，先碾茶成粉末，调制茶膏之后，徐徐注入沸水，并击拂茶汤，制造泛起在茶碗的沫饽。击拂的茶具，先是茶匙，到了北宋中期之后开始用茶筅。竹青的茶粉，用沸水多次冲点，以茶筅快速击打。茶水交融。盏中白色乳沫浮起，别有一种情趣。后来“点茶”茶礼东渡日本，至今遗风不绝。日本茶道有两大流派——“煎茶”和“抹茶”，前者是继承了明代以后中国人饮用散茶的习惯，而后者就是继承了宋人“点茶”的传统。

严格来说，要创造出点茶的最佳效果：一要注意调膏，二要有节奏地注水，三是茶筅击拂得视情而有轻重缓急的运用。蔡襄《茶录》中，特别讲到击拂茶汤的技巧："先注汤，调令极匀，又添注之，环回击拂。"对击拂所用的茶匙，是有特定要求的："茶匙要重，击拂有力。黄金为上，人间以银、铁为之。竹者轻，建茶不取。"宋徽宗也爱茶，更是点茶的高手。他醉心研究点茶手法，并亲自编撰了《大观茶论》，其中写道：点茶需要七汤。七次注水，七次击拂。击拂轻重缓急，均会影响到茶汤的好坏。首次注水，水沿着内壁留下，轻点于茶粉之上。用茶筅轻轻搅动，形成茶膏。然后反复注水击拂。泡沫少则继续击拂，如果泡沫多的话就停止击拂，直到乳沫如雪花般堆积。

宋徽宗在《大观茶论》里提到"击拂无力，茶不发立，水乳未浃，又复增汤，色泽不尽，英华沦散，茶无立作矣"。也就是说，需要击拂得力，出现美丽的乳花与光泽，才能达到点茶的效果，否则就"英华沦散"，以失败告终。宋徽宗讲得非常清楚，宋人点茶是要见到"乳花"的，就像现代人喝卡布奇诺咖啡要拉花一样。宋人饮茶喜欢这种视觉的花样，觉得赏心悦目，可能跟现代人喜欢咖啡拉花的心理相同。不过宋人对于这些泡沫凝聚，是不可能用"拉花"这种直白词汇的，他们用的是"沫饽""英华""乳花""粟花""琼乳""雪花""凝酥"等充满华丽意象的词语。击拂出来的沫饽，还要像白蜡一样可以凝聚，呈现固态，历久不散。如此精心泡制出来的"英华"，不但可以啜饮，也可以咀嚼，这才是击拂的最高境界。

苏东坡在《荔枝叹》中写道："君不见，武夷溪边粟粒茶，前丁后襄相宠加。争新买宠各出意，今年斗品充官茶。"由"点茶"发展起来的"斗茶"活动，是宋代民间最具特色的茶事活动。南宋画家刘松年画过一幅《斗茶图》，可以看出宋人生活之雅，碰到一起的时候，都要品茶和斗茶。这有点像现在的人在宴会上品红酒。互相说说这个酒是哪儿的？口感怎么样呀？宋代还有一位高僧南屏谦师，在当时有"点茶三昧手"之称。他每次点茶就像艺术的表演。点茶时，一转眼之间，茶盏中的茶汤乳雾涌起，汤茶紧贴盏壁，咬盏不散，一盏色泽鲜白的美味茶汤就呈现在眼前了。苏东坡也专门写诗赞美他"忽惊午盏兔毛斑，打作春瓮鹅儿酒。天台乳花世不见，玉川风腋今安有。"

"斗茶"既然是一种比赛，那么该如何评判其优劣呢？宋人蔡襄在《茶录》中写道："视其面色鲜白，著盏无水痕为绝佳。建安斗试，以水痕先者为负，耐久者为胜。"也就是说，"斗茶"时，一是看盏的内沿与汤花相接处有无水痕，也叫"茶脚"，先出现水痕者为负；另一个是看茶面汤花的色泽和均匀程度。用于斗茶的茶碗，首选的是黑釉茶具，因为这样更利于呈现出茶汤表面的鲜白色和水痕。斗茶虽然始创于茶区民间，但由于它的技巧性强，趣味性浓，所以迅速地被文人士大夫所接受并加以发展。他们自煎自斗，从中得到消遣，也在茶事活动的趣味中，找到一种精神上的自我放松，为生活增加情趣。

宋代"点茶"的技艺和其他茶礼文化传入日本后，和日本当地文化相融合，就形成了著名的日本"茶道"。而中国的茶文化是何时何地传入日本的呢？根据日本《类聚名物考》记载，"茶道之起在正元中，竺前崇福寺开山南浦绍明由宋传入"。这位号称"日本茶道之祖"的南浦昭明，正是在杭州径山寺参禅佛法的时候，习得了径山茶宴的仪式方法。因此，这条记录成了径山是日本茶道之源的"铁证"。作为受法印证，南浦昭明还从径山带回一张茶台子，京都大德寺的梦窗国师首次使用这张台子点茶，成为日本点茶礼仪的开端。另外，南浦昭明还将中国七部茶典带回了日本，其中《茶道轨章》《四谛义章》两部为后人合并为《茶道经》，现代日本茶道所信奉的和、清、静、寂四规，就来源于其中。

可是，在日本"茶道"的源头中国径山，"点茶"和"径山茶宴"一度失传，20 世纪 80 年代以来，浙江茶界的有识之士力图恢复，举办了多次仿效径山茶宴的仪式。2010 年 5 月，"径山茶宴"被中国文化部列入了第三批国家级非物质文化遗产名录，成为了径山宝贵的非物质文化遗产。至今，一年一度的"径山茶宴"已成功举办了十余届。点茶活动更是游客来到大径山乡村国家公园旅游时最有特色的体验项目。

(5)宋韵之香道雅趣

说到"香道"，我们可能也会首先想到日本，因为至今日本还保留着传统的三"雅道"，而香道正是其一。殊不知最初的香道起源于中国，它发展于隋唐，并在宋朝的时候达到巅峰。一张琴，一局棋，一卷书，一炉香，是宋人书房中的经典搭配，读书累了，就抬头轻嗅一室清香，顿时倦意全无，精神焕发，说不尽的淡雅飘逸。

对宋人香道雅趣的了解，首先来自香炉。宋人有日常焚香的习惯，香炉不仅会出现在读书人的案头，甚至也会出现在女性的闺房。陈宓的《和喻景山》中就曾写道：“而今已办还山计，对卷烧香爱日长”，李清照的词中也有“淡荡春光寒食天，玉炉沉水袅残烟”。香炉成了宋人生活中必不可少的日常用具，从宋朝的画卷作品中我们也可以看到香炉的样式，比如宋徽宗的《文会图》，图中的一块大石桌上，就放了一个青铜香炉；还有李公麟的《西园雅集图卷》，描绘了苏轼、黄庭坚、秦观等名士的一次聚会，而在聚会的画案上也放了一个精致的白瓷香炉。焚香更是宋朝文人读书、娱乐、聚会必不可少的精神点缀。

在香炉之中，则放着香丸或香饼。宋人不仅有精湛的制香工艺，更有丰富的香道文化。宋人用的香丸、香饼是人工调制的合成香料，叫“合香”。制作合香的原则是：按“君臣佐使”的道理调配香药，主香配上佐香，使其发出来的香味更加宜人，更加丰富，且有层次感，每个时段会有不同的香味。除了专业的调香配方，宋朝许多文人雅士还喜欢自己调香，并把它当做生活的一种乐趣。人们熟悉的爱国诗人陆游就是一位调香高手，他在《焚香赋》中写道：“暴丹荔之衣，庄芳兰之茁；徙秋菊之英，拾古柏之实，纳之玉兔之臼，和以桧华之蜜。”说的就是调香之法。黄庭坚也是调香的一把好手，宋人将意和香、意可香、深静香、小宗香合称“黄太史四香”，便是以黄庭坚命名。

宋人烧香，并不追求香气的浓烈，而更为心仪香味悠长耐久、淡雅清逸的合香类型。丁谓在其《天香传》提出品评香味的标准是“清远深长”。气味太重的香料，宋人只拿它来入药。今天昂贵的沉香，由于香味腥烈，意味又短，在宋时并不受士大夫欢迎。但宋人却喜欢用鲜花或水果蒸香，使花果的香味沁入香料中，焚香时便可以嗅到花果之香。黄庭坚就记载过一款叫作“返魂梅”的合香，烧起来有梅花的香味。据黄氏自述：他与好友惠洪游潭，恰好衡山花光寺的长老派人送来两幅墨梅。黄庭坚在灯下欣赏后，评价说：“好画！唯一的缺憾是没有花香。”此时惠洪从囊中取出一粒香丸，投入香炉内，顿时传来梅花的暗香。黄庭坚问这是什么香。惠洪说，此香为韩琦所创，后苏轼学到调制的手法，又传给了他。惠洪还取笑黄庭坚：苏大学士都知道你有香癖，却不肯将此香制法相授，真不够朋友。黄庭坚遂给这一合香取名“返魂梅”。

宋朝的皇帝个个都是“文艺青年”，琴棋书画样样精通，这“香道”自然不会落下，上好之，则下必从之。所以，宋朝上层社会消费香料渐为盛行，无论公家私家，何种场合，都频繁用香，且用量巨大，贵族还以之为盛礼。清贫的宋人如果有雅兴，也可以焚香。据陈郁《藏一话腴》记载，宋代的“四和香”是名贵香品，由沉香、檀香、龙脑香、麝香四味珍贵香料合成。而有人调制出一种成本十分低廉的“山林四和香”：“盖荔枝壳、甘蔗滓、干柏叶、茅山黄连之类，各有自然之香也。”巧用生活废弃物，可谓“变废为宝”。制法也很简单，四种寻常原料以 1∶1∶1∶1 的比例搭配，研成粉末，加梨汁和成丸，阴干即可备用。

除了焚烧，香还有什么用呢？其实在宋代，日常用香非常广泛。宋代皇帝在举办宴饮庆典活动时，也常赏赐群臣香药，以示恩宠。比如大将张俊去世，宋高宗赐下龙脑一百五十两。一些贵族喜欢把香料添加在蜡烛里制成“香烛”，还用香药来配酒，认为其有保健效果，例如“每夜将苏合香丸浸酒，次早服一杯，可以辟寒邪不正之气”。而一些贵妇人则会把香料加到热水中，用来沐浴，既能润肤美颜，又使体态生香。平民百姓对香料的使用就比较接地气些，他们会把香料加入饮食中，做成美味的食品，当时广州人有吃“香药槟榔”的习惯，四川人则爱吃以麝香和龙脑为原料制作的“香药饼子”。香料还有一个功能是祛病消暑，周邦彦在《苏幕遮》就曾写“燎沉香，消溽暑”，我们现在过端午节时，也会把艾草、菖蒲煮成热水，然后沐浴更衣，可以驱邪避暑。当然，在民间最常见的香料使用还是烧香拜佛和宗教祭祀。

宋人的焚香虽说已经平民化，但又讲究到极致，连“气尤酷烈”的名贵沉香都被士大夫评为“不复风味，惟可入药，南人贱之”，剥夺了其作为高端焚香品的资质。但要说它太讲究，寒门子弟用荔枝壳调制出来的合香，也被誉为“有自然之香”，优雅的焚香之道，始终向寒士敞开一扇门扉。这也是宋代香道兴盛的一大原因吧。焚香，并不是日常生活必需，但在调香过程中倾注的心力和情感、在焚香中收获的享受及闲趣，恐怕才是宋人喜欢焚香的真正原因。值得一提的是，在杭州有一处香文化体验的好地方——承香堂。在这里，游客可以亲身体验香道，参与香丸制作，了解香道知识，加深对香文化的理解。

3. 宋式生活体验

宋高宗赵构来到杭州后，选凤凰山麓临安府治为基营建大内：不合规制的“坐南朝北”，并不妨碍它成为“宏伟瑰丽、工力精致、金碧流丹、华灿照映，望之若天宫化成”的阆苑仙宫。陈寅恪先生认为：“华夏民族之文化，历数千年之演变，造极于赵宋之世。”那个文明而富庶的朝代缓缓走来的时候，也给世界打开了神奇大门：“百花齐放”的文化、“市坊合一”的商业、“百工竞巧”的技艺，综合而成了一个“诗情画意”的东方。如果可以穿越，多少人愿意去宋朝，去认识“四分之三”的古代发明，去领略吴山天风的空灵奇绝，去感受“宝马雕车香满路”的一世繁华，去体验“点茶、焚香、插花、挂画”的雅致生活……

宋人“风雅处处是平常”的生活方式和隽永深沉的生活美学，对后世产生了深远的影响；宋代的文化基因藏在杭州这座城市里，而杭州人用自己的方式演绎出别样精彩的韵律。相较于开封“一城宋韵半城水”的平面印象，宋韵在杭州体现得更加立体一些，无论是街衢、运河、建筑、官衙等看得到的精致，还是技艺、审美和生活等感知得到的精神，都比较完整地传承到了今天。从宋代的西湖到如今和谐共享的世界文化遗产；从崇文向学的浓厚氛围到当代书香浸润的阅读型杭州；从“晴窗细乳戏分茶”的惬意情趣到以茶会友的国际盛会；从繁华喧嚣的瓦舍勾栏到“数智”城市的宜游宜居。独一无二的南宋留给人们千年难见的宋韵，今天的杭州又将通过哪些手段，将亲切可人的宋韵塑造成可观、可感、可传承、可亲近的“文旅大餐”呢？

（1）做一场水浒英雄梦

杭州是山明水秀的生态文明之都，也是人文荟萃的历史文化名城，中国四大名著与杭州都有着深厚的渊源。尤其是宋元时期在杭州流传的民间说唱——水浒故事，经施耐庵整理后，最终成为家喻户晓的《水浒传》。书中的地理名称、山川形胜、物产民俗、方言土语，处处可见杭州和西溪的光影。水浒的英雄梦，流的是西溪众多义士的热血，水浒的忠义之风，至今仍在西溪一带留存不衰。一部《水浒传》，半部见杭州，三分在西溪，而施耐庵本人更与杭州西溪湿地结下了不解之缘。

在西溪水浒文化展示馆，施耐庵俊逸的雕像伫立在门前的草坪上，展示馆的两边内壁以壁画形式表现水浒英雄——林冲的斗争场景和水浒中好汉见义勇为的故事，展示馆外墙是梁山英雄威武神勇的影像，让人感受到梁山好汉仗义疏财、豪情相交的侠义精神。看浪里白条张顺与哥哥同霸浔阳江；看鲁智深生擒方腊，后居六和塔；武松退隐江湖，在六和寺出家……这里可以走进一个现实中的小梁山，还原一个真实的水浒英雄梦。

一座演武场，梦回南宋年间。文化展示馆的中间坐落着一个舞台，曾上演过《江南春色》《西溪留下水浒》《读水浒英雄》《好汉歌》等一系列以西溪与水浒为主题的实景演出，重现书中场景，让观众穿越千年，梦回梁山。文化展示馆的别院是施耐庵故居的场景重现。一套桌椅，一张床，相传几百年前《水浒传》的作者施耐庵就是在此写作。正是在南宋时期的杭州，水浒故事开始在"街谈巷语"中孕育与发展，在民间艺人和"书会才人"手上加工与创造，他们凭借各自的经历，结合身边的新事，将地道的杭州风土和英雄的回肠荡气相融合，才缔造出永恒经典的水浒传奇。

(2)游一座两宋风韵城

宋韵文化是具有中国气派和浙江辨识度的文化标志，而杭州则是一个处处浸润着南宋风韵的城市，仿佛城市的每个角落里都有着几段旖旎的宋韵旧事。但是，如果要问哪里能够体验一日穿越大宋，品味千年宋韵的活动，那就唯有坐落于西湖区之江路的宋城了。

宋城是一座宋文化的主题公园，它是以北宋画家张择端的传世名作《清明上河图》作为设计蓝本，浓缩千年宋韵文化打造的一座繁盛城池。在这里仿佛回到了宋代，斗拱飞檐、店铺林立，每一面墙，每一扇窗都完美还原了宋代都市风貌，是宋韵文化特殊的一种展现形式。同时，宋城是一座有着宋时古韵，但同时又寓教于乐的娱乐之城。宋韵文化在宋城里流淌，模糊了时空概念，缩短了时空距离，让千年宋韵在新时代"流动"起来，让这片不足百亩的乐园，焕发出了绚丽的的风采。

穿过高大的城门，景区里东街、西街、北街、市井街、虹桥、风花巷街衢纵横，一条小河贯通南北，河中船只往来穿梭，两岸楼阁矗立、杨柳低垂。身穿宋代服装的商贩经营着打铁铺、榨油坊、酒坊、赵太丞医家、造船坊等老作坊。老作坊里还提供皮影戏、打铁、榨油、打年糕、活字印刷、剪纸等传统非遗体验。依照宋高宗赵构的梦境而建成的怪街，光怪陆离。清明上河图电影馆通过科技的手段让画“活”了起来，繁忙的漕运、喧闹的街市、祥和的宅院在昼夜间不断交替。城中常有演员们表演民间舞蹈、杂技，市井上还不断上演着“铡美案”“燕青打擂”“抛绣球”等脱胎于宋代传统故事的演艺秀，一派繁华的宋时景象。

宋城还有一大特色，就是闻名世界的大型歌舞秀《宋城千古情》，这是宋城的灵魂所在。这场秀是将杭州千年的人文历史高度浓缩在一个小时左右的歌舞之中，以南宋时期的繁华、衰落与灭亡的历史进程为演艺主线，以宋韵文化为魂，让观众身心都沉浸在跌宕起伏的历史故事中。

(3)逛一座宋韵文化园林

2022 年 7 月 23 日，在世界文化遗产良渚古城之畔，一座大气瑰丽的文化场馆揭开了面纱，这就是杭州国家版本馆。杭州国家版本馆是一座集古今中外各类版本资源保藏、展示、研究和交流于一体的国家重大文化工程。这里以藏为主，藏展结合，还兼具了图书馆、档案馆、博物馆、展览馆等场馆的部分功能。其中，版本资源保藏重点突出了浙江标识、江南特色和长江流域特征。截至 2022 年 7 月，杭州国家版本馆收藏有各类版本累计 100 万册(件)。作为中华版本的种子库、基因库，它和位于北京的中国国家版本馆(中央总馆)、广州分馆、西安分馆共同承担起了中华版本保藏传承的历史重任。[①] 同时，这里也是一座秀丽精致、风光旖旎的宋韵园林，是杭州一处全新的文化景观。

走进杭州国家版本馆的南大门[②]，迎面而来的是一种江南特有的山水意境。门口两排高大的造景油松，推古出新，翘首迎宾，有一种不落俗套的气度和神韵，也彰显了传承经典、开拓创新的文化精神。正中的 24 扇青瓷大门一字排开，宛如一幅“只此青绿”的大气画卷，正是借用了宋人绘画中的画屏概念。杭州国家版本馆在建设之初，就提出了“民族文化＋宋韵＋浙江特色＋现代元素”的战略定位。[③] 无论是青绿山水、松下听琴的意象，还是抬手吟诗、移步入画的情趣，无不是来自宋韵中的风雅，留在山水间的传奇，是属于杭州这座南宋皇城特有的文

① 资料来源：#小程序：//杭州版本馆/z5oIDp0FbnfFsvf.

② 杭州国家版本馆另有西大门，为目前公共参观的入口。

③ 严粒粒，石天星.传世之心 文脉永续——杭州国家版本馆建设纪事［N］.浙江日报，2022－07－25.

化性格。而本馆的主创设计师——中国美术学院王澍教授，更提出了“现代宋韵”的设计主张。强调“建筑是现代的，韵致是宋代的”，希望通过建筑特有的文化解构方式，将这座版本馆打造成杭州又一个重要的文化地标。

杭州国家版本馆还有一个文雅的名字，叫作“文润阁”。在南大门之后，有一段竹木扶疏的玲珑山体，上面就刻着这三个字。众所周知，在杭州西湖的孤山之上有一座清代藏书楼——文澜阁，是专门存放《四库全书》的。今天为杭州国家版本馆取名“文润阁”，是对既有版本成就的传承与致敬，也是对当代版本文化的肯定与发扬。“文润阁”三个字更是集苏字而成。作为“宋四家”之首的苏东坡，不仅是中国古代第一流的文学家和书法家，也和杭州这座城市渊源颇深。他两度在杭为官，政绩历历可数，诗文遍布全城，至今传诵不绝。

同时，这段山体又如同古代建筑中的“照壁”，起到“障景”的作用，体现了“千呼万唤始出来，犹抱琵琶半遮面”的江南园林情趣。不过和一般园林中的假山假水不同，这不仅是一段真实的山体，更是一片废弃的矿山，经过细心的生态修复，才在如今涅槃重生。在功能设置方面，杭州国家版本馆采用“南园北馆”的格局，南侧的园林区可以用于游观、赏鉴，也可以开展对话、交流，北侧的主馆区则主要承担保藏、展示、研究、交流等文化功能。各建筑沿着中轴线层叠展开，运用中国园林的层次美学原理进行整体布局，古今交融，浑然天成。

通过这段山体和园林建筑的右向导引，自然而然将人们带入南部花园。随着脚步的前行，视线逐渐开朗，南园如同一幅山水画卷在人们眼前缓缓打开，给人一种寻诗入画般的感觉。来到南园的中心，这里依山建阁，临水造榭，园林楼台随山就势，建筑布局疏密有致，是一座颇有宋韵气质的现代园林，给人们带来丰富的层次观感和多样的空间体验。东山之上更有一座高阁突起，似有“登东皋以舒啸”的意境。在园中主景——南池之畔，一道长桥卧波，一座水榭凌波，还有一座南阁相望碧波。宋人有诗“一株杨柳南池上，日日看春到浅深”，南园的四季景观之美，杭州的四时读书之乐，足以令人流连而忘返。

在我国古代，“池畔读书”是颇为常见的文化生态，朱子的名言“问渠哪得清如许，为有源头活水来”，说的既是读书，也是流水。杭州国家版本馆“文润阁”的水系是特别由良渚港引入的，有“回望五千年”，和良渚文明“水乳相通”的意味。

引水入园后，依次修建了南池、中池、北池三座美丽的池塘，回应唐宋园林中“一园三池”“一池三水”的特色构造，它们也和主馆区的五座场馆构成了“三池五馆”的和谐布局。主馆区包括了展示、保藏、洞藏、交流等区域，目前可以欣赏到“文献之邦——江南版本文化概览”等多场精彩纷呈的版本文化展览。

杭州国家版本馆主书房前 （徐坤龙摄）

(4)品一段宋韵杭式生活

诗文联句，书卷画作，琴曲棋谱……宋人“平常风雅”的生活方式和隽永深沉的生活美学延续至今，早已根植进当代“杭式生活”。宋韵之魂是生活，寸寸皆与径山合。2021 年，由杭州市文化广电旅游局主办的“宋韵杭式生活体验基地、体验点”创建评定活动中，位于杭州城西北 50 千米处的径山，以传奇的宋韵文化，迷人的风雅生活，荣获首批“宋韵杭式生活体验基地”称号。

径山是禅的世界，是花的海洋，有茶香芬芳，有钟声悠扬，更有如画的山水，迷人的村庄。“我昔尝为径山客，至今诗笔余山色”，900 多年前，大文豪苏东坡的一次径山之行，让他终身为之念念不忘。径山素有“世界抹茶之源”的美称，以其独特的宋代生活美学和特色休闲旅游资源，吸引各地游客前来。在这里，有传统宋代点茶体验、有现代“陆羽泡的茶”传承、有茶产品茶文创内容，还有径山的茶文化 IP“陆羽和茶小僧”带你游大径山，切身感受宋韵杭式生活。

点茶是两宋饮茶的主流形式，径山点茶因其独特的地理位置和深厚的禅茶文化而得名。径山点茶师，以宋韵文化为依托，将传统文化与潮流活动相结合，让宋韵真正走进大众生活。除了茶香悠远，还有深受年轻朋友追捧的沉浸式剧本杀、数字团建、宋韵美学雅集等。无论大朋友还是小朋友、新朋友还是老朋友，在径山都一定可以收获一份美好的回忆！

(5)看一场南宋传统嘉礼

南宋时期，中国人文已到达巅峰水准，《朱子家礼》为大学问家朱熹所著，是朱熹参考古代礼制的规定，结合南宋时代的生活实际所确定下来并予以推广的一套日常礼仪规范。在西湖区转塘街道龙坞茶镇九街，有一处叫作“钱塘观礼”的宋式庭院，其中表演区的建筑更是从福建三明古村落搬迁过来的古建筑。在其中通过置身复原后的宋代房屋格局，真实还原的宋代服饰、妆发，将南宋朱熹《朱子家礼》的传统礼法——“女子笄礼”从书中文字变成眼前实景，让人时空穿越，身临其境，一窥那个“克己复礼”的风雅年代。

笄，原为古代女子用来装饰头发的簪子，主要用来固定挽起的头发，后来成为女子成年的标志，并以此为女子的成年礼命名。女子笄礼，属于传统礼仪中的嘉礼，俊俏挺立的身影在忽明忽暗中斟酌、辗转、徘徊，一个多小时的表演对“女子笄礼”的 9 个环节细细演绎。除了笄礼演出之外，庭院中也经常有文人雅集。雅集是宋人士大夫的生活方式，包括抚琴、调香、赏花、观画、弈棋、烹茶、听风、饮酒、观瀑、采菊、写诗和绘画等活动，通过躬身实践体验种种生活情趣。在这里，可以到院中亲身体会宋人四雅：点茶、焚香、插花、挂画，使人在茶香浸染间，把记忆停留在这个七八百年前的院落。

(6)体宋韵杭式生活节

邂逅“宋韵”雅生活，杭州是起始站。“宋韵杭式生活节”是一场挖掘杭州宋韵文化、塑造古今交融文化盛景的文化基因解码工程，从服饰、美食、演艺、诗词、文创、研学等维度，重现“风雅处处是平常”的生活方式与生活美学；也是一场传承杭州“城市记忆”，再现南宋生活场景的跨时空对话，在南宋文化基因解码中，重塑文旅体验、拉动新消费。

如果说，珍贵的文献资料是通往宋朝这个“文化富矿”的大道，那么作为“宋韵杭式生活节”开幕标志的雅集活动，则为人们打通了一条风景宜人的小径。雅集活动以宋人的生活方式和生活美学为主线，设置了“以画遣兴”“簪花留春”“品茶论道”“飨宴之礼”“把酒临风”“文玩乐赏”“诵古唱今”“衣香鬓影”“翰墨丹青”“风雅宋韵”十大板块。现场，集结了宋韵生活美学精粹，打造宋风美学展示、杭式雅生活体验、宋文化元素解码、宋韵文化研究和爱好者交流、文化旅游消费新场景等多维空间，让市民和游客近距离观赏、体验充满趣味的宋韵文化、生活。

杭州还将成立首个“宋韵文化研究智库”，聘任来自学术研究、艺术审美、文物保护、产业发展、媒体传播五大领域的海内外宋文化专家、艺术家和传承人成为首批智库成员，共同解码宋韵文化基因，演绎宋代美学，推动宋韵文化创造性转化、创新性发展。

匠心云城　数智杭州

杭州是坐落在江南水乡的一颗明珠。这里有灵动的水，曼妙的风，为城市带来如诗如画般的美景。这里更有勤劳的双手，勇敢的人民，用他们的智慧和力量，谱写出城市兴盛繁荣的乐章。自古以来，这座城市就以才华著称，以技艺出彩，钟灵毓秀，佳构天成。生活在这里的人们，尊重知识，热爱创造，勇于探索，积极建设，在世界的东方点染出这座美轮美奂的天堂都市。假如今天漫步在这里的城头街角，房前屋下，你也许会惊喜地发现，智慧的火花依然在这里闪现，匠心的光芒依然在这里流淌，新时代的杭州更已乘着智慧的翅膀，展翅飞翔了。

在技术革命、信息爆炸的当代，杭州将科技创新当作城市“弯道超车”的最大动力，在这片诗画江南之中演绎着跨时代的传奇。每当说起这座城市的智慧生活，杭州人的眼里都会闪着光。这里有中国最大的铁路枢纽之一的杭州东站，这里诞生了中国规模最大的互联网购物平台淘宝和支付平台支付宝，这里拥有世界规模最大的城市公共自行车系统，更以此催生了中国最早的共享单车理念。在 2017 年“一带一路”国际合作高峰论坛举行期间，高铁、网购、支付宝、共享单车成为在华外国人心目中的中国“新四大发明”，而在当时能率先将这“新四大发明”兼收并蓄、同步发挥的城市，放眼国内也唯有杭州了。

如今，数字化治理已经成为杭州市转型升级、面向未来的新动能。这座在全国率先拥有“智慧大脑”的城市正以一日千里的速度迅猛发展着，科技的创新，智慧的演绎，为她带来的光环，更让“数字文旅”成为城市一张特别独特的新名片。

杭州的科技传承

改革开放时期的名言“科学技术是第一生产力”曾经响彻神州大地。其实依靠科学改变生活，通过智慧拥抱创新并不只是当代人的专利，杭州人自古以来就孜孜不倦地追求它们，并通过一系列科技成就，深深改变着这里的社会和生活。也正是凭借这点，使得杭州卓然突起于周边的兄弟城市，并通过不断积累下的领先优势，慢慢将这座城市由小小的县城推向东方的都会。

距今 5 000 年前的良渚文明时期，先民们“用脚投票”，选择了这片土地去构建他们的政治和文化中心。通过当代的考古发掘，人们发现良渚古城是当时世界上规模最大的城市之一，其庞大的城垣、周密的规划、精巧的建设和复杂的水利系统令世界各国专家学者为之震惊和赞叹。当时的良渚人不仅能够熟练制造和使用石质工具，而且具备准确分辨土壤质地和功用的能力。众多平原低坝、谷口沟坝和山前长堤的发现，证明在“大禹治水”前的时代，良渚人已拥有了高度发达的水利文明，能够通过大型水利工程的建设，为整座城市创造运输的繁荣，提供安全的保障。

在农业文明时代，杭州在农业生产和水利建设等领域拥有着领先的技术优势。从良渚地区的农田遗址发掘成果来看，那时的人们已经能够发明和使用先进农具，实现农业的精耕细作。距离杭州余杭不远的钱山漾遗址出土了世界上最早的丝绸残片，密度达到每立方英寸经线 78 根、纬线 50 根，证明杭嘉湖地区是名副其实的“丝绸之府”。在萧山茅湾里出土的印纹硬陶和原始青瓷，已经采用复杂的轮制印纹和高温焙烧技术，是杭州陶瓷产业的先声。根据左思《吴都赋》记载，东汉至三国时期杭州一带已出现了比较成熟的双季水稻栽培技术。发达的农业文明为杭州带来了富裕的生活，也创造了手工业的繁荣。此后杭州在制盐、造纸、酿造、医药、织造、雕版和金属冶炼等手工业领域的科技水平都得到了快速的增长。

到了隋唐时期，由于大运河的开凿，发达的物资航运不仅给杭州带来经济的繁荣，也促进了科技的交流和进步。当时杭州的丝绸织造已拥有很高的工艺水平，生产的绯绫、纹绫、柿蒂绫等已经成为朝廷的岁贡品。茶叶的加工制造技艺也颇有特色，唐代的“茶圣”陆羽长期隐居杭州径山一带，撰写了世界上第一部茶事科技专著《茶经》。白居易对杭州西湖的疏浚整治，更体现了对城市的科学规划和前沿建设，成为跨越千年的典范。吴越国时期的杭州有“东南佛国”之称，从雷峰塔、保俶塔、梵天寺经幢等古迹中，反映出当时佛教建筑设计施工技艺已经达到相当高的水平。为了推动建筑施工的规范化，喻皓更写出了中国第一部木工手册《木经》。另外，吴越国王钱元瓘及其次妃吴汉月墓上，保存有我国最早的石刻星象图，反映了当时杭州天文科学也拥有高度发达的水平。

宋元时期是杭州科学技术最光辉灿烂的时期之一。大学者沈括在《梦溪笔谈》中记载了大量来自杭州的科技传奇，其中最著名的当属由杭州工匠毕升发明的活字印刷术，今天杭州的“始版桥”一带，相传就是活字印刷的发明地。而沈括发明的“隙积术”和“会圆术”，也为数学运算带来了极大的方便。此后元代杭州的大数学家杨辉在《详解九章算法》中绘出“开方做法本原图”，独创的“杨辉三角”领先世界400余年。苏东坡主政杭州时，在众安桥一带创办“安乐坊”，被认为是我国第一座以关爱百姓健康为目的的“公立医院”。南宋时更在通江桥北堍创办了“太医局”，成为国家开展医药科研和人才培养的专门机构。

随着南宋迁都杭州，这里更成为全国科技文明的中心。“四大发明”在这一时期都拥有了巨大的技术进步，其中指南针由传统“水浮法”升级为罗盘指南，造船技术更在那时步入成熟时期。绍兴二年(1132年)王彦恢制作了“以轮激水”的车船，达到了“船行水上如飞”的效果。陈规用竹竿做枪筒，发明了世界上最早的火枪。当时的临安城中专门设置了掌管火药火器生产和储存的“火药局”，至今还在杭州市上城区留下“火药局弄”的地名。造纸更是杭州传统优势产业，西湖一带的赤亭纸、富阳一带的小井纸和鬫纸、淳安一带的竹纸均为当时名品。与此同时，杭州手工业技术的繁荣和海上丝绸之路的兴盛也相得益彰。其中南宋官窑的瓷器烧制技艺独步天下，被誉为“瓷器明珠，出自临安”“釉色莹澈，为世所珍”。官营的绫锦苑和染局，更以发达的织造技艺蜚声海内外。

明清之际，杭州的手工业得到了长足的发展，王星记黑纸扇、张小泉剪刀、孔凤春香粉等代表产品渐渐形成品牌。萧山人单俊良发明牛转翻水车的动力机械大大提高了灌溉效率，花工陈淏之总结花卉栽培经验，写出我国第一部花卉园林专著《花镜》。清光绪三十一年(1905 年)，萧山人汤寿潜等人更在上海成立了浙江全省铁路公司，建设了中国最早的商民自筑铁路之一的沪杭铁路。铁路和公路的修建，同样带来了杭州经济的繁荣和科技的进步。浙江大学的前身求是书院、浙江理工大学的前身蚕学馆、浙江大学之江校区的前身育英义塾、杭州第十中学前身宗文义塾、紫阳小学前身紫阳书院等纷纷创办，为杭州的科技文化发展提供了更为丰厚的源泉。

民国时期，杭州注重引进西方先进的科学技术，让城市的发展在华东地区继续保持领先优势。如民国元年(1912 年)创办的农事实验场，民国三年(1914 年)创办的武林铁工厂等，都将手工业朝向机械化方向发展，大大提高了劳动生产率。都锦生发明的织锦技艺，将西湖风光织在丝绸之上，更创造了“天上云霞，地上鲜花，中国工艺品的一朵奇葩”。当时杭州有三大举世瞩目的科技成果：航空保险伞生产、小型飞机研制成功、建起中国第一座公路铁路两用桥——钱塘江大桥。民国十八年(1929 年)西湖博览会的创办，让杭州的“科技之花”开得更加娇艳。

新中国成立以来，杭州的科技事业发展进入了全新的繁荣时期。1958 年，杭州第一棉纺织厂成功生产出我国第一根静电纺纱的棉纱，浙江大学和杭州发电设备厂合作研制成功国际上第一台并网运行的双水内冷发电机。1960 年，我国自行设计建造的第一座大型水力发电站——新安江水电站首台机组投产发电。改革开放以来，日月经天，江河行地，杭州的科技发展迎来了历史最好的时期。1988 年在杭州市第六次党代会上，提出了“科技兴市”的战略方针，并在 1992 年改为“科教兴市”。从此，杭州在这条道路上脚步坚定地走下去，科创氛围越来越浓郁，科技产品不断涌现，掀起了声势浩大的“钱江科技潮”。1998 年，原浙江大学、杭州大学、浙江医科大学、浙江农业大学四校合并为浙江大学，成为全国规模最大、学科最齐全的综合性大学，为杭州的科技发展提供了强有力的支持。

2000 年 11 月，杭州全市科技创新大会隆重召开，提出了“实施一号工程，建设天堂硅谷”的战略目标，建设信息港、新药港、高新技术产业开发区、信息技术开发区、高教园区等“二港三区”，部署了科技发展的宏伟蓝图。众多国家重点研究机构和科研院所、高新技术企业、企业研发中心、企业技术中心纷纷落户杭州，大量专家学者、海归人才纷纷集聚杭州，在科技创新实力和科技进步水平不断跃升的新时代，杭州提出了“创新活力之城”的建设目标，秉承传统以来的科创基因，面向时代发展的更高要求，将城市中无数科技亮点汇聚相连，让这座城市在科技创新的加持下焕然一新，以别样的精彩迎接下一个时代的辉煌。

杭州的智慧成就

每一座城市都渴望先进。无论是智慧发展还是科技创新，带给城市最大的好处就是可以“一步领先，步步领先”。然而拥有领先优势的好处既然如此明显，一座城市要想获得领先地位，自然也是相当不易。

坐落在江南丘陵与平原交界地带的杭州，地理空间被交错的山河打乱，约束了城市的“整体”发展。新中国成立初期东南方向政治局势的多变，又制约了她的建设发展的规划。“暖风熏得游人醉，直把杭州作汴州”，杭州拥有秀丽的自然山水、灿烂的历史文明、丰富的文化遗产。西湖、西溪、钱塘江、大运河、南宋皇城遗址、良渚遗址等“宝地”，既是杭州由衷的骄傲，也成为城市大规模工业化的限制因素。于是在周边“兄弟城市”大干快上的年代，杭州却无法照着别人的“葫芦”画瓢，只能努力走出符合自身实情的道路。这条路杭州摸索实践了几十年，终于找到了光明的方向，这就是智慧科创。

杭州能够走上科创之路，首先就在于这里拥有自古优秀的科创基因，其次在于传统发展模式受到的各种制约。然而今时毕竟不同往日，科创也是一个特别大的概念，应该率先从哪方面突破呢？对外部而言，因为地理空间的阻隔，杭州的产业发展对周边县市的影响有限，却深受上海、南京等毗邻的都会城市影响。它们把成熟的产业链布局在杭州周边，又在杭州附近形成了强大的“吸入效应”。对杭州自身而言，作为中国为数不多“山水入城”的省会城市，这里有太多的地方不能轻易动土建设。既要跨越地理障碍，又要保证环保生态，还要有强大生产力，于是最终杭州将发展目标聚焦到一个产业上，那就是互联网。一根网线，联通天下，电脑很小，世界很大，没有尘土，没有污染，纵然天涯，也是咫尺。

事实证明，这条路杭州走对了。当周边城市还在“摸着石头过河”的时候，杭州已经乘着互联网发展的“东风”，率先拥抱智慧科创的光明，实现了城市的“弯道超车”。1999 年被认为是中国电子商务元年，诞生了中国最早一批电子商务网站，他们大多位于北、上、广、深等一线城市，然而在杭州城西的“湖畔花园”小区里，18 个年轻人也没有错过这一“首发”机会，他们通过此后 20 多年的奋斗，将自己的梦想变成了中国最大的电子商务平台。今天，许多人都在赞叹杭州发展的一日千里，都在感慨“士别三日，当刮目相看”。然而杭州的成功并非巧合，能够扣准城市智慧发展的脉搏，靠的是城市千年积淀的精神气质、靠的是时代发展的有力推动，更靠的是那一群群奔竞不息、勇立潮头的杭州人。

俗话说，“时来天地皆同力”，可是互联网的发展也不是一帆风顺的。从 2000 年起世界遭遇互联网寒冬，许多城市的互联网发展因此受到严重的滞缓。而杭州却有互联网企业做出了今天看来也十分惊人的举措，为了应对危机他们关闭全球所有的分公司，将资源收缩回那时信息产业并不发达的杭州。在全球互联网企业接二连三破产的时代，这家企业的负责人却喊出了“泡沫在中国有，在美国也有，但新经济绝不是只属于美国人的”“其实我们手里正捧着个金饭碗，只有自己知道碗有多重”“梦想还是要有的，万一实现了呢”等信心百倍的话。挨过互联网寒冬后，杭州很快就诞生了中国最大的网络购物平台，中国最大的第三方支付平台，深深改变了人们的生活和消费方式。

在杭州，智慧科创已经是城市发展的重要支柱，人们更是喜欢对这些成功的项目津津乐道，项目背后的奋斗者们，更是产业浪潮中的弄潮儿。这里不仅有对成功者的仰慕，更有人们对这座城市的羡慕。正是因为杭州率先推动了智慧科创的各项基础设施建设，互联网产业才能更高效地在这里运行，正是杭州为科创企业们提供的良好营商环境，城市才能涌现出这么多平民英雄和互联网传奇，这样的成功才是人人皆可为之。自 2016 年起，杭州连续 4 年人才净流入高居全国第一。在 2020 年全国最具人才吸引力城市 100 强排名中，杭州超过上海位列全国第二，杭州创业的“新四军”（“浙大系”“浙商系”“海归系”“阿里系”）更是闻名全国。这样源源不断的人才优势，才是杭州真正值得骄傲的星辰大海，才能够让这座城市的科创发展绵绵不绝。

所以杭州能够拥有“智慧城市”这张重要的“金名片”，的确是实至名归。如果因为几家科创企业、几项智慧成就，人们感兴趣的可能只是杭州的科创领域。然而能够真正了解这座城市，人们更将为她勇于追求智慧、拥抱未来的决心动容。作为一座东西狭长、南北略窄的城市，杭州的产业布局主要以钱塘江为轴线东西延展，以大运河为轴线南北贯穿。其中向东通过建设“城东智造大走廊”，就能对接著名的制造业城市绍兴和港口城市宁波，在“钱塘江经济带”之上描绘“产业智慧化”的蓝图。向西通过建设“城西科创大走廊”连接紫金港科技城、未来科技城、青山湖科技城和杭州云城，就能在绿水青山之间书写“智慧产业化”的传奇。截至 2020 年，共有超过 124 家世界 500 强企业来杭投资或设立分部，截至 2022 年，杭州也凭借科技创新的势头在本土培育出 4 家世界 500 强企业，数量位于全国第三，可谓是乘风而起、欣欣向荣。

科技创新为城市奠定了坚实的经济发展基础，在此基础之上，杭州将朝向更高的智慧巅峰攀登。2009 年，杭州的科技创新团队率先进入云计算领域，为社会提供云服务技术，短短数年时间杭州就拥有了中国最大、全球前三的云服务商，也让坐落在杭州西郊的云栖小镇四海闻名。2014 年，时任浙江省省长李强在云栖小镇考察调研时，提出了“特色小镇”的构想，希望通过三年时间，在浙江省内创建 100 个特色小镇。这又带动了杭州周边一大批特色小镇的蛹破蝶飞，盘活了城市的存量空间，点燃了城市更多科技创新的亮点。2018 年，全国首家由社会力量创办、国家重点支持的新型高等学校西湖大学在云栖小镇落成。这所按照高起点、小而精、研究型为办学定位的高等学府，也必然为国家科教兴国和杭州的创新驱动发展作出卓越贡献。

在城市的智慧发展道路上，硬件建设与软件升级是相辅相成的。2016 年底，“最多跑一次”改革在浙江首次被提出。这项改革是通过“一窗受理、集成服务、一次办结”的服务模式创新，让企业和群众到政府办事实现“最多跑一次”的行政目标。这也是一项“刀刃向内”、面向政府自身的自我革命，让杭州的社会生活和营商环境得到了翻天覆地的改变，也让更多科创人才“用脚投票”，选择来到杭州发展。随着科技建设越来越发达，城市也变得越来越聪明，为了应对交通拥堵，2018 年杭州发布了中国首个“城市大脑”中枢系统。随着这项系统应用的深入，杭州发现更多城市治理的难题都可以从中得到解决，于是“城市大脑”系统真的越用越灵了，目前已建成涵盖公共交通、城市管理、卫生健康、基层治理等 11 大系统 48 个应用场景，它的高效和便利能够惠及城市中的每一个人。

2003 年，深受非典疫情冲击的杭州出现了大量居家隔离和居家办公的人群，为了确保他们的正常生活，城市为他们提供了送生活物资上门的服务。谁也不曾料到，这却促使杭州的互联网企业发现了网络购物的商机，并借机创办了此后中国最大的网购平台。而当新冠疫情再次袭来的时候，又是这家位于杭州余杭区的企业积极参与到疫情的防治工作中来，它们的技术人员在 2020 年 2 月 5 日凌晨 5 点发明了人类第一张“健康码”。随后，在以小时计算的迭代升级中，健康码在 24 小时内推广至杭州全市，又在几天内推广至浙江省。如今这一防疫新理念早已传遍全球，杭州的科技创新成功地为世界的抗疫和发展提供了智慧，健康码的第一段代码更分别被中国国家博物馆、杭州国家版本馆收藏。智慧洋溢、科创兴旺的杭州，在未来也必将为人们创造更多的精彩与传奇。

杭州数智文旅资源

俗话说“士别三日，当刮目相看”。数字文旅和智慧文旅能够在杭州“红火”起来，确实既出乎意料，又在情理之中。这座城市原本就拥有两张文旅王牌：秀甲天下的西湖山水，经济发达的省会城市。所以过去一提到杭州，人们想到的“关键词”总是“西湖”“断桥”“白蛇”“许仙”。然而传统景区虽然经典依旧，但如今专程来断桥之畔重温《白蛇传》、“邂逅”白娘子，早已不再是游客们的首选。反过来，越来越多的人开始选择去体验这座城市的繁荣、发达、智慧与便利，感受智慧与科技带来的生活变化与价值收获。当属于这个时代的精彩成为城市最大的旅游吸引物，科技创新就成了杭州文旅的下一张“王牌”。

说到旅游的目的，许多人是为了欣赏风景，而来到杭州，更多人选择的却是体验生活。作为全中国第一座“无现金城市”，杭州的移动支付无论从普及率、覆盖广度、服务深度等方面都超过北、上、广、深等各大城市，排名全国第一。仅凭一部手机就能无障碍地走遍全城的“神话”，甚至成了许多外国游客专程来体验的特色项目。令人意想不到的是，“无现金模式”不仅把人们排队、找零、充钱的时间全都省掉了，杭州市民的“信用评分”还因此比全国平均高出 31 分，而小微商家企业“信用评分”更是比全国平均高出 41 分。这里还流传着一个“真实”的笑话：两个外地流窜案犯在杭州凤起路上连续偷了 4 家便利店，结果越偷越觉“不对劲”：家家店的保险箱里空荡荡的，最后所偷款项还不够回家的车费。

当然，城市“无现金”，带给杭州人的不是生活收入的下降，而是生活效率的提高。事实上，2021 年杭州居民人均可支配收入达 67 709 元，仅次于北、上、广、深和苏州。发达的经济与城市的智慧相结合，才能创造出更具品质的文旅体验。这样的体验可能发生在充满烟火气息的网红菜场、熙熙攘攘的闹市街区、充满智慧与科技的无人酒店，体现出“全国数字经济第一城”和“新零售”的愉悦；这样的体验也可能发生在意外救治的医疗现场，抑或出现在实现了“最多跑一次”的社会公共服务中，彰显出中国第一座“移动办事之城”的高效与便捷。2017 年 4 月 18 日，由联合国环境署和杭州共同发起的“无现金联盟”在杭州成立。这个组织除了积极推动“无现金社会”的到来，更肩负着社会朝向绿色环保、“双碳”健康方向发展的崇高使命。

和钢筋水泥的市区相比，杭州郊区在科技创新驱动下有了更多人与自然和谐共生的演绎。随着城市的扩展和产业的升级，在杭州城郊的广袤土地上涌现出许多风格各异的特色小镇，包括了特色小镇理念的重要发源地云栖小镇、全国最早成功培育的特色小镇梦想小镇和玉皇山南基金小镇、全国最早以 PPP 模式创建的特色小镇龙坞茶镇、全国首个跨境电子商务综合试验区所在的跨贸小镇、第二届世界工业设计大会举办地梦栖小镇、以南宋文化为核心的南宋皇城小镇、双流水泥厂“魔改”项目艺创小镇、以智能制造为核心的机器人小镇等。这些特色小镇无不以特色产业为主导，通过先进科技的引领，优质环境的建设，成为生产、生活、生态相融合的城市新乐土，宜居、宜游、宜业的文旅新天地。

曾几何时，“互联网＋”的概念风靡全国，其实对杭州而言，通过“智慧＋文旅”的模式，可以将城市中大多数资源转化为文旅产品。无论是经典的旅游景区，热闹的中心城区，还是远端的乡镇和村庄，都能因为智慧的升级而成为游客喜闻乐见的景观，钟情体验的项目，追逐游览的目标。而随着“杭州 2022 年第 19 届亚运会”的筹备与召开，城市将完成新一轮的智慧升级，未来必然也将以更高的效率，更大的便利，为游客创造更为丰厚的收获。

杭州数智旅游精华

智慧城西——科创走廊

1. 城西科创大走廊概况

(1)建设缘起

作为一座山水入城的江南名都，杭州的整体地势呈西高东低走向。西侧丘陵自天目山脉和龙门山脉而来，与钱塘江水系和苕溪水系交错，东侧的平原沿钱塘江的流向，分别向嘉兴与绍兴延展。根据这样独特的地理环境，杭州在 2001 年提出了“城市东扩，旅游西进，沿江开发，跨江发展”的城市化发展战略，并率先在东边规划了城市的新中心——钱江新城，在西边建起了全国最早的湿地公园——西溪国家湿地公园。短短数年之间，城东的钱江新城就蛹破蝶飞，成为杭州新的 CBD，而随着城西自然生态的不断优化，生活环境的不断改善，更在“旅游”的定位之外，创作出了更精彩的“文章”——城西科创大走廊。

创新是中华民族传承千年的文化本色，也是当今国家发展的重要核心。“周虽旧邦，其命维新”的箴言犹在耳畔，到当今这个时代，更多重要的机会都来自创新。对杭州而言，不仅科学技术是第一生产力，科技创新产业更是和旅游业一样的无烟产业。所以杭州的城西这片绿水青山的旅游乐土，也是城市科技创新的重要沃土。短短 20 年左右的时间里，浙江大学紫金港校区、未来科技城、青山湖科技城、浙江农林大学等一大批“产、学、研”基地纷纷落成，相关产业也迅速在这一带集聚起来。很快，一条以科技创新为主要特色的产业“大走廊”就在杭州的城西“雄姿初露”了。

(2)建设历程

俗话说“罗马不是一天建成的”,回顾杭州城西科创大走廊的形成,也是一个聚沙成塔的过程。20 年创新发展的点滴精彩,最终汇聚成了这条美丽的城市“彩带”。2001 年,杭州最重要的高等院校——浙江大学选择在杭州城西的紫金港地区建设新的校园。从那时起,智慧与科技的光芒开始在城西闪耀。此后中共浙江省委党校、浙江农林大学、浙江理工大学科技学院、杭州师范大学仓前校区、西湖大学云谷校区等高等院校纷纷矗立在这片土地上,使得城西地区迅速成为杭州的“智慧高地”与“文化高地”。

很快,智慧科创与产业进步在城西有了更大的融合。2009 年,青山湖科技城在风景秀丽的浙江农林大学附近正式成立。2010 年,为响应中组部和国资委提出的“千人计划”,推动杭州的人才创新战略,杭州海外高层次人才创新园在城西问世,并以此为核心,建起了规模庞大的未来科技城,汇聚了国内一大批科技创新的头部企业,通过 10 年左右的时间,让长约 10 千米的文一西路成为全球独角兽企业最密集的区域之一。

在资源集聚、产业兴旺的背景下,2012 年 9 月,杭州城西科创产业集聚区管委会正式挂牌成立,下辖浙江杭州未来科技城和浙江杭州青山湖科技城,形成“一区双城”的发展格局。双城联动,“以点带线”,促成了杭州城西科创产业经济带状格局的形成。2016 年 8 月 5 日,浙江省建立了推进杭州城西科创大走廊建设联席会议制度,杭州市也成立了由市长担任组长的规划建设领导小组,标志着城西科创大走廊建设的正式启动。

城西科创大走廊横跨西湖区、余杭区和此后的临安区,通过“三统三分”的运行机制,成功地实现了区域资源的优化配置。2018 年,杭州紫金港科技城管委会挂牌成立,“一廊三区三城”的格局正式形成。近年来,城西科创大走廊的建设发展速度越来越快,2020 年 8 月 4 日,杭州云城建设指挥部正式挂牌,继青山湖科技城、未来科技城、紫金港科技城之后,这里有了第四座“城”。

(3)建设成果

杭州城西科创大走廊是浙江省“面向未来、决胜未来”的科技创新重大战略平台，致力于打造全球领先的信息经济科创中心，建设成为国际水准的创新共同体、国家级科技创新策源地和浙江创新发展的主引擎。目前，杭州城西科创大走廊东起浙江大学紫金港校区，经西湖区紫金港科技城、余杭区未来科技城、临安区青山湖科技城，西至浙江农林大学，长约33千米，总面积约224平方千米，串联起“一廊四城十五镇”的空间结构，坐拥西溪国家湿地公园、五常湿地、和睦水乡以及南湖、青山湖国家森林公园等山水景观资源，拥有舒适优美、宜居宜业的自然环境。

城西科创大走廊自成立以来，呈现出高速度、高质量、跨越式发展，各类高端要素快速集聚，城市建设日新月异，已成为全省最具吸引力、最具创造力、最具想象力的科创热土。未来，这里更将以“湿地湖链、创新趣街、共享客厅”三大空间营造策略，塑造地区公共空间的核心骨架，让自然诗意遇见城市繁华，为创新人群塑造精彩生活，定义未来创新发展新标杆。

有人说，杭州城西科创大走廊将是中国未来的硅谷，有人说，这条走廊的中轴线——文一西路将会成为中国的128号公路。在大洋彼岸的“超级大国”中，波士顿128号公路附近拥有哈佛大学、麻省理工学院等全球顶尖高校，周边集聚了数以千计的高新技术企业，是曾经世界著名的电子工业中心。而作为世界科技皇冠上的明珠，硅谷不大的空间中集聚着脸书（Meta）、谷歌、苹果等上万家高科技公司，是世界上最知名的高端人才集聚地，空气中的“创业因子”和负离子一样多。杭州城西科创大走廊除了像它们一样，能够集聚大批优质高校外，还承载了以之江实验室为代表的一批专业研究机构，更通过优厚的人才政策，广泛吸引各类人才进驻，为他们构建了良好的创业环境。与此同时，杭州创新性地在这条“大走廊”上布局了梦想小镇、人工智能小镇、紫金众创小镇等特色小镇和“双创”平台，为科创企业的发展打下良好的产业生态环境。

2. 城西科创大走廊的文旅

杭州城西科创大走廊由浙江大学紫金港校区向西延伸，看似与杭州城市东向发展的大方向“背道而驰”，然而在短短10多年的时间里，却在这片湿润而苍茫的良渚大地上点亮了一个又一个科技传奇，创造了比肩市中心的经济指数和房价奇迹，成为城市建设史上的一幕“神话”。如今，萧山机场城市航站楼、轨道交通 3 号线、5 号线、16 号线、19 号线、高铁杭州西站、通用机场等项目相继花落这里，让这条城市“大走廊”更加便捷通畅，也让城市科创经济的发展更加左右逢源。而作为宜居、宜业、宜游的典范项目，杭州城西科创大走廊的“一廊四城”不仅是城市技术发展的重要引擎，更是新时代城市的文旅活动好去处。

(1)青山湖科技城

在城西科创大走廊的四座“城”中，最早诞生的是青山湖科技城。这里地处天目山余脉，历来以山清水秀著称，因此留下了“青山镇”的地名。而发源自东天目山的南苕溪由此经过，为这里带来了更多的灵气。1958 年底，人们为了防洪蓄水，在这里修建了一座大型人工湖——青山水库，水域面积可达 10 平方千米。从此，这里山水含晖，四季明媚，成为一处风景秀丽的旅游胜地——青山湖。同时，又因为这里地处杭州西郊，既是今天临安区的东大门，也是它对接杭州市区的“桥头堡”。于是经由浙江省人民政府批准，2001 年 9 月在这里设立了临安经济开发区。到了 2009 年，经国家发改委批准备案，又在这里兴建了浙江省科研机构创新基地，并于 2011 年将其正式更名为“青山湖科技城”。

青山湖科技城规划总面积 115 平方千米，其中青山组团面积 43 平方千米，滨湖新城面积 72 平方千米。东至临安与余杭区交界处，南至杭徽高速公路青山湖体育公园一线，西至农林大路，北至潘山、泉口及中苕溪以北洪村部分区域。青山湖科技城规划形成“一心三城、四廊多园”的区域空间结构。围绕科技城的核心青山湖，规划形成四大功能区。其中滨湖现代服务区集聚了总部经济、创意产业和现代服务等综合功能；滨湖高尚低密度居住区体现了高品质居住；环湖运动休闲区打造了面向区域的生命科学谷和都市康体疗养圣地；滨湖生态山林区以保护生态环境为主，构成了科技城的生态屏障。同时，科技城以水为脉，规划打造高新产业城、宜居生活城和创新科技城，并实现三城间研发—产业—服务的功能互动。

自成立以来，青山湖科技城一直是临安区工业主平台，更是杭州城西科创大走廊的重要一极。截至 2020 年底，科技城共有规上工业企业 139 家，国家高新技术企业 137 家，实现规上工业总产值 504.8 亿元，占全区比重 52%，占城西科创大走廊 45.5%。智能装备和微电子是青山湖科技城最具特色的两条产业链。

在智能装备产业链上，科技城聚焦优势领域，在工业车辆、空分设备、电梯、机器人等领域集聚了杭叉集团、杭氧集团、西子电梯、利珀科技等一大批特色企业，实现了智能装备制造产业的联动发展。而在微电子产业链上，科技城重点发展先进精密仪器、刻蚀设备、离子注入设备、沉积设备、检测设备、光刻机、光刻胶、大硅片等集成电路用高端设备和特色专用工艺生产线。依托启尔机电、谱育科技、众硅电子、驰拓科技、天睿精密等企业，与杭州高新区（滨江）的集成电路设计、钱塘区的集成电路制造等差异化发展，补齐了杭州市集成电路产业链的短板。

和科技城的产业兴旺相得益彰的是青山湖的秀丽风光。青山湖所在的位置古时称汇锦潭，又叫金鲜潭，这里原有“临安十景”中的“锦潭鱼跃”“龙潭春雨”。自从积天目之水形成的青山湖后，烟波浩渺的湖面已非昔日能比。特别是向西远眺天目诸峰，起伏蜿蜒，如龙飞凤舞，更能体会“青山影撼洋洋势，碧沼光浮跃跃机”的诗情画意。而湖水如碧玉一般镶在群山苍翠之中，身处其间，令人神清气爽，心旷神怡。在青山湖的北部，更有100万平方米国内罕见的水上森林，有人用四句话概括了此地的风景：“树在水中长，船在林间行，鸟在枝上鸣，人在画中行。”如今，青山湖环湖绿道已经全线贯通，轨道交通16号线也直达这里，山水间的旖旎风光，“八百里”的人文盛景，靓丽的科技时尚，惬意的休闲徜徉，无不让青山湖美美与共，让游人们历历难忘。

（2）未来科技城

如果说浙江大学紫金港校区的建设，为城西科创大走廊埋下智慧的种子，青山湖科技城的发展，为城西科创大走廊奠定了产业的基础，那么未来科技城的落地，就可以说让城西科创大走廊的格局真正形成。说起未来科技城的诞生，和杭州市余杭区勇于探索、积极建设的精神是分不开的。步入新千年后，浙江大学和浙江大学国家科技园陆续建设在余杭区附近，考虑到当时杭州主城区用地指标的日益紧张，余杭区便积极行动起来，打算利用地利之便，启动建设以发展高新技术产业为定位的“高新技术产业区块”，主动承接浙江大学优质科技成果的转移与辐射，推动本地企业的转型升级，培育自己的科技型企业，以盘活区域经济。

机会总是留给有准备的人。2003年，杭州市启动了西溪湿地综合保护工程，而西溪湿地的一期、二期位于西湖区，三期却位于余杭区。于是余杭区的大型建设项目首次被纳入了杭州市的通盘规划，市、区发展开始融合。余杭区也开始有计划地在仓前、五常一带打造属于自己的科创产业园。2007 年，余杭区又将这片区域扩展为以高等教育、高新技术产业、高尚居住为特征的余杭创新基地——生态科技岛。当时纳入规划范围的总面积达到 98.9 平方千米，是杭州城区最大的高新产业发展连片区块。与杭州市当时“一主三副六组团”城市空间结构中的“余杭组团”完美匹配。

根据最初的定位，高等教育和文化创意是这片创新基地重点打造的方向之一。于是这里率先迎来了浙江理工大学、杭州师范大学等高校的落户。据说当年英皇集团也看中了这片土地，希望在这里投资建设一座影视文化村来培养高级影视专业人才，然而最终还是科技创新成了这里的主旋律。从 2008 年开始，创新基地的招商工作全面展开。当时签约落户的第一家企业是国内重要的金融网络服务商恒生电子。没多久，一座现代化的恒生科技园就拔地而起。第二个签约的是如今的 B2B“巨头”淘宝项目。只不过在当时，它的业务刚刚起步，企业还处于亏损状态，却提出了 450 亩的巨大用地需求。对此余杭方面很是谨慎，经过多次讨论研究，最终决定大胆将其引进。随后海创园、梦想小镇、人工智能小镇等一大批特色项目，也是在没有先例可循的基础上做出坚定选择，并获得了一个又一个成功。

2011 年，杭州未来科技城在余杭区挂牌成立，成为全国四大未来科技城之一。通过 10 年的奋斗，区域内企业营收从 203 亿元增长到 7 274 亿元，年均增速接近 50%；就业人口平均年龄从 46 岁下降到 32.5 岁，“年轻”了十多岁；人口总量从 6 万多人增长至 40 万人，增长了约 7 倍。而在未来科技城人才“金字塔”中，位于塔尖的顶尖人才中，有 31 名“两院”院士、12 名海外院士。10 年来，未来科技城已累计引进培育海外高层次人才 4 730 名，还有 16 支浙江省领军型创新创业团队。更是逐步形成数字经济、生物经济、智能制造、科技金融四大主导产业，尤其是数字经济核心产业 2020 年的增加值占杭州市比重近四成、占浙江约四分之一。入驻企业数量已超过 3 万余家，其中不乏 OPPO、VIVO、字节跳动、富力中心等巨头，更助力余杭区连续多年蝉联浙江经济第一区。

(3)梦想小镇

未来科技城的成功，让杭州拥有了一处新的经济技术高地。同时，人们对未来科技城各板块的参访、考察、旅游、研学等活动的密集开展，也为杭州的文旅产业发展注入了新的活力，开辟了新的天地。而梦想小镇，就是未来科技城文旅建设发展中的佼佼者。

曾有一位商业精英对万千创业者讲过一句话："梦想还是要有的，万一实现了呢。"梦想是创新创业者的动力源泉，而梦想小镇就是帮助他们梦想照进现实的地方。这里原为南宋"临安便民仓"之南，因此得名为仓前，也是我国清代著名民主革命家、思想家、大学者章太炎的故乡。历史上这里河流纵横，灌溉便利，京杭大运河重要支流余杭塘河横贯其间，也是余杭一带的交通要地。然而到了当代，背靠城西科创大走廊的教育廊道，依托未来科技城的产业环境，这里成了大学生创新创业、实现梦想的一片热土。2004 年，浙江省率先提出创建特色小镇的构想，梦想小镇是最早行动起来的。2015 年 3 月，由互联网村、天使村、创意集市等板块构成的梦想小镇一期项目正式落成。在不到一年的时间里，这里就培育出三家"新三板"上市企业，立刻吸引了万众的注意力。

梦想小镇核心区块以章太炎故居、"四无粮仓"深厚的历史底蕴和"在出世与入世之间自由徜徉"的自然生态系统为载体，以科技城开放、包容、创新、服务的政务生态系统为支撑，通过建设"众创空间"、O2O 服务体系，"苗圃＋孵化器＋加速器"孵化链条，打造更富激情的创业生态系统，帮助"有梦想、有激情、有知识、有创意"，但"无资本、无经验、无市场、无支撑"的大学生"无中生有"，使他们创业的"梦想变成财富"。2016 年，梦想小镇二期创业大街推出后，除了创业的激情，这里也成为杭州最火热的文旅新亮点。仓前塘上、梦想长廊、希望田野、太炎广场、梦想芸台等"网红"景观不断引爆眼球，章太炎故居的历史、梦想体验馆的新奇、梦想小镇的夜景更是收获了万千赞誉。

小镇里充满了古色古香的韵味，有山有水有庭院，有吃有玩有景观，还不定期地举办很多有意思的活动。这里虽然是小众景点，但远离人潮，有空时来这里逛逛，真是挺不错的。

梦想小镇夜景 （徐坤龙摄）

云上世界——云栖小镇

生活在互联网时代的人们，即便对大数据和云计算毫无兴趣，也很少有没听过"云栖大会"这名字的。而坐落在杭州西郊的"云栖小镇"，也因为举办了这场大会而声闻天下。不过奇怪的是，虽然声名如此洋溢，但在中国的地图上却怎么也找不到这个镇的建制。就算是云栖小镇的名誉镇长王坚，也不得不承认"很难界定云栖小镇的物理范围"。按照国家发改委给"特色小镇"的界定，它不是一个行政意义上的城镇，而是大城市周边在空间上相对独立发展，具有特色产业导向、景观、旅游和居住功能的项目集合体。

那么，云栖小镇到底是一个什么样的小镇呢？

1. "烂尾产业园"的壮士断腕

云栖小镇的前身是转塘科技经济园，这本是一个先天条件不足、后天发展也不好的"烂尾"产业园。因为这里位于杭州市郊，是西湖风景区的"后背"，所以山多水也多，土地很破碎，大型工厂建不起来，小型工厂也很难拓展。加之园区所在的之江板块有国务院批准建立的国家旅游度假区，旁边的珊瑚沙水库更是杭州城市的应急水源。在环境这么敏感的地方，发展工业受到很大的约束。于是很多厂房盖到一半，就在田野中间荒芜着，要是当时去问这座“经济园”的经济活力，更是不知在哪里。

事实上，转塘科技经济园的管委会自己也很明白，粗放型的工业发展道路在这里是走不通的。但是对于这片城郊土地而言，还能怎样发展呢？那时候“云计算”的概念在国外已初步探索商业化的模式，而国内还处在萌芽状态，于是转塘科技经济园决定“壮士断腕”搏一次，将厂房改建成办公楼，挂牌“云计算产业园”，并开始四处招商。可是看着园区周边歪歪扭扭的乡村道路，从城里到这儿连公交车都没有，更别说超市和餐厅了。面对这样的环境，投资商见到没有不摇头的。如果云计算是改变世界的力量，那么转塘科技经济园距离改变世界的圈子实在太远了。

2. 遇上王坚的云栖小镇

高高瘦瘦的王坚，经常穿一件格子衬衫，笑起来有点羞涩，像极了“一介书生”。然而这位出生在杭州的云计算技术专家，却有着非凡的人生经历。他 28 岁博士毕业，30 岁就成为心理学教授，31 岁成为博导，32 岁担任杭州大学心理学系系主任，到了 37 岁，他放着好好的系主任不干了，加入微软亚洲研究院，一直做到副院长，41 岁干脆入职杭州本土互联网企业，主持研发目前中国唯一的云操作系统——飞天。接下来，他就与这座转塘科技经济园相遇了。

(1)一群“疯子”的“飞天”

飞天，是敦煌艺术宝库中的瑰宝，也是中国传统神话中给人带来幸福和吉祥的神。而对于一家互联网企业而言，最幸福和吉祥的事情，就是拥有高速的运算能力。到了 2008 年，互联网产业在中国的发展已是如火如荼，但是随着互联网公司业务的不断增长，日常需要处理的数据也在不断增加，各大互联网“巨头”企业都感受到自身“算力”的严重不足。但令人痛心的是，决定“算力”的核心技术并不掌握在中国人手中。IBM 的小型机、Oracle 的商业数据库和 EMC 的集中式存储被简称为“IOE”，它们牢牢地占据了那时中国互联网企业的基础设施份额，高昂的使用成本成为互联网企业发展最大的障碍。

在 2008 年，杭州就有互联网企业率先向“IOE”发出挑战，在全国率先提出要做云计算的构想。对轻资产的互联网企业而言，这些工程项目通常是避而远之的，然而改变西方技术垄断不仅是一两家互联网企业的需要，更是全中国的需要。于是王坚也果断从微软亚洲研究院离职，进入杭州本土互联网企业担任首席架构师。他首创了以数据为中心的云计算体系结构，并为其取了一个浪漫的中国名字——飞天。

王坚说，“技术才是一家公司的核心竞争力，公司只有改变自身对其他公司的技术依赖，才能找到自己不可替代的坚实力量”。在他的主导下，轰轰烈烈的“去 IOE”战斗开始了，但是这却引发了业内不小的争议。这样的做法无异于挑战西方的技术权威，势必在业内引发不小的争议，然而更大的非议反倒出现在企业内部。在那几年里，他主持的云计算研发耗费巨资，却迟迟未出成绩，从高管到员工都不乏对他的质疑。有人质疑他是搞心理学的，不懂云计算；有人说他不会写代码，应该下岗；有人甚至直接骂他是骗子，而他手下员工的离职率超过 80%，他也因此得了“局外人”的称号。所幸公司的负责人坚定地相信王坚，全力支持他走完了这场技术“长征”。

2013 年 6 月底，“飞天”系统进入最后稳定性测试阶段，有人提出一个“钢铁直男”般的测试方法：拔电源。理由很简单，如果连这样暴力断电都撑得住这个系统，还有什么不稳定的。王坚同意了这个计划，当时负责拉电的人员反复向他确认了三遍：拉吗？拉吗？拉吗？最后颤抖着拉下了电源。这一刻，仿佛世界都停止了，只有机器重新启动的声音。当系统完全恢复运行时，很多同事已经冷汗涔涔。最终经过系统自检，数据毫发无损！“飞天”成功了，他们的计划真正飞上了天！从此，王坚也多了个外号——“王坚强”。

在 2018 年中国电子信息技术年会上，“飞天云操作系统核心技术及产业化”项目获得科技进步特等奖，这也是该奖项设置 15 年以来首次颁发特等奖。王坚不仅引领了中国技术史上第一次从 0 到 1 的完整跳跃，也掀起了整个中国云计算的浪潮，为人类社会带来了许多新的变化。

(2)“疯子”的狂欢

王坚和转塘科技经济园的相遇在 2013 年 1 月份，当时他希望聚集几十家和云计算产业相关的企业，这样能够更好地迸发创新思路，沉淀云计算文化，还能够打造创新创业基地，把客户引进来。而一心想着“云”的，还有当时转塘科技经济园管委会党委书记吕钢锋。他希望通过“云计算”产业实现园区“腾笼换鸟”的目的，实现更大的产业价值。但是这个概念太新颖了，刚开始提的时候，都没有人相信，所幸的是，他遇上了王坚。

那时候王坚组建了一个“云栖联盟”，决定将首次开会的地点放在转塘科技经济园。那次大会来了近 5 000 人，可是当时这里厂房都没建好，就露天搭了一个台子，周围都是菜地。王坚博士在上面演讲，那些参会人员拖着行李箱，捧着盒饭，坐在露天菜地中间开会，热切讨论着用科技改变人类的话题，人类的发展开始变得只要敢想就无所不能。这是一次 5 000 个“疯子”的集体狂欢，这样的画面，光是想象都是极富冲击力的。后来，这个大会成为了鼎鼎大名的“云栖大会”，每年吸引数万人现场参与，已成为全球云计算领域水平最高、规模最大的科技盛会。

在菜地里露天开会的条件很艰苦，而王坚觉得这样的会议在形式上突破了常规会议的做法。而这种天大地大、自由生长的气氛，和王坚心目中对于云计算产业的理想和定位不谋而合。后来，园区干脆把围墙也拆了。因为无论是人，还是社会经济都需要开放。拆掉围墙，带来的不仅是环境的提升，也是人们心理屏障与约束的解除。再后来，大家私下里叫出了“云栖小镇”的名字。云栖小镇瞄准了以云计算、大数据为科技核心的产业方向，从最早布局云计算产业，成功研发“飞天 5K”云操作系统，到成功孕育城市大脑，再到打造全国领先的空天信息产业集群。短短数年之间，曾经的“烂尾”园区已是蛹破蝶飞。

如今，云栖小镇集聚了西湖大学、国科大杭州校区、云栖工程院、北斗时空研究院、浙商军民融合研究院等重大科创平台，吸引了孙家栋、施一公、潘建伟、饶毅、高文等一大批顶尖科技人才。引进了航天五院、数梦工场、养生堂、城市大脑等重大产业项目，推动了特色产业快速集聚和高质量发展。云栖小镇的发展，是一次无中生有、从小到大的创新实践，成为浙江省数字经济发展的缩影和高质量发展的代表。

2014 年 10 月，原浙江省省长李强在西湖区考察“云栖小镇”时，提出了“让杭州多一个美丽的特色小镇,天上多飘几朵创新‘彩云’”的构想。此后,浙江省第一批 37 个特色小镇名单公布,云栖小镇榜上有名。

(3)2050 大会

在云栖小镇中,有一座标志性的建筑物——云栖国际会展中心。这座雄伟的建筑从开始施工到建成只用了 85 天,从一个侧面反映出云栖小镇发展的迅速程度。同时,这座建筑还有两个很有意思的地方:第一,它的设计师此前只做过商业建筑设计,从来没有设计过会展中心。第二,大多数地标建筑都拼命展现自己的个性,而这座会展中心在设计时,却尽量把自己的特色隐藏起来。人们只有爬上会展中心的屋顶,才会看到这座小镇的地标——24 米高的瞭望塔“云栖之眼”。在这座瞭望塔的屏幕墙上,有一块面向未来的倒计时牌,展示了从现在到 2050 年的倒计时时间。

对每个人而言,2050 年代表着不久的将来,也意味着希望和憧憬,更充满着未知和神奇。2019 年 1 月 1 日,这座以秒为单位的倒计时装置正式落成,它有可能是全球最长的倒计时几秒装置,通过九亿多秒倒计时,连接 2050 年的未来。同时,在这 30 年里,每年都会在云栖小镇举办“2050 大会”。这是一场由数千名青年志愿者共同发起的非营利活动,目的是为了让年轻人因科技而团聚。包括了 100 场青年团聚、100 场新生论坛、100 个人工智能、航空航天等领域前沿技术成果的展示空间以及音乐节、晨跑、艺术剧场等丰富多彩的文化活动。其中的众多活动都与“2050 大会”的名字一样,有着稀奇古怪的主题和充满创意的玩法,能够成为“年青人”的科技狂欢团聚地。

2050 就是一个为年轻人而生的大会,让年轻人站在聚光灯下,用年轻人的方式谈创新,用年轻人的方式看未来,用年轻人的方式面对挑战,让来自世界各地的年青人,在 2050 握手团聚。“2050 大会”的一个重要元素是“志愿”,大会是非营利性活动,没有指导单位、主办单位,从大会发起者到论坛出品人统称为“志愿者”,其中不乏各领域的领军带头人物。2050 也是一个“无组织、无国界、有纪律”的大会,在这里人人平等,没有领导、没有老板,大家都只有一个身份:年龄不受限的年轻人。同时,“2050 大会”是一场没有设定议题的大会,年轻人的声音在这里被世界听见。论坛话题的丰富令人咋舌,航空航天、人工智能、量子计算、无人驾驶、新媒体艺术、可持续发展……各种奇思妙想在这里碰撞，闪耀着面向未来的光芒。

3. 城市大脑运营指挥中心

杭州城市大脑，是为城市生活打造的一个数字化界面。市民凭借它触摸城市脉搏、感受城市温度、享受城市服务，城市管理者通过它配置公共资源、做出科学决策、提高治理效能。杭州城市大脑运营指挥中心位于杭州云栖小镇鹏辉园区 2 号楼，总面积逾 8 000 平方米，内设杭州城市大脑指挥中心、杭州城市大脑探悟馆及城市大脑研发工作区，承担了杭州城市大脑中枢系统研发、日常运营、成果展示体验等任务。同时，搭建了城市大脑研发开放平台，构建了由城市大脑志愿者、政府部门专班人员、创业团队组成的城市大脑研发生态。

那么，杭州为什么要提出“城市大脑”这个概念呢？改革开放 40 多年来，中国每个城市的版图都在迅速扩大，但城市发展需要的资源却是有一定限度的，比如水资源、土地资源都是受限的。而城市大脑背后的逻辑，就是在其他资源受限的条件下，如何使新的资源——数据资源成为未来城市发展的新动能。于是在 2016 年 4 月，杭州提出了要建设城市大脑，通过大数据、算法和算力的支撑，帮助全社会用数据治理一座城市，最终解决一个城市可持续发展的问题。目前杭州城市大脑包括公共交通、城市管理、卫生健康、基层治理等 11 大系统、48 个应用场景、390 个数字驾驶舱，日均协同数据上亿条是杭州使用人工智能为世界做的一次有益探索，一次社会管理的前瞻性实践。

杭州“城市大脑”设计了一个非常有价值的东西——中枢协议。通过中枢协议将归集好的数据协同起来，再连接系统，从而整合了城市的资源，从原来的多网多云多库真正实现一网一云一库。比如一个部门不能解决老百姓的某个问题，它需要好几个部门系统。而中枢协议就是完成协同这件事的，它意味着城市所有的资源都在线了，可以被调配使用，这就是城市的治理，最终达到场景智能，让老百姓的便民体验“从有到无”。而来到杭州城市大脑指挥中心，人们可以看到它是如何承担杭州城市数字化治理的分析、决策、调度、监管职能，如何基于城市大脑数据计算分析输出城市治理的解决方案。

（1）数字治堵

2016年，王坚在云栖大会上说："世界上最遥远的距离是红绿灯跟交通监控摄像头的距离，它们都在一根杆子上，但是从来就没有通过数据被连接过。因为它们的距离，交通是一定会堵的，原因就是摄像头看到的东西永远不会变成红绿灯的行动。"他还问过杭州交警一个非常外行、非常无知的问题：杭州每天24小时，每时每刻路上到底有多少车？但是他很快发现，这个问题不但杭州交警回答不出来，全世界的人都回答不出来。于是王坚和他的团队使用了很多技术、花费了很多时间，得出了具体的数字：杭州的机动车保有量大概是300万辆。平时不堵车的时候，路上只有20万辆车；高峰时段堵得水泄不通的时候，路上也只有30万辆车，其实只多出了10万辆车。

这个数字算出来后没人相信，连交警也觉得王坚他们搞错了。在人们的固有印象中，堵车时马路上至少也得有100万辆车。数据让人们对城市交通的看法有了一个巨大转变：从看机动车保有量，变成看机动车在途量，也让人们认清了堵车的真相。大数据显示，杭州有近2 000千米的市政道路，但仅仅多了5万～10万辆车，就把城市交通搞垮了。由此可见，城市交通的运营效率之低是远远超出人们想象的。而城市大脑的一大职能，就是要在物理资源已经用到极致的情况下，通过数据资源的利用，改善城市的交通状况。

利用"城市大脑"，杭州每个路口的车流量、通行速度数据都将被一一提取，通过计算模型运算，就能得出每个路段的平均延误指数，并据此得知整个区域的道路延误指数。道路延误指数的发布，是对道路的精细化管理的前提。在此基础上，"城市大脑"能够"指挥"信号灯优化时间配置，精准"治堵"。此外，"城市大脑"还能精准"放量"。根据大数据分析，在杭州交通高峰期时再放入0.5万至1.5万辆车不会引起延误指数直线上升。由此，杭州推出"非浙A急通车"场景，为非浙A车辆高峰期间到杭州办事提供通行便利。目前，"非浙A急事通"工作日日均申请量5 000次以上，累计申请量已超80万次。

还路于民、还时于民，从数数开始。杭州已成为第一个实现"急救车不必闯红灯"的城市、第一个利用数据计算后有序放宽"限行措施"的城市。如今，杭州的交通拥堵指数一度从全国排名前三，下降到50多名，数字治堵成效有目共睹。最让人惊讶的事情是，最近3年，杭州净增约120万人口、40万辆汽车，总路面通行面积则因地铁施工等因素减少了20%，而道路平均通行速度反倒提升了15%。城市治理最需要解决什么、群众最盼什么，就谋划、推出什么。“治堵”显身手之后，城市大脑继续向“数字治城”延伸，率先真正实现“用一部手机治理一座城市”。

(2)便捷泊车

现在讲到智慧城市，一般就会讲到智慧街区、智慧楼宇、智慧门禁，甚至智慧公共厕所。仿佛在一些事物前面加了“智慧”两个字，就能让城市变得智慧，但很多人可能根本没有搞清楚智慧城市到底要解决什么问题。以城市交通为例。杭州的很多停车场都是所谓的“智慧停车场”，但其实它们和普通的停车场的区别通常只是多了一个扫码支付而已。但正是因为多了扫码支付这个步骤，一旦有一辆车在付钱时被“卡”住了，就会导致后面排起长队。其实仔细想想，为什么一定要把钱扣掉之后车才能离开停车场呢？如果改变一下思维方式，实行“先离场，后付费”，不是能大大提高效率吗？

或许是从来没有人认真想过停车场的效率问题，或许是要提高停车场的效率，需要城市真正拥有更高的智慧。而杭州城市大脑不仅在全国率推出了“先离场后付费”服务场景，将“先离场后付费”服务接入了全市2 000多个停车场和所有道路停车点，共计35万余个泊位，覆盖了大杭州的所有区县；更以打造城市级停车服务平台为目标，用“全接入全调度、先离场后付费和有车位无违停”三步解决城市停车“找不到车位、出口等待付费和路边被违停”三大问题。截至2021年，西湖景区停车场69根停车杆全部“下岗”，而杭州全市“无杆停车”收缴率已达92.5%，车辆进出不用排队，节约通行时间；路边违停，马上收到提醒短信，城市的温馨和高效，可以说无处不在。

(3)街区治理

以往去医院，停车的问题让人头疼，有时甚至“停车1小时，看病10分钟”。针对医院周边街区“停车难”问题，城市大脑探索街区治理，协同城管、交警、卫健等部门一起进行改革。建立“停车指数”和“泊位指数”两个数字化工作标准，医院周边电子引导牌实时跳动着代表存量泊位的数字，引导去这里停车的人快速找到停车位。从此车位盘活了、车队消失了、事故减少了。

例如，在浙江大学医学院附属第一医院、第二医院，就诊停车需求每天超过10 000辆，在高峰时段，车辆最长入院等候时间近4个半小时。医院借力“城市大脑”，把城市大脑运算数据转换为可识别路线，引导车辆快速到达周边停车场，将平均停车时间从90分钟降至15分钟。

(4)亲清在线

“亲清在线”是近年来浙江推行“最多跑一次”改革与“城市大脑”的有机结合，倒逼政府流程再造，让更多部门实现政务数字化协同，引领基层治理变革。2020年，新冠疫情期间，杭州率先建立“亲清在线”新型政商关系数字平台，开启了惠企政策精准推动、补贴资金实时到账的先河。

“只闻楼梯响，不见人下来。”这是不少企业对于政府优惠政策难以落地的感受。如果按照传统方式，企业至少得提交7项证明，政府部门环环审核、资金层层拨付，前后约需10个工作日。但依托杭州城市大脑，企业在线申请政府补贴，只需填基本信息，不用交证明材料，不需要跑现场，不需要烦琐流程，由大数据库自动比对、审核，实现“即报即核秒到账”。

在“亲清在线”平台总框架下，杭州将无感智慧审批纳入城市智慧管理体系中，打造“线上行政服务中心”，围绕企业办事全生命周期，上线“工业项目全流程审批”“企业五险一金登记”等“一件事”联办事项。要让群众和企业办事像网购一样方便，最终实现“零纸质，零人工，零时限，零跑次”’的“四个零”无感智慧审批。以“亲清在线”为代表，在杭州“城市大脑”的全面支撑下，包括“健康码”“复工复产数字平台”等在内的诸多“首创”，为全国打赢疫情防控与复工复产战作出贡献。

(5)舒心就医

说起“看病难”，很多人都有过难忘的经历。挂号窗口前，排不完的长队；等待几小时，看病几分钟；从诊室到缴费处，要来回奔波好几回……如今在杭州，随着城市大脑“舒心就医”应用场景的持续深化推进，这种情况已经得到很大改观。每天门诊量近万人次的医院，门诊大楼里都很难见到拥挤不堪的人潮。患者只要在手机上登录“浙里办”App，不仅能在网上挂号、取号，几点几分看诊都能被告知。患者在拿到医生开出的药单、检查单之后，也不再需要去收费窗口付费，在就诊结束后 48 小时内通过自助机器或手机支付即可，也可以由系统代扣。不熟悉智能手机的老人孩子，只要填上个人信息，家人也可以帮他们挂号。截至 2020 年，杭州全市 343 家医疗机构均已开通“舒心就医”，服务平均使用率 93.24%，累计为 5 888 万人次的就诊患者提供了“先看病后付费”的舒心服务。

同时，杭州不少医院还上线了“互联网医院”系统。患者只要打开杭州市卫健委推出的“杭州健康通”App，点击“互联网医院”，所有科室的医生一目了然。需要复诊的患者，可以直接将自己的问题、检验检查报告上传，问诊费用和线下都一样。医生看完病后开出处方，药品可以直接配送到患者家里，费用也是医保线上支付。这一点上，互联网医院的确做到了让数据多跑路，让病人少跑腿甚至不用跑。在网上看病如果需要做进一步检查的，医生可以直接开出检查单，患者只要按时来医院做检查就可以了，精确到几点几分。到时候都不用出示预约号，只要在门口刷脸就可以了，连打开 App 找菜单的麻烦都免了。

(6)多游一小时

2017 年，杭州成立了旅游经济实验室，这是国内首个城市级旅游大数据分析机构。它以“城市大脑”为载体，聚焦景区入园、酒店入住、游览转场等游客排队等候最多的场景，它最大的神奇之处是能够在不增加逗留时间的情况下，让游客在杭州多游一小时。

具体来说，针对节假日住宿难问题，利用市场平台流量资源，开发推出“找空房”微信小程序，提供“10 秒找空房”服务；通过数字的多链融合与服务场景叠加应用，提供“20 秒入园”服务。游客到景点打开支付宝，在闸机上扫付款码直接入园，免去窗口买票、检票环节；在新冠疫情防控中，将实名制、分时预约、健康码验证等数字化功能免费开放给景区，用数据引导客流管控、优化景区服务。通过打通酒店 PMS、公安登记、门禁、收单交易、OTA 预订、酒店直销六大系统，提供“30 秒入住”服务。游客仅需“扫描身份、人证对比”“查找订单、确认入住”和“制作房卡”三步操作，即可自助快速办理入住和退房。

疫情影响下旅游消费行为发生变化，“预约、限量、错峰、有序”成为常态，“无预约，不旅游”也成为游客休闲消费的新习惯。游客可以提前在杭州主流媒体和文旅官方发布上查询景区景点预约情况防止“跑空”。以西溪湿地为例，一旦景区预约量已满，将触发短信预警机制，某年“五一”小长假共向西溪湿地周边 15 千米范围内的市民游客推送“约满”短信提示共计 100 万条，建议游客改日前往，防止游客“跑空”，大大提高了游客的体验度。

(7)感知城市脉搏

杭州建立了城市大脑“民政驾驶舱”，紧盯社会救助、养老服务、社会事务、慈善事业等民政业务领域，突出公益慈善、社区智治等场景建设，逐步实现民政主责主业全面数字化、完全网络化和基本智能化。数字驾驶舱最大的优势之一，就是多家数据一网联通，让问题无处遁形。例如通过发改、民政、人社、残联、卫健、公安等多部门通力合作，将低保补贴、伤残抚恤、高龄老人生活津贴、残疾人补贴等民生数据归集到一起，通过智能比对和分析，就能让“隐藏”的问题全面浮出水面。

同时，既要让数据“多”起来、“准”起来，又要让数据“动”起来、“跑”起来。驾驶舱协同“人头熟”“地头熟”的社区工作人员，打造线上线下互动治理模式，让民生问题实时可控、处置更加精准高效。例如，上城区湖滨街道 10 736 套房屋的信息都已纳入统一地址数据库，减轻了网格员日常上门排查的工作量。通过大数据分析，重点关注 689 位独居老人的日常状况，一旦有突发变化，城市大脑“数字驾驶舱”就会指示网格员上门。一日，驾驶舱平台向社区网格员推送一条信息，东平巷社区 79 岁独居老人家里用电数据异常，网格员立刻上门查看，发现大门紧锁。电话联系后了解到，原来老人和女儿外出度假了。

4. 博悟馆和百草园

(1)博悟馆

位于云栖小镇的 2050 博悟馆，是由云栖小镇和杭州市云栖科技创新基金会联合发起的，也是云栖小镇第一个思想地标，2017 年 10 月建成开放。这里不仅是一个科技和艺术交流的平台，也是一个科技传播的基地。展示通过科技和艺术的融合与创造，在独一无二的艺术空间中，以计算、数据、互联网为主线，循序揭开在线新世界的壮阔图景，探索互联网过去、现在和未来给人类带来的巨大变革。

或许有人会好奇，博悟馆为什么用了这个“悟”字，这个字恰好代表了这个博悟馆跟其他博物馆最大的不同。“物”是定型、固定的，而“悟”是灵动的、不断创造的。目前馆藏的展品都是博悟馆首期创作营的年轻艺术家们的作品，他们花了大量的时间了解计算机科技的发展史，思考计算、数据和互联网究竟对我们意味着什么，并对这些内容进行创作。我们在馆内看到的每一件展品，都是他们从科技这个新颖的题材中汲取的全新灵感——这本身就是一个“悟”的过程。

进门的第一件展品就是“博悟馆”的 Logo，为了凸显“悟”背后的思考，博悟馆的 Logo 也很独特，它是一个动态的装置，一个 24 层的金属结构，从最外圈的 360 等分到最内圈的 1 等分，都是 360 的公因数，也是不同的“进制”，代表了无限的包容；当它转动起来的时候，每一秒都形态各异，代表着无穷的可能。甚至可以把它看作是一个“运算装置”，一个运算中的 Logo。又比如，《2050 年的杭州》。一朵“云”的下方，是梦想中 2050 年杭州的形象：在机器智能的帮助下，水、电、道路，所有的公共资源只需现在的十分之一，建筑不像现在这样越长越高，而是越来越矮。

通过博悟馆的展厅陈列，能够让人们了解原来绳结记事、楔形文字、算盘、活字印刷、摩斯密码都是互联网的自然起源，也能够让人们看到未来的互联网汽车、进入太空的互联网和 2050 年的杭州。

(2)百草园

百草园位于云栖小镇国际会展中心二期一楼，展示“云栖十年，泗乡千年”的变迁，是云栖小镇的第二座思想地标。它于 2018 年 5 月 25 日建成开放，与斜对面的博悟馆互相呼应，因为博悟馆的二楼有一个“三悟书屋”，所以这里就叫作了百草园。这里展陈的近 30 件藏品均由“2050 志愿者”负责创作收集，背景涉及古代杭州人文地理的考证，清朝年间上泗浮山村的四大家族情况、农耕时代的田园生活、不同历史时期的钱江风貌、云栖小镇从转科园腾笼换鸟转型升级的进程及城市大脑等重要项目。整个展览从一张“沧海桑田”的古地图开始，以通向未来的地图结尾。

匠心绽放——劳模公园

1. 劳模工匠文化公园概述

(1)建设缘起

在杭州西溪国家湿地之南，有一个植被茂密、静谧怡人的绿地公园。很多人只有在走近之后，才会发现这里其实是一座劳模工匠文化公园。“桃李不言，下自成蹊”，虽然这座公园谦逊而低调，但却拥有着不俗的身份——它是全国首个以弘扬新时代劳模精神、劳动精神、工匠精神为主题的文化公园。

2020 年，为了大力弘扬新时代劳模精神、劳动精神、工匠精神，加强杭州市“名城工匠”品牌建设，在杭州市委、市政府的高度重视下，杭州市总工会联合西湖风景名胜区管委会决定联手打造一座劳模工匠文化公园。

经过细致的调查和研究，劳模工匠文化公园选址于西溪湿地南侧，西湖一西溪“双西”之间。这里本来有一座杭州城西休闲公园。这次的建设，就是以休闲公园原有的绿色生态为基底，改造成一座综合性开放式主题公园。在建设工程中不砍树，不毁绿，以节点改造的形式，巧妙融入古今中外工匠文化和新中国劳模文化的相关元素，赋予公园新的时代内涵和文化灵魂。

(2)景区概述

2021 年 8 月 18 日，杭州劳模工匠文化公园开园试运行。很快，它便成为杭州乃至全国弘扬“工匠精神”、宣传劳模工匠先进典型的一处文化高地。

建成后的杭州劳模工匠文化公园占地 26 公顷，由杭州工匠林、劳模记忆带、“天下巧工”浮雕景墙、战疫群英像、时代走廊、格言墙等主题景观组成。

“建一个公园，树一座丰碑”，建造全国首个劳模工匠文化公园，是杭州大力弘扬新时代劳模工匠精神的生动实践之一。实现中国梦，创造全体人民更加美好的生活，任重而道远，需要我们每一个人付出辛勤劳动和艰苦努力。让我们以劳模工匠为榜样，大力弘扬劳模精神、劳动精神、工匠精神。而新时代的工匠精神也必将持续推动社会发展，引领这个时代不断前进，开创富强美好的未来。

(3)“杭州工匠日”的设立

杭州是一座“匠心之城”，始终对劳模工匠表示尊崇、关爱，并积极学习劳模工匠们的精神。这座城市不仅拥有全国首座劳模工匠文化公园，也拥有全国首个“工匠日”。2019 年 4 月 3 日，经杭州市第十三届人民代表大会常务委员会第十八次会议审议，决定将每年的 9 月 26 日设为杭州的“工匠日”。

也许有人注意到了一个巧合，杭州劳模工匠文化公园的占地面积为 26 公顷，而杭州工匠日是定在 9 月 26 日。那么，杭州工匠日为什么设在 9 月 26 日呢？

这是因为在八十多年前的 1937 年 9 月 26 日，由茅以升先生主导，我国第一座自行设计、自行建造的双层铁路、公路两用桥——钱塘江大桥建成通车。这是杭州跨时代的杰作，更是工匠精神的结晶。这座桥至今依然耸立在钱塘江上，也成为了杭州的标志性建筑之一。

把 9 月 26 日设立为“工匠日”，充分体现了工匠精神的时代性、历史性、民族性、传承性，既是对杭州历史上工匠精神的致敬，也是对杭州“世代匠心”的传承，更是对社会发展需要更多“大国工匠”的呼唤。杭州每年的“926 工匠日”都有丰富多彩的系列活动。例如“劳模工匠进校园”开学第一课活动等。

2. 劳模工匠文化公园导览

(1)主入口

杭州劳模工匠文化公园是一座综合性开放式的主题公园。公园的主入口是一座敞开式的大门，在设计上分别从墨斗、榫卯、鲁班尺中提取景观元素，给人以传承经典、开拓创新的精神启示，彰显工匠文化的深刻内涵。

这里还有一座“活字印心”主题石碑。“活字印刷”是中国工匠智慧的重要象征，这里每个方块上覆一个文字，排字成句，叙述“匠心”的重要意义。

(2)“天下巧工”广场

走进劳模工匠文化公园的大门，就是一座以“天下巧工”为主题的中心广场，在东西两侧共有八座雕塑，代表了古今中外的八位著名工匠人物。

中国曾是世界上最大的原创之国、匠品出口国及匠人之国。这里四位中国工匠的代表分别是大禹、鲁班、张衡和毕升。

第一座雕塑是大禹。相传他是黄帝的玄孙、颛顼的孙子，更是夏王朝重要的缔造者。大禹最卓著的功绩就是治理洪水。他总结了其父鲧治水失败的教训，改革治水方法，以疏导河川为治水方针，利用“水往低处流”的自然趋势，疏通了九河。治水期间，他亲自率领老百姓风餐露宿，三过家门而不入。经过 13 年的治理，终于战胜了这场可怕的天灾。人们为表达对禹的感激之情，尊称他为“大禹”，即“伟大的禹”。

第二座雕塑是鲁班。他是春秋时期的鲁国人，也是中国建筑业的鼻祖和木匠的鼻祖。相传木工师傅们用的钻、刨子、铲子、曲尺、墨斗等工具，都是鲁班发明的。每一件工具的发明，都是鲁班在生产实践中得到启发后，通过反复研究、试验才诞生出来的。现在我们中国建筑的最高奖项——建筑工程鲁班奖，也是以他的名字来命名的。有一个成语“班门弄斧”，意思是说：在鲁班门前舞弄斧子，比喻在行家面前炫耀本领，自不量力。

第三座雕塑是张衡，他是我国东汉时期的天文学家、数学家、发明家、地理学家、文学家。张衡为中国天文学、机械技术、地震学的发展做出了杰出的贡献，发明了观察星座的浑天仪、预测地震的地动仪，是东汉中期“浑天说”的代表人物之一，被后人誉为“科圣”。由于他对天文学研究的突出贡献，联合国天文组织将月球背面的一个环形山命名为“张衡环形山”，太阳系中的1802号小行星命名为“张衡星”。

第四座雕塑是毕升，他是北宋发明家，活字印刷术的发明者。他所创造的活字印刷，是我国古代印刷科技发展和文化繁荣的一次重大飞跃。毕升起初是杭州书肆的一名刻工，专门从事手工印刷。在印刷实践中，毕升认真总结了前人的经验，经过多年的揣摩研究，在北宋仁宗庆历年间（1041—1048年）发明了活字印刷术，并被另一位杭州人沈括记录在他的笔记文集《梦溪笔谈》中。

在“天下巧工”广场的另一侧，则竖立着世界工匠代表人物，由远及近分别是：数学家阿基米德，艺术界的多面手达·芬奇，蒸汽机的发明者瓦特，大发明家爱迪生。

第一座雕塑是阿基米德。“阿基米德”的意思是大思想家，他是古希腊哲学家、数学家、物理学家。并且享有“力学之父”的美称，阿基米德和高斯、牛顿并列为世界三大数学家。阿基米德曾说过：“给我一个支点，我就能撬起整个地球。”阿基米德后来被罗马士兵杀死，终年75岁。

第二座雕塑是达·芬奇。他是意大利博学家，也是文艺复兴后三杰之一。达·芬奇思想深邃，学识渊博，擅长绘画、雕刻、建筑和发明，通晓数学、生物学、物理学、天文学、地质学等学科，是人类历史上罕见的通才。他最大的成就是绘画，《蒙娜丽莎》和《最后的晚餐》等杰作，体现了他精湛的艺术造诣。

第三座雕塑是瓦特。他是英国发明家、企业家,也是第一次工业革命的重要人物。1776 年,瓦特制造出第一台有实用价值的蒸汽机。以后又经过一系列重大改进,使之成为“万能的原动机”,在工业上得到广泛应用。他开辟了人类利用能源的新时代,使人类进入了“蒸汽时代”。瓦特的创造精神、超人的才能和不懈的钻研,为后人留下了宝贵的物质和精神财富。

第四座雕塑是爱迪生。他是世界著名的发明家、物理学家、企业家,被誉为“世界发明大王”“光明之父”。在美国,爱迪生名下拥有 1 093 项专利,而他在英国、法国、德国等地的专利数累计超过 1 500 项。1999 年,美国《生活》杂志评选出千年以来全球最有贡献的一百位人物,爱迪生名列榜首。

(3)匠心湖

在劳模工匠文化公园的中心位置,有一座美丽的人工湖。这座湖泊的面积约为 2 万平方米,倘若从空中俯瞰,其形状就像汉字行书的“心”字,非常逼真,所以将它命名为“匠心湖”。

在湖畔的亲水平台,可以纵览湖泊风光,也可以品味杭州“浸透着江南韵味,凝结着世代匠心”的城市人文精神。

(4)浮雕景观墙

公园的设计改造中处处透着匠心,由亲水平台继续往前,有一段浮雕景观墙,墙上分别展示了雕塑人物的典型事迹。若走的是一旁的道路,还能看到一组名为解“三境”的园林小品。

何谓“三境”呢?“三境论”由园林泰斗孙筱祥提出,即中国文人写意山水园林的艺术境界可分为“生境”“画境”“意境”三个递进的境界。整个公园生态环境好,风景优美,是为“生境”;园林小品以公园地形地貌为依托,运用枯木和耐阴植物、苔藓鲜花等合理布局设计,展现独特美感,则为“画境”;前两者有机结合,再为公园赋予工匠精神,注入工匠灵魂,成就“意境”。三者相辅相成,呈现出一个完美的劳模工匠文化公园。而设立这组小品,也是为了纪念已故的园林大师孙筱祥先生。

(5)数智杭州

杭州市一直在打造“数智杭州·宜居天堂”,这个理念也贯穿于公园的整个建设过程中，很多建设细节都凸显出智慧科技的光芒。例如公园的数智地图，就用科技的手段向人们展示了景区更丰富的景点信息。

(6)时代走廊

“时代走廊”是公园中一条全长约 1 300 米的主题游线。它选择七处林下舒朗空间，串点成线，沿着从石器时代一直到信息时代的时空脉络，序列展示工匠们所创造发明的典型代表事物。

这条时代走廊，通过实体模型结合电子屏在线解说的方式，将众多工匠成就展现出来，让市民在散步时就可以感受到工匠文化的熏陶。同时，它也将“2022 年杭州第十九届亚运会”的文化符号恰如其分地表达了出来。

(7)杭州工匠林

在公园的西北角，有一座“杭州工匠林”。在工匠林的入口处，镌刻着“执着专注、精益求精、一丝不苟、追求卓越”16 个大字，是 2020 年 11 月 24 日在全国劳模和先进工作者表彰大会上总结出的“新时代工匠精神”。

从 2016 年至 2021 年，“工匠精神”六次写入政府工作报告，可见国家和人民政府对工匠精神的充分重视。杭州目前已经开展了五届“杭州工匠”认定工作，每年都有 30 名具有高超技艺、优秀品质的人才被认定为“杭州工匠”。

在杭州工匠林树阵广场中，共设 10 组荣誉柱，目前刻录了从第一届到第五届的“杭州工匠”名单，共有 150 位。前方的荣誉柱作了留白，期待杭州未来涌现出更多优秀的工匠人才。一旁的劳模工匠长廊，悬挂了和杭州工匠有关的一些作品，这里也可以成为向劳模工匠们学习交流的活动场地。

(8)匠心主题小品

这里设置了一组匠心主题小品，包括了鲁班锁、四大发明、蒸汽机等模型，可以提供市民游客参与互动体验。

鲁班锁，也被称为孔明锁，相传春秋时期的大发明家鲁班为了测试儿子是否聪明，用 6 根木条制作一件可拼可拆的玩具。鲁班儿子忙碌了一夜，终于将其拆开了。这种玩具被后人称作鲁班锁。鲁班锁的原理，和中国古代匠人发明的榫卯结构颇有渊源。中国古代独特的木工技艺和匠心思想，也深刻影响了包括日本、韩国在内整个东亚国家的建筑发展。

四大发明包括造纸术、指南针、火药、印刷术，这种说法源自英国学者李约瑟。四种发明对中国古代的政治、经济、文化的发展产生了巨大的推动作用，经各种途径传至西方，对世界文明发展史产生巨大的影响力。

蒸汽机是推动“工业革命”最重要的发明之一。古希腊的数学家希罗于公元1世纪发明的汽转球，被认为是蒸汽机的雏形。从16世纪以来，众多科学先驱都为蒸汽机的发明做出了贡献。瓦特前后用了30多年时间，最终发明出工业用蒸汽机。在采矿、冶炼、纺织、机器制造等行业中获得迅速推广，大大推动了生产效率和社会生产力的发展。

(9)抗疫群英像

在劳模工匠文化公园中，还有一组“网红”的群雕，这就是“抗疫群英像”。2019年末，我国爆发了新冠疫情，公园中这组雕塑反映的就是各行各业抗疫战士的缩影。这是全国首座纪念抗疫英雄群体的雕塑，他们也是当代年轻人真正值得去追的“明星”。

新型冠状病毒感染(Covid-19)是近百年来全球发生的最严重的流行传染病，也是自新中国成立以来我国遭遇的传播速度最快、感染范围最广、防控难度最大的重大突发公共卫生事件。面对严峻挑战，我国迅速组织起由广大医护人员、科研工作者、人民解放军、人民警察、社区工作者、快递员等各行各业组成的抗疫队伍，大家众志成城、万众一心，逆行出征，铸就了生命至上、举国同心、舍生忘死、尊重科学、命运与共的“伟大抗疫精神”。正是有了无数抗疫英雄的付出，我们才在2023年胜利走出了疫情的阴影。

(10)劳模记忆飘带

在劳模工匠文化公园中，主角除了各行各业的能工巧匠，更有值得人人学习的劳动模范。劳动模范表彰是我国劳动者表彰体系中影响力最大的一项。这项表彰制度是在中华苏维埃时期初现雏形，延安时期蓬勃发展并逐步制度化，新中国成立后得到正式确立。1950年9月25日，在北京隆重召开全国工农兵劳动模范代表会议，这是新中国成立后第一次全国劳模表彰大会。公园有一条以劳模为主题打造的“劳模记忆飘带”，上面刻着各个时期的劳模工匠代表名字，时间跨度正是从1950年到现在。

首先看到的是两位杭州籍的全国劳动模范，一位是专家型的锅炉工人陈有生，另一位是中国第一代民营企业家，世界五百强企业之一的创始人鲁冠球。

陈有生(1910—1999)，1929 年加入工作，从一名普通锅炉工干起，和锅炉打了 70 多年的交道。新中国成立后，他勤学苦练，猛攻科学技术堡垒，创造了许多重大的技术革新。浙江省第一台自主生产的角管式工业锅炉，就是陈有生设计、计算、画图、制造的。和蒸发量相等的“考克兰”锅炉相比，这台锅炉可以节省钢材 65%，节省工时 73%，缩短制造周期 75 天。1959 年、1979 年陈有生先后在全国“群英会”和全国劳模表彰大会上被授予全国先进生产者和全国劳动模范称号。同时，他也被浙江省提拔为工人工程师，历任杭州锅炉厂厂长、总工程师，浙江省总工会副主席，是第二、三、五、六届全国人大代表。

鲁冠球(1944—2017)，是一名只有初中学历的乡镇企业家。1969 年 7 月，他带领 6 名农民集资 4 000 元，创办宁围公社农机厂。改革开放初期，他以开拓者的胆识，主动与乡政府签订厂长个人风险承包合同，开创了浙江企业承包改革的先河，成立了万向集团，并首创浮动工资制。在他的带领下，万向集团从一个小作坊发展为第一个进入美国市场的中国汽车零部件企业，第一家进入国务院试点企业集团的乡镇企业，第一家拥有国家级技术中心的乡镇企业。并开创乡镇企业收购海外上市公司的先河，向世界展示了中国企业家勇于改革实践的智慧和担当。

除了杭州地区的劳模代表，这里还展示了全国范围内的劳模代表。第一位是出生在上海的杭州人——航天之父钱学森，他被誉为是知识的宝藏，科学的旗帜，也是中华民族知识分子的典范。第二位是新中国第一代劳动模范时传祥，他做了 30 几年的掏粪工，用一人脏，换来了万家净。第三位是王进喜，他为中国的石油事业立下了汗马功劳，从他身上体现出来的铁人精神，更激励着一代代的中国人。第四位是“两弹元勋”，中国核武器研制工作的开拓者和奠基者邓稼先。最后这位是西藏人民心中最温暖的榜样，原西藏自治区阿里地委书记孔繁森。

(11)格言墙

整个景区的最后，是一面以“富春山居图”为背景的大型浮雕墙，墙上刻录了历代名人以及劳模们关于劳模精神、劳动精神、工匠精神的名言。中间镌刻了

2020 年 11 月 24 日国家领导人在全国劳模和先进工作者表彰大会上关于三种精神的重要论述：劳模精神、劳动精神、工匠精神是以爱国主义为核心的民族精神和以改革创新为核心的时代精神的生动体现，是鼓舞全党全国各族人民风雨无阻、勇敢前进的强大精神动力。

杭州劳模工匠文化公园一角 （徐坤龙摄）

附：杭州非物质遗产名录（联合国、国家级）

项　目	所属地区	项目门类	公布时间
人类非遗项目			
古琴艺术（浙派）	杭州市本级	传统音乐	2003—11—07
中国篆刻（西泠印社金石篆刻）	杭州市本级	传统美术	2009—09—30
半山立夏习俗	拱墅区	民俗	2009—09—30
蚕丝织造技艺（杭罗织造技艺）	上城区	传统技艺	2009—09—30
蚕丝织造技艺（余杭清水丝绵制作技艺）	临平区	传统技艺	2009—09—30
国家级非遗			
梁祝传说	杭州市本级	民间文学	2006—05—20

续表

项　目	所属地区	项目门类	公布时间
白蛇传传说	杭州市本级	民间文学	2006—05—20
竹纸制作技艺	富阳区	传统技艺	2006—05—20
张小泉剪刀锻制技艺	拱墅区	传统技艺	2006—05—20
胡庆余堂中药文化	上城区	传统医药	2006—05—20
余杭滚灯	临平区	传统舞蹈	2006—05—20
金石篆刻(西泠印社)	杭州市本级	传统美术	2006—05—20
小热昏	杭州市本级	曲艺	2006—05—20
蚕丝织造技艺(余杭清水丝绵制作技艺)	临平区	传统技艺	2008—06—07
江南丝竹	杭州市本级	传统音乐	2008—06—07
古琴艺术(浙派)	杭州市本级	传统音乐	2008—06—07
摊簧(杭州摊簧)	杭州市本级	曲艺	2008—06—07
端午节(五常龙舟胜会)	余杭区	民俗	2008—06—07
十番音乐(楼塔细十番)	萧山区	传统音乐	2008—06—07
翻九楼	萧山区	传统体育、游艺与杂技	2008—06—07
绿茶制作技艺(西湖龙井)	西湖区	传统技艺	2008—06—07
蚕丝织造技艺(杭罗织造技艺)	上城区	传统技艺	2008—06—07
武林调	杭州市本级	曲艺	2008—06—07
独脚戏	杭州市本级	曲艺	2008—06—07
杭州评话	杭州市本级	曲艺	2008—06—07
杭州评词	杭州市本级	曲艺	2008—06—07
西湖传说	杭州市本级	民间文学	2008—06—07
铜雕技艺	上城区	传统技艺	2008—06—07
制扇技艺(王星记扇子)	拱墅区	传统技艺	2008—06—07
苏东坡传说	西湖风景名胜区	民间文学	2011—05—23
中医传统制剂方法(朱养心传统膏药制作技艺)	拱墅区	传统医药	2011—05—23
蚕丝织造技艺(杭州织锦技艺)	拱墅区	传统技艺	2011—05—23

续表

项　目	所属地区	项目门类	公布时间
中式服装制作技艺(振兴祥中式服装制作技艺)	上城区	传统技艺	2011—05—23
越窑青瓷烧制技艺	西湖区	传统技艺	2011—05—23
端午节(蒋村龙舟胜会)	西湖区	民俗	2011—05—23
中医正骨疗法(张氏骨伤疗法)	富阳区	传统医药	2011—05—23
雕版印刷技艺(杭州雕版印刷技艺)	西湖区	传统技艺	2011—05—23
径山茶宴	余杭区	民俗	2011—05—23
十八般武艺	余杭区	传统体育、游艺与杂技	2011—05—23
淳安三角戏	淳安县	传统戏剧	2011—05—23
钱王传说	临安区	民间文学	2011—05—23
剪纸(桐庐剪纸)	桐庐县	传统美术	2014—11—11
木版水印技艺	拱墅区	传统技艺	2014—11—11
元宵节(河上龙灯胜会)	萧山区	民俗	2014—11—11
中医传统制剂方法(方回春堂传统膏方制作技艺)	上城区	传统医药	2014—11—11
竹马(淳安竹马)	淳安县	传统舞蹈	2014—11—11
民间信俗(孝子祭)	富阳区	民俗	2014—11—11
传统中医药文化(桐君传统中药文化)	桐庐县	传统医药	2021—06—10
花边制作技艺(萧山花边制作技艺)	萧山区	传统技艺	2021—06—10
二十四节气(半山立夏习俗)	拱墅区	民俗	2021—06—10
严东关五加皮酿酒技艺	建德市	传统技艺	2021—06—10

满堂花醉　节会杭州

熟悉和关心杭州的人或许会发现：近年来，随着这座城市的不断发展，越来越多的会议、会展和节事活动找上了这里。于是除了观光旅游、休闲娱乐外，人们因为会展活动或节事体验，会一次又一次的光顾这座城市。杭州也从“断桥相会”的发生地，渐渐演变为与“世界相会”的新舞台。

会展被誉为“城市建设的加速器”“触摸世界的窗口”，一座城市的会展业是否发达，更是衡量它商业化和国际化程度的重要指标。杭州有着非常出众的文化旅游资源和产业经济优势，近年来蓬勃发展的会展旅游更是给她带来了可观的经济收入和巨大的国际影响力，“会展之城”已经成为这座城市新的符号，未来也必然成为她新的骄傲。

杭州会展之城的形成

“江南旧事水与山，会稽风雨总如磐”，浙江省自古有“会稽”的雅称，这里虽然地处东南，远离中原，但却是人们往来频繁的地方。早在 4 000 多年前的原始社会，华夏民族的英雄人物大禹在完成“治水”大业之后，相传就有来过杭州的记载。他更在与杭州隔江相望的会稽山“会计”天下英豪，论功行赏，这可以说是中国上古时期规模最为宏大、意义最为深远的盟会之一，还留下了本地部落领袖“防风氏”因为参会迟到，被大禹诛杀立威的故事。到了晋代“衣冠南渡”之后，人们对浙江大地的开发更加成熟，越来越懂得如何利用好这片土地。于是“兰亭之会”这样的风雅集会也不断地在这里涌现出来。不过那时的杭州还是一块默默无闻的小地方,“不声不响”地躲在历史的“阴影”之中。

到了唐昭宗干宁二年(895 年),浙江军阀董昌在绍兴自立为帝,部下钱镠写信劝他“与其闭门作天子,不如开门作节度使”,但是董昌并不听从。于是钱镠自杭州起兵讨伐,并在次年五月平定了董昌之乱。从此,钱镠成为浙江大地上新的“话事人”。他的“大本营”——杭州也得以取绍兴而代之,首次成为封建时期浙江的政治中心。于是人们纷纷来杭州向他表示祝贺,相传著名的诗僧贯休恰好也云游至此,于是向钱镠献上贺诗一首,赞美他“满堂花醉三千客,一剑霜寒十四州”。自此以后,杭州的城市地位急剧上升,不仅是人们来到浙江的第一落脚地,也渐渐成为人们相聚相邀的首选名城,议事议会的重要地点。

到了近代,杭州的城市格局基本形成,便捷的交通,舒适的生活,秀丽的景观,使她见证了许多重要的历史会议。1922 年中央执行委员会的西湖特别会议在这里举行,推动了“第一次国共合作”和中国共产党的发展。1937 年的国共谈判也在这里进行,促成了“第二次国共合作”和共同抗战的局面的形成。同时,作为东南地区的经济重镇,杭州更是中国现代展览业的发祥地。早在 1929 年,为“争促物产之改良,谋实业之发达”,在这里举办了历时 137 天的西湖博览会,首开中国近代会展之先河。依托长三角地区的独特区位,杭州与上海、南京等民国时期的大都市相互辉映,成为那时的商业会展名城。

新中国成立之后,百废待兴。为了能够尽快推动城市的崛起,杭州制定了详尽的城市规划和发展步骤。在这一阶段,虽然会议会展并不是城市发展的首要方向,但这一功能依然没有被人们忽视。新中国成立初期,在西湖边完成了我国第一部《宪法》草案的讨论和起草工作;在 1958 年召开的“杭州会议”上,提出了关于当前经济工作的重要方针和方法;1976 年美国总统尼克松访华,西湖更成为中美领导人重要的会见地点和《中美联合公报》的草签地点。这些历史会议的举办经历,到了改革开放之后,都成了会展旅游中可贵的文化资源。

近年来,随着杭州城市建设蒸蒸日上,文旅发展陆续补齐短板,会展产业更是一飞冲天。从 1998 年杭州金秋国际旅游节的烟火辉煌,到 2000 年第二届西湖博览会的盛景重现;从 2005 年首届中国国际动漫节的异彩纷呈,到 2006 年世界休闲博览会的大气舒展,杭州的会展产业一步步由文旅走向综合,由西湖迈向世界，成为名副其实的“会展之都”。商业会议的严谨高效、私人聚会的轻松闲适、国际盛会的隆重大气、文体集会的热闹欢腾、节事聚会的熙熙攘攘、各类展会的缤纷夺目，统统都能在这座精致和谐、大气开放的城市之中收获到。

对于杭州而言，区域中心的城市地位、繁荣兴盛的商品经济，是她成为“会展之都”的引力源泉；秀丽迷人的自然风光、悠久醇厚的人文内涵，是她成为“会展之都”的文化基础；成熟发达的外部交通、左右逢源的区位优势，是她成为“会展之都”的渠道支持；健全完善的城市建设、专业到位的会展服务，是她成为“会展之都”的接待保障。继一系列区域性展会活动的成功举办之后，2016 年的 G20 峰会和 2022 年的亚运会(推迟到 2023 年举办)主办权“花落”杭州，更是这座城市不断攀登会展事业高峰新的里程碑。依托惊艳出彩的会展资源，秉承热情好客的文化传统，凭借积极进取的创新精神，杭州在未来将立足这“会展之都”的品牌，成为与全球牵手，与世界相会的时代新城。

对杭州的会展产业而言，2000 年是一个绕不开的年份。在这一年，杭州再次举办了西湖博览会，此时距离 1929 年首届“西博会”的召开已经过去了整整 71 年。也正是在这一年，杭州旅游会展综合收入同比增长了 25.3%，展现出强大的增长势头。到了 2006 年，西博会与杭州世界休闲博览会叠加，全年实现旅游产业增加值达 203 亿元，占全市生产总值的比重达到 5.9%；2009 年，位于钱江新城的杭州国际会议中心投入使用，成为当时浙江省最大的国际会议展馆，让杭州有了承接国际大型会议的可能。2010 年以来，杭州白马湖国际会展中心、杭州国际博览中心、杭州奥体中心等会议会展接待设施相继完工，不仅成为钱江南岸的新地标建筑，更将杭州的会展旅游发展推向了新的高度。

近年来，杭州提出把观光旅游、休闲旅游、会展旅游并称为发展旅游经济的“三驾马车”，会展业成为杭州都市产业的重要组成部分。自 2006 年开始，杭州市连续多年入选“中国十佳会展城市”，“会展之都”成为杭州的又一张城市“金名片”。2016 年召开的 G20 峰会，更是杭州进军世界级城市的里程碑，这次盛会把杭州推向了世界的中心，也让杭州会展业找到了新的爆点和发展机会。G20 后，大规模、高层次、科技派、国际范的各类会议展览越来越多选择在杭州举办，会展业取得了长足的发展，逐渐走到了全国的前列。

与此同时，作为历史文化名城，杭州在文化的保护、活化与创新等方面走在全国前列，中国国际丝绸博览会、中国国际茶叶博览会等文化盛会高朋满座。作为创新活力之城，杭州在数字经济、金融科技、生物医药、文化创意、新零售、新能源等领域产业发展十分迅速，而产业经济蓬勃发展的优势，对于吸引产业会议落地杭州具有强大的影响力和号召力。很快，一大批相关领域的重量级会议相继花落杭州，其中云栖大会、2050 大会、淘宝造物节、中国国际动漫节、世界工业设计大会等更成为行业标志性的品牌会议。

如今，杭州配套会展的硬件设施建设有了巨大的改善，近年来城市办会场地在不断升级，已形成 9 大会议集群、6 个大型专业会展中心、10 个具有会议设施的特色小镇、30 余个 1 000 平方米以上的专业会场。在会议酒店方面，城市拥有五星级酒店数十家，洲际、万豪、喜来登、香格里拉、悦榕庄、安曼、四季等国际知名酒店品牌相继选择落户杭州，国内和本地品牌酒店如开元、君澜、黄龙饭店也发展迅速，会议设施和服务都属一流。作为长三角地区核心城市之一，杭州便捷的交通更是通达全球。论航空，萧山国际机场居世界百强，是华东地区第三大国际机场；论高铁，杭州中心城区范围内拥有杭州站（城站）、杭州东站、杭州南站、临平南站、杭州西站、钱塘站（在建）六座高铁站，杭州东站更是亚洲最大的铁路枢纽之一；论市内交通，杭州入选第二批“国家交通都市建设示范城市”，覆盖城市的地铁网络将在 2023 年亚运会之前全面建成。

同时，杭州也非常重视会展旅游软实力的发展，杭州还有一批专业的“会议大使”，他们是拥有专业知识，在所在领域有一定影响力，并能利用自身影响力为城市招徕会议的专业人士。自 2011 年以来，杭州先后共聘任了 10 批 64 位来自教育、医疗、文化等领域的行业精英担任“杭州会议大使”，成功为杭州引进百余个国际性、全国性、地区性学术会议。“会议大使”已成为杭州一张闪亮的城市名片，是会展业与城市优势产业跨界融合的创新典范，也是杭州打造国际会议目的地的金字招牌。同时，杭州政府积极拓展国内外的会议市场，为人们来杭办会提供大力支持，更出台了全国第一个对会议竞标进行扶持的政策。

因为会展活动筹备期长，产业链条复杂，参与人员的地域覆盖面广，涉及相关行业众多，所以受到新冠疫情的影响是巨大的。所幸我国疫情防控形势持续向好,"全球会展看中国"的格局正在逐步形成,尤其在"十四五"新发展格局下,杭州处于"亚运会、大都市、数字化"的重要窗口期,将进一步拓展杭州会展的"国际朋友圈"。以亚运会为引领的一系列重大赛事活动的举办,也将极大提升杭州城市的品牌号召力,吸引一大批国内外核心会展资源聚集杭州。同时,以亚运场馆为代表的一批新的会展设施已经陆续落成,未来将更大地提升杭州市大型会展项目的承载能力。当然,作为全国数字经济的发源地,杭州在城市智能化的创新优势,也必将推动未来会展业的智能化发展。

近年来,杭州市文化广电旅游局通过加强与国际行业组织的合作、塑造会议目的地鲜明IP、实施"杭州会议大使"计划、成立国际会议竞标服务中心、推出了13项竞标国际会议服务、开展会议目的地精准营销等10项举措,积极推进"国际会议目的地"建设。2020年,国际大会与会议协会(ICCA)发布了2019年度全球会议目的地城市国际会议数量排行榜。杭州以38个标准国际会议的成绩,在全球5 214个城市排名中位居第74位、亚太第17位、中国大陆第3位,排名仅次于北京和上海。相信在不远的未来,杭州必将以秀美的风光、悠久的历史、璀璨的文化、完备的会议设施、专业的会议服务、智慧化的解决方案,成为越来越引人瞩目的国际会议目的地。

杭州会展之城的特色

正所谓"有朋自远方来,不亦乐乎"。杭州是一座大气开放的城市,正敞开胸怀迎接五湖四海的宾朋。这里不仅有免费的西湖景区,繁华的城市街道,更有丰富的会展文旅设施。既能满足参与者的会展活动需要,也能给市民群众带来舒适的空间享受,更能为各地的游客带来美好的会展旅行体验。总的来说,目前杭州市区的会展文旅资源主要包括了能够提供专业会展服务的会场和展览馆;能够提供商业会议服务的酒店会场和度假区会场;能够提供社会公共集会活动的广场和公共空间;能够提供文体集会活动的体育场馆和露天体育设施等。这些与会展产业相关的资源、设施与服务,层次不一,风格各异,它们相互组合,共同构成了“会展之城”的供给基础。

说起杭州最优秀的会展场馆，排在首位“出场”的必然是浙江展览馆。这座建成于 1959 年的展览场馆，是杭州最优秀的历史建筑之一，也是城市最重要的文化地标。从建成开放之日起算，这里已举办过 3 000 余次各类展览和 1 000 余次广场活动。作为它的配套建筑，展览馆前后占地 1.5 万平方米的武林广场，更是城市最核心的商业文化中心。2017 年，杭州将其主体建筑修葺一新，更通过“灯光秀”等现代化手段，拉近了它和这个时代的距离。随着城市的发展，会展场馆也要经历新陈代谢的过程。始建于 1998 年的和平会展中心是杭州第二代会展场馆。这里举办过杭州第一届农博会和家具展，不过却在 2021 年离开了历史的舞台。如今，以白马湖国际展览中心和杭州国际博览中心为代表的第三代会展场馆欣欣向荣。而占地面积 1 110 亩，总建筑面积超过 124 万平方米的杭州大会展中心正在如火如荼的建设中，那将是未来“全国三大会展中心”之一，寄托着杭州“会展之城”新的希望。

随着城市文旅建设的逐步深化，越来越多品牌酒店和特色酒店选择落户杭州，也为杭州的商业会议服务市场注入了新的活力。依托得天独厚的地理位置，坐落在西湖边的西湖国宾馆、西子宾馆、大华饭店、西湖山庄等酒店，为访客塑造了“会在西湖”的别样意境。凭借先进的会议管理服务理念，洲际、万豪、香格里拉、四季等国际酒店管理集团为访客提供更专业化和国际化的会议服务体验。而在城市中不同规格的星级酒店、主题酒店，在特色小镇中不同风格的公共空间，在乡村郊野不同特色的民宿驿站，都能够通过不同类型的会议服务设施，为人们提供多样化的会议服务。使得座座会场都成为“杭州接待”的精品客厅，场场会议都成为杭州之行的重要体验。

露天和室内的公共场地，也是城市中重要的会展文旅资源。除了各大会展中心的附属广场之外，杭州积极建设各类商业广场和文化广场，成为满足访客文旅体验需求和会展服务需求的又一重要平台。无论是以银泰城、万象城、龙湖天街、万达广场等为代表的商业地产，还是以西湖文化广场、运河文化广场、吴山广场等文化广场为代表的公共空间，都能成为各类集会活动的目的地和各种节事活动的重要举办地。而以城北体育公园、运河亚运公园和各区县体育中心为代表的体育休闲场所，以杭州市体育场、黄龙体育中心、杭州奥体中心等为代表的体育运动场所，则通过文体活动的载体，成为别具一格的会展文旅资源。

杭州会展文旅资源

和会展设施相比，丰富多彩的节事活动同样是杭州重要的文旅资源。“山寺月中寻桂子，郡亭枕上看潮头”是白居易《忆江南》中的名句，也道出了历史上杭州最重要的两个文旅节事活动：中秋和观潮。除了灵隐月桂峰上中秋之夜的动人传说之外，西湖之中的三潭印月、西湖之畔的平湖秋月和西湖之旁凤凰山上的月岩，是长传千年的三大赏月圣地。

和“千里共婵娟”的中秋节相比，钱塘江涌潮为杭州所特有，也是世界一大自然奇观，“云树绕堤沙，怒涛卷霜雪，天堑无涯”是柳永对它的由衷赞美。钱江潮是天体引力作用和杭州湾喇叭口的特殊地形共同作用下造成的特大涌潮，其中的交叉潮、一线潮、回头潮、冲天潮皆有可观之处。在杭州沿江一线皆可赏潮，今天的萧山观潮城、下沙大桥、七堡、三堡、城市阳台、南星桥、闸口等地都设有观潮点，每天还有潮汛预报。钱塘江潮的大小与月相有关，每月初一十五的潮汐较大，而中秋至八月十八为钱塘江天文大潮讯，苏东坡也留下了“八月十八潮，壮观天下无”的名句。

新中国成立以来，随着杭州经济社会的不断发展，涌现出了许多新型的节事活动。早期的节事活动内容相对简单，形式相对单一，例如 1991 年 4 月，中国茶叶博物馆在杭州建成，同时举办了首届中国杭州国际茶文化节。为了进一步打造杭州的旅游品牌，让世界了解杭州，让杭州走向世界，杭州需要发展更具综合性的节事活动。

1998 年，杭州举办了首届金秋国际旅游节，其中包括了西湖国际烟花大会、金秋音乐会、钱江观潮节、西湖桂花节、湖上集体婚礼、杭州美食周等活动，这可以算得上杭州最早的大型文旅节事之一了，其中有不少经典活动成为城市的保留项目，传承至今。1999 年 10 月 1 日是全国第 1 个黄金周，旅游的热潮席卷杭州，也让杭州看到了节事文旅丰富的附加值。到了2000年，杭州时隔71年重新举办西湖国际博览会，并坚持每年举办一届，成为杭州最早的会展“金名片”。

2001年，杭州启动了西湖综合保护工程，两年后工程推进到了杨公堤，恢复了历史上的上香古道，也更好地保护了杭州春季进香的民俗传统。有“东南佛国”之称的杭州自古以来佛教文化兴盛，每年春季灵隐进香、六和敲钟等祈福活动都是热闹非凡，也催生了“天竺香市”等节事活动。

2006年杭州运河综合保护工程的一期工程完工，打通了运河两岸21千米的游步道。到了2013年夏季，杭州热爱徒步的市民通过“走运”的活动支持运河申遗，既有“行大运”的好兆头，又产生了良好的社会效应。于是这项活动被保留下来，并在此后发展成为“中国(杭州)新年祈福走运大会”。这与中国大运河申遗成功后首次举办的“中国大运河庙会”“京杭大运河国际诗歌大会”并称为杭州运河之上的三大节庆盛会。2020年杭州将每年的6月24日设为“杭州西湖日”，7月6日设为“杭州良渚日”，未来这两个特殊的节日也必将越来越精彩。

2005年，杭州在与国内诸多城市的竞争中脱颖而出，获得了中国国际动漫节的主办权。这是唯一国家级的动漫专业节展，也是目前国内规模最大、人气最旺、影响最广的动漫专业盛会之一，将评选出中国动漫最高奖项“金猴奖”。截至2022年，杭州已经成功举办了18届中国国际动漫节，吸引了全球五大洲80多个国家和地区参与。

2021年6月26日，位于滨江区白马湖的中国动漫博物馆正式建成并对外开放。这是国家广电总局和中国动画学会批准的“国字号”动漫博物馆，博物馆主体建筑面积可达30 382平方米，设有四大常设展厅，以及剧场、影视区、图书馆、视听室、电竞馆等配套功能区域，藏有各类动漫藏品2万余件。近年来，杭州动漫产业发展势头迅猛，出品了《天宝伏妖录》《秦时明月》《斗罗大陆》等一批优秀动漫作品的玄机科技公司，动画播放量51亿次的《狐妖小红娘》原创夏天岛工作室等机构都在杭州，《狐妖小红娘》还在杭州临安的河桥古镇打造了国内首个国漫主题行浸式夜游项目，人气火爆。

杭州节事旅游精华

博览西湖——西博盛会

在杭州西湖北山路的41—42号，是一座带有明显欧式建筑风格的黄色老建筑，掩映在参差的法国梧桐树下，显得分外醒目，这就是1929年第一届西湖博览会工业馆的旧址。2003年，在经过全面整修后，它成了今天的西湖博览会博物馆。与隔湖相望的浙江省博物馆相比，这里显得清雅而素净，与整条北山街的民国氛围相得益彰，只有偶尔路过的游人会好奇的探进头去，打听着关于它的故事。

1. 西湖博览会概况

(1)“西博会”前的杭州

民国十八年(1929年)，浙江省省会杭州举办了一届西湖博览会。这是中国会展史上最早的现代展会之一，是浙江经济走向世界的有力尝试，对国内会展业的发展也有着巨大影响。

在那个时代，举办“博览会”是风行世界的一种活动。早在1761年，英国皇家艺术协会就举办了“艺术、制造和贸易”年度大奖作品展，法国也在1797年举办了第一届工业博览会。1851年，英国在水晶宫举办了万国工业产品博览会，被认为是现代第一次全球博览会。而美国则在1904年举办了圣路易斯世界博览会；1915年为庆祝巴拿马运河被开凿，在旧金山举办了巴拿马太平洋万国博览会；1926年借建国150年之际，又在费城举办了规模空前的世界博览会。

对中国而言，博览会其实也并非陌生事物，历史上强盛烜赫的王朝也会用这种形式彰显文治武功。如隋大业五年(609年)西域使臣献上数千里之地，于是在焉支山下举办的“万国盛会”，隋主“御观风行殿，盛陈文物；奏九部乐，设鱼龙曼延”，“其蛮夷陪列者，三十余国”，威于一时。然而近代以来，随着国力衰弱，工业不竞，举办博览会固然有难处，去别国参展通常也以民间为主。

不过杭州民间对参加世界各地的博览会，却是“兴致甚浓”。早在1915年的巴拿马万国博览会上，杭州的王星记扇子和张小泉剪刀就初登竞技舞台并有所斩获。1926年，张小泉剪刀又一次参加费城博览会，荣获银奖。而创建丝厂仅四年的都锦生携带彩色古画织锦《宫妃夜游图》也参加了此次盛会，荣获费城博览会金奖，这是中国织锦在国际舞台上获得的第一个金奖，让来自杭州的织锦技艺在国际上大放光彩。

其实杭州这座城市自古便以物质富裕、经济发达而著称，有“天堂”的美誉。除了张小泉剪刀、王星记扇子、都锦生织锦外，孔凤春的香粉和宓大昌的旱烟也很出名，这杭剪、杭粉、杭扇、杭线和杭烟，被统称为“五杭”，是杭州手工业产品中的佼佼者。除此之外，杭州的丝绸、龙井的茶叶、富阳的纸张等都是冠绝于世、载誉千年的地方特产。鸦片战争之后，民族资本工商业在杭州迅速兴起。至1899年，杭州诞生了通益公纱厂、世经缫丝厂、大纶丝厂和通惠公纱厂四家丝厂，丝绸工业逐渐转向半机械化生产。1895年《马关条约》之后杭州开埠，工业化开始全面影响这座城市。1909年，沪杭铁路建成，杭州也出现了第一家现代工厂——光华火柴厂，用工多达1 200人，呈现一派兴旺景象。

不过，城墙拆除了，铁路开通了，运河也就衰落了。在现代工业文明的冲击下，杭州赖以为本的丝绸、茶叶及钱庄等传统产业也黯然失色。与此同时，由于上海的崛起，原本以杭州为大本营的徽商集团及宁波、绍兴商人也集体投奔上海滩，成为那里的航运及金融业的主力。而自从杭州商人胡雪岩的商业失败后，杭嘉湖一带再难有类似的领军人物出现。这些民族企业的规模都属于中小型，不足以再造杭州商业的经济格局。虽然民族资本在杭州迅速发展起来，民间也有一浪高过一浪的国货运动支持，然而这些经济体量都比较弱小，并不足以再造杭州的商业辉煌。所以，如何重振这座城市的商品经济，让社会繁荣重新降临，成了摆在城市管理者面前非常重要的一个问题。

(2)“民国奇人”张静江与杭州

就在此时，一个关键人物登场了，他就是被孙中山称为“中华第一奇人”“革命圣人”的张静江。

张静江于清光绪三年(1877年)出身于湖州南浔巨富之家，他的祖父张颂贤与外祖父庞云鏳都是丝商巨贾。光绪二十八年(1902 年),25 岁的张静江以一等参赞的身份随驻法公使孙宝琦出使法国,并在巴黎创办了通运公司,又分别在伦敦和纽约开设了分公司,可以说是一名年轻有为的商界奇才。就在这次赴欧途中,他结识了奔走革命的孙中山,在此后又加入了同盟会,并开始为孙中山组织的反清"革命"提供活动经费。1920 年 2 月 4 日,张静江遵照孙中山之命到上海创办证券交易所,继续为"革命"筹措经费,使孙中山的"革命"事业一步步地渡过难关。孙中山曾说过:"张原属富豪出身,党内财务,唯张所为",可见张静江在孙中山心目中的地位非同一般。

由于张静江对"革命"的巨大贡献,民国十三年(1924 年)在国民党"一大"上,他当选为中央执行委员,和蔡元培、吴稚晖、李石曾并称为"中国国民党四大元老"。孙中山去世后,张静江在政治上转而支持蒋介石,直至今日,南京市档案馆还留有蒋介石当年向张静江借钱的借条,其厚度竟达一寸之多。蒋介石在仕途升迁上受益于张静江的地方也颇多。例如蒋介石能当上黄埔军校校长,并获得孙中山的信任,都少不了张静江的推荐和美言。张静江甚至还亲自为蒋介石说媒,促成了陈洁如与蒋介石的姻缘。

南京国民政府成立后,张静江被选举为国民党中央执行委员会常务委员会主席,跻身于国民党最高领导人行列。民国十七年(1928 年)蒋介石组织"五院制"国民政府时,张静江出任国民政府建设委员会委员长,又任浙江省政府主席。也正是在这个阶段,开启了他与杭州的缘分。

今天,当我们漫步北山街,很容易就能找到张静江曾经的私宅——静逸别墅。民国十七年(1928 年)当他以浙江省主席的身份来到杭州时,起初是借住在上海名流曹振声的别墅——来音小筑里。到了民国二十二年(1933 年),他决定把家安在西湖之畔,据说是花了 8 200 元大洋,向智果寺住持买下了这块地皮。这座别墅占地面积达 1 425 平方米,里面有两栋精致的西式建筑,阳台上可以眺望湖山,张静江取他和夫人朱逸民的名字为别墅命名,叫作静逸别墅。其实在那时,张静江与蒋介石已经政治决裂,建设委员会也已经被架空。于是夫妻二人与几个孩子便在这里住下,享受着短暂的安宁和祥和的时光,静观西湖山水、日出日落。而在别墅所在的宝石山脚下,正是当年西湖博览会的举办地点。

(3)筹备西湖博览会

张静江主政浙江前后三年的时间，刚好处于国共内战、二次北伐和中原大战前后，由于连年的军阀混战和帝国主义肆意掠夺，浙江的民生经济日益凋敝，财政收入更是捉襟见肘。精通政商之道的张静江深深知道，要想扭转这一局面，最快的办法就是搞一个大规模的博览会。常年在海外的经商经历，使张静江对博览会这种商业模式相当熟悉。他还亲自赴美参加过巴拿马太平洋万国博览会，他故乡湖州南浔的辑里丝与贵州茅台酒都在那次展会中获得过金奖。于是在到任杭州之后，他就开始着手在西湖之畔筹办这一场大型的博览会。

张静江的提议得到了南京中央政府的支持，不过批复只有“同意”两字，却没有一分钱的经费拨付。这时候，张静江的经济头脑就显现了出来。他宣布发行“西博会有奖游券”，一元一张。购买者不但可以免费参观博览会、免费乘坐杭州公交汽车，更可以参加博彩抽奖，最高的一等奖为10万元，二等奖2万元，三等奖1万元。当时一位普通城市职员的月薪约20元，巨额的博彩刺激当然深受大家的喜爱，一时举城若狂，连城里的乞丐都愿意抢一张奖券试试手气。这股热潮还波及了其他城市，据说有两万多个上海市民也抢购了这个奖券。最后共计筹得100多万元，让人一筹莫展的经费难题就这样轻而易举地解决了。

以西湖来命名博览会，是张静江的又一个创意，目的就是借西湖的名气来招揽全国的观展者。为此他还特地请南京音乐家吴瞿安创作了一首会歌：“熏风吹暖水云乡，货殖尽登场。南金东箭西湖宝，齐点缀锦绣钱塘。喧动六桥车马，欣看万里梯航，明湖此夕发华光。人物果丰穰，吴山还我中原地，同消受桂子荷香。奏遍鱼龙曼衍，原来根本农桑。”这首以古曲《风入松》为旋律重新填词的西湖博览会的会歌很有气派，不仅写出杭州人间天堂的特点，而且也提到了“货殖”“梯航”“农桑”，紧扣了张静江举办“西博会”的主要目的。张静江一看连声叫好，大笔一挥：“送稿酬一千元！”1 000元在那时候是什么概念呢？当时一个二三十人的大家庭，每月300元就可以过上相当舒适的日子了。于是上海的小报上说：这首会歌的歌词76个字，计算下来平均每字的稿酬是13元，大概是那个时代最高的稿酬了吧！

接下来，西湖博览会又确立了“提倡国货，奖励实业，振兴文化”的宗旨。据统计，西博会的筹备人员前后可达数千人，仅杭州一地就有600多人，很多江浙名人如虞洽卿、史量才和杜月笙等，都受到了张静江邀约参与到筹备活动之中。为了征募全国企业和商品的积极参与，张静江还在上海、江苏、安徽及湖北等75个市县设立了筹备分会，还在越南和印度尼西亚设立出口委员会。

西博会又该在哪里举办呢？当时的杭州城很小很局促，在城内根本拿不出数万平方米的布展空间。既然取名为西湖博览会，张静江就选中了孤山与北里湖之间这一片面积约五平方千米的区域，进行分点布展。他广泛征用了北山路众多的私人别墅、寺庙庵堂和书院，来作为陈列馆的馆址。同时，还新建了工业馆、大礼堂、跳舞厅等一批建筑，并在西湖上架设了一座约200米长的博览会木桥。而北山路现在的格局，基本也是奠定于那个时期。

(4)首届西湖博览会盛况

首届杭州西湖博览会于1929年6月6日下午两点正式开幕了。张静江邀请了国民政府代表孔祥熙、国民党中央党部代表朱家骅、行政院代表蒋梦麟、监察院院长蔡元培及各省市代表和来宾数百人参加开幕式典礼，观众多达10余万人。因为参与人数众多，作为总指挥的张静江十分谨慎。为了不出岔子，他直接坐镇在不远处的新新饭店，方便指挥调度一切大小事宜。

在断桥的东面，组织者搭建了一个宫殿式的大门楼，两根朱柱上挂有一副对联“地有湖山，集二十二省无上出品大观，全国精华都观眼底；天然图画，开六月六日空前及时盛会，诸君成竹早在胸中”。开幕当日，张静江更从南京调来四架飞机绕湖飞行，杭州市民哪里见过这么先进的东西，顿时倾城而出，西湖边人山人海。当时报纸描述说：“当日盛况空前，人潮涌动，轰动了半个中国。”

博览会共设八个主题馆，分别是工业馆、农业馆、卫生馆、丝绸馆、博物馆、艺术馆、教育馆和革命纪念馆，另有“两所三处”——特种陈列所、参考陈列所、铁路陈列处、交通部电信所陈列处和航空陈列处。每座展馆都由一位知名人士出任主任，他们各擅其能，收集展品和布置展区。据统计，整个西湖博览会期间一共征集了来自29个省市和南洋地区的展品14多万件，其中大部分都是国货。

作为本土品牌，杭州的王星记扇子、张小泉剪刀、都锦生丝绸和孔凤春化妆品作为杭州手工业的优秀代表都参加了展出，深受市民的欢迎。其中，都锦生丝织厂还展出了由都锦生先生首创、当时还处于试制阶段的西湖绸伞。西湖绸伞采用富阳出产的淡竹为骨，伞面则在丝绸上绘制西湖四季风光为图案，被盛赞为“西湖之花”。不少企业不仅得到了更好的宣传，并且直接收获了订单。

在西湖上还能乘坐小火车，你相信吗？西湖博览会期间就在西泠桥和孤山东麓的“浙军攻克金陵阵亡诸将士之墓”①之间造了一条铁轨。每辆小火车车厢大概四节，每车厢可坐 6 人，博览会场馆之间可以坐小火车往返。博览会除了“奖励实业，振兴国产”，还承担着启迪民智的责任。会展期间举办了多达 64 场的名人演讲。而为了丰富博览会期间的娱乐活动，还专门兴建了杭州城里的第一座跳舞场、跑马场和滑冰场，甚至在孤山上建了动物园，并组织了乒乓球、自行车等运动比赛，还举办了全国第一届武术大会。张静江的朋友、青帮“大佬”张啸林还出资请来了京剧大师梅兰芳，在孤山边唱了一个晚上的《贵妃醉酒》。

首届西湖博览会前后历时 137 天，原本定于 10 月 10 日的“双十节”闭馆，因为观众的热烈反响又延迟了十多天。在这期间，共接待了国内外团体上千个，参观人数近 2 000 万，平均每天有 14.5 万人，这些数字哪怕在今天看来，都是相当惊人的。

(5)西湖博览会的传承与发展

在杭州建城史上，西湖博览会给这座城市注入了许多现代化的基因。经历了一场热闹非凡的博览会后，杭州市民发现整个城市都发生了变化：马路宽了，路灯亮了，自来水有了……杭州人第一次看到了抽水马桶，城里出现了第一部电梯，上海的国货“华生牌”电风扇、“大兴牌”脚踏车，都是极受中产家庭欢迎的商品。另外，博览会也促使民众自觉地比较洋货与国货之优劣。而对于商业经营者们来说，西湖博览会的召开无疑是推销产品与改善经营的一个良好机会，对社会经济的促进不可估量。同时，西湖博览会的成功也为此后的展会举办留下了重要的经验。

在西湖博览会闭幕后，北山街曾一度改名为静江路，以纪念张静江这位有功之人。而浙江省政府利用西湖博览会的部分展品，成立永久性文化机构——浙

---

① 浙军攻克金陵阵亡诸将士之墓，为民国元年（1912 年）浙江人民运回烈士遗骨后所立，在孤山东麓。1964 年迁至鸡笼山。1981 年 10 月，迁建风篁岭下南天竺原崇圣演福寺旧址上。

江省立西湖博物馆，这就是今天浙江省博物馆的前身。在西湖博览会期间，有一位名叫施昕更的青年学生经推荐来此担任临时讲解员。因为工作表现出色，他得以进入这所浙江省立西湖博物馆，担任自然科学部地质矿产组助理干事。1936 年，25 岁的施昕更在自己的家乡良渚主持了三次考古发掘，成为良渚遗址的第一个发现者，1938 年他出版了《良渚——杭县第二区黑陶遗址初步报告》，一把推开了良渚文化尘封了 5 000 年的大门。

历史的车轮滚滚向前，在时隔 71 个春秋之后，杭州市政府决定于 2000 年恢复举办西湖博览会。当代的“中国杭州西湖国际博览会”由展览、会议、活动三大板块项目优化组合，进一步打响了当时“游在杭州”“住在杭州”“学在杭州”“创业在杭州”的城市品牌。而就在这一年，杭州也诞生了许许多多的专业会展公司，杭州的会展旅游正式扬帆起航。此后，杭州坚持每年举办一届“西博会”，时至今日，“西博会”已经成为杭州的“金名片”。每届西博会紧扣发展趋势，吸引来自世界各地友好城市，国内主要城市及企业参与，贸易额、意向成交额逐年提升，这也足以告慰创办西博会的诸位前辈们。近年来，西博会加速向“国际化、高端化、品牌化、市场化”专业会展方向发展，已成为杭州市打造世界名城的重要平台。

随着杭州西湖综合保护工程的深入开展，专家学者们在调查、研究、收集、整理北山路历史文化资料时，意外发现 1929 年西湖博览会的主要场馆——工业馆竟依然屹立在西湖之畔，它也成为那届西博会中唯一幸存下来的建筑。经过全面的保护和整修之后，如今它以西湖博览会博物馆的身份重新出现在公众眼前。如果人们对西湖的文化历史感兴趣，或想追寻西湖博览会当年的盛况，都可以在这里收获到满意的答案。

2. 西湖博览会博物馆

(1)建筑概况

坐落在北山街上的西湖博览会博物馆背山面水，与白堤遥遥相对，占尽了西湖的风光和秀色。从外观看整座建筑呈欧式风格，屋宇宏伟，气度不凡。整幢建筑始建于民国二十七年(1928 年)，是第一届西湖博览会工业馆的原址，也是那届西湖博览会新建建筑中唯一幸存建筑，目前被列为全国重点文物保护单位，是浙江乃至全国最早的展览馆建筑之一。

2003年12月1日，工业馆旧址得到了抢救和保护，修缮后作为西湖博览会博物馆正式对外开放。作为中国第一座会展类专题博物馆，西湖博览会博物馆可谓匠心独运，卓尔不群。博物馆采用了音、像、影相结合的现代展示手法，陈列了大量关于中国会展业发展历史特别是西湖博览会的珍贵史料和实物。是宣传杭州、宣传西湖博览会的窗口，是研究西湖博览会和中国会展业发展历史的重要场所，也是杭州市的爱国主义教育基地。

（2）博物馆门厅

进入西湖博览会博物馆的门厅，可以发现整座建筑的结构既精致又严谨，主体呈"回"字型，因此也称为"口字厅"。建筑采用的是当年国际上流行的"ART DECO"（装饰派艺术）风格，以铁钎做接口，用木横梁贯穿支撑建筑整体。在门厅地面上是用马赛克拼成的1929年西博会景观图，这是当年的原物。大厅中间有一幅长木雕，木雕的名字是"湖山嘉会"。顾名思义，展现的是1929年西湖博览会的繁华景象。

踏步进入西湖博览会博物馆，恍惚之间仿佛时空变幻，一下子走进了百年之前……在西湖博览会期间，这座工业展馆展出重工、轻工、棉纺、机械、手工、化学、电子、仪表等各种制品，较全面反映了中国当时先进的工业水平。

今天，博物馆通过"世界博览会与中国社会""1929年西湖博览会"和"金名片"三个主题，展示了西湖博览会的前世今生，通过大量鲜活生动的历史实物和几组生动的蜡像场景，带领参观者回到曾经的历史岁月。

（3）世界博览会与中国社会

第一部分的展览主题是"世界博览会与中国社会"，详细介绍了世界博览会的概况以及中国对待世界博览会态度的转变。世界博览会是工业革命的产物，以展示工业文明为主题，是人类社会开放与进步的标志。

在这里可以看到中国参与世界博览会的渐进过程：在1851年的伦敦首届世界博览会上，就已经有了中国商人的身影。上海商人徐荣村的"荣记湖丝"首度参展并一举获得金银大奖。1904年，"贝子"溥伦代表清政府参加在美国圣路易斯举办的世界博览会，标志着中国正式参加了"世博会"。1926年，都锦生织锦作品在美国费城世界博览会上获得金奖，被誉为"神奇的东方艺术之花"。而中国也逐渐经历了从旁观世界博览会，到积极参与世界博览会，乃至于举办大型博览会的转变，体现出了中国逐步走向进步与开放。

(4)1929年西湖博览会

第二部分的展览主题是“1929年西湖博览会”，这是整个博物馆展品最为丰富、最引人入胜的部分。在这个板块中，展出了许多当年西博会的历史遗物，如：江南第一药店“胡庆余堂”各类精致小巧的药瓶和雪机罐、杭州震旦丝绸公司的五彩丝绸织品、西门子的电机模型、中华珐琅厂的富裕炉、80年前的黄包车，其制作工艺之精细、造型神态之生动，让人惊叹；还有龙泉宝剑、大明眼镜、张小泉剪刀……琳琅满目的展品仿佛把参观者带回到了79年前的那场旷世盛会之中。值得一提的是，博物馆还通过一系列栩栩如生、极其逼真的蜡像，还原了当年西湖博览会的许多盛况。

(5)金名片

第三部分的展览主题是“金名片”。在这个板块中，以恢宏大气的图文和实物，向参观者展示了西湖博览会光辉灿烂的今天。通过参观博物馆的展览，游人可以全面真实地了解两个世纪西湖博览会的全情全貌。

2000年10月20日，当杭州的“三秋桂子”飘散出浓郁芬芳之际，新的杭州西湖国际博览会经过周密的准备，在美丽的西子湖畔拉开了序幕。在当时全新的黄龙体育中心，一台《人间天堂》大型文艺晚会拉开了西博会的序幕。2006年，第八届西博会与首届“世界休闲博览会”两会合一，围绕“休闲——改变人类生活”“和谐生活、和谐创业”的主题，举办了一场休闲盛会。不仅传播了休闲理念，更开启了中国休闲的元年，为杭州确立了“东方休闲之都”的地位。2021年，第二十三届西博会尽管深受新冠疫情影响，但仍然如期召开，吸引了众多企业和游客，线上及线下总参观人数超过了10万人次。

如今，西博会早已成为杭州市会展业的标志性展会，在以会展探索产业的道路上从未停止，正在为浙江高质量发展建设共同富裕示范区而添彩助力。张静江当年可能不会想到，他创办的西湖博览会在几十年之后会成为杭州一张响亮的城市名片。当一个盛会成为一座城市的表情符号，便具备了更加深沉持久的社会价值和国际影响力。对每位游客而言，如果能在最美的金秋时节到访杭州，都值得去感受一番西博会的独特魅力。

相会钱江——国博荣耀

2016年9月4日至5日，二十国集团(G20)领导人第十一次峰会在杭州举行。这是中国近年来主办的级别最高、规模最大、影响最深远的国际峰会，将素有“人间天堂”美誉的杭州推向世界舞台的前方。九月金秋日，钱塘潮涌时。这一次，中国方案、中国智慧从杭州出发，在时代的大潮里激荡出振奋世界的回响，也让杭州的名字在寰宇上空闪耀。

1. G20峰会与杭州

(1)什么是G20峰会?

“G20”是20国集团的缩写，这是一个国际经济合作论坛，于1999年12月16日在德国柏林成立，由原“八国集团”以及包括中国在内的十二个重要经济体组成。“G20”论坛的成立源于1997年亚洲金融危机发生后，为了防止此类金融风暴的重演，让更多国家就国际经济货币政策举行经常性对话，也为了响应增加发展国在全球经济活动中发言权的呼声，因此由欧盟、布雷顿森林机构和19国财长央行长组成。它旨在推动已工业化的发达国家和新兴市场国家之间实质性问题的讨论和研究，以寻求合作并促进国际金融稳定和经济的持续增长。

而“G20峰会”又称为“20国集团领导人峰会”。2008年国际金融危机后，在美国倡议下，将G20提升为领导人峰会。G20成员由中国、阿根廷、澳大利亚、巴西、加拿大、法国、德国、印度、印度尼西亚、意大利、日本、韩国、墨西哥、俄罗斯、沙特阿拉伯、南非、土耳其、英国、美国以及欧盟20方组成，涵盖面广，代表性强，构成兼顾了发达国家和发展中国家以及不同地域利益平衡，覆盖了全球2/3的人口，60%的国土面积，其国内生产总值占全球的90%，贸易额占全球的75%，是当今国际经济合作的主要论坛。

(2)G20峰会花落杭州

G20峰会倡导开放的理念，没有固定的举办地点。每一届G20峰会的举办地在各成员国中轮替。在2014年11月布里斯班的G20峰会上，确定将由中国举办2016年G20峰会。这是G20领导人峰会对话机制成立以来，首次在中国举办。中国将举办2016年G20峰会的消息传出后，一直没有对外正式公布具体的举办城市。不少人猜测，可能会选择在有举办过APEC峰会经验的北京或者上海。不过，回顾G20峰会的历届举办地，由最初美国首都华盛顿、英国首都伦敦、韩国首都首尔，到此后法国度假胜地戛纳、墨西哥旅游胜地洛斯卡沃斯、澳大利亚海滨城市布里斯班、土耳其海滨城市安塔利亚。不难看出峰会的选址正在由早期的政治、经济中心，向休闲旅游、潜力突出的优质城市转移。

北京时间2015年11月16日，这是一个需要铭记的时刻——从土耳其安塔利亚传来消息，2016年G20峰会举办地终于揭晓：中国杭州！中方领导人也向20国集团领导人们发出邀约："明年9月，我将在西湖之畔欢迎各位。"杭州风景如画，堪称人间天堂。"杭州是历史文化名城，也是创新活力之城，相信2016年峰会将给大家呈现一种历史和现实交汇的独特韵味。"杭州向世界发出了最有力的宣传声音，那么这座城市又将以怎样的姿态展现在世界的面前呢？

(3)迎接G20峰会的杭州

杭州是历史文化名城，这里历史悠久，是中国著名的七大古都之一，是我国首批历史文化名城。这里不仅有西湖、钱塘江等美景，还有大运河和灵隐寺等历史文化遗迹，白娘子的传奇和中国版"罗密欧与朱丽叶"的梁祝故事也是举世知名。风景优美、文化悠久的杭州，在世界上知名度也很高。西湖和大运河等世界文化遗产蜚声中外。G20杭州峰会之后，良渚古城遗址也被成功列入《世界遗产名录》。杭州曾被《纽约时报》评选为"全球最值得去的41个地方"，被联合国环境规划署评为国际花园城市。几千年以来，以西湖文化、运河文化、钱塘江文化为代表的杭州文化，在开放中融合，在创新中发展。通过举办G20峰会的契机，可以将这些精彩的文化更好地与世界分享。

杭州是创新活力之城，G20峰会的定位是全球经济合作论坛，在选择举办城市时，经济发展会是一项重要的参考指标。而杭州作为长三角经济区的核心城市，是中国最具经济活力的城市之一，并且连续多年被世界银行评为"中国城市总体投资环境最佳城市"，《福布斯》杂志更将杭州列为"中国大陆最佳商业城市排行榜"的榜首。互联网经济则支撑了杭州未来的经济发展，杭州的电子商务产业更已在全球具有广泛的影响力。据尼尔森的数据显示，目前杭州集聚了全国超过三分之一的电子商务网站。在电子支付、云计算、快递、网络营销、信息技术、运营服务等领域，涌现出众多专业的电子商务服务商，其中包括全球最大的B2B电子商务平台、网络零售交易平台和电子支付平台。

同时，杭州也是重要的外交之城。虽然杭州不像北京和上海一样，有过重大国际会议举办的经验，但她在中国外交历史上多次扮演过重要的角色。1972年美国总统尼克松访华，但奠定中美建交的《中美联合公报》谈判却异常艰难；当谈判进行不下去的时候，我方提议改换谈判地点到杭州，最终中美双方在杭州就联合公报达成一致。2014年，中美战略与经济对话第五次反洗钱和反恐融资研讨会也选在了杭州举行。此外，杭州还是“旅游外交”的先行者。2015年7月，杭州全英文服务的出租车司机周震家庭被杭州市正式聘任为“杭州公共外交友好使者”，通过民间的力量连接中外，更好地向世界传播杭州文化。

如今，世界经济走到了重要的转折点，金融危机的影响还未完全褪去，短期内可能无法摆脱疲软态势。为此，需要G20领导人协调共商，寻找解决出路。在杭州举办G20峰会，既是对杭州一切既有成果和优势的充分肯定，也是对杭州的信任。是荣耀，也是责任，杭州以最好的姿态，迎接了盛会的到来。

(4)杭州的“G20时间”

G20杭州峰会临近的那段日子，杭州也进入了“G20时间”。为了给G20峰会创造良好环境，杭州开展了六大类共605个建设整治项目，平整了2 334条道路，完成了1 200余万平方米的旧住宅、旧厂房和城中村的改造，拆除了1 800余万平方米的违法建筑，对西湖、运河和钱塘江分别进行了智能亮化，而更主要的投入则在民生工程。南宋皇城腹地的馒头山社区迎来了现代化的“蝶变”，百年古寺弥陀寺通过文化公园的形态焕发了新生……与G20峰会相关的整治项目，绝大多数都是民生工程，都是财政投入，不让百姓花钱，争取以最少的投入产生最大的效果，既造福了当地百姓，也带来经济发展。白墙黛瓦、古树成荫，杭州这座千年皇城吐故纳新，焕发出了新的时代的风采。

2016年9月4日晚9点15分G20峰会文艺演出在杭州西湖震撼上演。演出由张艺谋担任总导演，按照“创新、活力、联动、包容”的峰会主题，中国国家交响乐团首席指挥李心草带领160余位音乐家，与杭州交响乐团、国家大剧院合唱团等演出团体的艺术家们，在西湖之上为参会的各国领导人及夫人献上了一场展现江南风情、彰显中国气派、弘扬世界大同的“最忆是杭州”大型水上情景交响音乐会。这是国内首次在户外的水上舞台举办大型交响音乐会，所有的演出都在西湖水面的舞台上完成，对于艺术创作和表演都是一次全新的挑战。这场演出的节目荟萃了中国和世界的名曲，从“梁祝”到“天鹅湖”，从“采茶舞曲”到“欢乐颂”，从越剧到芭蕾，东西方文化艺术交相辉映，与杭州风韵完美融合，让远道而来的国际友人和嘉宾赞叹不已，也成为杭州未来的新名片，属于这座城市的独特记忆。

通过这场全球瞩目的盛会，杭州向各国元首、嘉宾、记者和中外游客呈现一个别样的杭州，让“江南忆，最忆是杭州”成为世界人民的美好记忆。与此同时，G20 峰会也给杭州带来了一个再次崛起、华丽转身的机会。借助 G20 峰会东风，杭州人的文明素养开始与世界接轨，实现了从市民、公民意识向国际意识的转变，让后峰会时代的杭州人懂得微笑，懂得谦让，懂得倾听，懂得用自己的语言与世界交流。值得一提的是，以 G20 峰会期间的环境控制为契机，杭州对清洁能源汽车和电动汽车不限购、不限行，积极鼓励市民低碳出行，大大增加了杭州空气的纯净度，后 G20 时代杭州的天更蓝了，未来也更美了！

2. G20 杭州峰会主场馆（杭州国际博览中心）

2016 年 9 月 4 日至 5 日，20 国集团领导人第 11 次峰会在杭州举行。这次盛会不仅带来杭州国际化程度的大大提升，也让会议的举办场地——杭州国际博览中心闻名于世。杭州国际博览中心坐落在钱塘江南岸的钱江世纪城核心板块，在 G20 杭州峰会期间，这里不仅是峰会主会场，同时也是峰会的新闻中心、安保中心所在地，是当时全国最大的会展类单体建筑。特别值得一提的是，杭州国际博览中心始建于 2009 年 10 月 28 日，秉承节约办会的原则，此次峰会并没有专门建设场馆，而是在基本保持原建筑总体结构布局的基础之上，对原会议功能进行了拓展和改造。

9 月 4 日，当参加杭州 G20 峰会的 20 国集团领导人步入会场时，“杭州元素、江南特色”浓郁的中国建筑风格惊艳了世界的目光，“中国风”再一次引领世界风潮。富有江南神韵的迎宾月亮门，天圆地方、四梁八柱的主会场，青花瓷色泽的纱灯和流线型紫铜连心斗拱，午宴厅五圈闭合叠加的水墨山水长卷，如意形风柱和绘有二十四节气图的屏风，雕梁画栋、镂空花窗和门扇，传统院落式的递进空间体系……这座融合了中国气派和世界水准的宏伟建筑，以非凡创意把大国风范与杭州韵味融入场馆设计的每个细节，将精致、创意、韵味、特色和盘托出。

(1)迎宾区

迎宾区布置在博览中心二楼。整个迎宾区以“礼”为主题，从入口廊道、迎宾大厅到接见大厅，层层递进设计的背后，蕴含了中国传统院落式的空间体系，传递出中国延续千年的好客之道。在以“悦迎廿国”为主题的入口廊道处，六对雪白的弧形石柱亲和、典雅，组成三对开放的“月亮门”。其中每组汉白玉石柱都是“两竖加两横”的构造，构成了中国传统汉字的“廿”字，表示了对 20 国来宾的尊重，同时，它们又如同两排恭迎贵宾的翩翩君子，传达的是“有朋自远方来，不亦乐乎”的迎宾理念。

当时出席 G20 峰会领导人的车队，正是先由景观专用引道直接到达落客平台，随后下车踩着红地毯，通过这处入口廊道进入前方面积 1 440 平方米的迎宾大厅。迎宾大厅采用中国传统建筑中的“厅堂”布局，给人以均衡稳固之感。室内整体设计为“四水归堂”的空间围合概念，这是我国江南民居中独有的平面布局方式。它的建筑理念来源于传统文化中“天人合一”的理学思想，因其屋顶内侧坡的雨水由四面流入明堂天井中，寓意着“水聚天心”。迎宾大厅两侧，六根白色壁柱延续着入口“廿”字廊柱的序列，成列队欢迎之势；每根柱前饰以传统宫灯为设计元素的图案，浑厚庄严、气宇轩昂；两侧分别采用白色玉石与青黛色的“烟雨江南石”搭配，大面积白色石材配合局部铜线与深色石材，体现中国江南建筑的意境与形态，暗藏空间“水墨中国”的整体设计概念。

在迎宾大厅之后是高 15.6 米、面积 990 平方米的接见大厅。接见大厅大门由黄铜材质的七扇超高的双开门组合而成，体现了大国风范与气势。黄铜的深色与空间的白色形成了一个鲜明的对比，体现了水墨中国的主基调，表面刻有“盛世华章”祥云图案，含蓄且富有张力。大门两侧各有一只高度超过 3 米的木雕花瓶，用料讲究，寓意“花开富贵”。接见大厅内部以米白、墨灰、古铜为主色调，辅以深木色，从感官上奠定了“水墨江南”的基调，地面、墙面的石材雕花取自传统的瓷器纹样，四梁八柱的结构形态则是对传统建筑的一种演变，在中轴对称的格局当中，两侧的铜花格镂墙赋予了空间浓重的中国味道，传统语言与现代手法在此碰撞。主柱装饰中式窗棂图案，传递“四方和合，美美与共”的良好祝愿。接见厅正面的墙，为草编布料，符合声学要求，具备吸音功能，又体现了环保理念。在G20峰会正式开幕之前，中方领导人就在此厅亲切会见了35位外方领导人，并在背景墙前与来宾一一握手、合影留念。

(2)主会场

G20杭州峰会的主会场位于杭州国际博览中心的4层。在峰会期间，与会的领导人和嘉宾们通过“秋水长天”廊的扶梯直达位于建筑四层的主会场，峰会的开幕仪式以及第一阶段会议正是在此举行。主会场整体设计可以用三个关键词来概括：“天圆地方”“廿国共宇”和“锦绣中华”，而设计主题则是一个字“和”。

整个主会场由一个大展厅分隔而成，场内总面积约2 000平方米，为45米边长的方正空间，结合顶部巨大的圆顶造型设计，体现出场馆设计的第一个关键词——“天圆地方”。会议厅吊顶中心为两灯相映，三渲九染，层层递进，喻示“心心相映”。中心为9米直径3层叠级的“江南纱灯”，由三重团圆镶嵌八边形灯心构成，其中花卉图案采用代表中国风骨的梅花以及杭州韵味的桂花组合而成，表现了中国不畏惧外来压力的傲骨以及坚持和谐外交的魅力。外圈的环形薄膜灯采用的是青花瓷色调，朵朵相环同根同生，预示着相互包容的良好祝愿。灯外圈是108个流线型紫铜连心斗拱，呈三阶跌落之势。每阶36拱，首尾相扣，代表了前来参会的36位领导人及团结联动的强大力量。最外圈是16米通长无缝的白铜椽子，呈放射状排布，无限延伸，寓意世界发展的活力和动力如光芒般四射。斗拱四个角起翘如展翼，雕刻着夔纹图案，仿佛江南园林轩阁之翼角冲天，白铜如玉，意蕴江南，天圆地方，汇聚佳朋。

室内装饰的“四梁八柱”，构成四个巨大的“廿”字，呼应了场馆设计的第2个主题——“廿国共宇”。同时，这样的布局也在“天圆地方”的空间中隐含了八边形，打造了四平八稳的建筑格局。“宇”为“栋宇”，也为“宇宙”。意寓G20的主体20国及组织共处一个栋宇里，共在一个蓝天下，共在一个地球上，商量合作共赢的大事。建筑四个角部空间墙面为江南镂空花窗设计，数量为52扇，对应着一年的52个星期。这些花窗不是主要用于采光，而是作为墙面装饰，花窗后衬托吸音功能的布艺，绘制连绵的江南山水长卷，湖光山色如置身于“画坊轩阁”之中，同时增加空间通透感。四面有景，近临水纹涟漪如纱，远观山色朦胧如画。塑造“湖上泛舟”的江南意境，也能让与会者视线放松。

花窗以外是“中华二十景”的东阳木雕，由东阳木雕大师陆光正先生团队创作完成，每幅宽1.5米、高6.5米，雕刻内容选取了高原圣境、佛窟飞霞、紫禁叠翠、绝顶奇松、浦江撷英等20个我国具有代表性的历史文化名地，按照中国东、西、南、北地理方位排布。北侧主墙为“锦绣中华”木雕，整幅作品采用东北椴木、金丝柚木及缅甸柚木三种珍贵木材，采用多层次叠雕的手法完成。木雕主体背景是巍峨雄壮的万里长城，用连绵不断的群山，千年苍翠的青松以及高洁脱俗的梅花作为表现主体，再配以翠竹和映山红。意寓祖国和平永固，基业万年常青、生活欣欣向荣的美好祝愿。大型浮雕作品“锦绣中华”和20幅木雕作品“中华二十景”构成了场馆设计的第三个关键词——锦绣中华，向世界展示创新中国的无穷魅力。

会议厅地毯以“琼阙瑶台、国色天香”为设计理念，以“春来江水绿如蓝”的色调借喻“秋月”的印象，呈现出“春水秋月”的美好时光背景。中间采用中国传统纹样和牡丹组成国色天香的圆融图案，花团锦簇，体现繁简有度的江南情怀，彰显出传统文化以及对与会来宾的情谊源远流长。会议厅正中直径21米的超级会议桌为红木家具，用大果紫檀制作，由35个分部榫卯组合而成，借此传达不持偏见、不执定见、融会贯通、相辅相成的大国外交理念，也传达了世界各国经济合作过程中独立自主且合作共赢的精神。会议椅采用最具文化品位的明式圈椅，分“首席”椅和“上宾”椅。“首席”椅供与会领导人就坐，材质为紫光檀。“上宾”椅供各位陪会高官就坐，材质为大果紫檀。

与会领导人使用的桌面文案也经过了精心的设计，选用玉、竹、丝绸三种材质精工制作。整套文案由卷轴式桌垫、玉制镇尺、桌牌、麦克风、备用麦克风、绿玉玺呼叫器、同传频道卡、同传耳机、笔托、矿泉水、茶杯及杯垫等组成。在这其中，玉具有五德，寓意君子之德迎八方来客；竹有七德，“竹报平安”象征平安吉祥；丝绸的卷轴又似一段展开的画卷，承载着中外几千年的和平发展之旅；独木舟造型的笔托也预示着同舟共济的美好祝愿。中方领导人的座位前方设法官锤，开会时期，一共使用了两次，分别是开始和结束的时候，意寓“一锤定音”。

(3)空中花园

空中花园更是一个闪亮的设计点。领导人在四层主会场开完第二阶段、第三阶段会议后，乘坐两侧扶梯到达五层的空中花园出席餐前酒会。主宾双方带着“廿国共宇”的美好愿望，进入这极具江南特色的空中园林之中。空中园林蜿蜒曲折，大面积的绿化植被传递着对大自然的向往。

空中花园是当时国内面积最大、功能最全、中国特色最浓、生态环境最优的空中花园。花园整体以“西湖明珠从天降，龙飞凤舞到钱塘”为设计理念，借鉴了西湖景观的造景手法，将花港观鱼、平湖秋月、断桥残雪等西湖景观以崭新的表现手法融合在 6.2 万平方米的花园之中，极具江南特色。祥云流水般柔美的水系和木栈道环绕着象征西湖明珠的午宴厅。西湖小瀛洲、三潭印月的“我心相印亭”美景移到了这里，呼应“廿国共宇小瀛洲”的主旨。

作为峰会主场馆，杭州国际博览中心既是智能建筑，也是绿色建筑。细看这座屋顶花园不仅充满了浓浓的江南韵味，还拥有各类苗木树木 1 万多株，种植各类色块苗达 100 多万株。其中最大最珍贵的是一棵高 4.2 米、外形呈“寿”字状罗汉松，婀娜优雅地伫立在花园正中央。园中植物选用了大量的金桂、四季桂穿插于平台和林带之中。桂花是杭州的市花，在金秋丹桂飘香的季节，可以通过花香传递给与会来宾一种季节感，同时也为主会场增添了一抹绿色。园以水活，水令人远，水景往往是园林的灵魂。屋顶花园景观水源均来自博览中心屋面的雨水回收利用系统，水源可以循环使用且水质洁净，鱼池里的水、水幕玻璃墙的水也都是取自附近的河水。这些都是杭州国际博览中心坚持绿色环保理念的佐证。

(4)午宴厅

餐前酒会结束后，参加峰会的领导人们抵达午宴厅出席第四阶段会议暨工作午宴。午宴厅为直径 60 米的球形建筑，面积约 2 500 平方米，高度为 23.5 米。通过“宇宙苍穹”的装饰手法，突出“仁”的主题。午宴厅的照明采用自然采光与人工采光的完美结合。恢宏高大的圆形空间，大面积的玻璃穹顶自然采光，使领导人们在用餐时仿佛置身大自然。玻璃上采用的膜结构既满足了照明的需要，又阻挡了太阳光直射造成的阴影和眩光。穹顶正中为星空景象，点点“星光”示意着十二星象的位置，营造出无边无际星空和放眼寰宇的感觉。中环为自然天光照亮室内空间，外环为五圈闭合叠加的水墨山水长卷。

午宴厅周边的12根风柱代表12个月，采用中国“如意”装饰元素，均匀地环绕在周围，恰到好处地形成了内外区空间的过渡。每根风柱是室内清新空气的进风口，两翼有屏风，包以布艺，共24块，以二十四节气图案装饰，与风柱起到结构相互支撑，同时具备遮阳与吸音功能，也与穹顶上的“黄道十二宫”遥遥相对。仁者乐山，厚德载物，达观天下。午宴厅主背景屏风以《万里江山图》为主题，以山比德，以大青绿的绘画手法，表现祖国万里江山的锦绣气象，也能与屋顶花园的园林景观“写意东方舞动世界”的主题相呼应。

作为G20峰会主场馆的杭州国际博览中心，以其庄重、现代、宏伟、绿色于一体的独特风貌，让全世界感受到大国风范、江南特色、杭州元素，在各国元首和国际媒体面前充分展现了中华文明的神韵和魅力。而面向建设“数智杭州·宜居天堂”和现代化国际大都市的战略布局，当下杭州的会展业正向着构建具有国际水准的产业体系加速迈进，也必将为城市打开更广阔的经济增长空间。

附：新城赋①

峰會之後，寰宇稱榮。來賓大集，海內日隆。

于是焉余一周而八至錢江新城②，三登城市會客廳③。慨斯地之巨變，如江潮之萬千，因作賦云：

大江西來，六川龍沸④。十四州横⑤，值此為最。

---

① 本文获2016杭州导游征文大赛特等奖，作者杜晨。

② 《杭州城市总体规划（2001－2020）》提出杭州将规划两个主中心：1. 延安路及近湖地区。2. 钱江新城和钱江世纪城。

③ 城市会客厅，杭州国际博览中心5楼，G20峰会期间为各国领导人和嘉宾之“午宴厅”。

④ 钱塘江重要支流有六：兰江、婺江、分水江、浦阳江、曹娥江、渌渚江。

⑤ 僧贯休《献钱尚父》：一剑霜寒十四州。

勛彼東山[1]，豐功永徽。會計天下[2]，千載無對。

是以文氣衝，豪傑匯，八表留跡，百世光爍。子陵灘頭風吟[3]，霸王東南膽魄[4]。七奔楚命，吳以此沃[5]；四閱寒暑，圖由是卓[6]。錢王投汴[7]，武林水不揚波；皋亭積雪[8]，天堂從此上國。

于是有江華映火[9]，江水明脫。樹低埜曠[10]，石清可說。一朝江南佳麗地[11]，兩代煊赫帝王州。

至若秋聲奮發，秋意肅殺，秋容清高[12]，秋潮無涯。子胥慘淡[13]，挾石搏沙；中道折江[14]，功在錢家。漁父何覓，揮散煙霞。弄潮當路[15]，必爭時下[16]。

繩祖龍之遺武[17]，踵蚰蜒兮禹跡。隋土芒芒[18]，東州何覓[19]；錢宋迭蕩，故宮崩析。既平六井[20]，始通二隄[21]。當年春雨[22]，如今西溪。猶托故實，更就新詩。堪

---

① 《史记·秦始皇本纪》：始皇……至钱塘，临浙江，水波恶……望于南海，而立石刻。

② 《史记·夏本纪》：禹会诸侯江南，计功而崩，因葬焉，命曰会稽。会稽者，会计也。

③ 《后汉书·严光传》：严光……乃耕于富春山，后人名其钓处为严陵濑焉。

④ 《三国志·孙策传》裴注：吴郡太守许贡上表于汉帝曰：孙策骁雄，与项籍相似。

⑤ 《左传·成公七年》：子重、子反于是乎一岁七奔命。蛮夷属于楚者，吴尽取之，是以始大，通吴于上国。

⑥ 《富春山居图》黄公望自跋：暇日于南楼援笔写成此卷……阅三四载，未得完备。

⑦ 《新五代史·吴越世家》：太平兴国三年，俶举族归于京师，国除。

⑧ 《续资治通鉴卷一八二》：伯颜进次皋亭山……遣监察御史杨应奎上传国玺以降。

⑨ 白居易《忆江南》：日出江花红胜火。

⑩ 孟浩然《宿建德江》：野旷天低树。

⑪ 谢眺《入朝曲》：江南佳丽地。

⑫ 欧阳修《秋声赋》：其色惨淡……其容清明……其气栗冽……其意萧条……常以肃杀而为心。

⑬ 《史记·伍子胥列传》：子胥……自刭死。吴王闻之大怒，乃取子胥尸盛以鸱夷革，浮之江中。吴人怜之，为立祠于江上。

⑭ 孙光宪《北梦琐言》：吴越钱尚父俾张弓弩，候潮至，逆而射之，由是渐退。

⑮ 《孟子》：公孙丑问曰：夫子当路于齐，管仲、晏子之功，可复许乎？

⑯ 2016年二十国集团工商峰会主旨演讲：这几天，正值钱塘江大潮，弄潮儿向涛头立，手把红旗旗不湿。我同各位一样，期待着二十国集团勇做世界经济的弄潮儿。

⑰ 屈原《离骚》：及前王之踵武。

⑱ 《商颂·玄鸟》：宅殷土芒芒。

⑲ 《隋书·地理志》：余杭郡：平陈，置杭州。

⑳ 唐建中二年至兴元元年，杭州刺史李泌开相国井、西井、方井、白龟池、小方井、金牛井六井，引西湖水入井，解决居民饮咸水之苦。

㉑ 长庆二年，白居易知杭州，修白堤，元佑四年，苏轼知杭州，明年，筑苏堤。

㉒ 个园宜雨轩联：朝宜调琴，暮宜鼓瑟；旧雨适至，新雨初来。

張王之遺構[1]，臻新城之無極。

昔有永地建般[2]，玄商中興；洛邑復營[3]，周命維新[4]。平城之基猶在[5]，關中長固至今[6]。花開五葉[7]，芝分二莖[8]。平王猶歌黍離[9]，獻帝[10]何暇哀郢[11]。誰料新翻之弦，初奏變徵之音[12]。可得聞乎中郎，化彼新安[13]；願子有如孫王，重辟新登[14]；時運順流而章，看我新城。

琢磨十載[15]，繡都三春。廣宇六合，四極崑崙。星河同輝，地平天成。王甫指月[16]為恒[17]，金烏迎潮而升。吞吐古今之意，波湧時代之魂。九級捍塘之首[18]，臺闊坪深；萬古雄川之上，疊矗高層。南風蕩旌，炫目搖神。恍巨廈兮雲列，竟人間之天門。更以跨江之偉構，東接五方之嘉朋。君士坦丁玉碎[19]，東西羅馬無人[20]。所歷三都[21]二京[22]，竟歸千秋一城。

昨日風葉已淡，一片癡心從前。明月荻花輕霧，南浦鶴影如煙[23]。小青豈容

---

① 《续资治通鉴卷二一五》：张士信大发浙西诸郡民筑杭州城。

② 《商书·盘庚》：朕及笃敬，恭承民命，用永地于新邑。

③ 《周书·康诰》：周公初基，作新大邑于东国洛，四方民大和会。

④ 《大雅·文王》：周虽旧邦，其命维新。

⑤ 《魏书·高祖纪》：十有八年，诏天下，喻以迁都之意。

⑥ 《汉书·刘敬叔孙通列传》：上疑未能决。及留侯明言入关便，即日车驾西都关中。

⑦ 《六祖大师法宝坛经》：一花开五叶，结果自然成。

⑧ 《史记·周本纪》：平王立，东迁于洛邑，辟戎寇。平王之时，周室衰微。

⑨ 《毛诗·黍离》：闵宗周也。周大夫行役，至于宗周，过故宗庙宫室，尽为禾黍，闵周室之颠覆，彷徨不忍去，而作是诗也。

⑩ 《后汉书·献帝纪》：初平元年二月丁亥，迁都长安。董卓驱徙京师百姓悉西入关。

⑪ 王夫之《楚辞通释》：哀郢，哀郢都之弃捐，宗社之丘墟，人民之离散，顷襄王之不能效死以拒秦，而亡可待也。

⑫ 《小戴礼记·乐记》：征乱则哀，其事勤……五者皆乱……则国之灭亡无日矣。

⑬ 《三国志·吴书·贺齐传》：十三年，迁威武中郎将，讨丹阳黟歙，表言以叶乡为始新县。

⑭ 《新登志》：吴黄武五年，析富春县地置新城县，后梁开平元年，避讳改新登。

⑮ 《史记·五帝本纪》：一年所居成聚，二年成邑，三年成都。

⑯ 《水月斋指月录》瞿序：水月幻也。而云指月。果有如盘山所云：心月孤悬，光吞万象者乎。

⑰ 《小雅·天保》：如月之恒，如日之升，如南山之寿，不骞不崩。

⑱ 后汉末年，钱塘吏华信发民筑捍海泥塘，是海塘首载史册。

⑲ 明景泰四年（1453 年），君士坦丁堡破，屠城。拜占庭帝国灭。

⑳ 明嘉靖六年（1527 年），西班牙和神圣罗马帝国军队攻入罗马，实施大洗劫。

㉑ 左思《三都赋》序：美物者贵依其本，讚事者宜本其实。

㉒ 班固《两都赋》序：故臣作两都赋，以极众人之所眩曜，折以今之法度。

㉓ 《楚辞·九歌》：送美人兮南浦。

再見[1]，才仲重逢何年[2]？幾人相換白頭，來時傾蓋連連[3]。酒新瓶舊，新枝必發老樹；華滅空現[4]，眾生一無所度[5]。三番堆砌[6]，十里瓊屋。藉煌幻之燈海，勾璀璨之夜幕。以羅刹江之舊觀[7]，全八部洲之新路。

遙想攜手花前，高會江上。夏荷未盡，新桂初芳[8]。卅六旐旂央央[9]，廿國元首一堂。座上珠璣，席間流黃。朝鳳百鳥，來儀萬方。重迎踐土之主[10]，復興開羅之光[11]。呼聲發于中國[12]，其勁直透八荒。創新超乎增長，活力越兮鄰邦；聯動繫于津梁，包容乃至無疆[13]。試觀杭州未來，知乎不可限量。

屈子曰：悲莫悲兮生別離，樂莫樂兮新相知[14]。思全其志，新成斯文。

拥抱亚洲——亚运腾飞

1. 中国与亚运会

(1)亚运溯源

“我们亚洲，山是高昂的头，我们亚洲，河像热血流。”相信很多国人对亚运会最深刻的印象是来源于这首歌，来源于32年前国家首次主办的大型综合运动

---

① 张岱《西湖梦寻》：冯小青，无事辄临池自照，好与影语，絮絮如问答，人见辄止。后病瘵，乃呼画师写照，以梨酒供之榻前，连呼：小青！ 小青！ 一恸而绝，年仅十八。

② 冯梦龙《情天宝鉴》：柁公遽见才仲携一丽人登舟，即前喏之，声断，火起舟尾，仓忙走报其衙，则才仲死，而家人已恸哭矣。

③ 《史记·鲁仲连邹阳列传》：谚曰：有白头如新，倾盖如故。何则？ 知与不知也。

④ 《大方广圆觉修多罗了义经》：一切众生种种幻化，皆生如来圆觉妙心，犹如空华从空而有，幻华虽灭，空性不坏。

⑤ 《金刚般若波罗蜜经》：如是灭度无量无数无边众生，实无众生得灭度者。

⑥ 改革开放以来，至本文创作时，《杭州城市总体规划》共有三版：1981—2000年、1996—2010年、2001—2020年。

⑦ 陶宗仪《南村辍耕录》：浙江，一名罗刹江。江心有石……横截波涛中。商旅船到此，多值风涛所困而倾覆。

⑧ G20峰会时间：夏末秋初；G20会场布置：以荷喻合，以桂喻贵。

⑨ 《小雅·出车》：旂旐央央。

⑩ 《春秋·僖公廿八年》：五月癸丑，公会晋侯、齐侯、宋公、蔡侯、郑伯、卫子、莒子，盟于践土。

⑪ 1943年11月23日，中华民国、英国、美国之元首会于开罗，会后公布《开罗宣言》。

⑫ 《中庸》：是以声名洋溢乎中国，施及蛮貊。

⑬ 2016中国G20杭州峰会主题：构建创新、活力、联动、包容的世界经济。

⑭ 《楚辞·九歌》：悲莫悲兮生别离，乐莫乐兮新相知。

会——第十一届北京亚洲运动会。

放眼全球，除了奥林匹克运动会之外，无论从规模、参赛人数、影响力、赛项数量、竞技水平等各方面衡量，亚运会都是最具分量的综合性洲际运动会。它代表了世界第一大洲——亚洲的体育运动水平。而亚运会跟奥运会的关系也相当密切，因为他的主办机构亚洲奥林匹克理事会，就是国际奥林匹克委员会在亚洲的分支机构。

亚运会有超过 100 年的历史，因为亚洲独特的地理环境，亚运会有两个源头，分别是 1912 年的远东运动会和 1934 年的西亚运动会。

远东运动会是世界上最早出现的洲际国际竞赛，1912 年，中国、日本、菲律宾等国的体育代表经过协商以后成了“远东体育协会”，并于 1913 年 2 月在菲律宾首都马尼拉举行第一届远东运动会，这也是中国正式参加的第一个国际运动会。1915 年 5 月，第二届远东运动会在中国上海虹口体育场开幕，这是中国举办的第一次国际体育赛事，中国运动员在这届赛会上出色表现战果辉煌，获得总分第一名。此后上海还相继在 1921 年和 1927 年承办了第五届和第七届远东运动会。“九一八事变”后，日本提出修改远东体育协会会章，以达到拉“伪满洲国”入会的目的，中方代表坚决反对。最终 1934 年远东体育协会解散，远东运动会就此停办。

1934 年，在当时印度体育界领导人古鲁・桑迪（Guru Dutt Sondhi）的推动下，印度、锡兰（今斯里兰卡）、阿富汗和巴基斯坦 4 个国家在印度首都新德里举行了第一届西亚运动会，原定于 4 年后在巴基斯坦举行的第二届西亚运动会，因第二次世界大战（以下简称“二战”）爆发而停办，西亚运动会也因此而中断。

在“二战”后的首届奥运会——1948 年伦敦奥运会期间，中国与菲律宾的体育界人士计划恢复远东运动会，并与亚洲各国体育界人士商讨。印度的古鲁・桑迪建议创办一个亚洲所有国家参加的亚洲运动会。1949 年 2 月，亚洲各国体育界代表在印度首都新德里会晤，以国际奥林匹克委员会的模式正式成立了“亚洲体育联合会”（Asian Games Federation），在会上，全体代表选举亚达维德拉・辛格（Yadavindra Singh）为亚洲体育联合会主席，并决定首届亚洲运动会于 1950 年在印度首都新德里举办。

(2)亚运历程

由于“二战”的创伤还没完全愈合，主办国印度在很多方面筹备不足，亚运会的各项设施没能及时完工，甚至组委会从欧洲定制的运动器材也没能如期抵达，最终首届亚运会推迟到1951年3月在新德里举办。1951年3月4日，随着首届亚运火种在莫卧儿王朝的王宫——德里红堡由凹面镜点燃，传入新德里戴亚昌德国家体育场，好事多磨的首届亚运会终于开幕，赛会为期8天，11个国家和地区的500名运动员参加了6个项目的角逐，新加坡游泳运动员梁水国在男子1 500米自由泳项目上夺冠，摘得亚运会历史上的首枚金牌，他本人也在这届亚运会上一人独得4枚金牌，这届亚运会的口号是“红色太阳”，日后也成为历届亚运会会徽中的必要元素。开幕前，印度全国体育协会向中国发出邀请，中国派中国体育观光团观摩了本届亚运会。

1954年5月，第2届亚运会在菲律宾首都马尼拉亚洲最古老的体育场馆黎刹纪念体育场开幕，在这届亚运会的开幕式上，第一首亚运会会歌《EVER ONWARD》(永远向前)诞生，会歌用音乐艺术的形式表现和诠释了亚运精神的内涵。1958年在日本东京举办的第3届亚运会上，首次以“EVER ONWARD”作为亚运会口号。1962年在印度尼西亚雅加达举办的第4届亚运会上，出现了亚运会历史上第一座真正的“亚运村”。1966年、1970年在泰国曼谷先后举办两届亚运会，其中在第6届亚运会上，首次有卫星电视转播赛况。

在1974年伊朗德黑兰举办第7届亚运会前，中华人民共和国恢复了亚洲体育联合会的合法席位，因此我国以在中美乒乓外交中表现优异的赵正洪少将为团长，首次派出了269人的代表团参加14个项目的比赛，最终，中国代表团以32金、44银、26铜共102枚奖牌的成绩排在奖牌榜第二。自此之后，中国体育开始全面冲出亚洲，走向世界。

1978年第8届亚运会在泰国曼谷开幕，标志着这座城市成为第一个举办三届亚运会的城市。在这届亚运会期间，讨论了将原本的亚洲体育联合会改组为亚洲奥林匹克理事会(Olympic Council of Asia)的相关事宜。1982年第9届亚运会再度回到新德里。主办国印度用18个月建成全部体育设施和有800栋印式小楼房的亚运村。全部工程几乎都靠人工，尤其是靠印度妇女用头顶运土来完成，因此被誉为印度妇女用头顶起的亚运会。在这届亚运会中，中国代表团一举夺得 61 枚金牌，首次超越曾经的亚洲第一日本。

1986 年第 10 届亚运会在韩国汉城（今首尔）开幕，到了第 6 天，亚奥理事会举行会议，中国台北奥委会的代表表示，他们愿意按照国际奥委会关于中国台北奥委会的名称、旗、徽、歌的决议办理。因此，中国台北奥委会再次回到亚奥理事会的大家庭。中国在这次亚运会上获得 94 金，奠定了亚洲体坛霸主的地位。

(3)亚运中国

1983 年 8 月，中国奥委会向亚奥理事会提出申请，希望由北京承办第 11 届亚运会。1984 年 9 月，亚奥理事会正式批准这一申请，亚运会第一次来到了家门口。这是中国第一次举办综合性国际体育大赛，为办好本届亚运会做了大量的准备工作。1990 年 8 月，14 岁的藏族小姑娘达娃央宗把被称为“亚运之光”的火种在念青唐古拉山采集之后，经过火炬传递，最终汇聚于北京。

1990 年 9 月 22 日下午，举世瞩目的第 11 届亚运会在北京工人体育场隆重开幕，为中国夺得第一枚奥运金牌的许海峰高擎亚运会火炬，在前女排队员张蓉芳及跳水冠军高敏的护卫下，点燃了主火炬塔。在为期 14 天的比赛中，中国选手以 183 金、107 银和 51 铜牌的成绩高居金牌榜和奖牌榜首位。中国台北队也在时隔 12 年后，作为中国一个地区的代表队重返亚运大家庭。今天，北京亚运会早已成为国人心目中永恒的记忆。

1994 年 10 月，第 12 届亚运会在日本广岛举行，这也是首次在首都以外的城市举行的亚运会。1997 年金融风暴之后，第 13 届亚运会于 1998 年 12 月再一次来到了泰国曼谷，使得曼谷成为亚运会主办城市中独一无二的“四朝元老”，也为泰国的经济复苏助了一臂之力。2002 年 9 月，第 14 届亚运会在韩国釜山举行。在开幕式上，朝鲜运动员和韩国运动员一同高举朝鲜半岛旗，手拉手入场的一幕，使得本届亚运会又多了一层推动朝鲜半岛民族统一的积极内涵。2006 年 12 月，在卡塔尔首都多哈举行的第 15 届亚运会上，亚运火炬将首次传遍所有参赛国家和地区。

2004 年 7 月 1 日在卡塔尔多哈，亚奥理事会代表大会最后投票决定将 2010 年第 16 届亚运会交由中国广州承办，亚洲体育盛会第二次来到了中华大地。广州亚运会传承了北京奥运会的成功理念和宝贵经验，又充分展示了广州独特的地域文化。2010 年 11 月 12 日，亚运会在广州城市中轴线与珠江的交汇点海心沙广场开幕，这也是亚运会开幕式首次在非体育场的空间进行。广州亚运会共设 42 个比赛项目，是亚运会历史上比赛项目最多的一届，金牌总数也是历届亚运会之最，广州还在亚运会后举办了亚洲残疾人运动会，这是亚洲残疾人体育组织重组后的第一届亚残运会。

2014 年 9 月，第 17 届亚运会在韩国仁川举办，仁川亚运会是亚运会历史上主办国首次在境外传递火炬。亚运火种来到了和仁川“一海之隔”的中国山东威海市进行传递。2018 年 8 月，第 18 届亚运会在印度尼西亚首都雅加达开幕，使得雅加达成为继曼谷和新德里之后第三个重复举办亚运会的城市。2018 年 9 月 2 日，在雅加达亚运会的闭幕式上，杭州用一段长达 8 分钟的表演向全亚洲发出了邀请。随着亚运会的会旗、火炬交接到杭州市手中，亚运会正式进入了杭州时间。

2. 杭州与亚运会

(1)申亚历程

说起杭州申办亚运会的历程，就不能不提到一段特殊的历史背景。亚运会的举办时间虽然和奥运会刚好错开两年，但却每每“撞上”了同年举办的冬奥会和世界杯。为了能够提升市场吸引力，确保亚运经济的可持续性，亚奥理事会于 2010 年宣布，将第 18 届亚运会推迟到 2019 年举办，举办城市确定为越南首都河内。但是计划永远不如变化快，越南政府因为财政危机等原因，突然在 2014 年 4 月宣布放弃亚运会举办权。这让亚奥理事会有些猝不及防，不得不急切寻找替代城市。虽然有印度尼西亚首都雅加达及时“接盘”，但举办时间重新回到了 2018 年。亚运会举办的种种变更，折射出申办过程的曲折回转，这时亚奥理事会特别需要有一个负责任的大国、一座有担当的城市承担起振兴亚洲体育的使命，在这关键的时刻，中国杭州站了出来。

杭州希望通过举办一届高水平的体育文化盛会，全面展现生态文明、智慧城市、文化兴盛等领域的发展成果，进一步提升杭州在亚洲乃至世界的影响力和美誉度，实现“办好一个会，提升一座城”的目标。但是在举办综合性体育赛事这方面，杭州并不具备先天的优势。在成功申办第 19 届亚运会之前，杭州曾参与过两次全运会和一次全国城市运动会举办权的角逐，结果都“铩羽而归”。但是杭州没有放弃，因为机会总是留给有准备的人的。2014 年 5 月，浙江省体育局、杭州市政府向浙江省政府正式提出申办亚运会的申请，浙江省政府立刻向国家体育总局上报了这一申请。2015 年 8 月 16 日，国务院批复同意杭州代表中国申办 2022 年第 19 届亚运会。随后，中国奥委会正式向亚奥理事会递交了申办意向书，杭州需要亚运，亚运需要杭州，重整行装的杭州，做好了再次“出征”的准备。

2015 年 9 月 16 日，第 34 次亚奥理事会代表大会在土库曼斯坦首都阿什哈巴德召开，会议的第一个议题，就是听取杭州申办代表团的陈述。在播放了杭州的“申亚”宣传片后，时任浙江省副省长的郑继伟代表浙江省政府做总结陈述。他郑重承诺：浙江省政府将举全省之力支持杭州举办第 19 届亚运会。北京时间 13 点 03 分，来到了最扣人心弦的环节，亚奥理事会主席艾哈迈德亲王缓步登台，宣布第 19 届亚运会的举办城市。台下，杭州申亚代表团的成员们屏气凝神，默默谛听。“中国杭州获得 2022 年亚运会举办权！”话音落下，欢呼震天、掌声雷动、国旗飘扬，所有积压的情绪在这一刻喷薄而出。那一刻，在遥距万里的中亚古城，“杭州”两个字响彻晴空。杭州成为继北京和广州之后，中国第三座举办亚运会的城市，这个名字也注定将镌刻在亚洲奥林匹克事业发展的里程碑上。

2016 年 3 月 18 日，国务院发函同意成立第 19 届亚运会组委会，同年 4 月 9 日，第 19 届亚运会组委会成立大会在北京人民大会堂举行。杭州亚运会正式进入了筹备阶段。

(2)目标理念

成功取得亚运会主办权，对于杭州而言意义非凡。一场洲际性的盛会，是对杭州这座城市全方位的检验，同时也是一次全方位的提升。

“绿色、智能、节俭、文明”是杭州亚运会的办会理念，绿色充分体现了杭州生态环境优美、低碳环保和可持续发展的特点，打造“资源节约型、环境友好型”亚运会。智能指的是充分利用“互联网＋”、人工智能、5G 系统、VR 技术、物联网设备、无人驾驶、新能源等科技手段，为亚运会的举办带来质的飞跃，也使得亚运会成为中国“智能化”成果的展示舞台。节俭是充分利用现有的场馆设施，并努力通过市场开发的方式解决办赛主体资金。文明是杭州的金名片，亚运会更将成为杭州市民和各国（地区）参赛人员向世界展示文明素养的平台。

同时，杭州也将坚持“体育亚运、城市亚运、品牌亚运”的目标导向，坚持以“杭州为主，全省共享”为原则，以一流的组织、一流的设施、一流的环境、一流的服务，充分展示中国及浙江、杭州改革开放和经济社会建设的伟大成就，充分展示中华民族的优秀文化，把“杭州 2022 年第 19 届亚运会”办成一届具有中国风范、浙江特色、杭州韵味、共建共享的体育文化盛会，充分体现“中国新时代·杭州新亚运”的定位，为提高亚洲体育运动水平做出贡献。

（3）亚运会徽

会徽是亚运会重要的视觉形象标志，第一届亚运会会徽的主体是一个放射出 16 道火焰光芒的红色太阳，代表了亚洲是世界东方的日出之地，太阳下是 11 个相连的圆环，代表了首届亚运会的 11 个参赛国家或地区。此后的亚运会会徽大多沿袭这样的设计风格。从第 4 届雅加达亚运会开始，在会徽上加上了举办国的特色符号，展现当地的文化内涵。北京 1990 年第 11 届亚运会会徽图案中除亚奥理事会的红色太阳标志外，以万里长城组成象征亚洲的“A”字，长城图案还构成罗马数字“Ⅺ”，表示本届亚运会是第 11 届。广州 2010 年第 16 届亚运会会徽，创意源于仙人和五只仙羊的美丽传说。以广州越秀公园内的五羊雕像为蓝本，令人印象深刻。

杭州亚组委从 2018 年 1 月开始面向全球征集杭州亚运会会徽设计方案，收到应征作品 4 263 件，其中由中国美术学院袁由敏团队的方案“潮涌”脱颖而出。最终在 2018 年 7 月 30 日得到亚奥理事会正式允许，并于当年 8 月面向全球发布。

“潮涌”的主体图形由扇面、钱塘江、钱江潮头、赛道、互联网符号和红色太阳图形六个元素组成。扇面造型反映了杭州地处江南特殊的人文意蕴，赛道代表了体育竞技运动，互联网符号契合杭州“天堂硅谷”的城市特色，红色太阳是亚运会会徽必不可少的亚奥理事会标志，钱塘江和钱江潮头是会徽的形象核心，绿水青山展示了杭州山水城市的自然特质，江潮奔涌表达了钱江儿女勇立潮头的精神气质。整个会徽形象象征着新时代中国特色社会主义大潮的涌动和发展，也象征着亚奥理事会大家庭团结携手，紧密相拥，永远向前。

(4)吉祥物

趋吉避凶，迎瑞纳祥，是世界人民共同的追求，每个民族、每个国家都有许多属于自己独特的吉祥物。在体育盛会中，最早的吉祥物出现在1968年法国格勒诺布尔冬奥会上，1972年慕尼黑奥运会推出的德国猎犬“Waldi”是奥运会上最早的官方吉祥物。如今，吉祥物已经成为包括亚运会在内的各类大型综合赛会的重要组成部分。在印度首都新德里举办的第9届亚运会上，出现了亚运会最早的官方吉祥物“阿波”，它的原型是印度的国宝——亚洲象，象征智慧、力量和忠诚。1990年北京亚运会的吉祥物是一只活泼可爱、张开双臂的国宝大熊猫，取名“盼盼”。这只手持亚运奖章的熊猫“盼盼”在当时可以说是风靡大江南北，至今还给人留下深刻的印象。2010年广州亚运会的吉祥物有五个，源自广州城的五羊雕塑标志。五只羊分别取名“阿祥”“阿和”“阿如”“阿意”和“乐羊羊”，合起来就是“祥和如意乐洋洋”。

2019年4月，杭州亚运会吉祥物设计方案面向全球启动征集，共收到应征作品4 633件。其中由中国美术学院张文、杨宏毅设计的“江南忆”方案脱颖而出，获得了一致好评。这是由三个既承载深厚底蕴，又充满时代活力的机器人共同构成的组合。名字来自唐朝大诗人白居易的名句“江南忆，最忆是杭州”，将杭州的历史人文、自然生态和创新基因完美结合。2020年1月，亚奥理事会正式允许“江南忆”组合为杭州亚运会吉祥物，4月正式面向全球发布。

蓝色的吉祥物取名“宸宸”，代表杭州拥有的世界文化遗产——中国大运河，它的名字则源于大运河杭州段的地标建筑拱宸桥。在历史上，拱宸桥长期作为大运河的终点，承载着杭州市民一代又一代的美好回忆。“宸宸”以科技蓝为主色调，从大运河走来，游向钱塘江，游向全世界，所以它的头顶是举世罕见的钱江潮，拱宸桥的图案则镶嵌在额头上，展现了海纳百川的时代精神，架起了亚洲和世界人民的心灵之桥。

黄色的吉祥物取名“琮琮”，代表杭州拥有的世界文化遗产——良渚古城遗址，它的名字则源于良渚古城遗址出土的代表性文物玉琮。精美绝伦的玉琮，是实证中华五千年文明史的重要标志物。“琮琮”全身黄色，象征着大地和丰收，头部装饰的纹样取自良渚文化的“神徽”符号，寓意“不畏艰险，超越自我”。“琮琮”展现了不屈不挠的创业精神，鼓励人民创造美好生活。

绿色的吉祥物取名“莲莲”，代表杭州拥有的世界文化遗产——西湖文化景观，它的名字则源于南宋诗人杨万里的名篇《晓出净慈寺送林子方》中的名句“接天莲叶无穷碧”。“莲莲”从西湖的烟柳画桥、十里荷花中走来，莲叶头饰以西湖的标志三潭印月为顶，以互联网为茎，展现了精致和谐、开放大气的人文精神，传递着共建人类命运共同体的期许。

(5)主题口号

主题口号是除了会徽和吉祥物之外，亚运会重要的宣传渠道之一，历届亚运会的口号有许多至今仍然朗朗上口，比如 1954 年第 2 届马尼拉亚运会的口号“永远向前”(EVER ONWARD)，1990 年第 11 届北京亚运会的口号“团结、友谊、进步”，2010 年第 16 届广州亚运会的口号“动感亚洲，感动世界”等。

2019 年 12 月，亚奥理事会正式允准“心心相融，@未来”(读作“心心相融，爱达未来”)为杭州亚运会的主题口号，英文表述为“Heart to Heart，@Future”。这个口号的亮点是“@”，这是全球互联网通用的符号，契合了杭州互联网之城的特征。心心相融(Heart to Heart)的意思是各国(地区)人民在亚运会的大舞台上紧密相拥，团结向前，@未来(@Future)传递自信乐观、不畏挑战、共迎美好的期许。

(6)亚运火炬

杭州 2022 年第 19 届亚运会火炬，名为“薪火”。设计思想源自实证中华五千年文明史的良渚文化，以其庄重大气、意蕴深远的造型，通过火炬手们的手手相传，向世界展现中国设计的独特创意、中国制造的硬核力量。“薪火”，寓意着中华文明薪火相传。火炬以玉琮为表征，以人文历史和山川风物为主干，既是对中华文化的致敬和传承，也向世界展示了真实、立体、全面的古代中国、现代中国和未来中国，使中华文明圣地闪耀出更加璀璨的光芒。火炬以天然圣火与智能技术为双核支撑，原材料通过区块链技术数字上链，利用可溯源机制确保真实性；金属部分采用 1070 铝合金旋压成型工艺，表面先后经历激光精雕和阳极氧化两道工艺淬炼；握把采用可回收生物质材料，环保轻盈，便于手持；燃料采用生物质燃气，清洁安全可靠。[1]

此外，杭州还发布了拥有独特编号、永久存证、不可复制以及不可篡改的3D版亚运会数字火炬，让更多人能有机会拥有亚运火炬，成为亚运精神的传递者。同时，杭州根植元宇宙技术，还推出了全球首创的亚运数字火炬手。全球网民通过亚运史上首个一站式数字观赛平台——“智能亚运一站通”，参加“爱运动、爱公益、爱绿色”等活动，就可以成为亚运数字火炬手，并拥有代表亚运数字火炬手独特身份的数字权益，包括个性化的数字形象、杭州亚运会火炬手同款服装和“薪火”同款火炬的数字装扮等。亚运数字火炬手系列活动将为网民带来全新的亚运体验，向全球展示数字浙江、数字中国的独特魅力。

(7)同样精彩

亚洲残疾人运动会是由亚洲残疾人奥林匹克委员会管理，专为肢体残疾、视力残疾以及部分智力残疾的运动员举行的亚洲大型综合性运动会。2018年亚残奥委员会确认杭州为第4届亚残运会主办城市，杭州成为继广州之后第二个举办亚残运会的中国城市。

2020年3月23日，杭州亚残运会会徽、口号正式向全球发布。“向前”(Ever Forward)被确定为杭州亚残运会会徽，“Hearts Meet，Dreams Shine”(心相约，梦闪耀)成为杭州亚残运会口号。会徽整体的视觉要素与杭州亚运会会徽“潮涌”在风格上保持一致，体现“两个亚运，同样精彩”的办赛要求，激励残疾人运动员在竞技舞台上，展现勇于挑战、战胜自我、创造幸福的良好精神风貌。

2020年4月16日，杭州亚残运会吉祥物正式向全球发布，良渚神鸟“飞飞”在互联网云端与全球网友见面。“飞飞”的设计灵感源自良渚文化中“神鸟”的形象。她身上融合了杭州历史人文和科技创新，也承载着人与自然和谐共生的企盼。“神鸟”在中国有着传递佳音的传说，因此，她还是文化和幸福的使者。

2021年10月9日，第4届亚残运会火炬形象正式发布，设计方案名为“桂冠”，设计思想源自实证五千年中华文明史的良渚玉琮和杭州市花——桂花，尊良渚玉琮为其文化本源，礼通天地，道贯古今；以杭城桂花的芳香四溢，寓意阳光、和谐、自强、共享的办赛理念。

---

① 2022年第19届亚运会组委会，https://www.hangzhou2022.cn。

尽管杭州亚组委一直为按时举办亚运会而做着准备，然而在仔细考虑了新冠疫情和亚运会规模后，亚运会还是做出了延期举办的决定。2022 年 5 月 6 日，亚奥理事会在其官网宣布：经过与中国奥委会（COC）和杭州亚运会组委会（HAGOC）的详细讨论，亚奥理事会决定推迟原定于 2022 年 9 月 10 日至 25 日在中国杭州举行的第 19 届亚运会①。2022 年 7 月 19 日，亚奥理事会宣布第 19 届亚运会于 2023 年 9 月 23 日至 10 月 8 日举行，名称仍为杭州 2022 年第 19 届亚运会，赛事名称和标识都将保持不变。杭州亚组委也将在亚奥理事会和中国奥委会的指导下，按照确定的举办日期全面做好筹办工作，呈现一届“中国特色、浙江风采、杭州韵味、精彩纷呈”的体育文化盛会。同时，杭州亚残运会的举办时间也确定为 2023 年 10 月 22 日至 10 月 28 日。

3. 杭州亚运会主要场馆

杭州亚运会场馆布局按照“杭州为主、全省共享，以运动员为中心、赛事为主体，充分利用现有场馆”的原则，布局场馆设施项目。根据杭州亚运会 40 个比赛项目设置，共安排 57 个比赛场馆、31 个训练场馆、5 个亚运村及分村，其中新建场馆 12 个，改造场馆 25 个，续建场馆 8 个，临建场馆 8 个。在场馆分布上，杭州市内设 40 个比赛场馆、2 个亚运村及分村，杭州市以外的五个协办城市设 13 个比赛场馆，3 个亚运分村，其中宁波 2 个场馆和 1 个亚运分村，温州 3 个场馆和 1 个亚运分村，绍兴 4 个场馆，金华 3 个场馆和 1 个亚运分村，湖州德清 1 个比赛场馆。此外，杭州第 4 届亚残运会还设置了两个独立比赛场馆。其中，杭州市内及周边地区亚运场馆主要包括以下这些。

（1）杭州奥体博览城

杭州奥体博览城是杭州亚运会最集中的比赛场馆区域，是一个以体育和博览功能为主，集文化、商贸、旅游、居住、演艺、美食、休闲、度假、购物等功能于一体的大型城市综合体。奥体博览城位于钱塘江南岸的钱江世纪城板块，以七甲河为界跨越了萧山区和滨江区，沿七甲河布置的码头方便游船到达各个场馆区，

---

① 亚洲奥林匹克理事会官方网站：https://ocasia.org/，原文为：Following detailed discussions with the Chinese Olympic Committee （COC） and the Hangzhou Asian Games Organising Committee （HAGOC），the OCA Executive Board （EB） today decided to postpone the 19th Asian Games，which were scheduled to be held in Hangzhou，China，from 10 to 25 September 2022。

真正实现了水路连通各大场馆，呈现一派江南特色城市风貌。

奥体博览城主要由杭州奥林匹克体育中心、杭州国际博览中心、杭州世纪中心（杭州之门）等建筑组成。体育和文化在此得到创造性的结合。再加上便捷的轨道交通和配套商业设施，使得杭州奥体博览城从单一服务杭州亚运会的体育场馆，成为提高杭州市民生活品质的“民心工程”和杭州从“西湖时代”向“钱塘江时代”迈进的标志性工程，是杭州经济转型的新增长极。

（2）杭州奥林匹克体育中心

杭州奥林匹克体育中心，是奥体博览城的标志性建筑，始建于 2009 年 12 月，是第 19 届亚运会的主会场。杭州奥体中心主要由主体育场——“大莲花”、体育游泳馆——“化蝶”、网球中心——“小莲花”和综合训练馆——“玉琮”等组成。

杭州奥体中心主体育场造型动感飘逸，取意于杭州丝绸纹理与纺织体系，建筑体态源于钱塘江水的动态，拥有简洁的花瓣单元，犹如一朵美丽的莲花绽放于钱塘江畔，所以被亲切地称为“大莲花”。“大莲花”由 28 片大花瓣和 27 片小花瓣组成，花瓣与花瓣之间交错排列，每片花瓣都不是实心的，而是架构了像网格一样的半透明“蝉翼”。花瓣之间的留白，类似中国传统建筑的景窗。花瓣材料选用铝镁锰板，板子上都是一个个直径为 5 毫米的小孔，这种穿孔金属板的运用是“大莲花”体育场建筑的生花“妙笔”，不仅采光效果好，而且里面可清晰看到外部风景，钱塘江一览无余，而外部则看不清里面，外面风沙尘进不来。不同的时间、不同的季节、不同的光影，透过这层半透明罩棚，都能展现出“大莲花”的温婉与灵动。

杭州奥体中心主体育场占地面积 8.2 万平方米，总建筑面积 21.6 万平方米，可以容纳观众约 80 173 席，是中国目前仅次于北京国家体育场“鸟巢”的第二大体育场。跟其他体育场不一样的是，“大莲花”的座位采用渐变色彩，选用了淡蓝、深蓝、紫色、红色和灰色 5 种颜色，但不是按区域来分，而是由下往上相互穿插渐变，看起来更灵动；同时，得益于特殊的莲花造型，场内的看台斜度可根据人体视线标准进行调整，以达到最佳的观赛体验。“大莲花”还有一套单独泛光照明系统，灯光效果采取特制变光模式，共有七个模式，春天秋天一个模式，夏天一个模式，冬天一个模式，节庆、赛事分别两个模式。“大莲花”是钢结构建筑，总用钢量经过多轮优化完善后仅为 2.8 万吨，比同为“8 万人体育场”的“鸟巢”少用了 1.4 万吨。根据安排，杭州亚运会的开闭幕式和亚运会田径比赛将在这里举办。

杭州奥体中心网球中心同样采用了“花瓣”设计造型，所以被称为“小莲花”，它的下半部分由 24 片固定“花瓣”组成；上半部分屋顶由 8 片会旋转的“花瓣”构成，各自设有钢架轨道，可根据天气等需要开合，整个过程约 15 分钟。这种能“旋转开闭”的屋顶设计被中国工程院院士领衔的专家组评定为“世界首创”。“小莲花”设置了内场及外景灯光，同样按照不同的季节和不同的使用场景（赛时、假日、平时）设计了不同的灯光效果。特别值得一提的是，这里夜晚会有“杭州韵味”灯光秀。同时，小莲花上的灯光是从建筑外围投光上去的，建筑本身不装任何灯具，这也是对建筑本身的一种美的保护。

“小莲花”在 2017 年建成，总建筑面积 5.23 万平方米，可容纳观众 10 177 席。2018 年，由于来杭州考察的国际泳联执行主席科奈尔·马库莱斯库对“小莲花”特别感兴趣，于是还未完工的“小莲花”被改造为临时性游泳馆，承办了第 14 届国际泳联世界游泳锦标赛（25 米）的比赛。在杭州亚运会期间，小莲花将会承办网球比赛。

杭州奥体中心体育游泳馆，包含了体育馆和游泳馆两个场馆。两大馆是连体式建筑，拥有独特的流线造型，好像蝴蝶一双张开的翅膀，形成“化蝶”的杭州文化主题，所以又被称为“化蝶”双馆。这也是世界上最大的非线性造型两馆连接体。在华灯初上时，这个场馆还有一个别名“银河幻影”，通过繁星点点、闪耀星空等光作品的展示，渲染夜幕下亚运场馆如银河幻影般的意境。“化蝶”双馆的总建筑面积为 39.695 万平方米，其中体育馆可以容纳观众 18 000 席，游泳馆可以容纳观众 6 000 席。在杭州亚运会期间，“化蝶”双馆将会承办篮球、游泳、跳水、花样游泳等比赛。

杭州奥体中心综合训练馆，外形以良渚文化的代表玉器——“琮”为设计理念，取“玉琮出土，立于天地”之意，所以也被称为“玉琮”。“玉琮”是“杭州亚运三馆”之一，主楼高度 98.7 米，建筑外形简洁流畅，是全球最大的“玉琮”建筑。“玉琮”主楼外侧设置外围观光步道，可以直达训练馆屋顶。夜晚的“玉琮”以“罅之光”为照明主题，通过线条光重点表现玉琮刻痕，其建筑步行廊道暖色光与建筑外表皮整体的冷白光形成了鲜明对比。“玉琮”总建筑面积约 18.5 万平方米，将承担杭州亚运会手球、篮球、排球、摔跤、跆拳道、柔道、卡巴迪和武道等项目的训练任务。

杭州奥体中心国博壁球馆，是由杭州国际博览中心的 4D 展厅临时改建的。壁球(Squash)是在用墙壁围起的场地内，按照一定的规则用拍子互相击打对手击在墙壁上的反弹球的一项竞技体育运动。壁球运动源自英国，相传是 19 世纪初伦敦监狱里的犯人为了锻炼身体和打发时间而发明的。在改进后，逐渐发展成一种气质优雅的“贵族运动”。1998 年，壁球被列为曼谷亚运会的正式比赛项目。国博壁球馆在设计中充分融入了“绿色、智能、节俭、文明”的杭州亚运会办会理念，在改造之初便已统筹好场馆赛时保障和赛后利用功能。亚运会比赛结束后，就能快速恢复场馆原来的功能。国博壁球馆改造面积达 9 287 平方米，场内设有观众座席约 1 000 个。

(3)杭州黄龙体育中心场馆群

黄龙体育中心坐落在西湖风景名胜区黄龙洞景区附近，占地 62 万平方米。早在 1959 年，周恩来总理视察杭州时，就曾经做出“黄龙洞一带可以用来建健身体育场馆”的重要批示。时隔近 40 年后，黄龙体育中心于 1997 年正式破土动工，并在 2000 年 10 月落成了主体育场。这座体育场可容纳观众 56 000 席，是当时浙江省规模最大、功能最全的现代化体育设施。2003 年，可容纳观众 8 000 席的黄龙体育馆落成，2005 年 9 月，国际滑联短道速滑世界杯杭州站比赛在黄龙体育馆举办，开启了国际冰雪赛事在杭州办赛的先河。2007 年 9 月，第五届国际足联女足中国世界杯杭州赛区在黄龙主体育场举行，平均每场上坐球迷约 4 万人以上。2011 年 10 月，第八届全国残疾人运动会开幕式在黄龙体育中心隆重开幕。

在过去的 20 多年里，黄龙体育中心承载着杭州人关于演唱会、球赛、马拉松、演出、全民健身的众多回忆。从 2001 年开始，黄龙体育中心作为本地足球队的主场，更为浙江球迷奉献了超过百场的主场比赛。2019 年黄龙体育中心场馆群正式启动亚运改造。改造完成后的黄龙体育中心体育场，将成为全国第一座拥有上下两道环屏的体育场。黄龙体育中心主体育场、体育馆、游泳跳水馆将分别承担杭州亚运会足球、体操(竞技体操、艺术体操、蹦床)和水球 3 大类 5 项比赛,以及杭州亚残运会田径比赛任务。

(4)淳安界首体育中心场馆群

淳安界首体育中心地处淳安县国际 5A 级景区千岛湖旅游度假区界首区块,依山傍水,风景秀美。这里的主体建筑——场地自行车馆建筑面积 24 282 平方米,可容纳观众 3 040 席。场馆内是周长为 250 米的斜坡式标准赛道,与观众席近在咫尺。值得一提的是,场馆巨大的椭圆形屋盖配上大面积银色铝板,就像一颗镶嵌在自然山水之间的"明珠"。而室外的透水铺装在下雨时吸水、蓄水、净水,把雨水集中收集,需要时释放雨水,大大节约了项目中的绿化和生活用水。淳安县千岛湖水域开阔,溪河纵横,水系呈羽状,水体属于国家一级水体,被誉为"天下第一秀水",场馆群附近的湖面将成为杭州亚运会公开水域比赛和热身的场地。界首体育中心场馆群将承办亚运会场地自行车、公开水域游泳、公路自行车、山地自行车、小轮车、铁人三项 6 个项目比赛。

(5)杭州运河体育公园

杭州运河体育公园位于拱墅区申花单元,这是杭州主城区最大的新建亚运场馆,也是浙江省首座集体育馆、公园、运动场、商业配套于一体的综合性城市体育公园。杭州运河体育公园总建筑面积 18.5 万平方米,由"一场、一馆、一广场、两中心"组成,不仅是亚运会的重要场馆、全民健身的优秀场地,更因舒适的环境、亲民的设计成为亲子旅游的胜地,被周边市民亲切地称为"遛娃公园"。

杭州运河体育公园的"一馆"就是体育馆。这幢建筑整体为不规则的椭圆形,设计灵感取自良渚文化的玉琮。场馆被北庄河环绕,就像河流中的一块鹅卵石,自然地搁置在景观中,建筑和起伏的坡地形成自然的结合。从空中俯瞰,体育馆的玉琮造型清晰可见。体育馆可容纳观众 6 500 席。"一场"就是亚运公园体育场,它的主体部分是一个轻巧而优雅的大跨度屋盖,造型就像一把油纸伞,人称"杭州伞"。"伞架"由钢结构构成,"伞面边缘"是由 120 米的钢管构成,可容纳观众 4 870 席。两座体育场馆一南一北,好似一把非遗的"油纸伞"和一块放大版的"玉琮",在青青绿草、蓝天白云、碧水环绕下甚是好看。南北两馆之前的"三叶湖”是体育公园唯一的人工湖，因外观和寓意希望的三叶草相像而得名。

运河体育公园将承担杭州亚运会霹雳舞、乒乓球和曲棍球项目的比赛。其中霹雳舞(Breaking)是一种以个人风格为主的技巧性街舞舞种，起源于20世纪70年代美国纽约的布朗克斯区。由于其眼花缭乱的动作，而被人们形象地称为“霹雳舞”。如今的霹雳舞技术要素主要包括摇滚步、整体动作、腿部动作、定点四大内容，充满了视觉冲击和节奏感，受到年轻一代的欢迎。2020年12月16日，在亚奥理事会第39次全体代表大会上增设电子竞技、霹雳舞两个项目。其中霹雳舞属“体育舞蹈”。同月，国际奥委会执委会召开会议，同意2024年巴黎奥运会增设霹雳舞项目。在2021年，霹雳舞首次进入全运会，2023年1月9日，中国国家霹雳舞队在国家极限运动溧水训练基地正式成立。

(6)杭州电竞中心

杭州电竞中心同样位于杭州市拱墅区。场馆以“星际漩涡”为设计理念，三条主步道作“骨架”，环绕核心旋转上升，形成双曲面异形结构，宛如星云中的恒星。从空中俯瞰，形似一艘“星际战舰”盘踞在北景园生态公园内，蓄势待发，与电竞比赛的科幻感、未来感非常契合。总建筑面积约8万平方米，拥有座位4 087个。这是全国第一座亚运会赛事标准的专业电子竞技场馆，兼具“数字化”“智能化”“专业化”等特色。得益于优越的硬件设施，亚运会结束后，这座电竞中心还可满足多种赛事、文艺演出、博览会等综合场馆需求。

长期以来，人们总是将电子竞技与电子游戏等同起来，被认为是“玩物丧志”的玩意儿，受到了不少误解。然而电子竞技不仅有激烈的对抗性，同时也强调思维能力和团队精神。它有统一的竞赛规则，追求人与人之间的公平竞争，更是一种体育运动。同时，职业电子竞技中也会有职业选手，他们每天都需要高强度、有针对性的训练，而不是每天都想玩的“网瘾少年”。相反，电子游戏则大多没有统一的规则约束。大部分电子游戏也不是对抗性的，而是娱乐性的。当然，电子竞技是以电子游戏为载体的，因此它成为亚运会的项目后，不仅会和传统体育一样具有高度的观赏性，也受到广大游戏玩家的关注和追捧。

2003年，中国国家体育总局将电子竞技运动列为中国正式开展的第99个体育项目。在2020年12月，电子竞技正式获准成为杭州亚运会竞赛项目，分属于

“智力项目”。这是电子竞技首次成为亚运会正式竞赛项目。2021 年 11 月 5 日，杭州亚组委正式公布了杭州亚运会电子竞技小项设置。杭州 2022 年亚运会电子竞技项目设英雄联盟、王者荣耀（亚运版）、和平精英（亚运版）、炉石传说、刀塔 2、梦三国 2、街霸 5 和 FIFA Online 4 共八个项目。

（7）杭州市体育馆

杭州市体育馆可以说是杭州人的“老伙计”了，它坐落在杭州市中心的体育场路，前身是浙江省人民体育馆。建于 1966 年，是 20 世纪 60 年代杭州市标志性体育建筑设施，它和马路对面始建于 20 世纪 30 年代的杭州市体育场共同构成了杭州最早的综合体育运动中心，也是杭州亚运会场馆中历史最悠久的建筑。杭州市体育馆外观酷似船形，是目前世界上唯一的马鞍形悬索结构体育馆，已经被列为杭州市级文物保护单位。

杭州市体育馆沉淀了几代人的美好回忆，承载着浓厚的体育梦想。因此在改造提升过程中坚持了“修旧如旧”的原则，从保护好历史文化角度出发，体育馆外部“船体”造型不变，以便更好地保持历史风貌，体现文化底蕴。杭州市体育馆改造后总建筑面积 34 202 平方米，可容纳观众 4 209 席，将承办杭州亚运会拳击比赛。

（8）上城区体育中心

上城区体育中心位于上城区，靠近钱江新城 CBD。这里是原江干区体育中心，是全国首批由中国体育彩票扶持建设的示范工程。体育中心的总建筑面积 16 063 平方米，可容纳观众 13 544 席，将承办杭州亚运会足球比赛。

（9）滨江区体育馆

滨江区体育馆位于亚运村东南方向，最初的设计理念以花朵为原型，借以表达美好的概念，也和奥体博览城的“大小莲花”相互呼应，外观经过切割处理，形成富有韵律感的花瓣造型，所以被亲切地称为“小白碗”。该馆总建筑面积 58 224 平方米，可以容纳观众 4 143 席。比赛场馆按照 NBA 场地标准建设，地板采用悬浮式拼装，用的是进口加拿大枫木。每个观众座椅的下方或者背后，都能出冷气。这里将承办杭州亚运会羽毛球项目比赛。

（10）杭州钱塘新区轮滑馆

钱塘新区轮滑馆坐落在钱塘区钱塘江畔东部湾体育公园内，从高空俯瞰，两个“6”融合叠加，像一个“旋风陀螺”，同时色彩上也融合了西湖秀色美景、亚运红色气质，铸造出独特的景观夜景主题。轮滑馆是国内首个拥有双曲面相关赛道的比赛场馆，也是亚洲最专业的室内相关专业场馆，总建筑面积 36 395 平方米，可容纳观众 1 616 席，将承办杭州亚运会轮滑比赛。

轮滑原称为“溜旱冰”或“滑旱冰”，指使用各种滚轴类鞋等类似器材在各种场地进行的速度轮滑、自由式轮滑、花样轮滑等项目的竞赛。在广州 2010 年第 16 届亚运会上，轮滑首次成为正式比赛项目，设速度轮滑和花样轮滑。仁川 2014 年第 17 届亚运会取消轮滑项目。在雅加达 2018 年第 18 届亚运会上速度轮滑再次成为比赛项目，杭州亚运会轮滑项目预计共产生 12 枚金牌。

(11)萧山区体育中心

萧山区体育中心位于萧山区城厢街道，始建于 1989 年，是萧山的地标建筑之一。改造提升的设计理念以钱江潮为意境，融合展现“奔竞不息，勇立潮头”的萧山精神和“更高、更快、更强”的体育精神。体育场建筑面积 34 542 平方米，可容纳观众 10 118 席，将承办杭州亚运会足球比赛。体育馆建筑面积 10 802 平方米，可容纳观众 1 901 席，将承办杭州亚运会举重比赛。

此外，萧山区瓜沥文体中心的体育馆将承办杭州亚运会卡巴迪、武术比赛。萧山区临浦体育馆将承办杭州亚运会柔道、柔术、克柔术比赛。

其中，武术是我国的“国粹”，在北京 1990 年第 11 届亚运会上，武术成为比赛项目。在北京 2008 年第 29 届奥运会上，武术成为特设比赛项目。亚运会武术比赛分套路和散打两个项目，杭州亚运会预计共产生 15 枚金牌。卡巴迪是一种类似中国民间“老鹰抓小鸡”游戏的运动，有着 4 000 多年的历史，在西亚、南亚非常流行。在柏林 1936 年第 11 届奥运会上，卡巴迪作为表演项目首次亮相。在北京 1990 年第 11 届亚运会上，男子卡巴迪成为正式比赛项目；在广州 2010 年第 16 届亚运会上，女子卡巴迪成为正式比赛项目。

柔道、柔术、克柔术三种运动名称相似，常常容易认混。其中，柔道有着丰富的文化底蕴和精神内涵，在东京 1958 年第 3 届亚运会上首次作为表演项目，在汉城 1986 年第 10 届亚运会上成为正式比赛项目。柔术与日本柔道极有渊源，但更强调地面技术和竞技实战。因此在赛场上两个人角力相持，互相摔投的是柔道；抱一起缠斗，主要在地面对抗的是柔术。克柔术是一种古老的直立制服式格斗，始于 3 500 年前乌兹别克斯坦的传统式摔跤运动。在雅加达 2018 年第 18 届亚运会上，柔术和克柔术成为亚运会正式比赛项目。在竞赛规则上。柔术比赛时间 6 分钟，以寝技为主；克柔术比赛时间 4 分钟，只允许站姿；柔道比赛时间 4 分钟，既有寝技也有立技。因为这三个项目的主要器材“榻榻米”可以通用，所以它们在杭州亚运会上全都安排在萧山区临浦体育馆比赛。

(12)临平体育中心

临平体育中心位于临平区，以白色为主基调，外观大气时尚，融入“丝绸之路”设计理念。体育馆、体育场、游泳馆、训练馆和风雨操场被一条“丝带”串联，如丝绸般灵动飘逸，展现了杭州特有的江南柔美之情。体育场建筑面积 17 702 平方米，可容纳观众 10 200 席，将承办杭州亚运会足球比赛。体育馆建筑面积 16 888 平方米，可容纳观众 3 800 席，将承办杭州亚运会排球比赛。

(13)富阳体育中心体育馆

富阳体育中心体育馆位于富阳区，总建筑面积 10 426 平方米，可容纳观众 2 600 席，体育馆应用了智能化的照明技术，在各个窗口都安装了光线感应器，场馆的灯光会随着室外阳光的变化慢慢地变化，运动员的体验会很舒适。在别有洞天的主场馆内部，由“神秘蓝”和“活跃红”组成的 2 600 张崭新的座椅，也是非常有特色。红色的座椅构成了正在运球和扣篮的图案，彰显了运动的活力。这里将承办杭州亚运会篮球比赛。

(14)富阳银湖体育中心

富阳银湖体育中心(亚运射击射箭现代五项馆)坐落在富阳区银湖街道，这里三面环山，一面临水，整座场馆都隐匿在自然山水之间。这是杭州亚运会 12 个新建场馆之一。整个项目的用地面积 412.77 亩，足足有 28 个足球场大。场馆包括射击综合馆(射击比赛、现代五项的击剑比赛)、室外飞碟靶场、射箭场、现代五项的激光跑和马术场地、新闻媒体与安保中心、马厩等设施，总共容纳观众 13 975 席。主要举办杭州亚运会射击、射箭和现代五项三项比赛，预计共将产生 47 块金牌。

射击综合馆是其中体量最大的一个馆，也是整个项目的最大特色所在。场馆设计从《富春山居图》尾段的山形轮廓中取材，背后实景山丘和延绵起伏的屋顶轮廓混合，抽象出建筑“山体”的轮廓，组成了中国传统山水画中的景观意象。整个场馆东部外立面由 34 000 多块铝合金单元格栅组成，每片格栅都预设特定的转轴角度，经过精心组装，“百叶为笔，阳光为墨”，用不同的投影面积勾绘出一幅“会动”的《富春山居图》。亚运会比赛结束后，这里将在改造后“还馆于民”。除了承办射击训练和比赛外，还将成为综合性休闲运动中心。

(15)富阳水上运动中心

富阳水上运动中心位于富阳东洲街道，北临北支江，与元代大画家黄公望隐居地隔江相望，这也是现代版《富春山居图》——东洲画卷的核心。富阳水上运动中心的设计同样取意于《富春山居图》中的山水形态，建筑主体在空间上以山脉的起伏为造型，与富春群山隔江呼应；同时，通过流畅的辅助线条来体现“水”的柔美，映衬着水上运动的魅力，在山水特质中展现水上运动中心的大气、灵动与开放。场馆屋顶设有绿化植被，打造与自然景观融为一体的“空中花园”，与周边山水融为一体，契合杭州亚运会“绿色”办赛理念。场馆总建筑面积 7.07 万平方米，可容纳观众 3 900 席。富阳区水上运动中心将承担杭州亚运会赛艇、皮划艇项目的比赛。

(16)临安文体会展中心

临安文体会展中心位于临安区锦南新城，是集体育赛事、体育文化、体育休闲为一体的综合性场馆。山水是临安的城市名片，场馆设计源于临安的山水意向，运用大写意的水墨笔法，勾勒出层层晕染的山水意境，契合临安深厚的城市人文底蕴。总建筑面积 34 060 平方米，可容纳观众 3 728 席，将承办杭州亚运会跆拳道、摔跤比赛。

(17)桐庐马术场地

桐庐马术场地位于桐庐县瑶琳镇林场地块，这里南面毗邻分水江，背靠天目山余脉，风景优美，将承办杭州亚运会马术比赛。桐庐马术场地占地约 560 亩，总建筑面积约 5.4 万平方米，从高空俯瞰，主场馆呈现一个大大的“马”字。主要建设内容包括 100×120 米主赛场以及 5 000 平方米的室内训练场、3 104 个观众席位、近 4 千米的越野赛道，配套马僮村、马厩、马诊所、铁蹄工厂等设施。马术比赛是所有亚运会比赛项目中最特殊、最复杂的项目，也是唯一一项人与动物共赛和男女同赛的项目。届时在这里将进行“盛装舞步、场地障碍、三项赛”三项比赛，共产生个人和团体 6 枚金牌。

为了助力杭州亚运会的举办，众多在杭高校也贡献了他们的体育场馆设施，其中浙江大学紫金港校区体育馆将承办亚运会篮球比赛，杭州电子科技大学体育馆将承办亚运会击剑比赛，杭州师范大学仓前校区体育场将承办亚运会七人制橄榄球比赛、体育馆将承办亚运会排球比赛，浙江工商大学文体中心将承办亚运会手球比赛，浙江师范大学萧山校区体育馆将承办亚运会手球比赛，浙江工业大学板球场将承办亚运会板球比赛等。同时，浙江省最早的高尔夫球场——西湖国际高尔夫球场将承办亚运会高尔夫球比赛，中国棋院杭州分院国际交流中心将承办杭州亚运会棋类比赛。还有一部分足球、排球、篮球比赛，以及帆船、沙滩排球、棒球、垒球、藤球、轮滑、龙舟等项目的比赛将安排在宁波、温州、绍兴、金华、湖州等地开展。

杭州奥体博览城一角 （徐坤龙摄）

（18）城市建设

目前，杭州基本建成了以钱江新城、钱江世纪城为中心的城市新核心。在杭州亚运会开幕前，包括公路、水运、机场、地铁、铁路、杭州西站枢纽6大类共28个交通基础设施建设项目将纷纷亮相，这将进一步完善城市综合立体交通网络，提升城市能级和功能品质，增强广大市民和亚运参与者的获得感和体验感。杭州水陆空一体化的城市立体交通网络正式形成。

杭州正处在历史上的“高光时刻”，通过亚运会的影响力，其城市规划将继续向钱江新城等新兴区域外扩，包括了钱江世纪城、萧山科技城、东站商务区、城北运河及下沙等板块。这座城市也将继续被打造为亚太地区重要门户枢纽、全球知名的国际会议目的地城市、会展之都、赛事之城。

大美田园　共富杭州

2021 年，伟大的中国共产党迎来了建党 100 周年的华诞。也正是在这一年，浙江省高质量发展建设共同富裕示范区的重要实践获得了中共中央和国务院的支持。[①] 一时间，这座面积仅为 10.55 万平方千米的东部省份成为人们关注的新焦点。作为浙江省的省会，杭州也再次迎来了她的高光时刻。

俗话说"上有天堂，下有苏杭"，坐拥江南胜景的杭州有着"自古繁华"的美誉。这里四方辐辏，水陆兴盛，既是富甲一方的鱼米之乡，又是显赫一时的南宋故都。古往今来，社会精英在这里荟萃，商业传奇于这里辉映。不过，衡量"共同富裕"的指标既不是绝对富人的数量，也不是社会平均的财富，而是要看占据人口绝对多数的普通人民是否都能拥有富裕的生活。如今，杭州立志要在这座"七山一水二分田"的城市中，率先造就 1 200 万市民"共同富裕"的奇迹。"共同富裕"这短短四个字背后，带给人们的将是前所未有的惊奇、兴奋、憧憬和赞叹。

富裕，是人们对美好生活的由衷向往，但因为天时、地利、人和的种种不同，事实上的贫富差异也将始终存在。对杭州而言，这里的城乡发展就天然不平衡：和广袤的乡村相比，市区会拥有更高的生活成本和生活压力，同时，市区也将拥有更多的发展机会和致富可能。如今杭州有底气、有信心提出共同富裕的目标，则意味着在不久的将来，这里的郊区可能有不输于市区的繁荣；这里的乡村或许有比肩西湖的靓丽；也意味着在这座城市中，村民将与市民拥有共同的欢乐，一样的幸福；更意味着未来的游客会像追捧杭州的秀美湖山一样拥抱向这座城市的缤纷田园……

---

① 2021 年 6 月 10 日，《中共中央 国务院关于支持浙江高质量发展建设共同富裕示范区的意见》发布。意见围绕构建有利于共同富裕的体制机制和政策体系，提出 6 方面、20 条重大举措。

不难想象，共同富裕的先行先试，必将使杭州的发展面临更多的挑战。而共同富裕的成功实践，也必将成为杭州未来新的骄傲。把握先发优势，勇于探索实践，那一座座“未来社区”“未来乡村”“城乡风貌样板区”就能更完美相聚在城市的蓝天之下，也一定能让这座城市更早拥抱“未来”。而作为共同富裕的典型样板，美丽乡村也必将成为杭州未来一张亮眼的“金名片”。

源远流长的杭州农业文明

放眼中国大地，杭州是唯一连续 16 年被评为“全国最具幸福感城市”（省会及计划单列市）的地方。这座城市凭着累积至今的幸福，就能让许多人艳羡不已，可是你知道她最初的幸福来自哪里吗？那就是城市脚下的这片土地。坐落在江南水乡的杭州，拥有得天独厚的自然环境，这里四季分明、雨水丰沛、物产丰饶、山河柔媚，收获了这片人间“最幸福的土地”。自古以来，正因为发达而完善的农业经济，为这里带来了物质的富足和生活的闲适。上下 5 000 年，杭州也正是凭借在农业文明时期积淀下的卓越成就，助力城市一步步走向“幸福”的高度。如今，杭州的乡村越来越美丽动人，人们“跨马出郊”休闲旅游的时候，也一定能在大美郊野中找到杭州幸福和美丽的真正“密码”。

早在距今 5 000 年之前的良渚时期，先民们就在这片神奇的土地上创造了惊人的农业生产力：他们不仅能够在池中寺遗址中积下超过 30 万斤的稻谷，让 5 000 年后的我们深深震撼，更通过农业文明积聚的力量，推动了当时世界上最为庞大的建筑工程——良渚古城的建设，还让杭州成为中国大地上最早一批诞生的城市。从此以后，农业的繁荣与杭州的发展将相随与共，息息相通。东汉时期，因为钱塘江潮时常泛滥成灾，会稽郡的议曹华信发动民夫修筑“防海大塘”。从此在海塘之外，肆虐汹涌的钱江潮水再也不能侵害百姓，渐渐变成了地方的一道风景。而在海塘之内，百姓的农业生产得到了保证，经济社会的稳定发展也就有了依靠，城市更因此不断向东、南方向拓展。

唐宋之际，杭州成了远近闻名的繁华都市，也在于她能始终重视农业文明这一“经济基础”。“春种一粒粟，秋收万颗子”，农业文明的建设和上山打猎、下海捕鱼不同，它需要人们扎根这片土地上，依靠绵绵不息的耕耘劳作，才能收获到丰收的喜悦。它也特别讲究“事在人为”，强调群策群力、前后接力的集体主义文化。就拿大名鼎鼎的白堤来说，白居易当年在西湖上修筑起它，其首要目的显然不是游赏风景，而是利民浚田，发展生产。所以才会有“唯留一湖水，与汝救荒年”的说法。所谓“农者，天下大本也”，正是因为白居易心系黎民，积极助农，才“征服”了万千杭州百姓的内心，而原本地处杭州郊野的西湖，也能从遍布江南的山水景观中脱颖而出，成为农业文明时代的“人文天堂”。

到了南宋时期，杭州成为整个王朝的首都，人们也对这座城市实施了进一步的建设开发。伴随着城市面积的扩张，城乡之间的交往日益密切，更多的郊野空间走入人们的视线；伴随着城市人口的扩张，为了满足人们的生活饮食等需要，更多农田被开发出来，推动杭州的社会生活越来越富足。也正是在这个时候，“上有天堂，下有苏杭”的美称不胫而走，成为数百年来杭州在人们心目中最真切的写照。数千年农耕文明带给杭州的经济积累，终于促成明清时期这里的文化繁荣，从明代名臣于谦、毛文龙到清代大学者毛奇龄、卢文弨、袁枚、龚自珍，乃至于艺术家任熊、任伯年等人，无不是由这片土地滋养出的文化名人。他们在杭州这片土地的滋养下成长，更在这片土地上播撒下文化的种子，为这里创造了无数文化盛事，令杭州“文化名城”的称谓实至名归。

到了风雨飘摇的近代，国家民族面临危急存亡的关头，救亡图存成了每个炎黄子孙义不容辞的责任。章太炎、郁达夫、夏衍等杭州志士纷纷远渡重洋，探寻革命救国的真理要义，也用自己慷慨的义举，磊落的一生，改变了近代的历史。追忆那段岁月，杭州人可谓是掀起革命思潮，推动爱国民主事业的先行者。直到今天，在杭州郊野的梦想小镇、东梓关村等文化体验点，我们依然能触摸到他们浓烈的爱国情怀。中国共产党人则更清晰地认识到“农民问题就是中国革命的根本问题”，并在农村找到了解救中国百年沉沦的“金钥匙”。作为农业文明时代的高光城市，杭州爆发了中国共产党成立后第一次有组织有纲领的农民运动——衙前农民运动，此后革命事业的发展与农业、农村和农民的关系越发密切，也在广大乡村为今天的我们留下了众多爱国主义教育基地。

新中国成立后，杭州的城乡发展进入一片新的天地，这时候有步骤、有计划的推进工作就显得尤为重要。于是杭州通过 5 次对城市的整体规划（1951—2020），逐步将城市的发展调入正轨，更用了 70 多年时间真正走出了属于自己的发展道路。其中作为第一产业的农业一直备受重视。这一阶段，杭州通过减租减息、土地改革和农业合作化等一系列积极措施，极大地解放了农村的生产力，调动了农民生产建设的积极性。到 20 世纪 60 年代，杭州的城乡收入比已经低于 1.5，乡村的烟火气息也渐渐浓郁起来。这样一个健康、稳定的农业农村发展环境，为杭州的工业化和城市化发展提供了最重要的经济基础，成为城市稳步前进的重要保障。

到改革开放初期，杭州城市发展的“底层引擎”依然在农村。随着家庭联产承包责任制的落实，农民的生产积极性再次得到极大的提高。在搞好粮食生产的同时，农民在承包的土地上开展农林牧渔等多种经营，也大大提高了农业综合生产率，并推动以乡镇企业为代表的农村二、三产业迅速在杭州崛起。在短短数年时间里，万向集团、传化集团、航民集团、万事利丝绸、西子电梯、万马电缆等优秀乡镇企业如雨后春笋般在杭州出现。它们不仅开创了杭州的商业传奇，更引领了城市独特的发展之路，也帮助农民的收入水平得到大大提高。到 1996 年，按照当时衡量小康的 16 项指标，杭州的综合得分超过 90 分，说明农村居民生活已经实现了总体的小康水平。

综观杭州农业农村的发展，不难发现它几乎可以和这座城市的历史进程“无缝衔接”：自古以来发达的农业文明，奠定了杭州丰厚的物质文化基础；近代时期在城乡间的各种探索，推动了这座城市的文化革新；新中国成立以来积极推动的农村建设，在这片土地上积累下丰厚的农业资产、助力城市后期的整体腾飞。而到了当代，伴随着中国特色社会主义进入新时代，杭州的农村再一次成为城市发展的重点，用自身如画的“颜值”，多彩的身姿，迎来更加明媚的文旅春光。

共同富裕的杭州乡村

如今来到杭州，那些点缀在青绿山水间的美丽乡村，是最受人们关注的地方。人们除了流连乡间的土味芬芳，触摸村落的烟火气息之外，说得最多的就是"共同富裕"的话题。其实对于当代的中国人，"共同富裕"这个名词并不陌生。马克思曾在《哥达纲领批判》中动情地为人们勾勒出共产主义社会"各尽所能，按需分配"的场景，将"共同富裕"的憧憬播种在每位"共产者"心中。在我国社会主义改造时期，也曾自信地提出"中国的农村是可以一年一年走向更富更强的"，"这个富，是共同的富，这个强，是共同的强"等思想，并指出"共同富裕起来"是农民群众相信共产党的理由。对于共同富裕的实现方法和具体步骤，人们更熟悉的名言则来自敬爱的"改革开放总设计师"，"要允许一部分地区，一部分人先富起来"，"根本目标是实现共同富裕"。

"先富带动后富"的做法，是实现共同富裕的一种手段，事实证明这个办法在中国确实管用，能够让人们比较快地富裕起来。对杭州而言，这个"先富起来的区域"显然是杭州的市区，所以在改革开放的前 20 年，杭州市区凭借政策上的倾斜支持和经济上"剪刀差"的优势，以肉眼可见的速度快速发展。虽然那时部分乡村凭借乡镇企业的兴盛也发展迅猛，但对大多数传统农村而言，城乡差距还是在越拉越大：大量农民进城务工，乡村土地无人管理，"空心村"现象越来越严重，也失去了本该有的"烟火气息"。而另一方面，在先富起来的市区人口越聚越多，生活成本越来越高，发展也碰上了"天花板"，渐渐进入瓶颈期，市区和乡村都迫切期待着矛盾的消解和变革的到来。

2003 年 1 月，在全省农村工作会议上提出了"全面推进村镇环境整治和生态建设"的要求。当年 6 月份，浙江召开了"千村示范、万村整治"现场会，更提出花 5 年时间，从全省 4 万个村庄中选择 1 万个左右的行政村进行全面整治，把其中 1 000 个左右的中心村建成全面小康示范村的宏伟构想。波澜壮阔的"千村示范、万村整治"工程（简称"千万工程"）由此拉开序幕。此后连续十年，浙江每年选择一个典型县市召开现场会，每次现场会省委、省政府主要领导都亲临现场。更提出了"浙江不和人家比 GDP，浙江要和人家比美丽乡村，比谁的农村更漂亮、更富裕、更文明！"的思想。杭州作为浙江省"千万工程"的重要策源地和实践地，更是以自己的靓丽和夺目，为人们勾勒出了一幅现代版"富春山居图"。

正所谓"一步领先，步步领先"，在改革开放初期，浙江一马当先，成为市场经济的弄潮儿。在城市中率先完成产业布局和原始积累之后，她又以美丽乡村建设领跑全国。此举不仅有效解决了因为城乡发展不平衡带来的众多难题，也让浙江成为全国唯一部省共建乡村振兴示范省。2018 年，“千万工程”荣获联合国“地球卫士奖”，向世界拿出了“浙江方案”，为全球生态文明建设贡献了中国智慧。通过几十年的探索实践，人们越发意识到城乡发展必须统筹起来。没有一座城市可以脱离农村生活，也没有一座农村可以独立发展。在“绿水青山就是金山银山”理念引领下，杭州以农村美、农业强、农民富为目标，坚持生活、生产、生态“三生”一体，实现美丽生活、美丽经济、美丽生态“三美”融合，走出了一条“城乡融合，共同富裕”的产业发展之路，一条人与自然和谐共生的绿色发展之路。

都说中国的发展是“人间奇迹”，这话在杭州体现得更是淋漓尽致。新中国成立以来的第一次奇迹，发生在杭州的市区。短短 70 余年的时间，杭州从人口规模到建成区面积，都有 10 倍以上的增长，更在改革开放以来的 40 年时间中，完成了西方 400 年才能完成的四次“工业革命”，成为首屈一指的“电子商务之都”。新中国成立以来的第二次奇迹，就发生在杭州的乡村。在杭州的乡村，走出了一条与城市完全不同的发展路子，却能在 20 年的时间里将如此巨大的城乡差异迅速抹平。城市在乡村中崛起，乡村因城市而振兴，这不仅反映了城乡发展的辩证规律，同时也凸显了城乡之间的文化联系。只有生活在城市的居民，面对乡村时才能体会到距离产生的美，只有故乡在农村的市民，来到乡村时才能从心底激发出潜藏已久的乡愁。

这时候，乡村旅游就成了人们放松疲倦精神，追求心灵解脱的最佳方案。在乡村，人们可以尽情享受自然山水的勃勃生机，也可以细细品味淳朴恬淡的田园生活。这里是人们放飞内心的自由之地，也是人们亲近自然的安宁家园。目前，杭州的乡村旅游主要有五种形态：一是依托得天独厚山水环境的自然生态游；二是以“农家乐”为主要形式的乡村休闲游；三是以采摘体验为主打产品的农业观光游；四是深挖乡村民俗文化和古朴建筑的民俗文化游；五是赓续革命基因的红色教育游。乡村旅游不仅让久居城市的人们感受到了“世外桃源”的魅力，也让“面朝黄土背朝天”的农民尝到了甜头，更让外出打工的村民“返乡创业”蔚然成风。用一句话来概括，那就是“好了环境，乐了游客，富了农民”。

杭州的美丽乡村建设，实现的是生态美、生产美、生活美同频共振。既达到了布局优美、环境秀美、产业精美、生活恬美、社会和美以及服务完美的要求，还着重体现了农耕文明和民俗文化的传承，真正做到了“一村一品、一村一业、一村一园、一村一景、一村一韵”。2021 年，杭州发布《杭州高质量促进农民农村共同富裕行动计划（2021—2025 年）》，以推动农业农村高质量发展为主题，打造乡村共同富裕美好社会为目标，按照“产业引领、企业主体、科技驱动、文化赋能、网络支撑、国际水准、金融创新”的要求，着力构建乡村产业体系、科技创新体系、投融资体系、公共服务体系、市场化交易体系“五大体系”，全力打造高质量发展建设共同富裕示范区的杭州乡村振兴样板。

在美丽乡村“面子”越来越美的同时，“里子”也越变越实。怎样让乡村更美好，让农民更富裕？杭州开展实施了“党建领富、产业致富、城镇聚富、数智创富、改革促富、民生惠富、美丽共富”七大行动。让乡村“望得见山、看得见水、记得住乡愁”，到 2025 年实现美丽乡村全覆盖。让美丽经济最终化为农民的美好生活，是实现共同富裕的必经之路。

如今，杭州的“美丽乡村”们已经开始向更高程度的现代文明、信息化技术的全面普及方向升级，政府管理服务能力和人民生活幸福程度都得到了明显提升，这些努力方向和着力点，又恰恰是我们实现“美丽中国”的必由之路。杭州正不断发力，在促进农民农村共同富裕中展现省会城市的担当和“头雁”风采，奋力描绘共同富裕大场景下新时代美丽乡村新图景。

杭州乡村文旅资源

杭州是农业文明时期江南的传奇之地。富庶的江南水土、分明的四季气候、勤劳的杭州人民，通过千百年来的辛勤建设，在这片土地上创造出“人间天堂”的秀丽图景，也留下了数不胜数的美丽村庄。新中国成立以来，随着杭州城市高质量的建设发展，一、二、三产业的有机融合，乡村发展不再千篇一律，而是呈现出“一村一品”“百花争春”的繁荣景象。其中一部分区位紧邻城区、产业特色明显的村庄率先尝试乡村旅游，将文化、旅游和乡村产业有机的结合起来。进入新世纪以来，在“绿水青山就是金山银山”理念和“乡村振兴”战略的指引下，杭州的乡村通过“千万工程”“美丽乡村”等建设工程的推进，盘活了乡村发展资源，打开了乡村发展思路，调动了建设乡村的积极性，越来越多的乡村朝向高质量发展迈进，成为市民、群众和游客喜闻乐见的休闲新去处，成为这座城市中宜居、宜游、宜业的美丽新天地。

在杭州主城区，最早拥抱乡村旅游，推动美丽乡村建设的村庄主要集中在风景区及其周边。其中西湖街道恰好位于西湖风景名胜区之中，是杭州最为特殊的街道。截至 2021 年，街道下辖净寺、三台山、九溪、金沙、灵隐、栖霞岭 6 个社区，梅家坞、梵村、九溪、翁家山、龙井、满觉陇、杨梅岭、双峰、茅家埠 9 个行政村，可以说占尽了西湖风光的精华，坐拥了景区开发的契机，也得到了和西湖景区同步的建设和发展。对这些镇村社区而言，每一座都拥有绝世的容颜，其中灵隐、净寺等社区的禅文化；龙井、梅家坞等村庄的茶文化，更拥有了世界级的口碑，成为海内游客蜂拥而至的“打卡地”。而遍布西湖西山的游步道将这些村庄彼此相连，作为市民群众休闲健身的好去处。

随着杭州城市化进程的不断推进，许多在地理上紧邻市区的村庄和城市中心融为了一体，几乎难以分别；与此同时，也有一批资源禀赋独特、文化价值突出的郊野村庄被更好地保护起来，建设成集美丽容颜与文化底蕴于一体的新农村。其中首推的就是以万亩茶园为特色的龙坞社区。在这里，全长十千米的山谷蜿蜒如龙，是当代西湖龙井茶叶重要产区之一。以茶文化为特色的上城埭村和以艺术集合为特色的外桐坞村，是其中的佼佼者，以 PPP 模式建设的龙坞茶镇，更是浙江首屈一指的特色小镇。

与西湖山水相连，文化相依的西溪湿地，周边也有众多的美丽乡村。自古以来，“沿山十八坞”就是杭州最富乡野特色的景观名胜，被誉为杭州的“桃花源”。有道是“是坞有泉皆到水，沿山无处不栽梅”。王家坞的生态美景，庙坞的宗教文化，小龙驹坞的精致环境，大龙驹坞的生活气息，都成为人们与之邂逅的美好理由，2022 年“双西绿道”的修建，更让美女峰上那座可以望见半边杭州城的“纳福云台”(栈道观景平台)“火出天际”，也让山下的马家坞村“一夜成名”。

作为杭州城北唯一的大型山体，半山是杭州主城区重要的国家森林公园。半山之上，有登峰而立、遥望无极的“望宸阁”；非遗生动、传说荟萃的“娘娘庙”，半山之下，生态休闲的田舍农庄更是鳞次栉比。其中最负盛名的，当属坐拥“千桃园”美景的皋城村。随着浙江最大钢铁企业——杭钢集团的搬迁，未来半山之下将有更多的乡村朝着健康、生态、休闲、文化的方向发展，去追逐明天的梦想。

余杭区是杭州当代经济发展最亮眼的市辖区，也是杭州乡村文化旅游建设卓有成绩的地方。“经济基础决定上层建筑”，在发达的经济支持之下，优秀的乡村资源在这里焕发出了格外蓬勃的生机。世界文化遗产良渚古城在这里，“杨乃武和小白菜”故事的发生地老余杭在这里，它们的周边不仅有瓶窑老街和良渚文化村这样的文化旅游综合体，更有梦想小镇、梦栖小镇等特色小镇和一大批美丽乡村环抱。每到冬天，仓前葛巷“羊锅村”更成为杭州市民冬令食补、大快朵颐的好地方。

径山、黄湖、鸬鸟、百丈是余杭西部四个山区镇，这里曾经是杭州贫困的代名词，如今却是美丽乡村的重要样板。其中 2003 年对外开放的鸬鸟镇山沟沟景区，是杭州最早的乡村旅游目的地之一，通过 20 年的建设与开发，汤坑、茅塘等村庄成了杭州乡村旅游最为成熟的村庄之一。而在径山镇坐落着传奇的文化名山——径山。这里不仅有南宋全国“五山十刹”之首的径山寺（该寺是日本“茶道”重要源头），更建起了大径山乡村国家公园。“乡村国家公园”概念的提出，是杭州为“乡村振兴”战略作出的独特贡献。杭州认为每座城市不可能无限扩大，它的终极边界就是乡村，而杭州自己的乡村边界就在径山。山脚下的小古城村和“禅茶第一村”径山村，更是径山文化最精彩的演绎。

在与余杭区一脉相依、山水相连的临平区，坐落着著名的塘栖古镇。这里不仅有着大运河上仅存的七孔石拱桥广济桥，还拥有“江南十大古镇之首”的称号，历史上乾隆“六下江南”，更有三次在此登岸。截至 2021 年，临平区塘栖镇辖 14 个社区、21 个行政村，其中有以枇杷产业闻名的全国“一村一品”示范村镇、杭州市首批“共富村”塘栖村，也有以蜜饯果脯等产业闻名的超山村。其中，超山村地处超山风景区腹地，村庄所在的超山素有“十里梅花香雪海”之称，为江南三大探梅胜地之一。超山梅花素来以“古、广、奇”三绝而闻名于世，这里有“花开六出”、别处罕见的古梅“绿萼”，更有古干诘屈、身世传奇的“唐梅”和“宋梅”。

萧山区、滨江区和钱塘区自古以来地域相连，文化相通，这里是改革开放以来杭州经济最先崛起的地方，也是城市乡镇企业发展最为红火的地方。在这里，城镇化已经全面普及，共同富裕不再是梦想。现代农业、乡镇企业、智慧产业，是这一片区域中最亮眼的乡村传奇。瓜沥镇的航民村依靠制造业企业发展崛起，如今已是富裕乡村的典范。由中商产业研究院乡村振兴研究中心发布《2021 村庄影响力 CPPC 指数》研究成果显示，航民村位列全国村庄影响力排行榜第 8 位。进化镇的欢潭村则以“千年南宋情，忠义文化村”为特色，是一座山水人文交相辉映的文化旅游名村。而有着“数字化乡村”美称的临浦镇横一村，更是未来乡村的样板。这里不仅拥有杭州大山林间的第一家星巴克，更是杭州 2022 年第 19 届亚运会萧山区的三处“人文体验点”之一。

临安区是杭州最大的市辖区，其前身是坐落在天目山区的临安、於潜、昌化三县。这里群山叠嶂，是闻名天下的鸡血石原产地，笋干、茶叶、山核桃和白果、药枣、猕猴桃，分别是临安的“老三宝”与“新三宝”。因此，这里的乡村少有江南水乡的温婉柔媚，更多的是浙西山区的淳朴热情。临安的山水资源丰富，天目山、大明山等山岳景观；太湖源、神龙川等峡谷景观；青山湖、天目溪等水体景观；杭徽古道、两昌古道等古道景观，无不景色旖旎，风光优美，是周边城市旅客游玩赏景、休闲度假的好去处，这也带动了景区附近村庄接待业的发展。近年来，临安区不少村庄深挖自身特色，走出了具有鲜明村庄特色的文旅发展之路。指南村的红叶、湍口村的温泉、太阳村的公社、杨溪村的文化、大山村的山、白水涧村的水……无不成为游客追逐的文旅新亮点。

富阳区古称富春，是三国时期吴大帝孙权的故乡，也是一个历史悠久的地方。龙门古镇集自然资源、历史典故、民俗风情、革命事迹、村庄治理等特色于一体，是这里最负盛名的文化旅游目的地。俗话说“天下佳山水，古今推富春”。相传元代著名画家黄公望因为喜爱这一带的山水景观，故而常年隐居于此，并创作了闻名天下的《富春山居图》。如今，坐落在黄公望隐居地的黄公望村以金融小镇开启财富密码，以景区建设招徕四海宾朋，以农家美食吸引吃货老饕，是富阳乡村旅游的一颗新星。富春江畔的东梓关村，将传统古村落与“新杭派民居”有机结合，用浓郁的文化和时尚的旅拍塑造了全新的乡村旅游模式。而在富春江上的新沙岛和桐洲岛，以独具特色的农村环境和农业生产，成为别有趣味的乡村休闲胜地。

桐庐县有“中国最美县城”的称号，是东汉著名隐士严子陵生活隐居的地方。除了严子陵钓台之外，瑶琳仙境、大奇山、白云源等山水景点都与乡村文旅有着密切的联系。其中，江南镇地处桐庐县与富阳区交界之处，是杭州美丽乡村建设中成果最为突出的地区之一。它以历史文化为底蕴，以田园风光为基础，以古建筑群为抓手，以国家级历史文化名村、风情小镇、中心村、精品村打造为依托，根据“一村一品”原则，将下辖五座行政村分别打造成“孝义荻浦”“易理深澳”“清莲环溪”“和合徐畈”“山水青源”，又根据“统一协调”原则，将五村连片发展成集田园观光、探古怀旧、欣赏传统文化、体验民俗风情为一体的乡村旅游示范区。此外，桐庐莪山畲族乡是杭州唯一的少数民族自治乡，民族文化和乡村文旅在这里也有生动的演绎。

建德市地处钱塘江南北二源交汇之地，自古以来就是钱塘江上的重镇。其代表性的旅游景区灵栖洞、大慈岩、情人谷等，基本都是依托自然山水景观资源开发而成，周边有着成熟的乡村旅游接待设施布局。梅城古镇、寿昌古镇凝结着传统民俗文化的悠悠情思。梅城镇的千鹤村更是“妇女能顶半边天”思想的重要发源地。而有着 800 多年历史的新叶古村，则因 2014 年播出的综艺节目《爸爸去哪儿》(第 2 季)而突然火爆。建德是 2020 年度“浙江省新时代美丽乡村示范县”，美丽乡村带动了建德的美丽经济。这里的乡村民宿经济、直播经济、采摘经济、农家乐等新业态、新模式层出不穷。据统计，“建德农创客”2020 年实现销售额超 2.5 亿元，带动农民就业 1 万余人。其中，草莓和莲子是建德传统的优势产业，如今草莓产业从业人员已达 7 900 余户、近 2 万人，在全市草莓种植面积达 8.2 万亩，总产值逾 40 亿元。

淳安县地处杭州西部，以秀丽的千岛湖风光而著称。1959 年的拦河筑坝，在这里建起了新中国第一座自行设计的水力发电站，但这也破坏了地方的交通和经济发展模式。在此后相当长的一段时间里，这里都是杭州经济最不发达的地区。改革开放以后，淳安县依托千岛湖的资源，成为著名的度假胜地和饮用水水源地，但这极大地制约了地方的工业化发展。不过在绿色、低碳、可持续的环保要求下，乡村旅游在这里开展得如火如荼。下姜村是目前淳安县最出名的行政村，也是六任浙江省委书记的基层联系点，这座曾经深度贫困的小山村，如今已经成为名副其实的“绿富美”，它的故事甚至写入电影《我和我的家乡》，而电影中的许多场景，也成了今天人们来到这里竞相追逐的画面。

附：杭州市入选浙江省美丽乡村特色精品村的名单[①]（2016—2022 年）

年度	市县	美丽乡村特色精品村
2016 年度：31 个	桐庐县	旧县街道母岭村、江南镇环溪村、江南镇深澳村、江南镇徐畈村、富春江镇芦茨村、富春江镇石舍村、横村镇阳山畈村、横村镇孙家村、横村镇浪石村、钟山乡子胥村、瑶琳镇舒家村、分水镇新龙村、分水镇大路村
	临安市	锦城街道青柯村、锦北街道上东村、玲珑街道米积村、青山湖街道白水涧村、锦南街道横岭村、板桥镇上田村、太湖源镇白沙村、太湖源镇指南村、于潜镇杨洪村、天目山镇月亮桥村、太阳镇浪山村、潜川镇青山殿村、昌化镇白牛村、龙岗镇桃花溪村、河桥镇泥骆村、湍口镇迎丰村、清凉峰镇杨溪村、岛石镇呼日村
2017 年度：31 个	西湖区	双浦镇灵山村
	萧山区	河上镇凤坞村、河上镇东山村
	余杭区	径山镇径山村、径山镇小古城村、径山镇四岭村，鸬鸟镇山沟沟村、鸬鸟镇雅城村，瓶窑镇奇鹤村，中泰街道中桥村，良渚街道港南村、良渚街道新港村
	富阳区	龙门镇龙门一村、龙门镇龙门三村
	淳安县	千岛湖镇屏湖村、枫树岭镇下姜村、界首乡鳌山村、威坪镇茶合村、临岐镇吴峰村
	建德市	干潭镇幸福村、干潭镇胥江村、干潭镇下梓村、干潭镇安仁村，大慈岩镇新叶村、大慈岩镇双泉村、大慈岩镇大慈岩村，莲花镇戴家村、莲花镇齐平村、莲花镇昴畈村，三都镇三江口村、三都镇松口村

① 数据来源于浙江省“千村示范、万村整治”工作协调小组办公室等部门历年公布文件，行政区划名称以当时文件公布为准。

续表

年度	市县	美丽乡村特色精品村
2018年度：24个	西湖区	转塘街道何家村
	萧山区	临浦镇横一村、戴村镇尖山下村、进化镇欢潭村、浦阳镇灵山村
	余杭区	黄湖镇青山村、塘栖镇塘栖村、运河街道杭南村
	富阳区	场口镇东梓关村、东洲街道黄公望村、洞桥镇查口村、湖源乡上臧村、银湖街道坑西村
	淳安县	枫树岭镇薛家源村、汾口镇茅屏村、石林镇富德村、里商乡里阳村、梓桐镇杜井村、安阳乡五堡村、金峰乡百照村
	建德市	寿昌镇桂花村、寿昌镇山峰村、梅城镇滨江村、梅城镇洋程村
2019年度：24个	萧山区	瓜沥镇航民村、益农镇群围村、楼塔镇楼家塔村、河上镇众联村、衙前镇凤凰村、新街街道陈家园村
	富阳区	里山镇安顶村、新登镇上山村、洞桥镇文村村、湖源乡窈口村、万市镇杨家村、永昌镇唐昌村
	淳安县	大墅镇孙家畈村、枫树岭镇源塘村、金峰乡朱家村、千岛湖镇富泽村、文昌镇东树坑村、文昌镇西河村
	建德市	大同镇高桥村、大同镇富塘村、李家镇沙墩头村、李家镇诸家村、大洋镇高垣村、大洋镇鲁塘村
2020年度：28个	西湖区	双浦镇双灵村
	萧山区	楼塔镇大同三村、河上镇璇山下村、戴村镇沈村村、浦阳镇江西俞村、进化镇大汤坞新村、所前镇三泉王村、义桥镇新坝村、瓜沥镇东恩村
	余杭区	余杭街道永安村
	富阳区	富春街道宵井村、银湖街道唐家坞村、春建乡咸康村、湖源乡新一村、万市镇何务村
	临安区	高虹镇石门村
	桐庐县	莪山畲族乡塘联村
	淳安县	文昌镇王家源村、瑶山乡何家村、威坪镇汪川村、姜家镇双溪村、梓桐镇西湖村、汾口镇赤川口村、大墅镇桃源凌家村、安阳乡安阳村
	建德市	钦堂乡葛塘村
	钱塘新区	河庄街道江东村、河庄街道新围村

续表

年度	市县	美丽乡村特色精品村
2021年度：30个	西湖区	转塘街道外桐坞村
	萧山区	楼塔镇大同一村、河上镇下门村、戴村镇佛山村、临浦镇横二村、瓜沥镇凤升村
	余杭区	闲林街道西溪源村、仓前街道苕溪村
	临平区	运河街道新宇村、塘栖镇丁河村
	钱塘区	临江街道东庄村
	富阳区	东洲街道红旗村、新桐乡江洲村、新登镇潘堰村、大源镇蒋家村、常绿镇大章村
	临安区	高虹镇龙上村、太湖源镇杨桥村、於潜镇光明村、湍口镇三联村、河桥镇河桥村
	桐庐县	江南镇彰坞村、横村镇白云村
	淳安县	文昌镇文屏村、文昌镇西阳村、大墅镇大墅村、大墅镇栗月坪村、大墅镇凤山村、枫树岭镇枫树岭村、枫树岭镇汪村村
2022年度：35个	西湖区	转塘街道长埭村
	萧山区	楼塔镇大同二村、临浦镇白鹿塘村、义桥镇升光村、瓜沥镇梅林村
	余杭区	仁和街道云会村、百丈镇半山村、中泰街道枫岭村
	临平区	塘栖镇丁山河村、运河街道双桥村、崇贤街道鸭兰村
	钱塘区	河庄街道围中村、义蓬街道春光村
	富阳区	万市镇楂源坞村、洞桥镇贤德村、东洲街道东洲村、春江街道八一村
	临安区	天目山镇天目村、昌化镇后营村、河桥镇云浪村、湍口镇湍口村、青山湖街道郎家村
	桐庐县	莪山畲族乡莪山民族村、钟山乡陇西村、合村乡后溪村、百江镇联盟村
	淳安县	千岛湖镇青溪村、里商乡五兴村、富文乡富文村、界首乡严家村、姜家镇桂溪村、威坪镇洞源村
	建德市	杨村桥镇绪塘村、杨村桥镇十里埠村、杨村桥镇黄盛村

杭州乡村旅游精华

梦始之地——下姜新生

2021 年 2 月 25 日上午，在北京召开的全国脱贫攻坚总结表彰大会上，淳安县枫树岭镇下姜村党总支书记姜丽娟，代表中共淳安县枫树岭镇下姜村总支部委员会，从国家领导人手中接过“全国脱贫攻坚先进集体”奖牌，并从容地向主席台鞠了一躬。那一刻她的身后，是下姜村所有百姓，是这个普通山村从“穷脏差”到“绿富美”的蜕变之路，是老百姓在党的领导下，自强不息、砥砺前行、艰苦奋斗、科学发展的艰辛奋斗历程。

1. 下姜村的历史变迁

每一个村庄的变迁，无不打上了自己的特质烙印，同时也刻下了时代和社会发展的履痕。下姜村地处淳安县西南部，距县城 41 千米，旧属遂安县，今天隶属于淳安县枫树岭镇，距镇政府所在地 2.5 千米。

下姜村是一个有着 800 多年历史的古村落，根据遂安旧志记载，北宋建隆元年(960 年)，平寇将军、翊运侯姜晨之子姜灵椿由衢州开化迁居遂安南川，为遂安姜氏始祖。北宋靖康年间(1126—1127 年)，姜氏迁入七都雅墅里，形成了今天的上姜村。到了南宋庆元至嘉定年间(1195—1224 年)，夏、杨两姓来到今天下姜村之地建村，始称雅水下杨，土名苦竹坪，其他姓氏也渐渐辐辏此处。到了清代康熙至乾隆年间(1662—1795 年)，这里改称为“雅水下姜村”，从此“下姜”的名称沿用至今。

到了新中国成立前，下姜村已经成为一个拥有土地 500 余亩，山林 9 000 余亩，70 余户，300 多口人的大村子。当时遂安设一镇十九乡，下姜村隶属乳庄乡管辖，归属“上七都”。新中国成立后，下姜村于 1958 年正式成立下姜大队，1959 年建立党支部。也就是在这一年，人们在新安江上拦河筑坝，建起了举世闻名的新安江水库。这座水库对淳安人民此后的发展影响深远。它淹没了淳安、遂安两座老县城，茶园、港口、威坪三座古镇，更造成了 29 万大移民。

下姜村因为地势较高，虽然没有被淹没，但却接纳了邻近武泉乡三都冯家墩地区的移民 27 户，150 余人。这样一来，村中人均耕地面积就下降到不足一亩。加之刚好撞上“三年困难时期”（1959—1961 年），使得原本资源贫瘠的小村庄，生活更加艰难了。村民长期处在温饱线以下，到 1960 年，全村竟只有一个孩子出生。

实事求是地讲，祖先能够选择在这里建村，说明下姜村本不是穷山恶水之地。反之，这里真的是青山簇拥，绿水环抱。一条不知形成于何时的小河枫林港从村中蜿蜒而过。可是那时候山区村的贫困，也和这种山水格局的制约有关。因为坐落在陡峭的山区河谷，村庄的生产和建设空间都非常局促。这里的田地大多是陡坡地，土层薄、蓄水能力差，古有“一七之灾”的说法，就是大雨一天就涝，天晴七天就旱。只能通过开设山坞垄田和山坡梯田，勉强维持农业生产。而公峰、茂峰、化岭、银峰四座山峰从东西南北四个方位将村子紧紧包围，也将村庄的“出路”完全锁死。自给自足的自然经济已然困难，在新安江蓄水形成千岛湖后，村庄与外部的交通更加困难，村民只能望山兴叹，望水摇头了。

下姜村民自己日子过得艰难，搬迁至此的冯家墩库区移民生活更是不易。于是在刚刚走出自然灾害的 1963 年，他们便在附近的后龙坑重新建立了一座自然村，1970 年又重新迁去了江西省南丰。然而对世代扎根于此的下姜村民而言，背井离乡固然不现实，但村庄的贫困连外人都谈之色变了。“土墙房、半年粮、烧木炭、有女不嫁下姜郎”就是当时这里最真实的写照。

虽然下姜村民们勤俭持家、辛苦劳作，甚至上山“伐薪烧炭”，在家发展养殖，能用上的致富路子几乎都用上了，但是受地理条件限制，村庄一直未能摆脱饥饿的阴影，也一直是方圆几十里最贫困的山村。直到 1998 年，村民人均年收入还不到 2 000 元。但是，为了发展经济带来的污染，却让村中常年烟雾缭绕，污水横流、苍蝇满天飞，传染病不断，村民怨声载道。

村庄的困境，村民的贫穷，也牵动着党和人民群众的心。2001 年，浙江省建立了领导干部基层联系点制度，时任浙江省委书记的领导人决定把淳安最贫困的下姜村作为他的联系点。一年以后，新的省委书记到任，表示将继续联系下姜村，帮助村里解决发展中遇到的实际困难。从此以后，下姜村与历任的浙江省委书记结下了不解之缘，更在乡村建设发展实践中积极发展、努力争先，发挥了示范作用。

2007 年 10 月，下姜村调整了行政村的规模，并入了伊家、乍尔和后龙坑三座自然村，全村增加到 200 多户，700 多人，成为一个包含姜、余、伊、杨、吴等多姓氏的新村庄。通过二十年左右的发展，如今的下姜村早已旧貌换新颜，不仅跻身国家级 4A 级景区村，更实现了“小洋楼、沼气池、天天像过年，个个羡慕下姜人”。

今天，历史的接力棒已经交到新时代的下姜人手里。在这片乡村振兴试验田上，不仅发生着日新月异的变化，也面临着“成长的烦恼”：一方面，下姜村发展已经上了规模，需要更大的外延空间；另一方面，同样的山、同样的水、同样的人，求变之心同样迫切——下姜村的巨变，让周边区域的村民产生了共同富裕的期盼。共同富裕的时代问卷，下姜村的答案在哪里呢？

2018 年 3 月，杭州市出台了《下姜村及周边地区乡村振兴发展规划》，枫树岭镇 28 个行政村和大墅镇 4 个行政村在交通、旅游、农业发展、乡村建设等方面结成了“共同体”。这相当于在下姜周边画了一个圈，发展面积一口气扩大了 34 倍，涉及人口近 22 000 人。如今，在这片面积约 340 平方千米的“大下姜”区域，探索着以下姜村为龙头、多村统筹协作的乡村振兴之路。新时代的村民们追逐梦想，正在挥洒辛勤的汗水，铸就通向未来的路。

2. 下姜村旅游

看过电影《我和我的家乡》的人，一定对其中《最后一课》这个单元印象深刻。一位退休教师因为脑梗塞，记忆停留在年轻的支教岁月中。为了帮父亲完成大脑“拼图”，他的儿子联系上了父亲当年上课的望溪村，希望能够还原 1992 年父亲执教最后一课的场景。在这部笑点与泪点并存的电影中，一位乡村教师的奉献，一群学生命运的改变，一个农村翻天覆地的变化，乃至整个社会的发展进步都展现出来。可能很少有人注意到，剧中所有村民清一色的都姓姜，这是因为故事的原型和拍摄的现场都在淳安县的下姜村。

下姜村，地处淳安县西南部，隶属于枫树岭镇，由乍尔、伊家、下姜、后龙坑 4 个自然村组成。截至 2019 年，全村农户 231 户，人口 768 人。2021 年，下姜村农民人均可支配收入是 46 959 元，是 2003 年的 14 倍。收入主要来源于务工、旅游、农业经济。追着电影来下姜村的游客们，都能在这里体会到“农家乐，民宿忙，游人如织来下姜”的美丽乡村图景。

然而，曾经的下姜村是一个偏僻落后的穷山村，“土墙房、半年粮、烧木炭、有女不嫁下姜郎”，是当时下姜贫穷落后的真实写照。所以许多人都很想来下姜村走一走、看一看，都想知道这个村庄是否真的像电影中描述的那么美丽？究竟是什么法宝，才让这座村庄留住了绿水青山，创造了金山银山，成为乡村振兴的排头兵？

（1）游客接待中心

自 2001 年起，下姜村被确定为浙江省委书记联系点，在 20 年间下姜村迎来了六任浙江省委书记的帮扶指导，他们带来的思想理念、精神激励、作风示范、发展途径与工作方法，迅速转化为下姜村发展的具体思路与生动实践。近年来，下姜村充分发挥自身的生态优势和山区的后发优势，进一步搞好基础设施建设，推进城乡一体，建设新农村。村庄先后获得“全国创先争优先进基层党组织”、浙江省“美丽乡村”称号，是国家 4A 级景区，浙江省委党校现场教学示范基地，杭州市“红绿蓝”三色现场教学基地。不仅吸引了外来投资商前来投资旅游产业，也吸引了许多村民返乡创业。

每天有无数的游客从天南海北来到这座山区小村落，他们有的留恋这里的秀丽风光，有的着迷于村庄的农家风情，有的沉醉在绿水青山的诗情画意中，有的徜徉在休闲惬意的慵懒时光里。还有更多的人，则是羡慕下姜村的美好成就，学习下姜村的成功经验，追求下姜村的致富之路。因此，下姜村特别在村后建设了大型停车场和游客接待中心，针对不同旅客的文化旅游需求，提供全方位的服务。近年来，淳安县委县政府全力挖掘打造红色文化教育培训基地。其中下姜村就是最具有代表性的一处。在游客接待中心旁，不仅竖起了“四种人”纪念墙（基层党员干部要做“发展带头人”“新风示范人”“和谐引领人”“群众贴心人”），更建设了以新农村为主题的展示馆，全面介绍了下姜村的历史沿革、发展概况和创新亮点。

（2）枫林港溪

来到下姜村，首先看到的就是村庄的母亲河——枫林港。这条河流源自衢州、开化之间，穿越浙西的崇山峻岭后，最终注入千岛湖。数百年前，村庄姜氏、杨氏等姓的先祖迁来此地，开山而立，枕河而居，在这里先后建立了上姜、下姜等村庄。从此，枫林港甘甜的溪水哺育下姜村民直到如今。

作为一条山区河道，枫林港在两岸青山掩映下缓缓流淌过村庄，景色娴静而幽美。然而每当雨水季节来临时，这里就会水涨滩急，常会冲垮河上的木桥，冲走村民的财物。在过去村民进山劳作的必经之路上，就有座木桥多次被冲垮，最终下姜人举全村之力，共同努力造了一座坚固的石桥——碧潭印石桥。这是下姜村民自力更生、艰苦奋斗建设村庄的鲜明写照，也是敢于尝试、不屈不挠的下姜精神的生动体现。从此，无论阴晴雨雪，季节如何变换，下姜村民都稳稳地走在这座桥上。

走过碧潭印石桥，就来到了下姜村的中心区域。可以看到村民的住宅大多依山而建，而将村口河谷不多的平地尽可能留作耕地。村庄在枫林港溪两侧兴建了游步道，方便村民散步，游客赏景。然而在过去，这里的风光却并非如此。1992 年，人们在枫林港上修建起了装机 3.2 万千瓦的枫林港水电站，这是浙江地方兴建的首座装机容量过万千瓦的水电站。然而因为电站常常需要截流发电，因此造成处于下游的下姜村水量大大减少，溪边浅滩处更常常是一片死水。加之村民环保意识不强，导致河道污染严重，臭气熏天。

如今，村庄经过全面的整治，环境越来越好。村民们也越发意识到“绿水青山就是金山银山”的道理，坚定地朝着生态发展的方向前进。同时根据村委的要求，在政府的协调下，枫树岭水库保证了枫林港溪的水流量。加之镇村两级政府对河道生态化治理和区域“五水共治”工程的推进，使得现如今的枫林港水质清澈洁净，呈现出一派鲜活和灵动的气息，不负“农夫山泉源头之水”的称号，更在 2017 年被评为“浙江最美家乡河”。

(3)思源亭

进入村庄后，可以看到一座美观大气的凉亭，它的名字叫作思源亭。亭中陈列着一封来自国家领导人的信。这封信写于 2011 年 5 月，在信中回顾了和下姜村结下的不解之缘，勉励了下姜村民的建设和发展。在两旁的柱子上悬挂着一副楹联“田园锦绣应思德，业绩辉煌常忆源”，时刻提醒着村民“喝水不忘开井人”，要思源思德，不忘初心。像这样的楹联在下姜村还有七八处。下姜村尤为注重村风文明建设，在村里建设了百米党建、廉政、农耕文化长廊，挖掘了下姜村姜氏家谱记载的“老八景”，通过文化传承培育新的村风、民风，将传承600余年的《姜氏宗谱》中“敬祖宗、孝父母、友兄弟”等48字祖训与社会主义荣辱观深度融合，引导村民自觉传承践行中华传统美德。

（4）惠民路

走过思源亭，继续进村，脚下的道路曲曲环环，这条路有一个特别的名字，叫做“惠民路”。说起这条路的来历，还是颇为感慨。因为村庄主要是依山而建，所以这里的村基高低不平，村道狭窄泥泞，村民的出入极为不便。都说“要致富，先修路”，下姜村自从成为浙江省的基层工作联系点以来，在省委书记的关心和地方政府的大力支持下，首先推动的就是这条道路的建设。当时为了修建这条路，全村老百姓共同努力，在没有任何补贴的情况下，村民们自觉自愿地拆除了自家的建筑，打通了这条村庄大动脉，才有了现在这条“康庄大道”。自2001年以来，六任省委书记多次来村蹲点调研，和村民同吃同住，倾听民声，指导发展，结下了深厚的情谊。经过二十多年的不懈努力，下姜村村容村貌焕然一新，现代农业快速推进，乡村旅游全速发展，成为远近闻名的富丽乡村。

（5）下姜民宿

进入下姜村中，可以看到这里村庄洁净，屋舍俨然，村民住宅错落有致，美观大方。随着游客日益增多，不少村民将自家宅院改造成民宿和农家乐，提升了下姜村的旅游接待能力，也盘活了这里的旅游经济。民宿“望溪农家乐”就是下姜村民宿产业的代表，它的主人是老党员姜祖海。他积极响应“党员干部要做发展带头人，引导群众进行产业结构调整，做前人不敢做的事、前人没做成的事”的号召，在2011年带头建起了全村第一家农家乐。

走进这家民宿，可以通过墙上的照片看到历任浙江省委书记在这里考察调研时的场景，也可以清晰地看出近年来下姜村发展变化的情况。2004年，下姜村的党员、干部和村民在与省委书记座谈时提出，希望能够建设生态能源沼气项目，解决村里“脏、乱、差”的情况，得到了高度的肯定。于是老党员姜祖海又第一个带头建了起来，这就是下姜村的第一个沼气池。

沼气池的建设，打开了美丽乡村建设的突破口。此后，村里通过土地流转，建起了集约化、规模化的三大农业产业园，长期以来农村地区生活、生产不分的现象得以消除，村里建起了公共厕所和卫生间，用上了自来水，建起了垃圾处理站和污水管，农村环境卫生得到根本转变。

目前，全村类似这样的旅游接待民宿已达23家，特别是在2016年，下姜村成立景区管理公司后，对旅游资源实行“统一规划、统一管理、统一营销、统一分客、统一结算”的五统一运作，既保障了游客的利益，又大力开拓了市场，激发了经营业主的积极性，保障了经营户的收益。

(6)狮城酒坊

在历任浙江省委书记的亲切关怀和亲身垂范下，下姜村党员干部努力践行群众路线，带领全村群众一起干，积极践行绿色生态发展之路，“绿水青山就是金山银山”正在这里化为生动的现实。狮城酒坊就是这一探索的成功实践。狮城是遂安县的别名，根据地方志记载，唐武德四年(621年)，遂安县治由木连村溪北迁五狮山下，因此得名为狮城。而这狮城酒坊距今100多年了，可惜在1959年随着新安江水电站的建设被淹没在千岛湖水底下。不过酒坊后代姜氏移民到下姜村，并将酿酒工艺传承至下姜，保持了原有清淡醇香的口感。

在这座狮城酒坊，最有特色的佳酿当属“鲜竹酒”了。鲜竹酒又称竹筒酒，是一种竹子里种出来的原生态竹酒，具有独特的制造工艺。当竹子还是“竹楠”时，酒坊运用独创的专利技术，将上等的“五谷原浆酒”注入活竹内密封，让酒伴随竹子自然生长，经过一段时间的自然酝酿和二次发酵，吸收了天然露水精华和竹子中的营养成分，才能酝酿出这独特的鲜竹酒。待美酒和竹子一同成熟后，就到了采收阶段。每一根竹子只能选择最好的两节来制酒，竹子砍下来进行艺术加工，就成了原生态的酒瓶、酒杯，这样一瓶鲜竹酒就完成了。感兴趣的游客可以在这座酒坊品尝下姜村原生态、纯天然的鲜竹酒和农家米酒。

(7)忆德亭

沿着惠民路穿过村庄后，就可以来到下姜村的村口了。在这里又可以看到一座美丽的亭子，它的名字叫做“忆德亭”。顾名思义，这是当代下姜村民追忆先祖恩德而立的建筑。走进亭中，可以看到一块石碑——《凤(枫)林乍尔堰记》。说的是下姜村乍尔畈这块地方三面环山，水不能通，因此土地贫瘠。当时下姜村余氏先祖余显文带领人民兴修水利，甚至拿出自己家的田地来修渠筑沟，调动一切社会力量共同建设乍尔堰，最终建成了这项水利工程，让 200 多亩土地变成了良田。先祖的恩德民不能忘，因此立下这块石碑来做纪念。这块石碑始建于元顺帝至正甲午年间(1354 年)，在碑文中可以看到“故宋”“比邱”等字样，说明在明清时期都有重刻，现在看到的是 2012 年复刻重修的。

(8)葡萄园

走过忆德亭，可以看到一片葡萄园。这里占地约为 220 亩，是流转农户土地之后建设的项目，种植有 10 余个不同的葡萄品种，采用股份合作经营的方式进行运作。除了基本葡萄销售外，这里还开发出了葡萄采摘、葡萄餐厅、葡萄酒等不同的产业形式，每年村集体在这个项目上就有不少于 35 万元的分红收入，农户取得土地流转金后也能得到分红，真正实现了把“风景”变成“产业”、把“美丽”转化成“生产力”，让绿水青山流金淌银。

葡萄园运用智慧农业信息管理平台进行精细化管理，只要在控制箱上轻揿按钮，17 个大棚的卷帘会自动打开、关闭。每个连栋葡萄大棚里还设有传感器，监控大棚内温度、湿度、土壤水分、光照等参数，这些参数能够通过智能手机查看，也可以通过智能手机进行远程控制，十分便捷。除了这座葡萄园，下姜村党员干部在枫树岭镇党委政府的支持下主动联系省农科院，四处筹措资金，还建起了草莓、桃子等农业园区，让村庄四季溢满花果之香。

(9)连心桥

重新回到枫林港溪畔，这里有一座下姜村的文化广场，广场上树立着 9 个白色的大字：下姜村，梦开始的地方。有人说，下姜村的华丽蜕变，仿佛像做梦一样。然而，下姜村的党员、干部和群众们正是在党的领导下励精图治，一代接着一代干，才让他们的梦想照进现实，让这座偏僻的小村庄变成绿水青山中的桃源胜地。在这座文化广场旁，就是今天下姜村的村委，周边还分布着一些特色民宿，这里既是村民日常休闲的空间，也是游客游玩赏景的必到之处。

在文化广场的尽头，有一座融合传统风韵和现代气息的步行廊桥——连心桥。这个名字是下姜村民共同取的，正是历任浙江省委书记和下江百姓的心连心，才架起了村庄和外部社会发展的“桥梁”，让这里变得越来越美丽，也让越来越多的游客有机会聆听下姜故事，体验下姜风情。这座“连心桥”始建于2011年，2012年6月完工。桥长70米、宽3米。桥梁为现代混凝土结构，桥上为木结构长廊。桥顶采用了现代新技术，所有瓦片都安装了太阳能装置，可以用于村里公共照明。每当夜幕降临，太阳能灯光就会准时亮起，村民们纷纷聚集于此，享受这幸福美好的乡村生活。

只此青绿——江南村居

钱塘江向西，依次是富春江、新安江，不同的段落有不同的名字，但一路山水清越，放旷婉约，雄浑自然。建于三国时的桐庐县，就处在富春江和分水江的怀抱中，四周群山耸峙，境内丘陵错落。全境丘陵面积86.3%，平原水域占13.7%，桐庐成为一片满目青翠的山水福地。这里曾经是华夏中药鼻祖桐君老人的采药结庐地，是东汉高士严子陵的隐逸垂钓处，也曾让北宋大文豪范仲淹等历代文人墨客为之沉醉，吟诵不尽。

说起桐庐就离不开江，说到江就离不开码头和渡口。桐君山脚下，富春江和分水江合流之处，南宋时官员进京面圣，商贾货船深入杭嘉湖腹地交易，皆由此顺水而下，在桐君山下停泊周转。海运未通之时，这里成为京都、省城通往闽广赣徽之咽喉，“帆樯上下，人物辐辏”，经商者以绍兴籍居多，泊港近千艘船只。各省交通皆赖于此成为钱江航运重要中转码头地处要冲，自然商业兴盛：“控吴越上游，徽宁闽广往来者皆道是邑”。水汽氤氲，舟楫行船，生生不息。

在2003年，桐庐首次跻身全国百强县（市），列第92位，人均GDP达到2 400美元。按照国际惯例，人均GDP达到1 000～3 000美元时，既是黄金发展期，又是矛盾凸显期。经济发展与环境保护的孰重孰轻，桐庐人需要做出一个判断。

桐庐人是聪明的，他们认识到了生态是一个城市最大最持久的财富，桐庐人也深知，山水是桐庐的魂。所以他们毫不犹豫地选择了生态优先、以人为本。在这个商业味道浓厚的时代，富裕的桐庐没有变，它仍然是个“好风吹皱一池绿，白鸟点破千山青”的好山水去处。而且，山更绿，水更深，更多了一份“鱼稻乡中乐岁丰”的现代都市的繁荣。

而今，桐庐先后荣获国际人居环境示范奖、国际花园城市、中国优秀旅游名县、中国最美县、国家生态文明建设示范县、全国文明城市、中国最具幸福感县级城市等 20 多项国家级以上“金名片”，以“潇洒”的城市特质，紧紧勾住了域外众生的心神和眼球！2020 年，它被美国《国家地理》杂志选为 2021 年全球 25 个最佳旅行目的地之一，也是中国唯一入选的地区。

1.“美丽乡村”的“桐庐模式”

一座城市的气质，往往与它成长的时空环境有很大的关系。浙江是“两山理论”的发源地，桐庐县始终把践行“绿水青山就是金山银山”作为施政重点，将生态文明建设放在经济社会发展的突出位置，利用境内众多优质旅游资源发展乡村旅游业，让桐庐大地能够处处是景、时时见景，打造现代版的《富春山居图》。截至 2020 年，桐庐县 181 个行政村中，已建成 32 个中心村、71 个精品村、7 个风情小镇、11 条精品线路和 2 个精品区块、7 个省（市）级历史文化村落保护利用重点村、15 个省级历史文化村落保护利用一般村、17 个杭派 · 富春民居示范村，其余村列入培育村建设，实现了美丽乡村全覆盖式发展。

如今，桐庐已经探索出了生态环境“高颜值”与经济发展“高素质”有机统一的“桐庐模式”。

（1）全域顶层规划

回望桐庐县美丽乡村建设之路，“规划引领、理念先行”始终贯穿于每一次迭代升级的过程中。早在 2003 年，桐庐就以“千村示范、万村整治”工程为抓手，开展村庄环境整治。2013 年，在桐庐召开“全国首届改善农村人居环境工作会议”，开启“美丽乡村 1.0”建设。通过项目化推进农村道路、农房改造、美丽庭院、污水处理等农村公共基础设施工程，农村面貌发生了翻天覆地的变化。2016 年起，桐庐着力探索“美丽乡村”与“美丽经济”齐头并进的“美丽乡村 2.0”，朝着“村美民富”的目标不断迈进。由县委县政府牵头，紧紧扣住“风景桐庐、全域生态”这条主线，用景区建设的思维规划整个桐庐，用景点建设的要求布局每个乡村，将 183 个行政村作为一个大景区来规划、布局、建设，打造“山水观光、乡村旅游、休闲度假、商务会议、康体养生”五位一体的立体化旅游业态格局。

如今，桐庐全域旅游已基本形成“处处是景、处处可游”“产业因全域旅游而更兴旺、城乡因全域旅游而更美丽、百姓因全域旅游而更富有”的全域全业全民发展格局。

(2)全域生态监控

如今，桐庐生态文明的举措可以说做到了“全域监管”，县领导联系重点生态建设项目，纪检、组织、督查考评等部门创新执纪模式、健全评比方式、完善考评机制，以问责、评比、考核管理体系为生态文明建设工作保驾护航。

桐庐县以“全域生态建设”为目标，在全县范围内积极推行“生活污水处理”“生活垃圾分类”“生态河道整治”环境工程，关停重污染企业、淘汰落后产能，实现农村生活污水处理100%全覆盖。积极探索“智慧化”“智能化”环境整治模式，将大数据、云计算等最新技术成果运用到环境保护的各个领域，先后开发出“环保管家”“高空瞭望”等数字平台，利用“云上监管”“智慧监控”等技术平台助力全县生态环境综合整治工程落到实处。

同时，桐庐县尊重村民主体地位，广泛动员村民参与。还开放了公众投诉电话、微博微信举报、媒体曝光等多种监督渠道，严格落实项目审批的环保“一票否决”制度，还将生态文明建设、乡镇交界断面水质考核、农村生活污水处理工程运行维护管理考核等工作纳入乡镇、部门的年终综合考评。

(3)全域旅游文化

桐庐县在美丽乡村的探索上突出以“人”为核心，注重乡村内在美、气质美的提升，积极打造具有地方特色的文化旅游品牌活动。当前，桐庐正大力建设钱塘江诗路核心区，打响“诗乡画城·潇洒桐庐”等城市诗路品牌。积极挖掘传统悠久的富春山水诗词文化、民间习俗等优质资源，将景区规划、建设与传统村落、历史遗迹保护结合起来，对有文物价值和历史遗存的村落组织、历史建筑进行现代化利用，着力打造传统风情旅游景观。

2020年，桐庐以数字赋能为“风口”提出的“打造美丽乡村3.0版”，再次成为全国的焦点话题。桐庐要建设“五个乡村”，即数字乡村、法治乡村、艺术乡村、创业乡村、文明乡村建设，围绕赋能人、护佑人、熏陶人、涵养人、成就人五大效益，把这里打造成“经济美丽、全域景区、人人文明、崇德尚法、幸福向往”的新时代美丽乡村。目前,桐庐县已建成 7 个省(市)级历史文化村落保护利用重点村、15 个省级历史文化村落保护利用一般村、17 个杭派 · 富春民居示范村,其余被列入培育村建设,基本实现了美丽乡村的覆盖式发展。

桐庐,又将成为浙江高质量发展建设共同富裕示范区的样板县。

2. 桐庐“江南”古村落群

桐庐县美丽乡村建设的实践经验表明,乡村之美不仅在于环境美,更重要的是“美”具有差异性与独特性,而不是建设成“千村一面”的“样板村”,让人产生审美上的视觉疲劳。因此,美丽乡村建设不能简单照搬照抄或复制已有的成功经验,而是要立足于每个乡村不同的区位条件、地理环境、资源禀赋、产业基础、历史底蕴、人文特色和民俗风情,因地制宜、分类指导,走错位发展、差异发展、特色发展之路,真正形成“一村一品、一村一业、一村一特、一村一韵、一村一景”的美丽乡村建设新格局,形成具有自身特色的品牌优势与吸引力。

2013 年,桐庐县将“江南镇”上的荻浦村、深澳村、徐畈村、环溪村、青源村 5 个村联合起来,统称为“江南古村落群”。古村落群以深澳村为核心,根据“一村一品”原则,发掘每个村的不同特色和历史文化底蕴,分别打造成“易理深澳”“清莲环溪”“孝义荻浦”“和合徐畈”“山水青源”5 个村庄品牌,又根据“统一协调”原则,将五村连片发展成集田园观光、探古怀旧、欣赏传统文化、体验民俗风情于一体的乡村旅游示范区。

桐庐县“江南古村落”历史悠久,上可追溯到西汉末年,始于三国吴,兴于南宋,盛于明清,是数千年农耕文化的结晶,也是物质文化遗产和非物质文化遗产的综合体。这里原始村落格局和风貌依存,现在还留存着明清时期古建筑 140 多处,民国时期古建筑 60 多处,古建筑外拙内秀,雕刻十分精美,是徽派建筑与浙西山地居民建筑的结合。最有特色的是“江南古村落”保留下来的明代古水系,整个水系由溪、澳、渠、塘、井等设施构成,是一个独立而完善的供排水系统,并且可以实现分质供水,是现代城镇规划用水的雏形。部分明沟暗渠和坎井至今仍在使用,具有一定的科学和人文价值。

桐庐江南古村落风景区现已成功创建 4A 级风景区,2006 年列入省级历史文化保护区,2007 年深澳村被命名为第三批中国历史文化名村。同时,江南古村落群的非物质文化也是源远流长，历史上以耕、读、樵、商为传统，明、清两代涌现贡生以上者 38 人。民风淳朴，民俗文化丰富，形成了以丰收节为内容的时节传统和“时节文化”。这里还有民间消防组织——水龙会，传统体育活动舞龙灯、踩高跷，传统民间工艺造坑边纸、编织绣花，最令人念念不忘的还有糊麦裹、木莲豆腐等民间传统小吃，是一处雅俗共赏的休闲胜地。

(1)深澳村——地下水系之上的古村落

①基本概况

深澳村位于富春江南岸的应家溪畔，拥有耕地 1 500 多亩，山地 7 300 亩，人烟稠密，人口达 8 800 人(2021 年)，为桐庐县最大的行政村。深澳村悠久的文化传统，自南宋申屠氏的开村以来，这里便是申屠氏的血缘村落，至今深澳村 95% 以上的村民姓申屠，其他少数姓为周、应、朱等。

来到深澳村，许多人都会对村庄的名字感到好奇。其实，深澳村古时称同里，而“澳”在当地话中是“地下井”的意思，深藏地下的井即为深澳。在明代时，先民在这里规划了一个高度科学且完整的地下水系工程。水系的水源来自山上的泉水，清甜甘冽、冬暖夏凉，至今还深受村民喜爱，而取水、用水的“澳口”更成为深澳村独特的文化风景点。于是，村庄也因这些“深澳”而得名。除了传奇的地下水系，村中另一道风景线是地面上的古民居建筑群，村里现存明清时期的古建筑 140 多幢，民国时期的建筑 60 多幢，无论是单体建筑，还是村落形态，都保存得相当完好。建于元末明初的老街长约 200 米，宽仅 3 米，是镇上最热闹之处，两侧多为店铺，在民国时期曾有“小上海”之誉。

深澳人对传统和大自然的尊崇使这个古老的村庄散发着不朽的生机。除了地面和地下的两道景观外，深澳村还保留了一项省级非物质文化遗产——高空狮子的传统民间技艺，每逢元宵、庙会等节日，村民们都用这一技艺来增添喜庆气氛。

②姓氏文化

桐庐县深澳之地，自古是申屠氏世居之地，也为这里留下了丰厚的姓氏文化。大名鼎鼎的刘伯温在《桐南申屠氏宗谱》序中记录了申屠氏的姓氏源流。申屠是一个古老的姓氏，它的历史源远流长，可追溯到 2 700 年前的夏朝，当时“四岳”之后封于申，为侯爵位，史称申侯。西周末年，周幽王娶申侯之女，生太子宜臼，登基后为周平王。周平王在立太子、登皇位过程中，历经千难万险，全靠申公家族扶助，后从西安迁都洛阳。于是申侯的支子受封，居于安定之屠源（今甘肃泾川县）。定居于此的后代，便以国名“申”和地名“屠”结合起来作为自己的姓氏，遂为复姓申屠氏。

在中国传统的百家姓中，申屠氏只能算是一个小姓。但是历代申屠氏子孙却能绵绵不绝，名人辈出：西汉丞相申屠嘉、汉尚书令申屠刚、汉末名士申屠蟠、护国大将军申屠狄、元代大学士申屠致远、现代中国民航创始人沈图（原名申屠叶松）、桐庐籍将军申屠宏、中青年专家申屠棠、旅美大学士申屠基立等。浙江申屠氏有桐南和东阳两大支派，共约2万人，为汉尚书令申屠刚后裔。据申屠氏族谱记载，申屠刚之八世孙申屠蟠是汉末名士，因避董卓之征带家小仆人自洛阳出隐，一路南下，曾在富春屠山隐居。北宋崇宁三年（1104年），申屠氏后裔申屠理入赘荻浦村范氏之家，后又门庭转换，因此申屠理被后人尊为“桐南申屠始祖”。

到了南宋淳熙年间（1180—1184年），申屠理五世孙申屠奇璧从荻浦村迁入同里村，标志着申屠氏正式传入深澳村。申屠奇璧迁入后，人丁兴旺，申屠也发展成了深澳村的主姓。因为申屠氏子孙大多居住同里村上头和二口澳，濒水而幽深，每有亲友来村中寻访探路，村人总应答：“申屠家住在深澳边。”时间一久，“深澳”二字便代替了原来“同里”的称谓。同时，荻浦和深澳在过去也统称“深浦”，至明初才分为两派。按理说，桐庐申屠氏源于荻浦村，然而深澳村的申屠氏子孙却比荻浦村多，全村95%以上是为后裔。今天，在深澳村的申屠氏宗祠里，有一副楹联“汉庭垂勋在京兆，宋裔承辉到邑南”，生动概括了申屠氏的祖先渊源和在桐庐的繁衍历程。

随着历史的变迁，申屠氏后裔在各地分枝散叶，仅浙江就有萧山、余姚、富阳、嵊州、东阳等地分布，桐庐更成为申屠一姓在全国最密集的聚集地。据户籍信息统计，申屠姓氏在全国约有1.7万人，而在荻浦和深澳两村就已近万人。同时，申屠虽然属于小姓，但在桐庐却是大姓。申屠在桐庐的480余个姓氏中，排名第11位。申屠氏在桐庐经过近千年的繁衍生息，传承了忠孝节义的祖训和勤俭廉直的家风，至今村里还流传着先辈们路不拾遗、乐善好施的故事，深澳村也因申屠家族的醇厚古风而呈现出一派安乐、和谐的景象。

③深澳水系

深澳村拥有着规模宏大、精妙绝伦的水系工程，凝结着申屠氏先祖数百年来的勘舆智慧，直到今天依然令人叹为观止。申屠氏的先人之所以选择在这儿安家，首先就是看中村前长流不断的应家溪水。有了这条溪，深澳人世世代代可以灌田浇地，才有了五谷丰登。同时在村落建设之初，就已经先规划好了村落的水系，整个村落架于这套地下水系之上。

深澳的村落水系形成于明代，是一个独立而完善的供排水系统，由溪流、暗渠、明沟、坎儿井和水塘五个层次构成，能使水始终处于流动状态，带动村庄生产生活的良性发展。

第一个层次是人工溪流，称为后溪。深澳村为了减少应家溪洪水的压力，在村西侧沿山开凿了这条溪流。这条后溪与应家溪并行，将深澳村夹在其中，既可以起到分洪的作用，平时也可做灌溉。

第二个层次是暗渠。深澳村在应家溪上游西侧开挖一条 800 余米的暗渠，自南向北从村的东侧将水引入村内。这条暗渠可不是普通的排水沟，它深入地下 4 米左右，渠宽 1.5 米、高 2 米，人可自由进入进行疏浚工作。

第三个层次是两条地面水渠。长长的地面水渠在深澳村格外醒目，它将清澈的溪水带到各家各户的门前屋后，供村民日常使用，同时归集地面雨水，带走生活污水。

第四个层次是村头的大水渠。这是村内清洗污物、农具的地方。后溪水也可以注入塘内，塘北头有出水口，建有闸门。

第五个层次是村内的澳口。澳口也称为坎井，在深澳村共有 17 个。行走在村中，每隔一段距离就能看到一个。每口井基本都呈畚箕形，自地面向下，深 1～3 米，三面用卵石砌壁，一面铺以石级踏跺。这些石级往往斜入井中，深入水面以下好几级，供周边的居民取水使用。澳口坎井根据功能的不同，可分为饮用井、洗涤井和洗浴井，当然还起着消防的作用。大量坎井的使用，能够起到降低和汇聚地下水的作用，从而降低建筑内的潮湿度。

这些水源各自独立又有机联系，它们充分调动地面和地下水资源，在村内自成体系。时至今日，除了饮用水之外，村民们还是习惯于蹲在澳口古老的石级上一边洗衣服或者洗菜，一边聊着家常，近在一旁的应家溪反而较少使用。这种方便和安全地将饮用水、生活用水和污水分开处理的布局和使用始终处于流动状态的引水技术，已初步具备现代城镇用水方式的雏形，村落也因此得以聚集，在数百年间保持兴旺。澳口，作为深澳村庞大地下水系的地表使用区，至今仍然发挥着当初的功能，同时又散发出活态水文化遗存的独特魅力，给古老的村落赋予了盎然生机。

④古弄堂

深澳明清古建筑群以其恢宏的结构气势和精巧的雕刻工艺而声名远播。然而每个来到深澳的人，除了留恋那颇具特色的天井和明堂以及高低错落的马头墙外，也一定不会忘了那一条条狭窄而幽深的古弄堂。

清晨，薄薄的晨雾中传来轻灵的脚步声，那是勤劳的人们奏响的晨曲；傍晚，沉沉暮霭中传出一两声犬吠，那是暮归的主人引出的欢呼。冬雪天，弄堂成了孩子们嬉闹的乐园；夏日夜，弄堂又成了小凳和蒲扇的天堂……人们总习惯于在弄堂中集散一天的见闻，来共同品尝那份农人才有的欢欣和温情。仄仄的弄堂，像一条条经脉，连接着古镇的角角落落，联系着古镇的过去和今朝，述说着一个个古老而淳朴的故事，又见证了一次次的历史变故、社会沧桑。走在弄堂里，门对着门，户对着户，听小孩子们稚嫩的儿歌，看竹椅上的老太太们边做着手工边拉着家常，还不时地和路人友善地打着招呼。

徜徉于深澳的古弄堂，灰褐斑驳的老墙，鹅卵石铺砌的小道，引着人们步入了深澳厚重的历史和淳厚的文化中。

⑤历史建筑

深澳古村落由于地处浙西山区，与徽州的地形地貌相似，受徽派文化影响较大，在建筑上具有山地建筑的特征，带有徽派建筑印记。

在选址上，这里的建筑讲究风水，注重和周边的自然环境相结合，并蕴含相关寓意。建筑整体上呈"负阴抱阳"的格局，即大环境依山傍水。山可以挡风，便于就地取材做饭取暖；水可以灌溉，便于引用洗涤。同时，深澳村位于狮子山和前山夹峙的谷地，地势平坦，东西有应家溪和后溪，山水独到。传统的村落聚居在这里得到了很好的体现，“同氏、同宗、同族”聚集，屋舍以“厅”“堂”为核心，组成院落的团块状形态。在构建上，这里的建筑体现了严密的宗族血脉关系，也非常具有传统的人本意识。其中宗祠是深澳村中当地最具代表性的建筑，有重要的地域和文化象征意义，是族人供奉和祭祀祖先的场所，也是族长行使族权的地方，是村落的传统文化中心。

攸叙堂、恭思堂、怀素堂、听彝堂等建筑是今天深澳村古建筑中的代表。

[攸叙堂] 攸叙堂是深澳村中申屠氏祠堂的正厅，这座建筑坐北朝南，五间三进，占地面积 900 平方米。观音兜卵石墙，双坡硬山顶，建筑大气沉稳，采用方柱石柱，木雕装饰，明快大方。据《桐南申屠氏宗谱》所载，这座祠堂在明永乐至宣德元年(1403—1426 年)由深澳申屠氏第十一世孙橘阴公次子申屠广祖孙三代历时十余载才建造完成。定名“攸叙堂”，意谓祖宗永享香火、子孙集会叙事之所，并将“孝、义、悌、忠、信、礼、廉、耻”立为族训，为子孙法守，弓治箕裘，永传勿替。此后明清两朝直至民国时期，对这座建筑都有修缮。20 世纪 50—80 年代，攸叙堂曾做过小学学堂、生产队收粮点、校办工厂、教师食堂等。经历百年风雨飘摇，攸叙堂破败不堪，风光不再。2012 年，深澳村投资 140 万元对攸叙堂进行了全面修缮。焕然一新的申屠氏祠堂在这里迎接着一批又一批的观光游客和古建筑爱好者。

[恭思堂] 恭思堂建于光绪十九年(1893 年)，占地 1 147 平方米，砖石木混合结构，是深澳现存最大的单体民居，由五进主建筑和北侧三座抱屋共七个天井组成，当地人叫它“七井房”。恭思堂主人为做草纸生意起家的深澳富商申屠济成。相传整幢房子建了十年，单是雕刻就花了三年时间，尤其是天井的雕刻特别花哨，从阁栅向上达七层，裙板、扁作梁也雕刻得非常讲究，堪称当时的“豪宅”。

作为深澳村古民居的代表之作，恭思堂的结构具有典型性：走进大门是“回堂”，回堂通往的宅院有六扇门，但平时只从两边进出，只有到了贵客，或者有重大活动时才开正门。回堂往里是一个环绕着排水沟的天井，天井用青石板铺成，须弥座上面摆放着两只大水缸，既可养些金鱼供观赏，又可作为消防的水源。穿过天井就是主人接待客人、家人祭神拜祖的“明堂”。明堂的太师壁上方悬挂堂名匾额，壁前摆放着一条长案，上面挂着书画，案前放着做工精细的圆桌，两旁是太师椅，显示主人家境殷实的派头和风雅。明堂后面是退堂，从退堂可进入后宅，这是主人的起居之所，外人是不能随便进入的。

除了沿着中轴线的四个天井外，恭思堂还有三个向两边伸出去的天井，当地人叫“抱房”。因为墙体高大，建房的时候，工匠们在墙体里竖着埋了许多小杉木起加固作用，每一井房子用马头墙隔开，用以防火，也叫“封火墙”。从外面看，恭思堂的四井马头墙相连成片，颇为壮观。

［**怀素堂**］ 怀素堂建于清道光年间，占地793平方米，三间三进两天井，为“目”字形砖木结构，是典型的江南大户宅院建筑。据《桐南申屠氏宗谱》所载，怀素堂的主人则瓶公“幼习举子业，旁通素经星学及青鸟家言”，后因父母相继而逝，才“弃丹铅主持家政”。他以勤律己，以俭持家，以恕待人，终使家产日丰，于是购田置业，建怀素堂。怀素堂用材极为讲究，柱子粗直，梁架肥厚，仅二进大厅的4根金柱，每根圆周就达100多厘米。则瓶公生活十分俭节，但对于村中各项义举总是慷慨解囊，被人交口称赞，举为典范。

怀素堂内部雕饰令人目不暇接。从高处的牛腿、月梁到低处的窗棂裙板和门扇锁腰板，从大的斗拱花枋到小的窗隔、花结，从梁头雀替到柱底磉蹬，无处不雕，无雕不精。雕饰内容多是中国古代家庭传统教育的箴言宝典，具有浓厚的儒家传统文化韵味。天井两侧厢房的长窗上，刻有二十四孝图，每一幅雕刻讲述一个古时至孝的故事，告诫后代做人的准则。次间后的长花窗夹堂板上则雕刻着八骏图，形态各异，十分逼真。后堂横梁封板分别刻以大篆“忠信孝悌礼义廉耻”8个字。12扇花格长窗的蝙蝠、梅兰菊竹，体现了对“多福”的企盼及对君子好德的景仰；花格中心则分别为十二月花神，体现了对农时的遵循和对美好理想的追求。长窗的夹堂板上刻着十二生肖图案，与十二月花神相映衬，寓意人丁兴旺。徜徉于古建筑的沧桑古朴中，感受着传统家庭伦理道德的教育，怀素堂为我们诠释了那份昔日的荣光。

⑥木雕艺术

深澳村每一幢民居的门窗木雕不仅刻工精细，而且都有自己的主题。这些构思精致的图案里处处渗透着忠孝礼义、耕读传家的儒家思想。这些木雕把忠孝节义的传统思想传递给了后人，还把所有表现读书做官的教育理想留给了子孙。许多申屠后人就是从这些主题吉祥、内容丰富的木雕作品里开始了自己一生的道德理想启蒙。

建于清嘉庆年间的怀素堂，其门窗木雕有代表中国人生辰的动物图案“十二生肖”，还有讲述中国人尊重长辈的故事“二十四孝图”、表达读书做官理想的“鲤鱼跳龙门”“十年寒窗图”。雕刻在厢房门窗隔板上的一组骏马，据说是因为房子的主人在十二生肖中属马的缘故。建于1907年的贤德堂，其天井四周楼层从阁栅到檐下，雕刻层达七层。特别让人注目的是裙板上的金刚，他们用双手托起了七层图案，代表了中国人对宇宙的朴素认识。建于清末的孝思堂，天井四周雕刻着梅兰竹菊，线条流畅大气。其明堂扁作梁上雕着九只狮子，形态逼真，十分华丽。建于清同治年间的景松堂，其花枋上雕着“二龙戏珠”的图案，在中国，“龙”是王权的象征，至于申屠氏为什么在民宅里雕龙，已经很难考证了。

牛腿是从柱中伸出的一段短木，这种木构件在深澳村古民居里大量出现。由于其位置显著，又不需承担承重功能，因而往往成为重要的装饰部件。深澳村古民居内牛腿，每一件都是独立的雕刻艺术品，具有极高的艺术和文物价值。大多数家庭都雕有狮子牛腿，均有4只，一雄一雌，母狮均带2只小狮，寓意“四世同堂”。建于清末的民居中还可以看到在牛腿上雕刻的凤凰，说明建房的人家是女主人当家，而且出嫁时娘家是很有财力的，建于清光绪初年的凤林堂，牛腿上的凤至今栩栩如生。据说，工匠是按主人的工程量做活吃饭的，为了能在主人家里多待些日子，好找到下一家的活计，他们必须在雕刻上下功夫，于是一件作品就必须精雕细刻与众不同。

⑦民俗节庆

真正体现一个古村落灵魂的，是在当地传承、有当地特色的民俗节庆。历史上的深澳，以耕、读、樵、商为传统，农时耕田种桑，闲时烧炭、洗草做纸。民间有歌形容“柴草砍来不值钱，老山朝去夜方还。二头换得三升米，只卖肩头不卖山”。村民乐居乡间，久而久之形成一定的地方民俗文化传统。

深澳村最具特色的民俗节庆活动当属每年农历十月二十一的黄程庙会了。黄程庙位于深澳村西北隅，原为邻近八村的土地神社。所以庙会的主题自然是祭祀黄程庙里的土神和谷神。土谷神是同胞兄弟，相传为东汉余杭县令、杭州的土地神陈恽的后裔陈瑞和陈和，因他们排行居八、九，故深澳一带人称他们为“陈八”“陈九”二大明王。相传六七百年前，桐庐大旱，赤地连绵，陈瑞、陈和兄弟俩为祷雨不惜以身殉之，后来果然天降甘霖，除了旱灾。村民感其兄弟恩德，特造庙祀之。兄弟俩生辰是四月初九，因此际正值农忙，故定农历十月廿一为过“时节”祭神日。庙会的形式以成群结队敲锣打鼓、舞龙灯、花灯、露台等各种方式去黄程庙祭拜为主。

深澳人过“时节”的仪式比春节更隆重。按照当地传统，岁数“逢十”的老人也会集中在这一天“做寿”，亲朋好友都来祝贺。在外的游子也会回乡，热闹上七八天，戏团也会连演好几夜。同时，村里老人做寿和年轻人过 19 岁成人礼都要在这一天请戏班唱戏舞狮。而高空狮子的表演更是庙会必不可少的项目。深澳村的高空舞狮非常有名，舞狮时空中架起横杠，打扮精巧的狮子高空跳跃戏斗。盛时有 9 头狮子共舞，俗称九世一堂；如今更常见的是双狮戏球。

深澳村的高空狮子相传兴起于清朝乾隆后期，那时村民每年都要举行祭祀活动，当时的族长申屠达三别出心裁，提出要进行高空狮子抢绣球的表演。高空狮子的特色是纸篾制作，毛竹搭架，绳索抽拉，上下俯冲，争抢绣球，趣味盎然。具体操作时，将一对雌雄狮子悬挂在 4 米多高的横向毛竹竿上，将狮子的头部和臀部两个着力点系上绳头，双狮中间挂一直径为 50 厘米的绣球，狮子对视，各长 1.5 米左右，通体金毛。横杆长 5 米左右，两头固定在两个人字叉架上。表演时，一人拉动绣球，一人拉狮子，一先一后，使双狮随绣球上下同步追逐绣球，直到抓住为止。

高空狮子的特色融合了南方的细腻和北方的雄伟，这种民间文化体现的也许就是深澳人灵巧而又阳刚的性格。由于高空狮子抢绣球场面喜庆，鼓乐相伴，气氛热烈，故拉绣球者与拉狮子者斗智斗勇，配合默契，表演精彩，气氛热烈，深受村民的喜爱。由于历史的原因，高空狮子的表演停止了 40 余年，直到 1989 年才恢复。1992 年，深澳的高空狮子被列入浙江省首批省级非物质文化遗产，如今传到第四代传承人申屠振兴手上。一般来说，每逢庙会、元宵等传统佳节，村里一般都会组织高空狮子的表演。随着生活水平的普遍提高，庙会的社会性、公众性比以往更大更多更强了，而且政府部门和社会各界也越来越多地参与，引导过好“时节”，竭力加浓“时节”的传统意味。

(2)荻浦村——孝义家风世代传

①基本概况

荻浦村，村落形成可追溯至宋代，古名为“荻溪”，因溪中荻草丛生而得名，明朝崇祯年间改为现名。全村区域 4 866 亩，总人口 2 340 人(2021 年)。其中申屠氏族占全村总人口的 81%，江姓氏族占 14%。民风淳朴，“孝义”相传，和睦而居。荻浦人从古时就开沟渠，治荻溪，凿陈婆、泉塘两澳，引荻溪水入村，村中广布池塘，植之莲藕，养之鱼虾。民居倚塘而建，前门临巷，后门临水。房宇比肩接踵，高墙之下，小巷幽深，鸡犬相闻，邻里相呼。村内有一石砌大道，宽 3 米左右，由鹅卵石和石板砌成，南北走向，是进出荻浦的必经之路。

荻浦以历史文化、古建筑文化、古造纸文化、古戏曲文化、古生态文化、孝义文化 6 大特色古文化而著名。村里尚存古松垅、范家井、慈济庵、理公墓碑、孝子牌坊、泉塘澳、古纸槽遗址等文化古迹 20 多处，古建筑堂屋 40 余幢，其中，申屠氏宗祠、保庆堂、咸和堂均被列入省级文保单位。明朝申屠极诗云：幽居结就小东溪，门径森森护荻松，酒醉卷帘凝望处，白云流水四时同。该诗将一个环境优雅，村民富庶，耕读传家，各族睦居古村荻浦展现在人们眼前。

②文化古迹

［**松垅里**］　松垅里，是荻浦村的第一景，可以分为大松垅、小松垅。大松垅所植古松，先于北宋年间申屠氏始祖申屠理赘居荻浦；而小松垅的松木为南宋淳祐九年(1249 年)前后申屠氏先祖在荻浦村北面栽种的风水林，到现在也有近 800 年了。松垅里绿意森森、古树成林、松如虬龙，以示阳宅兴衰、荫庇后人之用。千百年来，这近 40 亩被称为“松垅”的地方，古木苍郁，成为申屠氏后裔追思先人的地方，也是荻浦村的标志性景点。

据族谱载，明嘉靖年间(1522—1566 年)，天生旱灾，造成饥荒，有申屠氏后人提议砍伐松垅木材来换粮度荒。族人申屠东溪出面劝说，并拿出自己的钱分济众人，安顿了各户生活。事后，由申屠东溪主持，重申和补充完善了保护松垅的乡规民约，从此申屠氏后人谨遵祖训，再不敢损毁树林。为此，族谱里有专文《存松记》记载。在申屠氏宗祠中有一副楹联，也足以参证：“木本自屠山，木郁荻葱，惟愿枝枝高百丈；水源连范井，水流浦纳，还期派派聚明堂。”

松垅里现存古松 6 株；200 年以上的香樟 11 株，其中树龄最长的约 1 200 年，奇特古樟 1 株（称兄弟树）；名木女贞 2 株，其他杂木数百株。松垅内有千年古刹慈济庵古迹、孝子牌坊、江氏宗祠、屠家塘、新塘，中心有两条南北走向的石砌古道。行走垅内，听松涛沙沙、鸟声啾啾，闻禅院钟声阵阵，观孝子牌坊威严耸立，静心静听静行，岁月静好。

［**范家井**］ 申屠为荻浦大姓，范家井却是荻浦开村之源。相传荻浦范氏一族为春秋时越国下大夫范蠡的后裔，而这口范家井由范家先祖范达公根据高人指点所挖，泉井系罗汉南脐，泉眼深不可测，泉水甘甜可口，饮用者量大福大。后来，村人又在井边出水处挖成一条大澳，供洗涤、灌溉之用。兴盛一时的范家至北宋时已人丁凋敝，于是才有了申屠氏始祖申屠理入赘范家，进而门庭转换的故事。此后，申屠氏渐成富春一带望族。但是俗话说“喝水不忘挖井人”，虽然时至今日村中不再有人姓范了，然而范家井仍被荻浦村民视为生命之泉。

［**理公墓**］ 荻浦村中心大道上有座墓。墓园如马路上的环形岛，而大道因墓园一分为二，再合二为一。初来乍到的人，多少会因这墓的位置而诧异惊奇。但对于一个以孝义传承为灵魂的村庄来说，这墓地安置得天经地义。

这座墓地称为理公墓，埋葬着桐南申屠始祖申屠理和他的妻子范氏。申屠理为宋代名儒，祖居富春屠山。因时局动荡，不思仕途而酷爱打猎。据传，一年冬天，鹅毛大雪，申屠理到荻浦打猎，偶遇范氏爱女，彼此一见钟情。申屠理央媒提亲，荻浦范贡员对申屠理的品貌才华十分赏识，因膝下无子，便招赘为婿。申屠入赘荻浦范后，子孙繁衍，人丁兴旺。荻浦遂成桐南申屠氏发源地。

900 年光阴如梭，申屠氏后人以为理公墓早已湮没。没曾想到，2000 年 6 月，荻浦村在建造中心大道时竟然挖到了理公墓，于是村里人便加以保护起来。2007 年 3 月，申屠氏代表上千人为“始祖墓碑”举行隆重的揭碑仪式，纪念那曾经的历史。

［**泉塘澳**］ 泉塘澳是荻浦村的母亲澳，长 2 000 余米，由申屠氏第十八世祖申屠应试筹资兴建，开渠引水，工程巨大。因水流与溪东、黄山脚的泉塘合并引入荻浦，故称为泉塘澳。自古以来为村人生产生活所必需。泉塘澳从源头到村

口，长约 1 000 米，称上游段，澳体宽 1 米，深 1.5 米，澳体上方用石条缝顶。从进村至松垅里浦口，长约 1 000 米，称下游段，为明澳，主要供村人饮用、洗涤、农田灌溉。整条澳体皆用鹅卵石所砌，上下游段皆建有长 4 米、宽 2 米的厢式石池，用来沉淀污泥与杂物。

泉塘澳建成后，水流清澈甘甜，四季不竭。不仅是荻浦村生产生活的重要源泉，而且从清代起村人就利用此澳捞毛纸，成为发展百姓经济的重要场所。1951 年，政府号召兴修水利，村农会组织村民对泉塘澳进行治理，并新开了 50 米；改革开放后，由于上游办化工厂、造纸厂，水质受到污染，村人才放弃饮用了。

［古纸槽］ 荻浦村保存了一排古纸槽，见证了当年村民沤草造纸的繁荣场景。荻浦村的古造纸业于清代时最为旺盛，一度是百姓经济的主要来源。据民国《桐庐县志》记载，清代中后期，桐庐申屠氏出现了大批贩卖草纸致富的商人，当地几乎人人都有造纸手艺，家家设有草纸作坊。从取料、制作到成品，工艺非常成熟，且规模很大。据《申屠氏宗祠》记载，清道光年间，荻浦村民已“农隙则造纸者十居八九，夜已继日，灯火莹上，无间寒暑”，全村日产量可达 500 捆。

荻浦手工纸的生产流程较复杂，分为拌草、腌草、踏草、洗草、捞纸、扦纸、晒纸、刨纸；制作过程也相当辛苦，不仅要花较大的力气，而且需掌握一定的技巧，从原料到成品的生产周期大约 35 天左右。借助古老的造纸技艺，很长一段时间，荻浦带动着桐庐、富阳两地区域经济的发展。1949 年后，荻浦村尚存草料屋头 6 处、料场 7 处、纸槽 120 多只。

③历史建筑

［家正堂］ 荻浦村也有一座申屠氏宗祠，取名家正堂。这座祠堂始建于明代，清乾隆二十年(1755 年)，由第二十世祖申屠鲸发起重构，是荻浦村的申屠氏族议事、祭祖等活动的重要场所。祠堂占地面积 880 余平方米，五间四进，石木结构，宏伟壮观。堂前有可容纳千人的古石道地，大门口设石墩、漂杆，“申屠氏宗祠”堂名醒目。堂后建灵寝一所，两侧设长廊，两廊中则引水为池。中竖外堂，堂前有照，照可演戏，照外甬道可容千人。横梁、牛腿、柱拱全部用青石打制，大观显现北方之风格。祠堂的名称“家正”，来自申屠鲸说过的话，“有公家之政，私家之政，政之为言正也，名以家正乎”，是建祠先祖对后代之铭诫。20 世纪 80 年

代，申屠氏族人开始着力保护和修缮家正堂。2005年，家正堂被浙江省政府列为第五批省级文保单位。

［**咸和堂**］　咸和堂，坐落在荻浦村中心，构建于明代正德十年（1515年），距今已有500年历史。该堂三开三间，二坡山顶式建筑，面宽125米，进深105米。堂内梁柱粗大，恢宏大气。据《申屠氏宗祠》记载，咸和堂由申屠氏第十四世祖秋涧翁及子东溪公出资并发起建造。为荻浦申屠氏族第八房祭祀、议事的重要场所。该堂以旨家和、族和、村和、社会和及人与自然和谐相处而命名。1949年新中国成立后，咸和堂归属村里管理，曾做过村塾学堂、队组收粮点、粮食加工厂。2011年，荻浦村对咸和堂进行全面修缮，完整保留了明代中期的建筑特色，被列为第六批省级文物保护单位。

④孝义文化

古风古韵的荻浦村，以打造"中国孝义文化"为核心，深入挖掘孝义文化内涵。饮水思源，不忘根本，让传统村落格局延续，让氏族血脉世代传承，循着孝义文化的源源清流，静静地在美丽乡村流淌。

［**孝子坊**］　荻浦孝子坊位于古松垅南部，为申屠开基而立。申屠开基（1675—1762年），是荻浦村平常农家子弟。22岁时，申屠开基的父亲病重，他不惜体力，行走上百里山路，夜宿深山，替父亲求医问药。当时其父亲背部生疮，命悬一线。他以口吮疮内脓髓，救父亲于危难，一时传为美谈。到了乾隆三十五年（1770年），皇帝御批"桐庐县孝子申屠开基，孝义兼全，旌表给银建坊"，于是在村中建起了这座孝子坊。荻浦孝子坊为三门四柱五楼，全部构件均用青石打制。通面宽7.55米，明间3.65米，次间1.95米，主楼高8.63米。顶部直竖高悬："圣旨""恩荣"，正中楷书"孝子"石匾。孝子坊威严耸立，凡路人经过，文官下轿，武官下马，以示敬仰。今天看到的孝子坊，是荻浦村在2007年耗资30万元，根据历史照片及遗存构件复原重建的。雄伟端庄的孝子牌坊成为荻浦村镇村之宝，以孝为先、以孝为荣，孝义文化已深深扎根在荻浦人的心灵。

［**保庆堂**］　保庆堂始建于南宋，初始为宗庙。说到保庆堂，老百姓就会津津乐道荻浦村人姚夔。姚夔一岁丧父，母亲申屠妙玉，30来岁便守了寡。后因生活所迫，投奔娘家，受到娘家人的长期资助，儿子姚夔便由舅舅抚养培育。

小姚夔天资聪颖，据说三岁即启蒙，十三岁初通经史。明正统七年(1442年)会试，姚夔得中第一，被世人称作奇才。姚夔从政三十余载，为英宗、代宗、宪宗三朝元老，深受器重，并受到同僚的敬佩、下属的爱戴。姚夔的母亲因教子有方，后被封赐为一品诰命夫人。姚夔成为礼吏两部尚书，为感谢母族的养育之情、君主的知遇之恩，重修申屠氏族宗庙，并在中厅搭建戏台，在舅舅的寿诞作为贺礼相赠。以保其祖德至泰，慎持其德；庆其家兴族旺，荫及万世，更以此命名这里为"保庆堂"。

申屠氏为了鼓励族人培养出像姚夔这样出类拔萃的人才，立下家规，凡申屠氏之女出嫁临行之前，必须去保庆堂楼上踏脚迹，意为沾福气。保庆堂从此留下了"忠孝两全"的佳话。历经数百年风雨，保庆堂破旧不堪。2010年，荻浦村开展"美丽乡村"建设，投资100万元，对保庆堂开展全面维修，同时整治周边环境卫生。如今，保庆堂已经成为古风荻浦的"新十景"之一。

[**孝义文化公园**] 孝义文化公园，是荻浦村为纪念大孝子申屠开基而建。该园占地面积5000平方米，总投资500余万元。由廊亭、古井、石桥、兰桂堂等古建筑群组成，孝义气息浓厚。园内仿古石墙上书刻"百善孝为先"和"孝子事迹简介"。从"范家井"之名的保留到申屠开基的孝子行为，再到申屠琎捐资献地置义冢，从小孝到大义，千年积淀，世代相传，孝义文化已沁入荻浦人心灵，成为古村的核心与灵魂。

如今的荻浦，乐于助人的好人好事数不胜数，孝义之举蔚然成风，村里的"孝义基金会"日益完善，自愿捐款者越来越多，数额也越来越大，现在已成为全国闻名的古村落样板村。这是宗族传承的魅力所在，也是淳朴村风的最好体现。荻浦村的今天让人们深深体会到：根深才能叶茂，家正方能兴族。

⑤荻浦花海

"去荻浦赏花去"是近年桐庐乡村旅游火爆的代言。占地300余亩的荻浦"花海"是现代生态文化建设一大特色，也是美丽乡村建设下，色彩农业发展的新模式。每年4—6月、10—11月，荻浦村都会有浪漫乡村生态花海景观。此外，荻浦花海还将根据四季的特色、二十四节气及荻浦村传统独特的人文风情，举办系列花海体验活动，打造独特的文化盛宴和乡村体验。春天，二月兰、金盏菊、矢车菊、冰岛虞美人花、马鞭草、薰衣草、九品香莲会争奇斗妍。阵阵风儿吹过，马鞭草宛如紫色的波浪，层层叠叠地起伏，仿佛置身于紫色的海洋。五彩缤纷的矢车菊，以清丽的色彩、美丽的花形、芬芳的气息、顽强的生命力博得人们的喜爱。秋天，成片的波斯菊、百日草、向日葵在蓝天白云下华丽绽放。

目前，荻浦花海已是全国第七大花海。

⑥牛栏咖啡和猪栏茶吧

牛栏猪舍曾是乡村生活中必不可少的东西，它们是农耕社会的见证。在乡村建设和发展中，如何处理这些建筑？是用粗暴简单的方式将其铲平，让它们从村落中消失，还是用另一种方式让其获得“新生”？来到荻浦村，不能不说远近闻名的“牛栏咖啡”和“猪栏茶吧”。

在乡村拆旧建新过程中，桐庐县江南古村落管委会常务副主任项芳农一直在思考“如何借助绿水青山来致富”。他一直都有一个开咖啡馆的梦想，就想到把牛栏跟咖啡这个洋玩意结合起来，说不定能碰撞出点新花样。于是，他租下被村民遗弃多年的五间牛栏进行综合整治。一开始村民们不理解他，还嘲笑他，牛栏也因年久失修，整治过程中屋顶全坍塌了。有人劝他“放弃吧，不要做了”，但他依旧坚持着。2013 年 10 月 1 日，牛栏咖啡终于对外营业。项芳农没有做任何宣传推广，只是静静地等着。结果开业前三天营业额就达到了 1 万多元，之后顾客想要进去喝杯咖啡，都要排队了……如今，荻浦村的牛栏里常年弥漫着咖啡浓情，猪栏里常飘着清茶芳香，成为村庄的一块金字招牌。

(3)环溪村——江南可采莲，莲叶何田田

①基本概况

环溪村，坐落于三国文化的发祥地，著名的天子岗山麓。清澈的天子源和青源溪汇合于村口，三面环水，一面靠山，村庄也由此而得名。环溪村有 600 多年历史，面积 12.18 平方千米，2 092 人(2021 年)，90%以上的村民都姓周，是《爱莲说》作者——北宋理学家周敦颐的后裔聚集地，也是浙江省级历史文化保护区古村落之一。自北宋理学家周敦颐第十一代孙周新一迁居桐庐，其儿周珪定居深澳算起，历经两代后，周敦颐的第十四代孙周维善于明洪武十七年(1384 年)迁居环溪。自此，周氏一族在环溪村繁衍生息，逐渐壮大。

环溪村布局规划独具匠心，以南北为主干道，东西为巷，纵街横巷，主体设计成“卅”字形，蕴意根系兴旺、财路畅通。明渠暗沟，水沟与每条行路相附，流遍全村，不仅方便洗涤、保障消防，还将灵气贯通全村。根据五行说的“离”卦，村子南侧修有太平塘镇火。而水为“润下”，财气能随水流遍全村；村口“北水南归”为村聚气。整个村落以周氏宗祠“爱莲堂”为中心，成纵横格局。古街道以村中池塘为界，以古银杏树为基点，向西北方向拓展。村子的“周”字象形令人叹其缘巧。相山携东西两溪，以半包围的周字外框，道路与空地组一“吉”字。村内保存着完整的古宗法血缘建筑群，古建筑 20 余幢、历史建筑 30 余幢，村中祠、庙、堂、亭、寺、桥、渡、井、塘、堰以及古树等，无不古意悠悠，颇具韵味，为江南著名历史文化名村。

②文化古迹

［**碧意安澜**］ 步入环溪村，最醒目的景观当属村口的安澜桥了。安澜桥建于清康熙二十一年(1682 年)，是明季诸生周希里为方便村里人通行而建。古桥刚好位于环溪村水口，天子源与清源溪交汇处，系单孔石拱桥。长 18.2 米，宽 4.5 米，石拱跨度 12.2 米。相传当年因拱桥跨度过大，建桥工匠忧其崩塌，不敢拆模。还未拿到薪酬，他就悄悄溜走了，后来是村民们自己动手将支架卸掉。然而，石桥经受住了常年风雨，岿然屹立，村民取“安然无恙”之谐音，命名安澜桥。今天看到的桥是清光绪十七年(1891 年)重修的。安澜桥规正典雅，简朴庄重，拱形似月。桥头两棵古樟枝叶如盖，桥顶青石浮雕如意图历历在目，桥身古藤盘根错节，藤蔓随风飘曳。桥下卵石镶底，流水潺潺，蔚然成景。

［**五杏开泰**］ 在环溪村的中部有五棵银杏，挺拔俊秀，是村庄的一大标志。相传环溪村周氏始祖周维善来到这里后，选择将第一间茅屋建在已经成型的银杏之下，荫庇这一隅风土。可以说环溪村的人烟正是从这几株银杏开始，到现在 700 多年了，于是它们也成了环溪村的阳基树。这五棵树三雌二雄，其中两株雄性银杏较为粗壮，三株雌树略细，均枝叶繁盛，树身高挑。春夏绿意融融，浓荫蔽日。时至深秋，一树金黄灿烂如阳。村中以“五杏开泰”为环溪八景之一，见证了这个村庄的百年沉浮。

③历史建筑

［**爱莲堂**］ 爱莲堂是环溪村最大最精美的古建筑之一，从它的名字很容易

联想到周氏先祖周敦颐的《爱莲说》。南宋时期，著名理学家朱熹在周敦颐的“濂溪书堂”题下“爱莲堂”三字，从此周氏宗祠皆以此名。环溪村的爱莲堂始建于明代，现存建筑重建于清嘉庆年间(1795—1820 年)，占地 286 平方米。整体建筑分为五间三进，依次为大厅、享堂、寝宫，分别用来演戏、议事、供奉祖先牌位。堂内建筑木雕装饰均经彩绘，部分檀条为雕花檀，精致绝伦别有特色。古老祠堂见证了村庄里的年华流转，“崇文尚志”的匾额下，水墨荷香相映，周氏的文脉在爱莲堂里传承。

爱莲堂现已成为全村人的聚集场所与精神家园；就连许多村民的名字中，也时常出现一个“莲”字。旧时每逢爱莲堂举行盛大祭祖仪式时，仪式后每人可得一份祭品，而按周氏族规“凡读书人、乡绅贤达可得双份”，崇文之风由此可见。如今，爱莲堂里爱莲书社依旧书香传递，周氏子弟在这儿读莲读史，村中老人开设白鹤书院启蒙国学，闲暇时相聚爱莲堂中，讲一讲周敦颐的《爱莲说》，在祖先的笔墨清影里，能够感受不一样的环溪和不一样的自己。

［**尚志寿心**］ 尚志堂建于清咸丰年间(1850—1861 年)，为周氏第七代传人周德源的先祖大公所建。相传太平天国忠王李秀成带兵撤退时途经环溪，将官兵驻扎在村中绍廉堂、尚志堂、守成堂中。其中，驻扎于尚志堂的官兵，士气低迷，夜晚天寒，于是在天井挖坑取暖。翌日队伍将行，士兵架起柴火，准备焚烧尚志堂。不料头领仰首环视厅堂天井，见上堂屏风一字展开，屏风图括历史名流、花鸟虫鱼、神仙奇兽、绿水青山、孝子孝媳，顿时心生爱惜之意，当即命人泼水灭火。结果炙热石板遇上冷水，突然爆裂，至今遗迹仍存。如今，尚志堂中保存有 276 个木雕“寿”字，后人又请民间剪纸名家作寿图 20 余幅饰于堂内，并设百寿宴汇长寿老人于一堂，摆上“江南满汉全席”——桐庐“十六回切”传统家宴，与子孙共享天伦。

④清莲文化

“出淤泥而不染，濯清涟而不妖”，这是莲的核心品格。“中通外直”“不蔓不枝”是莲的重要品性。大哲学家周敦颐认为，做人要像莲一样内心通达，行为正直，应卓然自立，安守本分。如今富裕起来的环溪人更加珍惜来之不易的美好生活。他们认为富了口袋，但文化不能丢。环溪要打造美丽乡村的升级版，起跳点在哪？就是“莲文化”。今天的环溪村就像一幅布局紧凑、错落有致的“山水画”。村中遍植莲花，一到夏天，百亩荷塘夹道相迎，水声潺潺，莲香幽幽，呈现出一片人水和谐、活力迸发的全新图景。为提升莲文化的吸引力，环溪村深入挖掘莲文化，做好莲、树、桥、溪等“文章”，使雅俗共赏、特色鲜明的廉洁文化与村落原生文化交融相映，散发出浓郁的人文魅力。

文明需要润物细无声的引导，于细微处见文明。环溪村在村入口、道路沿线、公共场所等处设置形式多样、与莲有关的文化宣传牌，动员全村上下积极做最美文明人。先后建起了文化礼堂、“莲文化”展示馆、文体广场、农家书屋、老年活动室、老年人留住饭堂，这些文化载体，为环溪村搭建了释放激情、传承乡土文化的大平台。村民在拥抱幸福的同时，也更加眷恋脚下这块大地，释放出更多的潜能。“立家规、传家训、树家风”也是环溪重文化的一个体现。全村 40 多名党员带头，根据自家的家风教育，融入莲文化，制定了“家规”，或制成竹匾，或制成书法作品，挂于家中醒目的位置，提醒每一位家庭成员时刻遵守家训，弘扬美好家风。从好山水到好家风，从环境美到心灵美，这个莲香四溢的江南小村，已然成为村民自豪、游客向往的美好家园。

⑤特色产业

如今的环溪村，“莲文化”成为村子吸引游客驻足停留的金字招牌。这里经常举办荷花摄影、野外写生、莲园书展等大型活动，吸引了众多的艺术爱好者，将环溪村的美景通过书画和相片，带到更大的世界。除了观赏体验和美化环境，环溪村还将莲产业做出村庄之外，远销五湖四海，其中九品香莲和莲子酒就是其中典型的代表。

九品香莲是一种独特的经济作物，在环溪村的村口就能看见。是来自台湾的交流作物，虽不结莲蓬不长藕，但莲花的花期特别长，从五月开到十月，赏心悦目。这种独特的莲花品种，色彩缤纷，娇艳欲滴，除了可以观赏之外，还可把它制成香莲茶。泡在清水中，能成为一种清热解暑，提神醒目的饮品，花粉中的胶原蛋白，还可以美容养颜。20 世纪 80 年代前后，环溪以箱包制造为主。似乎只在转眼间，以“莲”为核心的美丽经济已在村庄里开花结果。

说起酒，人们大多听说过高粱酒、番薯酒、小麦酒，但以莲子酿的“莲子酒”就很少听说了。然而在环溪村就有这样一个充满魅力的家庭酒坊。它以莲酿酒而命名，因“莲酒”而出名，取名爱莲酒坊。酒坊的老板本是嫁到环溪村的“新桐庐人”。2014 年，趁着环溪村美丽乡村建设的契机，她承包了村里的几百亩土地开始种起了莲花，打起了莲子的主意。取新鲜的早米和稻米用来发酵，再将晒干的莲子浸泡其间，酿造出别具一格的莲子酒，每年限量供应三四千斤。后来又研制出五谷酒、杨梅红酒及各类果酒，酒坊的生意越做越红火。每天都有好多游客到爱莲酒坊品酒和买酒，酒坊也通过“农村淘宝”等渠道，将环溪村的这口甘醇送进了千家万户。

画里江南——东梓创艺

天下佳山水，古今推富春。富阳区，古称“富春”，富春江斜贯穿全境，地貌呈现“八山半水分半田”的格局。600 多年前，元代大画家黄公望在富春江畔绘就了旷世佳作《富春山居图》，水送山迎入富春，一川如画晚晴新。如今，富阳为杭州“第九区”，在这片钟灵毓秀的土地上，一幅“一江带城、南北呼应，山水相依、产城融合，现代气派、田园风光”的现代版“富春山居图”正徐徐展开。

2017 年以来，富阳区以“打造现代版富春山居图最美示范区，还黄公望笔下富春山水以本色。”为基调，相继成立“三美”（美丽乡村、美丽城镇、美丽经济）新农村建设指挥部、美丽经济指导委员会、区委党建和乡村振兴指导组，在“两山”理论的指引下，统筹美丽形态与美丽经济，全力构建“4＋24X”美丽经济体系。

“4”即四个一批，一批富春山居综合体、一批富春田园沙洲综合体、一批富春乡村村落景区、一批富春乡村文化品牌，是美丽经济的现代形态，一、二、三产融合的业态；“24X”，即 24 个乡镇（街道）一镇一业，是美丽经济的传统形态，也是美丽经济的基础产业。

按照全域景区化的目标，富阳以“一江、两线、五岛、十路、百村”为总布局，建设（提升）精品线路 12 条 300 千米，高标准打造 40 个精品（特色）村，开展了主要道路及精品线路 200 千米弱电线整治，美化 6 万亩田园，彩化 3 000 亩山体。富春江、北支江、壶源溪、葛溪获评市级“美丽河湖”；壶源溪入围省级“美丽河湖”评选；里山镇安顶云雾茶园、新登镇友谊畈田园登上 2019 浙江省百个“最美田园”

榜单。

东梓关村，则是富春江上一颗闪亮夺目的明珠。著名文学家郁达夫曾在小说《东梓关》中做过如下描绘：东梓关在富春江的东岸，钱塘江到富阳而一折，自此以上为富春江，已经将东西的江流变成了南北的通道。寥寥数笔，就为人们勾勒出了一个恬静、悠闲、安然、自足的江边村镇。

到了21世纪，这座婉约水村又通过“新杭派民居”重新回到大众的视线，如今一说起东梓关村，一幅白墙黛瓦的画面就会出现在眼前，这里俨然成了吴冠中笔下的水墨江南。通过“画里乡村”般的惊世容颜和新农村建设的夺目成就，东梓关村已成为富阳乡村振兴的排头兵和乡村文旅的首选之地。

2018年，杭州富阳东梓关回迁农居项目设计获国际首届Dezeen Awards大奖。Dezeen Awards是评判国际优秀设计的标杆和表彰全球建筑师和设计师的最高荣誉。本届参赛的中国项目多达182份，占4.93%。杭州富阳东梓关回迁农居项目设计，作为唯一中国项目从3 689个参赛作品中脱颖而出，并拿下“年度多户设计”大奖——由gad line+studio团队设计。该项目“从单元生成组团，再由组团发展为村落”的手法为农村回签安置推广提供了较强的可操作性，作为近年来最为出色的乡村改造项目之一，在国内已具有广泛的知名度。

1. 千年古村东梓关

(1)东梓关得名

在新农村建设工程的推进过程中，常常能听到一句充满温度的话，要“让居民看得见水，望得到山，记得住乡愁”。富春江畔的东梓关村，就是这样一个充满浓郁乡愁的地方。诗经上说“维桑与梓，必恭敬止”。梓树是江南一带常见的乔木。在中国古代，人们常常用这种木材来制作器物，因此它与桑树一起被人们种在自家的房前屋后，而桑梓之地也因此成为故乡的代名词。东梓关村的得名同样也是由来已久，不过关于这个名字的由来，却是众说纷纭。

东梓关村是一个名副其实的千年古村，村庄虽然不大，却历史悠久，人文荟萃，是个有故事的地方。早在三国时期，这一带就有“越石里”的称谓，和吴大帝孙权的故乡富春(今富阳)距离也不是很远。过去从桐庐青草村附近的山脉流出一条山溪——青草浦，刚好通过村西注入富春江，因此北宋以前东梓关村被称为青草关。根据宋度宗时期潜说友撰写的《咸淳临安志》记载，南朝刘宋(424—453年)时期，将军孙瑶埋葬于此，坟上梓木枝皆东靡，故以名。

另一种说法是五代十国时期，吴越国的军队行军到东梓关，发现此处江面狭窄，对面有桐洲沙(今桐洲岛)，往东两千米是洋涨沙(今王洲岛)，二岛夹江，形成了一处天然关隘，是为兵家重地，渐渐就形成了一处关口。因这里是过富春下钱塘必经之地，往来行旅都要通关，行人到此无不东望指关，故而得名“东指关”，也有传说指江边种有大批梓树，年深日久后讹为东梓关。

(2)东流第一关

“西下严陵滩，东流第一关。”这是人们对东梓关重要地位的描述。富春江富阳段全长52千米，两岸群山连绵，江中沙洲点点，江面开阔，水势平稳。古时候，这是一条水上交通要道。因为东梓关正好和桐庐交界，上接严州府，下接杭州府，紧扼富春江的咽喉，地理位置非常重要。从上而下过东梓关就到杭州，再入运河可以辐射全国。所以，安徽南部，浙江西部几十个县的官员、差役、客货都走富春江水路。因为往来商船、客船都要停靠，歇脚，做交易或补充食物等，所以宋代以来，东梓关村不仅设立了巡检司，而且设置了驿站。

据地方资料记载，北宋时期东梓巡检司就有官兵120余人，且有县尉驻营，规模可谓不小，几乎抵得上是一个地方府衙。在东梓关村越石庙后还建有类似于府衙级的军营建筑，军营南面有一个大大的院子，可以用来操练官兵，此院叫作“衙墙园”。在当时，东梓水关前有一段船埠，往来公干的官船都习惯停靠在这里，因此被改名为“官船埠”。在村里，现在还保留着当时的“官船埠”遗迹。官船埠有一条青石板铺设的路面，一直通往岸上越石庙，古时候称为“官驿道”，现在青石板路有一些还依稀可见。在北宋富阳县全境图中，把此地标为东梓衙路。到了清朝乾隆年间，富阳县城驻兵只有108人，设把总一员，而东梓关巡检司驻兵却多达120人，可见东梓关水上关隘的重要性了。

历史上，富阳县东图、新桐、常安、湖源及桐庐县深澳、凤鸣乃至浦江、诸暨等地人们行商往来，交通常常通过水路，东梓关因此成为富春江上的一个重要货物集散地。生产生活用品如油、盐、酱、醋、布匹、药材、木料等货物均在东梓关泥沙滩埠头卸货，再由脚班送进内陆。同样，本地的土纸、烟叶、柏子等土特产，也经由水路运输送往杭州、上海等地。一条富春江和一个水运码头，使东梓关成为一个内河航运码头和商贸往来的集散地。

随着江边的小镇日渐喧闹起来，除了当地居民外，过路的船家与旅人、往返南北的客商以及文人墨客、贩夫走卒，都要在这里上岸，歇歇脚。于是客栈与饭馆一家家地开起来，整个小镇渐渐繁荣，商贾辐辏。用现在的话来说，就是一个关隘带起了一整条产业链。民国初年，东梓关集市更趋繁华。从长塘一直延伸至富春江边越石庙的东梓街上，茶馆、米行、纸行、烟行、饭店、酒肆、肉铺、酱园、药店、诊所、旅店、货店、豆腐店、铁匠店、理发店、裁缝铺等，五花八门，鳞次栉比，连夜晚都极为热闹。数百年经营，东梓关就成了商贾云集、客流如梭的商埠集镇，并有了富春江“东流第一关”之称。

2. 东梓关村的文化和旅游

如今，东梓关村较好地保留着近百幢清末民初建造的老房子，也留下了不少有价值的历史古迹。在村中的长塘两侧，层楼绵延、鳞次栉比，它们雕梁画栋、飞檐斗拱、粉墙黛瓦，背后也隐藏着无数耐人寻味的文化故事。在历史的长河里，这座富春江江畔的千年名村，逐渐形成了原乡文化、关隘文化、孝善文化、中医文化、江鲜文化等，这些文化互相融合发展，给东梓关以无穷的滋养。漫步在东梓关村，仿佛是一场错乱的时空旅行，让你从过去走到今天又穿越到未来。

(1)许家大院

在东梓关村留下的这些老房子中，最著名的要数许家大院了。许家是东梓关的名门望族，本地著名的春和堂药铺、复大昌糕饼店、富春江一带的航运业都由许氏经营，堪称家大业大，人丁兴旺。根据族谱记载，许家的先祖是五代十国时期吴越国的相国许明。《咸淳临安志》记载，许明迁居富阳屠山，距离东梓关约十里。他在当地积善行德，还捐建了屠山大雄寺，因此那座寺院也叫做许明院。到了北宋初年，他的后人中出了一位传奇人物许彧，成为东梓关村许氏的第一代祖先。

［对江求鱼］ 许彧最出名的事迹当属“对江求鱼”了。相传许彧和母亲相依为命。母亲孙氏爱吃鱼，可是屠山山高林密，难以吃到鲜鱼。于是许彧先迁居大桐洲，再迁居东梓关，终于找到了一处江鲜资源丰富的地方定居下来。迁居东梓

关后，许彧每天给母亲的饭食中都准备鲜鱼。有一次，许彧因身体不适，几天都没有去抓鱼，母亲也因数日没有吃鱼而食欲不振，病恹恹的。当时正逢隆冬时节，大雪纷飞，渔民无法捕鱼。许彧在村里到处都找不到鲜鱼，于是，他对着富春江嚎啕大哭。就在此时，忽然有两条鱼跳到了岸边，许彧欣喜万分，立刻抓了鱼回家，侍奉母亲吃。

许彧“对江求鱼”的事情在村里传开了，村里人都认为是许彧的孝心感动了上天，才得到了鱼。后来，母亲孙氏去世，许彧还为母亲守墓三年。地方官知道了这事后，上报朝廷，许彧在宋雍熙三年(986 年)得到了朝廷表彰。到了明朝隆庆年间(1567—1572 年)，富阳县令下查民情时查访到了这件事，于是将许彧的事迹刻石陈列在孔庙大成殿前。许彧所居之地人称孝子故庐，就在如今许氏宗祠遗址的位置。后来，东梓关许氏后人就在越石庙供奉许彧为土地神。

许彧之后，重视孝道就成为东梓许氏家族的传统，族规中对孝行孝道有严格的要求，其中一条是子女生日不得庆贺，因为这一天是母亲的受难之日。这样的族规在其他家庭的族规中几乎没有。东梓关村的孝道文化不仅地方志上有涉及，过往官员、文人墨客的文章诗词里都有涉及。据村里的老人说，新中国成立前，东梓许氏有二十四块孝子牌匾，还有一座“百岁孝子坊”，是康熙十八年表彰东梓关村许心寰的，据说这样的牌坊全国只有五座。同时，许氏家族对教育也相当重视，许氏族人的读书费用一律由家族中公田的租金收入中支出，相当于现在的教育基金。许氏家族还规定如果家中有两个子女，一定要一文一武，其中从文者定要读书求仕，从武者可务农、可经商、可从医等。

[许十房] 到了清代，东梓关村许氏最负盛名的事迹，当属“许十房”了。清嘉庆十年(1804 年)，东梓关村诞生了一位名人——许廷询。他生有十个儿子，于是后人称他为“许十房”。或许是许廷询教子有方，这十个儿子个个都是人中龙凤，大房许秉常为举人，在北京任四品学官。郁达夫的小说《东梓关》中提到“徐家有一富豪，在北京任过要职”或许指的就是他。三房许秉石聪明能干，善于经商办企业，开创了“许春和大药房”，在当地名声很好。“请到许善元，死了也情愿”的说法流传至今。六房许秉玉为贡生，在光绪三十二年(1906 年)创立了“东梓小学”，免费培养东梓后人，可谓功不可没。八房许秉甘曾任富阳县全县出纳。

这十个儿子又生了共 31 个儿子，在以后的 200 多年时间里，许家人才辈出，《富阳县志》称许十房“家门之盛，为邑中首屈一指”。

[许家大院] “许家大院”是东梓关村许家第三房许秉石的住宅，始建于 1880 年前后，距今已有 140 年左右的历史。其长子许善元曾在此坐堂问诊。原来大院的南大门前是一块宽阔的空地，只因许秉石共生了七个儿子，大概是因住房不够，最小的儿子许正功在这块空地上造了低矮的东西厢房，且中间用了大天井，目的是不影响老屋的阳光。大院北面的一片老屋，应该是和大院同时建造的，那里是酿酒的工房和住宅，所以建筑略为简陋。郁达夫先生在 1932 年 9 月创作的小说《东梓关》中的“徐家大院”，原型正是这座许家大院。而正因为郁达夫先生和东梓关村“许十房”有着密切的交往和联系，才为小说《东梓关》的创作提供了许多可信的素材。后来富阳市政府拨款修缮了许家大院，不仅体现了政府对东梓关村深厚文化遗产的积极保护，更是表现党和人民对学者、诗人、文豪郁达夫先生的深切怀念和崇敬之情。

(2)中医传奇

也许有人会好奇，郁达夫是如何与东梓关村结缘的呢？其实很简单，他到这里是来看病的。那一年郁达夫 36 岁，因为多年在外漂泊的经历，使他身染肺病。在母亲的要求下，郁达夫坐船到东梓关找许善元治肺病，随后在许家大院里住了一个多月来养病。痊愈后的郁达夫，写下了极具乡土气息的小说《东梓关》，以东梓名医、许家豪宅和大药房等元素作为素材，成功塑造了徐竹园这一个人物形象，把东梓百姓所共有的气质、风度、品行、志趣等集中表现出来了，也表达了自己对这个古村不同一般的感情。

其实，过去许多人来到东梓关村，原因和郁达夫一样，是因为这里有名医。东梓关的中医文化独树一帜，其中更不乏杏林妙手，“张氏骨伤疗法”传承人就是其中的杰出代表。富阳骨伤张氏发源于上图山村，成名于东梓关，发展壮大于富阳城区，至今已传承六代，共计 170 多年历史。“张氏骨伤疗法”已从一个祖传的民间医术跨入现代医学的行列，与河南洛阳、广东佛山、山东文登并列全国四大中医骨伤品牌。2011 年被列入国家级非物质文化遗产保护名录。

[张氏骨伤] 张氏骨伤的发源地上图山村一带，古时民风彪悍，桀骜不驯，

好勇狠斗，经常和邻村为了争夺水源、山林发生械斗。村民习武之风盛行，有的家族甚至规定，一家若生两个儿子，必须一个学文，一个学武。习武的人多了，跌打损伤在所难免，因此民间粗通伤科者不在少数。旧时正骨医生多擅长武功，擅长武功者又多能正骨。张氏骨伤的早期几代传承人都是如此。

据《张氏族谱》记载，宋朝靖康年间，张氏的祖先季列公护驾宋高宗南渡到杭州，任杭州提刑副使，后来因为得罪了秦桧，不得不带着家人隐居浦江，后人再迁徙至富阳。大概过了七百多年，富阳张氏出了一个叫张永积的族人。他自幼习武，精明强悍，功夫极深，是当地有名的拳师。张永积有一套祖传的专治跌打的药方，常为父老乡亲治病，族谱中明确记录了他用“割股”手术为大舅母治愈腿疾顽症的事迹。到了张永积的长孙张士芳时，张氏正骨在当地已小有名气。张士芳不但拳术精湛，医术也十分高明。他开始了对骨伤病人采用杉树皮小夹板正骨的实践。张士芳虚心好学，请教各路高手，博采众长，逐步形成了属于张氏的医术和医道。张士芳长子张清高开始走上职业医生的道路。他师从当时著名的内科医师詹先生，系统学习了儒家经典和医学论著，还改良了由祖传秘方精制而成的百草膏。

真正让张氏骨伤走上巅峰的人，是张清高的幼子张绍富。张绍富自小做事就有股子韧劲，性情内敛温和，遇事不温不火，临场不急不躁，最适合当医生。张绍富十三岁就跟随父亲行医，二十岁深得祖传医道，开始为乡邻行医。新中国成立之初，张绍富深明大义，将祖传的张氏骨伤疗法（包括所有的方剂和医技），完整地献给了国家。当时的富阳县政府对此极为珍视，并予以扶持。1954 年，张绍富牵头成立了图山乡巡回医疗站，1956 年迁至东梓关村，1973 年更名为东图医院。张绍富医术高明，总结出了“杉树皮小夹板固定治疗骨折”的重大成果。这种杉树皮小夹板，比普通医院的石膏固定要轻便优越，只需要对骨折处作局部外固定即可，便于伤者作适当的功能锻炼，促进愈合。这一革新成果，治愈了数以万计的病人。

20 世纪六七十年代，东梓关几乎成了张氏骨伤科的代名词。许多骨折和关节毁损的病人，在大医院就诊被告知要截肢，到了东梓关村张绍富这里，几经治疗竟然完全恢复了健康。张绍富被病人称为“活着的华佗”。据《杭州日报》报道:“富阳有个东梓关……那地方的张氏接骨治伤已有百余年历史,省内省外都有名气,杭州至东梓关的轮船几乎成了骨伤病人的专轮。”据说,当时渡口的一家面馆因来往的客人多,一个上午就要做 200 碗面。到了 80 年代,东图医院的院舍、设备已远远不能满足病人的需求。1986 年,张氏骨伤在富阳城区建立了富阳县中医骨伤科医院,2008 年迁入新址,目前是浙江省唯一的三级甲等中医骨伤专科医院。

张氏骨伤疗法的传承,主要以言传身教、父子传承、师徒代传而延续。一代又一代的传人在临床实践中不断成熟与完善,形成了“整体辨证、手法整复、杉皮固定、内外兼治、骨筋并重、动静结合、功能锻炼”的骨伤诊疗体系。手法整复、祖传百草膏外敷、杉树皮夹板外固定的疗法,堪称张氏骨伤的“治伤三鼎”。张氏骨伤融汇了百家手法的精粹,创立了独特的张氏正骨十二法。强调稳、准、巧、快,实施手法时一般不施行麻醉,找准作用点,多个手法熟练地连贯运用,能在“一句话的工夫”精确复位,达到“法使骤然人不觉、患未知也骨已拢”的境界。使用 130 多种中草药熬煎而成的百草膏是张氏的祖传秘方,具有温经通络、化瘀止痛的功效,临床应用中效果显著。而杉树皮夹板外固定法更获 1979 年杭州市优秀科技成果奖。2011 年,张氏中医骨伤疗法更被列为国家级非物质文化遗产。

[安雅古宅] 安雅堂,是东梓关村中的一座古老民居,始建于清光绪元年(1875 年),也是杭州市级文物保护单位。1960 年,图山联合诊所迁到了东梓关“十房头”安雅堂,张绍富在安雅堂坐诊。他精湛的医术和高尚的医德,为他赢得了“富春江畔活华佗”的美誉,也让这座安雅堂远近流芳。

安雅堂的占地面积约 597 平方米,为典型的徽派风格建筑。四周用高墙围起,称为“封火墙”,从外部看,黑瓦白墙,飞檐翘角高低错落、层叠有序。安雅堂正房面阔五间,由正房、厢房、院落、天井组成,为传统砖木二层结构楼房,梁架为抬梁穿斗混合式,后檐柱牛腿雕有花鸟图案,十分精美。中堂上挂的是华佗像,两侧的楹联是“医隐山林托迹远,仁昭古今惠民深”,两旁的柱联是“勤求古训神农有术,博采众方医德无私”。房间两旁,一边是高高的药柜,一边是排列整齐的药酒柜和百草标本墙,流露出浓浓的医馆氛围。

如今,这里已经改建成了张绍富医德馆,里面挂满了张绍富以及其传人的画像与事迹介绍。在左侧厢房还有专家坐堂门诊，一副楹联“但祈世间人无病，何愁架上药生尘”，流露出医者的大仁之心，让人看了感动。富春江畔安雅堂，不凡的古建筑里曾经端坐过不凡的名医，不凡的名医又培养造就了一批张氏嫡传和外姓骨科传人，将这份源自富春江的文化瑰宝不断发扬光大。

(3)吴冠中的画里江南

在历史的一停一驻间，东梓关的繁华也渐渐褪色。到20世纪90年代初期，因为富春江水运没落，陆路交通兴起，东梓关便日趋萧条冷落。东梓关村的年轻人也开始走出小乡村，去往富阳或更远的城市谋求生计。只留下一些年纪大的村民居住在年久失修的老宅里，有些老房子甚至已是危房。到了2000年以后，在外挣了钱的村民陆续回村里重建老宅。但是村里土地指标不足，已经没有多余的空间新建房屋。更重要的一点是，村里有80多幢明末清初的历史建筑，自然和人文条件都非常好，如果任由村民各自建房，很有可能破坏古村落整体保护。如何在发展村庄的同时延续村庄传统风貌，形成自身的特色，恰好是东梓关村一直在思考的。

［**最美回迁房**］ 对于村庄历史文化的保护和未来的建设发展，东梓关村是经过深思熟虑的。当时村庄提出了“三步走”的思路，一是古建筑保护修缮，二是深入挖掘历史文化，三是传承东梓关的古村形态。2013年后，场口镇东梓关村历史文化古村落的保护工程提上日程，规划共分3期，一期为长塘周边39幢古建筑整治、环境改造以及新建46幢杭派民居，二期为新建村民活动中心、乡村书院、游客接待中心、道路等工程，三期为夹心层40余幢房屋立面整治，如此层层推进，直至将整个村庄建成一个集古典与现代于一体的江南古村落。

为了更好地将村庄保护与建设的理念落在实处，东梓关村邀请了浙江绿城建筑设计院的gad Line建筑设计有限公司来设计蓝图，提出了以“山水相映，入乡随俗，就地取材，古韵新居，低碳环保”为设计的基本原则。其实，早在国际著名设计师王澍为富阳文村设计农居开始，这一理念便已贯穿到第一流设计师们的乡村设计实践中。设计团队在东梓关蹲点了一年半，他们与村干部反复磋商，最后定下总基调：在着力再现传统村落的丰富性和多样性的同时，把现代和古韵结合，努力寻找一种介乎传统老宅和现代城市化居住模式之间的风格。

不管设计师的目的如何，对村民来说，经济实用一定是最关键的。为了避免“中看不中用”，在考虑实用性上，设计团队对村民进行了细致的问卷调研。传统建筑中的灶台、天井和后院要保留，要有储藏农资和农具的专用空间，最好还有个停放电瓶车的地方，造价不可太高……设计师们把村民的诉求一一记在心中，最终形成了一个关于杭派民居的初步设计方案：每户都有 3 个小院，前院放置单车、农具等，侧院放置柴火、杂物，南院用作休闲绿化。房屋基本为三层结构，有 4 个以上的卧室，还有客厅、储藏室等，并遵循堂屋坐北朝南，院落由南边进入的习俗。

在材料上，选用最为经济的砖混结构形式，配以白涂料、灰面砖与仿木纹金属格栅等，减少对木头、夯土和石头的用量，既能有效缩短施工周期，又便于村民日常使用与维护。在形式上，抛开了一味地仿古，而是用现代的抽象线条来展现传统民居的神韵。设计师们借鉴了吴冠中笔下的江南民居，以其微曲而优雅的屋顶线条为切入点，形成一条条连续而不对称的曲面屋顶，温婉内敛、简约大气，远看分明已融入乡间，近看却丝毫没有拘泥于传统建筑形式。

从 2014 年 5 月正式动工到 2016 年 8 月，东梓关村核心长塘周边 39 幢古建筑整治改造以及 46 幢杭派民居回迁房相继完工。一排排造型精巧、白墙黛瓦的 3 层小楼，就这样倏地出现于郁郁葱葱的水稻田与云雾涌动的群山之间，这就是东梓关的“新杭派民居”。设计师用一种抽象、写意的符号，构造出一种在空间上有收有放，有院落也有巷弄，具备江南神韵的当代村落。神似吴冠中作品的屋檐线，恰似一幅江南水墨风情画。2014 年，东梓关村成为“杭派民居”建设试点村，并被列入浙江省历史古建筑保护村和第四批全国古村落名录。

那么，美的房子经济实用吗？回迁房一期 46 户村民在村委的牵头下完成了抽签选房，村民只需花 1 376 元/平方米的建造成本价，便能入住新家。具体户型面积在 290 平方米到 340 平方米不等，每幢的总价均在 40 万元上下。村里非但不赚钱，还在围墙外面的市政配套上有所投资，包括绿化景观、煤气管道、道路、网络等，总共投入了 1 300 多万元。随便走进一家的院子，就可以看到一片中式小花园，落地玻璃门，堂屋和后院中间有天井，卫生间设计了砖格花窗，十分亮堂。二楼走廊上的墙用落地玻璃窗和外层木质格栅代替，既保证了采光也注意到了私密性与美感。大露台上可以晒衣物与干货，三楼还设置了储物间。村民们无不感慨："就算我们自己盖，无论如何也造不出这么漂亮的房子。"

[“回迁潮”带动幸福引擎] “家乡是个回不去的地方”这句话，曾令许多离乡背井，外出务工的人感同身受。但在东梓关村，随着“最美回迁房”的建成，村里迎来了一波又一波的“回迁潮”。这不仅是因为东梓关近年来的美丽乡村建设成果，也是因为村民们看到了美丽乡村背后的无限发展机会。

经央视、新华社、人民网等媒体报道，东梓关村一下子就成了全国网友关注的焦点，成为中国乡村“最美回迁房”，人人向往的“网红村”，被誉为吴冠中笔下的“画里江南”。村民们开始依托家乡的文化背景，办起了农家乐，发展民宿经济。住在这样的房子里，吃着现磨的豆腐、刚摘的无公害青菜，还有富春江里刚捕上来的江鲜，这种感觉和滋味，只有一个“好”字能够形容。民宿不愁没有客人来，即使遇到旅游淡季，也无须担心支出太多成本。不仅村民回归创业，东梓关村的高颜值更吸引了外来投资经营者的青睐。来自台湾的甜品店，来自陕西的古琴店，让绿水青山的乡村，有了更远方的味道。

[乡村设计师的“大本营”] 理想的乡村设计不是仿古，也不是抄袭，而是通过科学合理的规划设计，用新生的手法重构乡村的美与生活。东梓关“新杭派民居”的探索成功，直接推动了美丽乡村建设升级。自此以后，省内外多家知名设计公司及高校建筑设计方面的专家，纷纷来到富阳从事乡村设计。东梓关将以“跨文化发展、跨产业融合、跨门类整合”的主题引领，打造以创新设计等为主导的产业示范区，将创新理念融入小村发展的“血脉”中。

如今，一个以多元、包容、开放、跨界为引领的设计小镇，在东梓关显露雏形，已有绿城设计院、南方设计院、杭州市城市规划设计研究院、杭州市建筑设计研究院等多家知名设计院落户。东梓关俨然已经成为乡村设计师的“大本营”了。现代人一方面对未来孜孜以求，一方面又对过往恋恋不舍，对曾经安逸恬静的家园生活念念不忘。而东梓关，就是一个慰藉思乡之情，平复浮躁心灵的驿站。东梓关还有从前的味道，故乡就近在眼前，乡愁又何需漂泊？

郁达夫笔下的东梓关，一直在岁月里。

附录一

“杭州亚运人文体验点”名单[①]（2021）

序号	体验点名称
1	杭州胡庆余堂中药博物馆
2	清河坊历史街区
3	杭州湖滨步行街
4	萧山千年临浦文化体验(临浦老街、横一村)
5	南宋官窑烧制技艺体验中心
6	富阳大竹元文房四宝体验
7	楼外楼
8	新安江水电站
9	沃尔沃汽车博物馆
10	广汽传祺(杭州)智能制造旅游示范基地
11	良渚文化体验(良渚古城遗址公园、良渚博物院)
12	淳安下姜村景区
13	浙江省博物馆
14	浙江太古可口可乐博物馆
15	大华书场
16	杭州茶叶博物馆
17	西泠印社孤山社址
18	杭州师范大学第一附属小学
19	运河邻里康桥农贸市场体验
20	千鹤妇女精神教育基地
21	严州古城
22	西湖琴社
23	杭州狐妖小红娘景区

① 资料来源：《杭州市文化广电旅游局关于公布“杭州亚运人文体验点”的通知》，杭文广旅游局〔2021〕56号，2021—10—26.

续表

序号	体验点名称
24	G20杭州峰会体验馆
25	建德航空小镇
26	瓶窑老街非遗文化体验
27	杭州海塘遗址博物馆
28	运河漕舫船水上游览体验
29	杭州博物馆
30	龙门古镇
31	杭州求知小学丝绸扎染体验
32	中国丝绸博物馆
33	楼塔古镇
34	杭秀—江南传习所
35	杭州手工艺活态馆
36	张小泉剪刀科教基地
37	网易蜗牛图书馆
38	东梓关景区村庄
39	新叶古村
40	梅龙草堂美好生活体验基地
41	“诗·书·画·印”载超山
42	韩美林艺术馆
43	杭州市临安区博物馆
44	富阳博物馆(富春山馆)
45	桐庐艺术乡村——梅蓉
46	妙笔智慧乐园
47	Tenker Club弹客极限蹦床主题公园
48	杭州市杨绫子学校
49	杭州市陈经纶体育学校
50	杭州千岛湖绿道

附录二

杭州亚运主题旅游线路介绍

亚运主题游

一日游

亚运打卡游(城南)

西湖游船(莲莲)——杭州国际博览中心——杭州奥体中心——钱塘轮滑中心(需预约)

亚运打卡游(城中)

杭州体育馆——中国丝绸城——运河游船(宸宸)——黄龙体育中心

亚运打卡游(城北)

良渚古城遗址公园(琮琮)——北景园生态公园(中国杭州电竞中心,需预约)——运河体育公园

亚运打卡游(萧山)

萧山临浦体育馆——临浦老街——横一村——萧山瓜沥文化体育中心——七彩未来社区

亚运打卡游(富阳)

富阳水上运动中心(需预约)——富春山馆——黄公望隐居地(黄公望村)——富阳银湖体育中心(需预约)

亚运打卡游(淳安)

淳安界首体育中心(需预约)——千岛湖绿道——天屿景区——骑龙巷步行街

二日游

亚运城市游

【第一天】杭州奥体中心——杭州国际博览中心——城市阳台钱塘江游船

（夜游奥体中心）

【第二天】杭州体育馆——中国丝绸城——西湖环湖电瓶车——清河坊历史文化街区

亚运乡村游

【第一天】瑶琳仙境——桐庐马术中心（需预约）——江南古村落

【第二天】富阳水上运动中心（需预约）——富春山馆——黄公望隐居地（黄公望村）

三日游

亚运体验游

【第一天】杭州奥体中心——富阳银湖体育中心（需预约）

【第二天】富阳水上运动中心（需预约）——富春山馆——桐庐马术中心（需预约）

【第三天】淳安界首体育中心（需预约）——千岛湖绿道

遗产主题游

一日游

西湖遗产游

西湖博物馆——西湖游船——三潭印月——岳王庙——孤山（文澜阁、清行宫遗址、舞鹤赋刻石及林逋墓、西泠印社）——白堤（断桥）

运河遗产游

中国京杭大运河博物馆——桥西历史文化街区（拱宸桥）——运河游船——大兜路历史文化街区（香积寺）——武林广场（武林门码头）

良渚遗产游

良渚博物院——良渚古城遗址公园（城址区）

杭州非遗游

桥西博物馆群（杭州手工艺活态馆、杭州工艺美术博物馆[包括杭州中国刀剪剑博物馆、杭州中国扇博物馆、杭州中国伞博物馆]）——清河坊历史文化特色街区（鼓楼百戏等）

二日游

西湖遗产游

【第一天】花港观鱼——雷峰塔——西湖游船——三潭印月——西湖博物馆——湖滨路（夜间音乐喷泉）

【第二天】飞来峰、灵隐寺——岳王庙——孤山（文澜阁、清行宫遗址、舞鹤赋刻石及林逋墓、西泠印社）——白堤（断桥）

运河遗产游

【第一天】中国京杭大运河博物馆——桥西历史文化街区（拱宸桥）——小河公园——小河直街——大兜路历史文化街区（香积寺）——如梦上塘（夜游）

【第二天】武林广场（武林门码头）——运河游船（塘栖线）——塘栖古镇

良渚遗产游

【第一天】良渚博物院——良渚古城遗址公园（城址区）

【第二天】良渚古城遗址公园（瑶山）——良渚古城遗址公园（老虎岭）——瓶窑古镇

杭州非遗游

【第一天】桥西博物馆群（杭州手工艺活态馆、杭州工艺美术博物馆[包括杭州中国刀剪剑博物馆、杭州中国扇博物馆、杭州中国伞博物馆]）——清河坊历史文化特色街区（鼓楼百戏等）

【第二天】良渚古城遗址公园（城址区）——瓶窑老街（非遗文化体验）

三日游

“江南忆”之旅

【第一天】雷峰塔——西湖游船——三潭印月——岳王庙——孤山（文澜阁、

清行宫遗址、舞鹤赋刻石及林逋墓、西泠印社）——曲院风荷——最忆是杭州（夜游）

【第二天】飞来峰、灵隐寺——六和塔——钱塘江游船（夜游奥体中心）

【第三天】良渚古城遗址公园（城址区）——桥西历史文化街区（拱宸桥）——运河游船——大兜路历史文化街区（香积寺）。

宋韵主题游

一日游

宋韵时尚游

德寿宫遗址博物馆——清河坊历史文化街区——宋城千古情

二日游

宋韵体验游

【第一天】大径山乡村国家公园（径山寺、点茶体验）——今夕共西溪（夜游）

【第二天】德寿宫遗址博物馆——清河坊历史文化街区——宋城千古情

三日游

宋韵城市游

【第一天】岳王庙——德寿宫遗址博物馆——清河坊历史文化街区——城隍阁

【第二天】南宋官窑博物馆——八卦田——六和塔——宋城千古情

【第三天】大径山乡村国家公园（径山寺、禅茶第一村）——杭州国家版本馆

科创主题游

一日游

科创研学游

杭州劳模工匠公园——未来科技城(海创园)——梦想小镇

二日游

匠心体验游

【第一天】杭州劳模工匠公园——瓶窑老街——梦想小镇

【第二天】机器人小镇(需预约)——广汽传祺(杭州)智能制造旅游示范基地——浙江太古可口可乐博物馆

三日游

"云"城考察游

【第一天】浙江大学校史馆(需预约)——梦栖小镇(需预约)——跨贸小镇(海彼购、新天地)

【第二天】智慧 e 谷(需预约)——云栖小镇(需预约)——艺创小镇(需预约)

【第三天】未来科技城(海创园)——阿里巴巴西溪园区(需预约)——梦想小镇

乡村主题游

一日游

郊野观光游

画外桐坞(外桐坞村)——龙坞茶镇——庙坞——北高峰——马家坞(纳福

云桥）

二日游

山水生态游

【第一天】大径山乡村国家公园（游客中心——径山寺——径山村——双溪漂流——径山花海——小古城村）

【第二天】青山村——山沟沟风景区（山沟沟村）

三日游

归田园居游

【第一天】江南古村落（获浦村——深澳村——环溪村）

【第二天】下姜村

【第三天】东梓关村——黄公望隐居地（黄公望村）

旅游线路提供：杭州市职工国际旅行社[①]

① 杭州市职工国际旅行社成立于1987年，前身为杭州市职工旅行社（杭州市职工休养中心），是杭州市总工会直属的劳福企事业单位，浙江省旅行社行业协会疗休养专业委员会执行主任单位。企业先后通过了ISO9001质量管理体系认证和ISO14000环境体系认证，是浙江省“五星级”品质旅行社，参与起草由杭州市质量技术监督局制定的《疗休养旅游服务规范》。近年来，杭职国旅秉承“立足工会、服务工会”宗旨，致力于国内职工疗休养事业发展，努力以最优质的服务为广大职工打造“品质之旅、幸福之旅”。

参考文献

[1] 王旭峰.走读西湖.杭州:浙江摄影出版社,2006.

[2] 吴晓波.人间杭州.浙江大学出版社,2022.

[3] 杨晓政.西湖文化读本.红旗出版社,2013.

[4] 卢群.西湖镜观.百花文艺出版社,2003.

[5] 浙江省全国导游资格考试全国统编教材专家编写组.导游服务能力——浙江省现场导游考试指南.中国旅游出版社,2020.

[6] 司马迁.史记.中华书局,1996.

[7] 班固.汉书.中华书局,1962.

[8] 魏征,令狐德棻.隋书.中华书局,1973.

[9] 刘昫.旧唐书.中华书局,1975.

[10] 欧阳修,宋祁.新唐书.中华书局,1975.

[11] 欧阳修.新五代史.中华书局,1957.

[12] 吴任臣.十国春秋.中华书局,2010.

[13] 毕沅.续资治通鉴.中华书局,1974.

[14] 赵甡之.中兴遗史辑校.中华书局,2018.

[15] 脱脱等.宋史.中华书局,1977.

[16] 朱金城.白居易集笺校.上海古籍出版社,1988.

[17] 冯应榴.苏轼诗集合注.上海古籍出版社,2001.

[18] 龙榆生.东坡乐府笺.上海古籍出版社,2001.

[19] 顾祖禹.读史方舆纪要.中华书局,2005.

[20] 王瑞来. 钱塘遗事校笺考原. 中华书局,2016.

[21] 张岱. 陶庵梦忆/西湖梦寻. 中华书局,2006.

[22] 毛泽东. 毛泽东选集. 人民出版社,1964.

[23] 毛泽东. 毛泽东文集. 人民出版社,1999.

[24] 中国共产党简史. 人民出版社,中共党史出版社,2021.

[25] 钱穆. 国史大纲. 商务印书馆,1996.

[26] 沈冬梅. 茶与宋代社会生活. 中国社会科学出版社,2015.

[27] 邓小南等. 宋:风雅美学的十个侧面. 生活·读书·新知三联书店,2021.

[28] 吴钩. 原来宋朝这么有趣——雅趣见情致. 广西师范大学出版社,2021.

[29] 孟元老. 东京梦华录. 中国画报出版社,2006.

[30] 吴自牧. 梦粱录. 三秦出版社,2004.

[31] 周密. 武林旧事. 浙江古籍出版社,2011.

[32] 陈振. 宋史. 上海人民出版社,2020.

[33] 石涛,刘杰. 两京繁华. 上海古籍出版社,2009.

[34] 姜青青. 从都城走向天城. 杭州出版社,2020.

[35] 杭州简史. 杭州出版社,2016.

[36] 姜青青. 山水之间帝王家. 杭州出版社,2020.

[37] 李路珂. 古都开封与杭州. 清华大学出版社,2012.

[38] 裘本培. 南宋都城勾陈. 浙江大学出版社,2016.

[39] 博文. 白话宋史. 中国华侨出版社,2016.

[40] 杭州 2022 年第 19 届亚运会组委会. 杭州亚运会工作人员读本. 人民体育出版社,2020.

[41] 杭州 2022 年第 4 届亚残运会组委会. 杭州亚残运会工作人员手册. 浙江教育出版社,2020.

[42] 第 16 届亚运会组委会宣传部. 亚运知多少. 广东教育出版社,2009.

[43] 古石阳. 八度春秋——广州亚运会亚残运会申办筹办历程的记忆,2017.

[44] 潘军. 杭州：诗意的城市. 文艺争鸣，2011－12.

[45] 汪红蕾. G20 杭州峰会主场馆的“杭州表述”. 建筑，2016－19.

[46] 杨俊康. 杭州：全力打造共同富裕示范区建设的乡村振兴样板[N]. 浙江日报，2021－11－19.

[47] 杭州数字经济联合会课题组. 数字赋能乡村振兴推动共同富裕. 浙江经济，2021－11－11.

[48] 王慧敏. 心无百姓莫为官——精准脱贫的下姜模式. 浙江人民出版社，2019.

[49] 程波. 淳安县下姜村走进“绿富美”的新时代. 今日浙江，2018.

[50] 郑晖，方琳. 无限风光在下姜——寻访下姜村脱贫攻坚的故事. 杭州日报，2021－06－17.

[51] 王慧敏，方敏. 心无百姓莫为官——习近平同志帮扶下姜村纪实. 人民日报，2017－12－28.

[52] 刘坤，陆健. 抱团发展“大下姜” 共同富裕“浙”里行. 光明日报，2021－08－04.

[53] 李英. 下姜村的故事. 人民日报，2021－03－24.

[54] 陈实. 全域生态视角下的美丽乡村建设. 社会治理，2021－2.

[55] 薛家柱. 桐庐江南古村落. 杭州(生活品质版)，2013－6.

[56] 中共桐庐县委党史研究室，桐庐县信息传媒中心. 桐庐微村志，2016.

[57] 陈育森. 古村落文化体系梳理刍议. 商品与质量·建筑与发展，2014－10.

[58] 骆炳浩，李潇鹏，孙广华. 富阳美丽乡村引爆美丽经济. 杭州日报，2019－12－13.

[59] 许媛娇. 东梓关，一个有渔故事的地方. 富阳日报，2018－09－13.

[60] 王庆丽，赵路. 一张图改变一个村——解读富阳古村东梓关的兴衰历程. 浙江日报，2016－07－05.

[61] 杨新元. 桃源寻梦东梓关. 浙江日报，2018－04－01.

[62] 王国灿. 浙江美丽乡村建设的经验与启示. 人文天下，2018－22.

［63］郭小琳. 阿里云创始人王坚：坚持你相信的事，相信你坚持的事. 中国企业家，2021—02—03.

［64］凌姝文. 2021，"宋韵"是怎样破圈出圈的？都市快报，2021—12—29.

［65］黄平. 给城市装上"大脑". 经济日报，2021—03—23.

［66］章宏法，王庆丽，缪佳敏. 来自浙江的报告——环溪村的美丽逆袭. 浙江在线. https://zj.zjol.com.cn/news/746961.html. 2017—9—8/2022—3—30.

［67］富阳区民政局. 富阳地名专栏/东梓关历史新解. http://www.fuyang.gov.cn/art/2021/12/16/art_1228923167_59231715.html. 2022—3—30.

［68］浙里杭州. 杭州要成为一座什么样的"窗口城市"?. https://mp.weixin.qq.com/s/zQKv6F5lKx1aWMXcTF8HAw. 2022—02—2/2022—3—30.

［69］杭州会奖旅游. 杭州会奖支持政策合集来咯！https://mp.weixin.qq.com/s/DPeEMTT5—8ctPamVsfarwQ. 2021—03—22/2022—3—30.

［70］湖州发布. 民国奇人张静江："丹心侠骨"的实业梦. https://zj.zjol.com.cn/red_boat.html? id=101229820. 2021—12—27/2022—3—30.

［71］西湖文化游览记. 西湖博览会博物馆. https://mp.weixin.qq.com/s/SsaN2dd11q2deKhh0MvpwA. 2021—03—23/2022—3—30.

［72］美丽西湖. 寻找西湖深处的"宋韵". https://zj.zjol.com.cn/news/1745941.html. 2021—10—21/2022—3—30.

［73］王坚. 城市数字化和城市大脑. 贵州省大数据发展管理局. http://dsj.guizhou.gov.cn/xwzx/gnyw/202103/t20210301_66890984.html. 2021—03—01/2022—3—30.

后　记

本书的编写，源起于2022年初杭州旅游人的一次沙龙活动。面对即将到来的“杭州2022年第19届亚运会”，与会者们一致认为：作为一座越来越“国际化”的都市，杭州迫切地需要一批能够全面、准确、高质量介绍她的书籍；作为一座“主客共享”的旅游城市，市民游客也需要一本能够认识城市新发展、了解杭州新变化的图书；为了迎接亚运会的到来，杭州的文化旅游工作者们更需要一份翔实的材料，能帮助他们更好地读懂这座城市，从而全面、有效提升杭州的旅游接待服务水平。为杭州提笔，给亚运助威，此事看来大有可为。

于是在热烈的气氛中，我们很快就确定了本书的编写意向。随后经过了深入广泛的讨论，确立了“新杭州 新亚运”的主题，落实好了具体的编写方案，也迅速组织起了编写团队。由浙江旅游职业学院旅行服务与管理学院“全国名导工作室”的教师团队和数位杭州市金牌导游员们共同完成，在出版过程中得到了职工国际旅行社总经理章洁女士的大力支持与帮助。他们不仅是长期奋斗在文旅“一线”的行业专家，还是长期生活、工作在杭州这座城市的市民。他们对这片土地有着浓厚的感情，更对杭城文旅的振兴抱有极大的热情。

时间到了2022年5月，本书在按计划完稿之后，不料却遇到了亚运会延期举办的通知，也给后续的出版工作带来了一些变数，但城市的发展并不会因此停止脚步。到了2022年下半年，杭州相继迎来老虎岭遗址公园、杭州国家版本馆、南宋德寿宫遗址博物馆等一批文旅场馆的对外开放，萧山国际机场4号航站楼、杭州机场轨道快线、新彭埠大桥等一系列城市基础设施也陆续投入使用。面对日新月异的城市，越来越美的家园，编者们怀着极大的工作激情，对这本尚未面世的著作进行了积极的修订，希望能将城市最好的一面奉献给广大读者。同时，特别保留了原序，作为特殊时期心路历程的忠实见证。

本书撰写工作前后历时一年，其中由浙江旅游职业学院教师、杭州市职工国际旅行社质量培训总监韩德琼负责第一部分“东南形胜 概览杭州”、第五部分的“博览西湖——西博盛会”等章节；由杭州市中国旅行社集团有限公司杜晨负责全书第二至第六部分的导读文字和主体介绍（历史渊源、时代特色、相关文旅资源），以及第二部分的“淡妆浓抹——双西传奇”“通波千里——运河华章”“古国遥望——良渚时空”，第三部分的“德寿重华——宋宫遗韵”，第四部分的“匠心绽放——劳模公园”等章节；由浙江旅游职业学院吴娜佳负责第四部分的“云上世界——云栖小镇”，第六部分的“梦始之地——下姜新生”“只此青绿——江南村居”“画里江南——东梓创艺”等章节；由浙江旅游职业学院李德煜负责第三部分的“豪华竞逐——宋都历史”、第五部分的“拥抱亚洲——亚运腾飞”等章节；由杭州众泰旅行社有限公司陶园负责第三部分的“平常风雅——宋式生活”、第四部分的“智慧城西——科创走廊”等章节；由浙江省中国旅行社李青负责第五部分的“相会钱江——国博荣耀”等章节。最后由韩德琼、杜晨负责全书统稿工作。

“人事有代谢，往来成古今。江山留胜迹，我辈复登临。”在亚运会倒计时临近之际，每个身在杭州的人都难抑激动之情。这个时代的我们，已经来到历史舞台的跟前，正和这座城市一同见证岁月、展望未来。仔细想想，这是何其有幸，又何其振奋。我们也愿用自己的萤烛之光、绵薄之力，为杭州明天的成就添一块砖，为城市来日的昌盛送去祝福。

由于编者水平所限，书中的不足之处，望广大读者批评指正。

编　者

2023 年 1 月